Caspar Battegay / Lena Henningsen / Kai Wiegandt (Hrsg.)

Gegessen?
Essen und Erinnerung in den Literaturen der Welt

Caspar Battegay / Lena Henningsen /
Kai Wiegandt (Hrsg.)

Gegessen?

Essen und Erinnerung in den Literaturen der Welt

Neofelis Verlag

Inhalt

Caspar Battegay / Lena Henningsen / Kai Wiegandt

Gegessen? Essen und Erinnerung in den Literaturen der Welt

Einleitung

> Während das Auto mit dem heulenden Geräusch des niedrigsten Gangs den Berg hinaufzufahren begann, dachte er an etwas, was er mal irgendwo gelesen hatte: dass Geschmack und Geruch die letzten umherirrenden Seelen sind, nicht festzulegen auf einem physischen Träger wie Form, Bild und Klang, und dass das Gedächtnis ein unentbehrliches Instrument ist, sie wieder zum Leben zu erwecken. Von dem, was er an diesem Abend gegessen hatte, würde er sich später Fotos ansehen können. Doch schon jetzt war jede Erinnerung an das, was er geschmeckt hatte, verschwunden
> (Hans Maarten van den Brink: Die Kunst des Kochens)[1]

In einer Kurzgeschichte des niederländischen Autors Hans Maarten van den Brink besucht ein Ehepaar ein berühmtes Restaurant, das sich in einem abgelegenen Küstenort am Mittelmeer befindet. Der Name des Restaurants wird nicht genannt, aber anhand von Gerichten wie „Marshmallows aus Parmesankäse“ oder „Schaum von Schnecken und Krabben. Huhn mit Makrele. Mastix aus Honig“ kann man es leicht als das legendäre, 2011 geschlossene Lokal El Bulli des katalanischen Avantgardekochs Ferran Adrià identifizieren.

1 Hans Maarten van den Brink: Die Kunst des Kochens. Oder was die Alchemie der Küche für eine Ehe tun kann. In: *Neue Zürcher Zeitung,* 05.08.2018. https://www.nzz.ch/feuilleton/die-letzten-umherirrenden-seelen-oder-die-kunst-des-kochens-ld.1407298 (Zugriff am 29.10.2018).

Die Frau und der Mann erhoffen sich von dem exklusiven Abendessen womöglich eine Verbesserung ihrer kriselnden Beziehung. „Es war ihre Idee gewesen."[2] Vielleicht ist die Idee ein Versöhnungsangebot oder ein Geschenk ihrerseits, denn der Mann scheint derjenige zu sein, der sich mehr für Kulinarik interessiert. Allerdings erfüllen sich die Erwartungen nicht: „Das Notizbüchlein, das er eigens mitgebracht hatte, um die unvergessliche Erfahrung festzuhalten, hatte er bereits nach zwei oder drei Gängen vom Knie aufs Tischtuch gelegt."[3] Denn dem Mann fällt nichts ein angesichts der in hoher Geschwindigkeit servierten Gerichte, die wenig mit „Geschmack, Gefühl und Aussehen"[4] der Speisen gemein haben, die er kennt. Obwohl der Mann es unbedingt möchte, lässt sich das Essen nicht verschriftlichen, es markiert bloß Momente, setzt weder Emotionen oder Erinnerungen frei noch kann es *erinnert* werden. Es lässt sich ganz buchstäblich nicht behalten: Auf der Rückfahrt lässt die Frau das Taxi anhalten, steigt aus und übergibt sich. Ironischerweise ist es nun dieses Ereignis einer Entleerung, das erst wirklich ‚unvergesslich' ist, und nicht die vorausgegangenen Speisen:

> Wie es klang, wusste er Jahre später noch ganz genau. Ein Geräusch wie ein Grollen, das tief aus ihrem Inneren kam und in etwas überging, was flüssig wurde, zweifellos alle möglichen verborgenen Aromen freisetzte und dann laut auf den noch immer lauwarmen Stein klatschte.[5]

Gegessen? Der Titel unseres Bandes spricht eine Zweideutigkeit an, mit der auch van den Brinks Erzählung spielt. Bereits Friedrich Nietzsche sprach davon, dass das Gedächtnis nicht bloß ein abrufbarer Speicher, sondern im Organischen verankert und in eine körperliche Dynamik eingebunden sei. Er nannte den mnemonischen Einverleibungsprozess in einer nachgelassenen Notiz einmal „eine Art Verdauen des Erlebten".[6] Doch van den Brinks Erzählung handelt gerade von einem *unverdaulichen* Erlebnis. Einerseits dreht sich

2 Hans Maarten van den Brink: Die Kunst des Kochens.

3 Ebd.

4 Ebd.

5 Ebd.

6 Friedrich Nietzsche: *Kritische Studienausgabe*, hrsg. v. Giorgio Colli / Mazzino Montinari, Bd. 11: Nachlaß 1848–1885. München: dtv 1999, S. 477.

die Handlung um eine Erfahrung des Essens, die in der reinen Präsenz verbleibt. Andererseits aber soll diese Erfahrung auch für mehr gelten. Denn wirklich *gegessen*, also verdaut, ist ein Essen erst, wenn eine Sinnzuschreibung erfolgt. D. h., dass Essen immer gefühlsmäßig und kulturell codiert ist, es steht für individuelle Erfahrungen wie für Zugehörigkeit, Familie, Klasse, Nation oder ethnische Gruppe. Und als solche sind Speisen auch Sinnbilder, die ins (kollektive und individuelle) Gedächtnis übergehen und die jede neue Esserfahrung durch den Geschmack, den Duft und die Textur der Speisen wieder aktivieren kann. Im gemeinsamen Mahl des Ehepaares im Gourmetlokal allerdings wird gerade nichts aktiviert. Nichts an dem Essen erinnert an Bekanntes, und die beiden stehen vor den zerstückelten und kunstvoll angerichteten Speisen wie vor den Bruchstücken ihrer Beziehung: Nichts lässt sich mehr zu einer zusammenhängenden Erinnerung zusammenfügen. Dies macht erst die unmittelbar körperliche Reaktion der Frau möglich, die zeigt, dass hier noch gar nichts ‚gegessen' ist.

Die Erzählung führt vor, dass sich das Zusammenspiel von Essen und Erinnerung kaum willentlich steuern lässt. Das durch das Essen gestiftete Gedächtnis ist instabil und stellt sich überfallartig ein. Nichts verdeutlicht das besser als die berühmteste Essens-Passage der Weltliteratur zu Beginn von Marcel Prousts *A la recherche du temps perdu*, auf die van den Brink anspielt und die auch den Zusammenhang von Erinnern und Erzählen thematisiert. Prousts Ich-Erzähler findet – „als meine Mutter an einem Wintertag, an dem ich durchfroren nach Hause kam, mir vorschlug, ich solle entgegen meiner Gewohnheit eine Tasse Tee zu mir nehmen"[7] – Zugang zu seiner persönlichen verlorenen Zeit über ein gustatorisches Erlebnis. Die Mutter lässt dem Sohn „eines jener dicklichen, ovalen Sandtörtchen holen, die man ‚Petites Madelaines' nennt und die aussehen, als habe man als Form dafür die gefächerte Schale einer Jakobsmuschel benutzt."[8] Der Geschmack des aufgeweichten Gebäcks im Tee weckt im Erzähler zunächst ein Glücksgefühl und führt ihn zur Erfahrung einer mystisch

7 Marcel Proust: *Auf der Suche nach der verlorenen Zeit*, Bd. 1: Unterwegs zu Swann, aus d. Franz. v. Eva Rechel-Mertens, rev. v. Luzius Keller. Frankfurt am Main: Suhrkamp 2004, S. 66–67.

8 Ebd., S. 67.

anmutenden Präsenz. Nach langem Herumrätseln über das Wesen dieses Glückszustands merkt er schließlich, dass der Geschmack ihn an seine Kindheit erinnert, als seine Tante ihm immer ein in Tee getauchtes Stückchen Madeleine zu geben pflegte. „Und mit einem Mal war die Erinnerung da."[9] Diese unmittelbare Erinnerung bildet den Kern und die Basis von Prousts Riesenroman.

> Doch wenn von einer weit zurückliegenden Vergangenheit nichts mehr existiert, nach dem Tod der Menschen und dem Untergang der Dinge, dann verharren als einzige, zarter aber dauerhafter, substanzloser, beständiger und treuer der Geruch und der Geschmack, um sich wie Seelen noch lange zu erinnern, um zu warten, zu hoffen, um über den Trümmern alles übrigen [...] das unermessliche Gebäude der Erinnerung zu tragen.[10]

Während bei Proust die Erscheinung dieser Gespenster also „das unermessliche Gebäude der Erinnerung" aufschließt und damit auch die erlösende Erzählung ermöglicht wird, kann der postmoderne Restaurantbesucher nicht mehr mit einem solchen kontinuierlichen und homogenen Gedächtnis rechnen. Van den Brink greift Prousts Charakterisierung von Geschmack und Geruch als gespenstisch auf, doch „die letzten umherirrenden Seelen" werden nicht durch das versöhnende Gedächtnis gerettet.

Die Literatur im Allgemeinen demonstriert den elementaren Zusammenhang von Essen und Erinnerung immer wieder anders. Einige Beispiele solcher ‚Proust-Momente' soll dieser Band zeigen, wobei auch vorgeführt wird, dass Essen und Erinnerung ebenso universell wie kulturspezifisch sind, mit unterschiedlichen religiösen oder kultischen Bedeutungen versehen. Nahrung mag Natürlichkeit oder gar ‚die Natur' evozieren, doch der Vorgang des Essens und die es umgebenden Praktiken und Diskurse sind immer historisch und biographisch, durch psychologische Konditionierung und gesellschaftliche Vorgaben bedingt. Die prägenden ‚Mythen des Essens' sind denn auch „gleichsam in den Leib"[11] geschrieben, wie Christine Ott formuliert und wie unser Band zeigen soll.

9 Proust: *Auf der Suche nach der verlorenen Zeit*,, S. 69.

10 Ebd., S. 70.

11 Christine Ott: *Identität geht durch den Magen. Mythen der Esskultur*. Frankfurt am Main: Fischer 2017, S. 10.

Die immer wieder anderen ‚Proust-Momente' sind also Augenblicke, in denen das Körpergedächtnis auf ein Aroma reagiert und wir uns dieser Reaktion identifizierend bewusst werden. Literatur mag nicht als Speicher taugen, aus dem sich Geschmäcker direkt aufrufen lassen, die man nicht selbst auf der Zunge gehabt hat. Doch kann Literatur die Erinnerungen wachrufen, die mit solchen Geschmäckern verknüpft sind – wenn es diese Verknüpfungen denn gibt, wie van den Brinks Geschichte zeigt. In aller Regel gibt es diese Verknüpfungen nicht nur, sondern sie zählen auch zu dem, was uns am stärksten mit unserer Kindheit und damit mit der frühesten Gestalt unseres Ichs verbindet. Es ist wohl kein Zufall, dass ausgerechnet ein Neurologe, nämlich der berühmte Arzt und Autor Oliver Sacks, in einem seiner letzten Texte vor seinem Tod 2015 eines der schönsten Zeugnisse eines solchen Bewusstseins hinterließ. In einer Kolumne im Magazin *The New Yorker* vermutete er, dass seine persönliche Vorliebe für Gefilte Fisch (eine Art Fischbouletten mit Sülze, die im osteuropäischen Judentum traditionell am Schabbat gegessen werden) daher komme, dass in orthodoxen Haushalten den Babys schon ganz früh Gefilte Fisch verabreicht wird.[12] Sein Text berichtet allerdings nicht nur von der Kulturspezifik dieses Gerichts, er erzählt auch von der kulturübergreifenden Macht des Essens. Seine langjährige Haushälterin habe nach dem Rezept von Sacks Mutter schließlich exzellente Gefilte Fish zubereitet, geschätzt nicht nur von Sacks' jüdischen Kollegen, sondern auch von der Kirchengemeinde der christlichen afroamerikanischen Haushälterin. Sacks spricht dem traditionellen Gericht eine identifizierende Funktion zu, eine nährende Kraft, die über die physische Nahrung hinaus auch eine spirituelle Dimension enthält: „Gefilte fish will usher me out of this life, as it ushered me into it, eighty-two years ago."[13]

***

12 „[W]ith its abundant, nutritious jelly, it was often given to infants in Orthodox households as they moved from baby foods to solid food." (Oliver Sacks: Filter Fish. At Life's End, Rediscovering the Joys of a Childhood Favorite. In: *The New Yorker,* 14.09.2015. https://www.newyorker.com/magazine/2015/09/14/filter-fish (Zugriff am 30.10.2015).)

13 Ebd.

Zwischen den Beiträgen dieses Bandes lassen sich zahlreiche Verbindungslinien erkennen, und die Beiträger*innen thematisieren diese Linien in ihren Texten. So spielt in mehreren von ihnen der Parallelismus von Essen, Erzählen und Erinnern eine wichtige Rolle, in anderen der Verzicht auf Essen. In wieder anderen steht der Zusammenhang zwischen Essen, kulturellem Gedächtnis und nationaler Identität im Vordergrund. Und doch wäre mit einer Einordnung der Beiträge unter diesen und anderen thematischen Gesichtspunkten mehr verloren als gewonnen, würde sie doch eine Einheitlichkeit der vorgestellten Zusammenhänge von Essen und Erinnerung suggerieren, die so nicht existiert. Auch würde durch ein solches Vorgehen die Vielschichtigkeit der Essenssemantik *innerhalb* der Beiträge zugunsten eines einzelnen Merkmals unterdrückt. Daher unsere Wahl einer chronologischen Anordnung der Beiträge, die von der römischen Antike und den Evangelien bis in unsere Gegenwart reichen und dabei zwischen den Kontinenten hin und herspringen. Dadurch soll keine historische Entwicklung in der Ausgestaltung des Zusammenhangs von Essen und Erinnerung aufgezeigt werden noch geht es uns um kulturell oder regional ‚typische' Ausprägungen. Unser Band zeigt vielmehr ein Motiv, das sich seit Jahrhunderten durch die Literaturen der Welt zieht, jedoch in jedem Text jeweils auf einzigartige Weise inszeniert wird.

Gegessen? Essen und Erinnerung in den Literaturen der Welt ist aus zwei Konferenzen entstanden, die wir im Rahmen der Arbeitsgruppe „Populärkulturen" der Jungen Akademie veranstaltet haben.[14] Die eine trug den Namen „Imaginary Foods" und fand 2017 in Berlin statt, die andere fand 2018 in München statt und trug bereits den Titel dieses Buchs. Wir danken der Jungen Akademie, die unsere Konferenzen und den Band finanziell und organisatorisch unterstützt hat, sowie der Freien Universität Berlin und der Bayerischen Akademie der Wissenschaften für die Zurverfügungstellung ihrer Räume für unsere Konferenzen. Zudem danken wir dem Neofelis Verlag für das Interesse an dieser Publikation und insbesondere Matthias Naumann für die freundliche und professionelle Betreuung.

14 Die Junge Akademie an der Berlin-Brandenburgischen Akademie der Wissenschaften und der Deutschen Akademie der Naturforscher Leopoldina, der wir angehören, besteht aus fünfzig Wissenschaftler*innen aller Fachrichtungen, die wissenschaftliche Fragen interdisziplinär behandeln. Mehr Informationen gibt es unter www.diejungeakademie.de.

Katharina Heyden

„Als er mit ihnen zu Tisch saß, wurden ihre Augen geöffnet und sie erkannten ihn."

Essen, Erinnern und Erkennen in den Evangelien

Es kam nun der Tag der Ungesäuerten Brote, an dem man das Passalamm opfern musste. Und er sandte Petrus und Johannes und sprach: „Geht hin und bereitet uns das Passalamm, damit wir's essen." Sie aber fragten ihn: „Wo willst du, dass wir's bereiten?" Er sprach zu ihnen: „Siehe, wenn ihr hineinkommt in die Stadt, wird euch ein Mensch begegnen, der trägt einen Wasserkrug; folgt ihm in das Haus, in das er hineingeht, und sagt zu dem Hausherrn: Der Meister lässt dir sagen: Wo ist die Herberge, in der ich das Passalamm essen kann mit meinen Jüngern? Und er wird euch einen großen Saal zeigen, schön ausgelegt; dort bereitet das Mahl." Sie gingen hin und fanden's, wie er ihnen gesagt hatte, und bereiteten das Passalamm. Und als die Stunde kam, setzte er sich nieder und die Apostel mit ihm. Und er sprach zu ihnen: „Mich hat herzlich verlangt, dies Passalamm mit euch zu essen, ehe ich leide. Denn ich sage euch, dass ich es nicht mehr essen werde, bis es erfüllt wird im Reich Gottes." Und er nahm den Kelch, dankte und sprach: „Nehmt ihn und teilt ihn unter euch; denn ich sage euch: Ich werde von nun an nicht trinken von dem Gewächs des Weinstocks, bis das Reich Gottes kommt."

Und er nahm das Brot, dankte und brach's und gab's ihnen und sprach: „Das ist mein Leib, der für euch gegeben wird; das tut zu meinem Gedächtnis." Desgleichen auch den Kelch nach dem Mahl und sprach: „Dieser Kelch ist der neue Bund in meinem Blut, das für euch vergossen wird! Doch siehe, die Hand meines Verräters ist mit mir am Tisch. Denn der

Menschensohn geht zwar dahin, wie es beschlossen ist; doch weh dem Menschen, durch den er verraten wird!" Und sie fingen an, untereinander zu fragen, wer es wohl wäre unter ihnen, der das tun würde.
(Evangelium nach Lukas 22,7–23; revidierte Lutherbibel 2017)

Weltliteratur gewordene Gelegenheitsschriften

Dass die Bibel zur Weltliteratur gehört, wird wohl niemand bezweifeln. Kein anderes Buch ist so häufig kopiert und gedruckt worden, kein anderes in so viele Sprachen übersetzt. Kein anderes Buch wurde und wird in der Welt so oft (vor)gelesen wie die Bibel, und wohl kein anderes hat auch nur annähernd so viel Sekundärliteratur hervorgerufen. Dies alles gilt für die gesamte Bibel, besonders aber für das Neue Testament, welches auch separat, also ohne das sogenannte Alte Testament, gedruckt und verbreitet wird.

Dennoch gibt es gleich mehrere Unterschiede zwischen dem Neuen Testament und anderen Werken der Weltliteratur. Der erste ist, dass es sich beim Neuen Testament in Wahrheit nicht um *ein* Buch, sondern um viele handelt: Das Neue Testament vereint 27 Schriften von mindestens zwölf unterschiedlichen Autoren aus dem ersten und vom Beginn des zweiten nachchristlichen Jahrhunderts.[1] Die Zusammenstellung ist ein Ergebnis heftiger Auseinandersetzungen um die für das entstehende Christentum verbindlichen Schriften, die zwischen 150 und 200 n. Chr. mit der Bildung des sogenannten Kanons[2] zum

1 Die Zahl der neutestamentlichen Autoren lässt sich nicht ganz eindeutig bestimmen, weil viele Briefe Pseudepigraphen sind. Die namentlich bekannten Autoren sind der Apostel Paulus, die Evangelisten Markus, Matthäus, Lukas und Johannes, wobei Lukas zugleich als Verfasser der *Apostelgeschichte* und Johannes als Verfasser von Briefen und der *Apokalypse* gilt.

2 Das griechische Wort κανών bezeichnet ursprünglich die Messlatte oder Richtschnur für Handwerker und wird im frühen Christentum nicht nur für die Zusammenstellung der autoritativen biblischen Schriften, sondern auch für Beschlüsse von Synoden und Konzilien verwendet – also für alles, was als Maßstab für Rechtgläubigkeit gelten soll. Zur neutestamentlichen Kanonbildung, der in den letzten beiden Jahrzehnten eine Fülle wissenschaftlicher Literatur gewidmet wurde, vgl. einführend Hermann von Lips: *Der neutestamentliche Kanon. Seine Geschichte und Bedeutung*. Zürich: TVZ 2004; Guy Stroumsa: *Kanon und Kultur. Zwei Studien zur Hermeneutik des antiken Christentums*. Berlin: de Gruyter 1999; vgl. ausführlicher Lee Martin McDonald: *The Formation of the Biblical Canon*. London: Bloomsbury 2017.

Abschluss kamen. Hinzu kommt zweitens, dass es sich bei den wenigsten dieser Schriften wirklich um Literatur im engeren Sinn handelt. Die meisten im Neuen Testament versammelten Schriften sind Briefe, also Gelegenheits- und Gebrauchswerke, die für ein ganz bestimmtes Publikum in sehr konkreten Situationen verfasst wurden. Dies gilt auch für die Evangelien, um die es hier gehen soll. Die neutestamentliche Forschung geht davon aus, dass jeder Autor für eine sehr konkrete Gemeinde und im Blick auf die dort vertretene Sozialstruktur sowie theologische Überzeugungen und gottesdienstliche Praxis schrieb. Die Evangelien haben also – wie die meisten heiligen Texte der verschiedenen Religionen, aber im Unterschied zu vielen anderen Werken der Weltliteratur – einen unmittelbaren Bezug zur Realität der Lesenden, für die sie geschrieben wurden. Das bedeutet, dass die Evangelien nicht nur – wie viele andere literarische Werke – die Lebensgewohnheiten ihrer Zeit widerspiegeln, sondern dass sie ihre Adressatenschaft auch unmittelbar beeinflussen wollen. Konkret auf das Essen bezogen: In den Evangelien begegnen uns nicht nur die Essgewohnheiten der Mitglieder frühchristlicher Gemeinden und die liturgische Gewohnheit der frühen Christinnen und Christen, ein rituelles Mahl in Erinnerung an Jesus Christus zu feiern, sondern alltägliche wie rituelle Essgewohnheiten werden auch kommentiert, in Frage gestellt und kritisiert.

Der Speiseplan von Jüdinnen und Juden in Galiläa sah den Evangelien zufolge Brot, Salz, Fisch und, sehr selten, ein Lamm vor. Man geht außerdem davon aus, dass Reis und Bohnen die Hauptnahrungsmittel waren. Diese werden aber in den Evangelien nicht genannt – vielleicht, weil es keinen Anlass gab, das Selbstverständliche eigens zu erwähnen, wogegen Brot, Salz, Fisch und Lamm eine metaphorische Deutung erhalten. Dazu gab es abgekochtes Wasser und mit viel Wasser verdünnten Wein. Gegessen wurde in der Antike generell abends und in Gesellschaft. Der griechische Begriff ‚Symposion' bedeutet Trink- und davon abgeleitet Tischgemeinschaft. Man lagerte auf Sofas, weshalb „zu Tisch liegen" die Wirklichkeit besser beschreibt als „am Tisch sitzen". Nach der Mahlzeit war der zweite Teil des Abends ausgedehnten Gesprächen über „Gott und die Welt" gewidmet. Manche Gastgeber bestellten professionelle Geschichtenerzähler oder Gelehrte zur Unterhaltung. Dies schuf einen engen Zusammenhang zwischen Essen, Erzählen und Erkennen.

Als ursprüngliche Form christlicher Zusammenkunft wurde das gemeinsame Essen schnell ritualisiert. Bereits in der ersten nachchristlichen Generation etablierte es sich als Eucharistie oder Abendmahl[3] und ist bis heute das sakramentale Herzstück der Kirchen. Dass es zugleich das sichtbare Unterscheidungs- und Trennungsmerkmal der verschiedenen christlichen Konfessionen ist, unterstreicht seine Bedeutung für Selbstverständnis und Identität der Christenheit bis heute: Während die Taufe als einigendes Sakrament der großen Konfessionen gilt, besteht zwischen Katholizismus, Orthodoxie und den Evangelischen Kirchen keine eucharistische Mahlgemeinschaft.[4]
Trotz ihres Gebrauchscharakters lassen die Evangelien stärker als die neutestamentlichen Briefe einen literarischen Anspruch erkennen – die meisten Bibelwissenschaftler bezeichnen die Gattung „Evangelium" sogar als eine neue Gattung der antiken Literatur[5] – und können (neben der Apostelgeschichte und der Johannesoffenbarung) auch am ehesten als „Bücher" bezeichnet werden. Mit diesem Plural ist aber bereits eine dritte Besonderheit angedeutet: ‚Das Evangelium', was so viel heißt wie ‚die gute Botschaft', gibt es im Neuen Testament in vier Versionen, die alle nach ihren Autoren benannt wurden: das Evangelium ‚nach Matthäus', ‚nach Markus', ‚nach Lukas' und ‚nach Johannes'. Alle vier erzählen im Grunde dieselbe Geschichte, die Geschichte vom Leben und Sterben des Jesus von Nazareth. Vermutlich haben sie sich dafür zumindest teilweise auf dieselben oder ähnliche Quellen gestützt oder sind sogar voneinander abhängig.[6] Im Einzelnen setzen sie aber literarisch und theologisch unterschiedliche Akzente, die Exegeten seit 2000 Jahren beschäftigen. Die Polyphonie des Evangeliums ist der Tatsache geschuldet, dass bei der Zusammenstellung der

3 Als „Eucharistie" (griech. für Danksagung) wurde das gemeinsame Mahl der Christen seit dem 2. Jahrhundert bezeichnet, den Begriff „Abendmahl" prägte Martin Luther.

4 Vgl. einführend Hermut Löhr (Hrsg.): *Abendmahl*. Tübingen: Mohr Siebeck 2012.

5 Udo Schnelle: *Einleitung in das Neue Testament*. Göttingen: Vandenhoeck & Ruprecht 2017, S. 193–204.

6 Man geht davon aus, dass namentlich Matthäus und Lukas das Evangelium des Markus kannten und es unter Hinzunahme weiterer Quellen verarbeitet haben. Johannes wiederum dürfte die Synoptiker gekannt haben. Zu diesen sogenannten Einleitungsfragen vgl. Schnelle: *Einleitung in das Neue Testament*, S. 205–263.

für ein ‚rechtgläubiges' Christentum[7] autoritativen Schriften im Verlauf des 2. Jahrhunderts das Ziel nicht gewesen ist, ein gut lesbares, einheitliches Buch zu schreiben. Es sollte vielmehr eine Zusammenstellung der mehrheitsfähigen Schriften aus einer Vielzahl von frühchristlichen Werken geschaffen werden, von denen heute nur noch die wenigsten bekannt sind.[8] Dass dieser Kanon dann auch zwischen zwei Buchdeckel gebunden und auf diese Weise zu *einem* Buch wurde, entspricht nicht der Intention der Autoren der einzelnen Schriften und wohl auch nicht der Intention der Erfinder des Kanons.[9]

Durch die Kanonisierung erhielten die vier Evangelien von Markus, Matthäus, Lukas und Johannes den Status von heiligen Texten, während andere, etwa die Evangelien des Thomas oder der Maria, verboten wurden.[10] Die Kanonisierung brachte nicht nur eine weitgehende Unantastbarkeit des Wortlauts mit sich, sondern auch die liturgische Verwendung der Texte. Diese wiederum hat Folgen für die Wahrnehmung eines Textes, die nicht unterschätzt werden sollten. Als heilige Texte wurden und werden die Evangelien, selbst wenn man sie einzeln liest, selten so gelesen wie andere Bücher: einmal durch, von Anfang bis Ende. Sie werden vielmehr sowohl im öffentlich-liturgischen wie auch im privaten Gebrauch in den allermeisten Fällen äußerst eklektisch und kleinteilig rezipiert und zitiert. Bereits im 4. Jahrhundert hatte man sie in 1165 Abschnitte eingeteilt und Parallelstellen

7 Im 2. Jahrhundert existierten sehr viele konkurrierende christliche Gruppen nebeneinander. Sie alle beanspruchten für sich ‚Rechtgläubigkeit'. Die Bildung eines Kanons war ein wichtiges Instrument bei der Durchsetzung der sogenannten Mehrheitskirche, die in den folgenden Jahrhunderten die ‚Rechtgläubigkeit' erfolgreich für sich beanspruchte.

8 Zur Kanonbildung der Bibel vgl. Lee Martin McDonald: *The Biblical Canon. Its Origin, Transmission, and Authority*. Peabody: Henrikson 2007; Hermann von Lips: *Der neutestamentliche Kanon. Seine Geschichte und Bedeutung*. Zürich: TVZ 2004; Eve-Marie Becker / Stefan Scholz: *Kanon in Konstruktion und Dekonstruktion. Kanonisierungsprozesse religiöser Texte von der Antike bis zur Gegenwart. Ein Handbuch*. Berlin: de Gruyter 2012.

9 Einen Überblick über die Kulturgeschichte der Bibel gibt Sonja Beckmaeyer: *Die Bibel als Buch. Eine artefaktorientierte Studie zu Gebrauch und Bedeutung der Bibel als Gegenstand*. Stuttgart: Kohlhammer 2018; für die Antike vgl. Martin Wallraff: *Kodex und Kanon: Das Buch im frühen Christentum*. Berlin: de Gruyter 2013.

10 Eine deutsche Übersetzung dieser als „apokryphe" – also verborgene – Schriften bezeichneten Werke bietet die Sammlung: *Antike christliche Apokryphen in deutscher Übersetzung*, hrsg. v. Christoph Markschies / Jens Schröter, in Verbindung mit Andreas Heiser, Bd. 1: Evangelien und Verwandtes. Tübingen: Mohr Siebeck 2012, S. 1–180.

synoptisch zusammengestellt. Seit dem Hochmittelalter gab es zudem Kanontafeln, die anzeigten, an welchen Tagen welche Textabschnitte gelesen werden sollten. In der Frühen Neuzeit etablierten sich neben den Kapitel- auch Verseinteilungen, so dass nun nahezu jeder einzelne Satz der Bibel eine eigene Bezifferung hat.[11] In den christlichen Kirchen sind den Sonntagen verschiedene Perikopen der Evangelien zugeordnet, die den liturgischen Jahreskreis prägen. Die Evangelien werden also nur sehr selten als literarische Werke gelesen und interpretiert, sondern viel häufiger in kleinen Ausschnitten wahrgenommen, aus denen sich dann in der Summe eine Geschichte ergibt, die gar nicht als zusammenhängendes literarisches Werk existiert. Was als ‚*die* Geschichte von Jesus' oder auch als ‚*das* Evangelium' in den Köpfen in aller Welt herumschwirrt, ist also eine sehr heterogene und variable Zusammenstellung von Versatzstücken aus allen vier Evangelien. Die Evangelien werden kaum als Bücher gelesen, aber intensiv als literarische Steinbrüche genutzt.

Welche Konsequenzen haben diese Beobachtungen für die folgenden Überlegungen zum Zusammenhang von Essen, Erkennen und Erinnerung in den Evangelien? Wie soll man das viergestaltige Evangelium in einem den Literaturen der Welt gewidmeten Band lesen? Jedes für sich oder alle nacheinander? In der Reihenfolge ihrer (vermuteten) Entstehung oder gemäß ihrer jetzt etablierten Anordnung? Und wie lassen sich die allen Evangelien gemeinsamen Stoffe und das sogenannte Sondergut, welches das jeweils nur in einem Evangelium vorkommende Material bezeichnet, ins Verhältnis setzen?

Die folgenden Überlegungen verdanken sich einem – für eine christliche Theologin fast unmöglichen – Selbstversuch: die Evangelien so zu lesen wie andere beliebige Werke der Weltliteratur, und zwar so, als wäre es das erste Mal.[12] Ich gehe dementsprechend im Folgenden vom Ergebnis und von der Endgestalt des Neuen Testaments aus, auch von der Anordnung der Evangelien, wie sie in heutigen Bibelausgaben

11 Die heutige Einteilung in Kapitel und Verse geht auf den calvinistischen Theologen Robert Estienne zurück, der im Jahr 1553, unter Rückgriff auf ältere Systeme, erstmals eine vollständig mit Kapitel- und Versnummerierungen versehene Bibelausgabe publizierte.

12 Ein ähnliches ‚Gedankenspiel' vollzieht der Germanist Heinrich Detering im Blick auf die gesamte Bibel in seiner Einführung zu Martina Janßen / Jürgen Wehnert (Hrsg.): *Kindler Kompakt: Die Bibel*. Secaucus: Metzlersche Verlagsbuchhandlung 2016, S. 7–27.

vorliegt.[13] Darin folgen die drei sogenannten synoptischen Evangelien Matthäus, Markus und Lukas, die sehr viele sehr enge Parallelen aufweisen, aufeinander. Das Johannesevangelium setzt deutlich eigene Akzente. Um Redundanzen zu vermeiden, hebe ich primär die Eigenheiten der einzelnen Evangelien im Blick auf den Zusammenhang von Essen, Erinnerung und Erkenntnis hervor. Zugleich soll aber auch der Spannungsbogen des jeweiligen Buches nachgezeichnet werden, um ein Bewusstsein dafür zu wecken, dass es sich – wenn auch nicht in der jahrhundertelangen, weltweiten Rezeption als heilige Schriften, so doch gemäß der Intention ihrer Autoren – um literarische Werke handelt, die von vorn bis hinten gelesen werden können. Diese gewissermaßen kanonische Lektüre öffnet den Blick für einen Effekt, der in den extrem spezialisierten Bibelwissenschaften kaum wahrgenommen werden könnte. Liest man das Neue Testament wie ein Buch von vorn nach hinten durch, also jedes der vier Evangelien für sich, aber auch alle nacheinander, so stellt sich im Blick auf den Zusammenhang von Essen, Erinnern und Erkennen ein doppelter Effekt ein: Einerseits ergibt sich ein Spannungsbogen innerhalb jedes einzelnen Evangeliums, andererseits entwickelt sich über die vier Evangelien hinweg eine thematische Zuspitzung, welche von einer grundlegenden Relativierung des Essens im Matthäusevangelium zu seiner symbolischen Neudeutung durch den Evangelisten Johannes führt. Diese Entwicklung soll mit den folgenden Überschriften angedeutet werden.

Matthäus: „Der Mensch lebt nicht allein von Brot“

Im ersten und von der kirchlichen Rezeption jahrhundertelang favorisierten Matthäus-Evangelium[14] wird die Bedeutung des Essens gleich zu Beginn mit einem Paukenschlag relativiert. Zunächst erfährt man, dass der Prediger und Täufer Johannes sich von Heuschrecken ernährt

13 Diese Anordnung wählte Martin Luther 1523 für seine deutsche Übersetzung des Neuen Testaments, welche sich seit der Zeit der Reformation etablierte. In mittelalterlichen Bibelhandschriften ist die Reihenfolge durchaus variabel, wobei Matthäus als das in der Kirche am meisten gebrauchte Evangelium zumeist am Anfang steht. Die von der Bibelwissenschaft mehrheitlich angenommene chronologische Reihenfolge wäre Markus (um 70 n. Chr.), Matthäus, Lukas (beide um 80 n. Chr.), Johannes (um 100 n. Chr.).

14 Abfassungszeit und Ort sowie Autor und Adressatenschaft der einzelnen Evangelien werden im Folgenden nicht eigens diskutiert. Siehe dazu Schnelle: *Einleitung in das Neue Testament*, S. 193–332.

(Mt 3,4), was selbst in der hier erwähnten Kombination mit wildem Honig in der Antike – anders als in manchen Gegenden und Küchen heute – nicht als Delikatesse, sondern als reichhaltige Alltagsnahrung galt. Sodann wird erzählt, wie Jesus vom Teufel in die Wüste geführt wird, wo er 40 Tage und Nächte fastet. Als der Teufel ihn mit dem Versprechen verführen will, Steine in Brot verwandeln zu können, wehrt Jesus ihn mit Worten aus der Tora (5. Mose 8,3), also dem Alten Testament, ab: „Der Mensch lebt nicht allein von Brot, sondern von einem jeden Wort, das aus dem Mund Gottes kommt." (Mt 4,1–4). Diese grundlegende Relativierung zieht sich leitmotivisch durch das ganze Buch[15] und wird in zwei Richtungen entfaltet: einerseits zu einer Freiheit im Umgang mit religiösen Speisegeboten und -gewohnheiten, andererseits indem das Essen selbst zur Metapher für das von Jesus verkündete Reich Gottes gemacht wird. Beides berührt den Zusammenhang von Essen und Erkennen.

Die erste Weise der Entfaltung zeigt sich in den Berichten über Auseinandersetzungen Jesu mit den religiösen Autoritäten, etwa über die Frage, ob es erlaubt ist, am Shabbat, dem bereits in den Zehn Geboten von Gott verordneten Ruhetag, Getreide zu ernten, um die Körner essen zu können – was Jesus bejaht (Mt 12,1–8). Oder über das Gebot, sich vor dem Essen die Hände zu waschen (Mt 14,13–21), das Jesus mit einer vergleichsweise langen Rede über Reinheit und Unreinheit aushebelt, deren Pointe lautet:

> Alles, was zum Mund hineingeht, das geht in den Bauch und wird danach in die Grube ausgeleert. Was aber aus dem Mund herauskommt, das kommt aus dem Herzen und macht den Menschen unrein. Denn aus dem Herzen kommen böse Gedanken [...] (Mt 15,17–18)

Mit diesem Hinweis auf die Verdauung und damit auf die kurze Verweildauer der Nahrung im Körper werden die (jüdischen) Speisegebote der Tora, die reine von unreinen Nahrungsmitteln unterscheiden (3. Mose 11), für irrelevant erklärt.

15 Explizit begegnet sie wieder in Mt 6,25–34: „Sorgt euch nicht um euer Leben, was ihr essen und trinken sollt. Ist nicht das Leben mehr als die Nahrung und der Leib mehr als die Kleidung?"

Die zweite Entfaltung der Relativierung des Essens arbeitet mit einer Metaphorisierung: In der sogenannten Bergpredigt preist Jesus diejenigen glücklich, „die hungern und dürsten nach Gerechtigkeit, denn sie werden satt werden" (Mt 5,6), und bezeichnet seine Jünger als „das Salz der Erde" (Mt 5,13). An anderer Stelle warnt er seine Jünger vor dem „Sauerteig der Pharisäer und Sadduzäer" (Mt 16,6) und erklärt ihnen, dass er damit keineswegs von Brot, sondern von der Lehre der religiösen Autoritäten gesprochen habe (Mt 16,5–12). Und später wird ein mit Ochsen und Mastvieh angerichtetes Festmahl zum Gleichnis für das Reich Gottes (Mt 22,1–14).

Es gibt aber auch Szenen, in denen wirklich gegessen wird. Gleich zweimal ist davon die Rede, dass eine auf freiem Feld lagernde unüberschaubare Menschenmenge mit einem Minimum an Nahrungsmitteln gesättigt wird. Einmal werden 5.000 Männer von fünf Broten und zwei Fischen satt (Mt 14,13–21), ein andermal sättigen sieben Brote und ein paar Fische 4.000 Mann (Mt 15,32–39), wobei Frauen und Kinder in beiden Fällen hinzugerechnet werden müssen, wie Matthäus extra betont. In diesen Szenen über die sogenannte Brotvermehrung oder Speisung der 4.000 bzw. 5.000 wird die Anwendung der Essensmetapher auf das Reich Gottes in die Realität überführt. Dass diese unglaublichen Ereignisse aber allein um einer Erkenntnis willen geschehen und erzählt werden, verdeutlicht der Autor mit der nachgelieferten Erklärung Jesu für seine Jünger:

> Versteht ihr noch nicht? Denkt ihr nicht an die fünf Brote für die fünftausend und wieviel Körbe voll ihr da aufgesammelt habt? Auch nicht an die viertausend, und wieviel Körbe ihr da aufgesammelt habt? Wieso versteht ihr denn nicht, dass ich nicht vom Brot zu euch geredet habe? (Mt 16,9–11)

Eine ähnlich enge Verbindung von (realem) Essen und Erkenntnis prägt dann auch die wichtigste und berühmteste Tischszene des Neuen Testaments, die in allen vier Evangelien fast identisch überliefert wird: Jesu letztes Mahl mit seinen zwölf Jüngern. Matthäus datiert es auf den Tag der Ungesäuerten Brote, also auf den Vorabend des jüdischen Pessach-Festes, und erzählt wie folgt:

> Aber am ersten Tag der Ungesäuerten Brote traten die Jünger zu Jesus und fragten: Wo willst du, dass wir dir das Passalamm zum Essen zubereiten? Er sprach: Geht in die Stadt zu jemandem und sprecht zu ihm: Der Meister lässt dir sagen: Meine Zeit ist nahe; ich will bei dir das Passa [=Pessach] feiern mit meinen Jüngern. Und die Jünger taten, wie ihnen Jesus befohlen hatte, und bereiteten das Passalamm zu.
> Und am Abend lagerte er sich zu Tisch mit den Zwölf. Und als sie aßen, sagte er: Wahrhaftig, ich sage euch: Einer unter euch wird mich verraten. Und sie wurden sehr betrübt und fingen an, jeder einzeln zu fragen: Herr, bin ich's? Er antwortete und sagte: Der die Hand mit mir in die Schüssel taucht, der wird mich verraten. […] Da antwortete Judas, der ihn dann verriet, und sprach: Bin ich's, Rabbi? Er sagte zu ihm: Du sagst es! Als sie aber aßen, nahm Jesus das Brot, sprach ein Dankgebet und brach es und gab seinen Jüngern davon und sagte: Nehmt, esst, das ist mein Leib. Und er nahm den Kelch und dankte, gab ihnen den und sagte: Trinkt alle daraus, das ist mein Blut des Bundes, das vergossen wird für viele zur Vergebung der Sünden. Ich sage euch: Ich werde von nun an nicht mehr von dem Gewächs des Weinstocks trinken bis zu dem Tag, an dem ich von neuem davon trinken werde mit euch im Reich meines Vaters. Und als sie den Lobgesang gesungen hatten, gingen sie hinaus an den Ölberg. (Mt 26,17–30)

Es ist die vielleicht berühmteste Tischszene der Weltliteratur, unzählige Male nicht nur erzählt und gelesen, sondern auch in christlichen Gottesdiensten rituell re-inszeniert. Ob sie eine wahre Begebenheit wiedergibt, ist angesichts ihrer enormen geschichtlichen Wirkkraft eine zu vernachlässigende Frage. Zur Erzählung und zu Literatur geworden, zielt die Szene auf zwei Erkenntnisse. Die erste ergibt sich aus dem rituellen Händewaschen, welches Jesus hier trotz der oben erwähnten Relativierung vollzieht, aber für die Identifikation des Verräters Judas nutzt und damit zweckentfremdet. Die andere Erkenntnis betrifft alle und ist unmittelbar mit dem Akt des Essens verbunden. Jesus gibt Brot und Wein, den wichtigsten Elementen jedes jüdischen Mahles und auch des traditionellen Seder-Mahles am ersten Abend von Pessach, eine neue Bedeutung, indem er sie zu Symbolen für sich selbst erklärt: „Das ist mein Leib, das ist mein Blut". Damit wird aus dem Seder-Essen, das an die Befreiung der Israeliten beim Auszug aus der ägyptischen Sklaverei erinnert und insofern ein Erinnerungs-Mahl ist, ein Erkenntnis-Akt. Wie missverständlich und anstößig diese Worte sind, kann man nicht nur an den

Kannibalismus-Vorwürfen gegen Christen in der Antike,[16] sondern auch an den bis heute andauernden innerchristlichen Streitigkeiten um die Auslegung dieser Worte erkennen. Im Vergleich mit dem Evangelisten Johannes muss die Symbolik des letzten Mahls Jesu bei den Synoptikern aber als regelrecht dezent bezeichnet werden.

Es kann kein Zweifel bestehen, dass in der Gemeinde des Matthäus (ebenso wie in denen der anderen Evangelisten) mindestens einmal wöchentlich ein Abendmahl in Erinnerung an das letzte Mahl Jesu gefeiert wurde, und dass die Erzählung ein Reflex auf die vertraute liturgische Handlung ist. Die Hörer- und Leserschaft des Evangeliums wird also durch den Text an ihr identitätsstiftendes Ritual erinnert und umgekehrt bei jedem Abendmahl auf das Evangelium verwiesen. Wer mit dem Wortlaut vertraut ist, wird zudem bei der Lektüre der oben erwähnten Speisungsgeschichten bemerkt haben, dass die Handlungen, welche das Essen begleiten, hier wie dort mit denselben vier Verben beschrieben werden: „Er nahm das Brot, sprach ein Dankgebet, brach es und gab es ihnen …". Durch die formelhafte Verknüpfung wird in der Rezeption der Effekt erzielt, dass das Abendmahl an die Speisungen der Tausenden erinnert und umgekehrt die Intimität der Abendmahlszene (Jesus und seine zwölf Jünger) auf viele Tausende übertragbar wird.

Matthäus zielt durch eine grundsätzliche, sowohl körperliche als auch religiöse Aspekte umfassende Relativierung von Nahrung auf eine ebenso grundsätzliche Neubestimmung des Essens als symbolisch-religiöse Handlung.

Markus: „Als die Elf zu Tisch saßen, offenbarte er sich ihnen"

Bei Markus, der wahrscheinlich älter ist und Matthäus als Vorlage gedient hat, begegnen viele bereits erwähnte Aspekte wieder. Im Vergleich mit Matthäus schenkt Markus, der sich insgesamt kürzer fasst und einer drastischeren Sprache bedient, den äußeren Umständen des Essens aber mehr Beachtung. Jesus isst „mit vielen Zöllnern und Sündern" (Mk 2,13–17) und kritisiert die Angehörigen der Oberschicht,

16 Zu diesem in der Antike weit verbreiteten Vorwurf gegen die Christen vgl. Franz Hasenhütl: *Die Heidenrede im „Octavius" des Minucius Felix als Brennpunkt antichristlicher Apologetik. Weltanschauliche und gesellschaftliche Widersprüche zwischen paganer Bildungsoberschicht und Christentum*. Wien: Lit 2008, S. 101–131.

weil sie „die Häuser der Witwen fressen und zum Schein lange Gebete verrichten" (Mk 12,38–40). In seiner Erzählung über die Speisung der 5.000 lagern die Menschenmassen „auf grünem Gras" (Mk 6,30–44), während der für das Pessachmahl Jesu bereitete Saal „groß und mit Sitzpolstern ausgestattet" ist (Mk 14,15). Die erwähnte Formel „Er nahm das Brot, sprach ein Dankgebet, brach es und gab es ihnen ..." findet sich bereits bei Markus in den Brotvermehrungsgeschichten und auch beim letzten Abendmahl.
Besonders wichtig im Blick auf den Zusammenhang von Essen, Erinnerung und Erkenntnis ist aber der Schluss des Markusevangeliums. Denn hier erscheint das gemeinsame Essen als die letzte Chance des auferstandenen Jesus, sich seinen Jüngern zu erkennen zu geben. Diese, in Trauer über den Kreuzestod ihres Herrn, glauben nämlich weder den Frauen noch zwei Jüngern, dass der auferstandene Jesus sich ihnen gezeigt habe. „Zuletzt aber", heißt es dann,

> als die Elf zu Tisch lagerten, zeigte er sich ihnen und schalt ihren Unglauben und ihre Herzenshärte, weil sie denen nicht geglaubt hatten, die ihn als Auferstandenen gesehen hatten. (Mk 16,14)[17]

Das gemeinsame Mahl dient also nicht nur der Sättigung, sondern auch der Erinnerung an vorangegangene gemeinsame Mahlzeiten. Insofern fördert die Szenerie die Erkenntnis, auf die das gesamte Evangelium zielt: Jesus von Nazareth ist der Christus, der Gesalbte Gottes, mit dem die Heilszeit anbricht.[18] Im Markusevangelium bleibt es bei dieser spröden Notiz. Die Evangelisten Lukas und Johannes werden die Idee, das Erkennen des Auferstandenen – und damit das Kernstück des christlichen Glaubens – mit einer Mahlzeit zu verknüpfen, noch ausgestalten, jeder auf eine sehr spezifische Weise.

17 Die kritische Bibelwissenschaft hält die letzten Verse des Markusevangeliums mehrheitlich für eine sekundäre Ergänzung. Tatsächlich enden die ältesten Handschriften mit dem Satz: „sie fürchteten sich sehr" (Mk 16,8). Die These vom „sekundären Markus-Schluss" ist zwar für eine kanonische Lektüre irrelevant, aber insofern interessant, als sie zeigt, dass die Verknüpfung von Essen und Erkenntnis des Auferstandenen vielleicht erst eine Generation nach Markus, also am Ende des 1. Jahrhunderts vorgenommen wurde.

18 So das Bekenntnis des Petrus in der Mitte des Evangeliums: Mk 8,27–30.

Lukas: „Lasst uns essen und fröhlich sein“

Lukas hat von allen Evangelisten das größte Interesse an Mahlzeiten. Jesus ist hier eigentlich fortwährend bei jemandem zu Gast. Es ist darum nicht verwunderlich – und vielleicht einer der seltenen Fälle von Selbstironie in der Bibel? –, dass ausgerechnet in diesem Evangelium der Vorwurf gegen Jesus zitiert wird, er sei „ein Fresser und Weinsäufer“ (Lk 5,34). Zugleich ist Lukas der Evangelist mit dem größten Herzen für die Armen und Hungernden. Deshalb verzichtet er beispielsweise in seiner Version der Seligpreisungen auf eine spirituelle Deutung des Hungerns, wie Matthäus sie geboten hatte. Lukas verspricht: „Selig seid ihr, die ihr jetzt hungert, denn ihr sollt satt werden.“ (Lk 6,21)

In diesem Evangelium isst Jesus oft und wahrscheinlich auch gut. Wer aber hofft, wenigstens hier auf seine kulinarischen Kosten zu kommen, wird enttäuscht: Lukas kommt es nicht darauf an, *was*, sondern *dass* und *mit wem* Jesus isst. *Dass* Jesus und seine Jünger, im Unterschied zu den Anhängern der Pharisäer und des Täufers Johannes, jederzeit essen und nicht, wie andere religiöse Gruppen der Zeit, regelmäßig fasten,[19] wurde auch schon von Markus und Matthäus damit begründet, dass die Gegenwart Jesu mit einer Hochzeit zu vergleichen sei und entsprechend festlich begangen werden müsse (Mk 2,18–22; Mt 9,14–17; Lk 5,33–38). Lukas aber – der sich bei dieser Gelegenheit im Vorübergehen als Weinkenner zu erkennen gibt[20] – malt dieses Bild noch aus und berichtet von einem „großen Mahl“, das der Zöllner Levi für Jesus und viele seiner (in der Gesellschaft verhassten) Kollegen vom Zoll ausrichtet (Lk 5,27–32), von Pharisäern, die Jesus zum Essen einladen (Lk 7,36–50; 11,37; 14,1–24) und sogar von einer Selbsteinladung Jesu ins Haus des Oberzöllners Zachäus (Lk 19,1–10). Entsprechend der damals herrschenden Kultur sorgt Jesus als Gast auch für die Unterhaltung bei Tisch. Dies alles wird natürlich nicht erzählt, um einer kulinarischen Dekadenz das Wort zu reden, sondern um bei der Leser- und Hörerschaft des Evangeliums Erkenntnis zu bewirken.

19 Zur Zeit der Entstehung der Evangelien (wohlgemerkt: nicht zur Zeit Jesu!) fasteten die Pharisäer aus Trauer über die Zerstörung des Tempels durch die Römer montags und donnerstags. Die Anhänger des Täufers Johannes hielten Bußfasten, um sich auf die Ankunft des Messias vorzubereiten.

20 Lukas fügt gegenüber Markus und Matthäus bei der Fastenfrage eine eigene Bemerkung ein: „Niemand, der vom alten Wein trinkt, will neuen; denn er sagt: Der alte ist milder.“ (Lk 5,39)

In seinen Tischreden nutzt Jesus das Essen, um vom Reich Gottes zu erzählen, wobei er weniger die Gerichte als vielmehr die Tischkultur für seine Gleichnisreden benutzt. Angesichts einer Rangelei um die besten Sitzplätze bei Tisch ermahnt er die Zuhörer, als Gast bei einem Festmahl niemals die guten Plätze zu besetzen, um der Gefahr einer beschämenden Degradierung zu entgehen (Lk 14,7–14). Gastgebern schärft er ein, nicht Verwandte und reiche Freunde, sondern „Arme, Verkrüppelte, Lahme und Blinde" einzuladen (Lk 14,15–24). Als sich Pharisäer und Schriftgelehrte einmal beklagen, dass Jesus „sich der Sünder annimmt und mit ihnen isst" (15,2), erzählt er zu seiner Verteidigung das berühmte Gleichnis vom verlorenen Sohn (Lk 15,11–32), in dem die Leserschaft (ausnahmsweise einmal) auch im Blick auf die kulinarische Phantasie auf ihre Kosten kommt: Obwohl der Sohn seine Heimat verlässt und das Erbe verprasst, nimmt der Vater ihn wieder auf, lässt zum Festmahl ein gemästetes Kalb zubereiten und ruft seinem Hausstand zu: „Lasst uns essen und fröhlich sein." Auch das ist natürlich ein Gleichnis: für die Freude Gottes über jeden Sünder, der zu ihm zurückfindet – und damit zugleich eine weitere Legitimation dafür, dass Jesus so ausgiebig speist. Sein Essen ist ein Symbol für das Freudenmahl im Reich Gottes.

Auch die Geschichten von der Passion und der Auferstehung Jesu sind bei Lukas stärker mit Essen verknüpft als bei Matthäus und Markus: Der detaillierten Beschreibung des Pessachmahls mit seinen Jüngern[21] fügt er ein Tischgespräch an, in dem es wieder um die Tischordnung geht. Den Streit der Jünger darüber, „wer von ihnen als der Größte gelten", wer also den besten Platz haben sollte, nimmt Jesus zum Anlass für Ermahnung und Versprechen:

> Der Größte unter euch soll sein wie der Jüngste und der Vornehmste wie ein Diener. Denn wer ist größer: der zu Tisch sitzt oder der dient? Ist's nicht der, der zu Tisch sitzt? Ich aber bin unter euch wie ein Diener. Und ihr seid es, die ausgeharrt habt mit mir in meinen Anfechtungen. Und ich will euch das Reich vererben, wie mein Vater es mir vererbt hat, dass ihr essen und trinken sollt an meinem Tisch in meinem Reich und sitzen auf Thronen und richten die zwölf Stämme Israels. (Lk 22,26–30)

21 Lukas gestaltet dieses Mahl am deutlichsten als Pessachmahl, indem er zwei Becher Wein erwähnt, über die Jesus, gewissermaßen als Hausvater, den Segen und das Dankgebet spricht.

Angesichts der großen Bedeutung, die Lukas dem Essen in seiner Beschreibung des Lebens Jesu beimisst, erscheint es nur konsequent, dass er auch die Auferstehung Jesu mit einer Mahlzeit verknüpft. In seiner berühmten Erzählung von den „Emmausjüngern“ (Lk 24,35) gesellt sich der auferstandene Jesus zu zwei Jüngern, die auf dem Weg von Jerusalem nach Emmaus sind und sich mit ihm zwei Stunden lang über die Verurteilung und den Tod ihres Lehrers unterhalten, ohne ihn zu erkennen. Aber „als er mit ihnen zu Tisch saß, nahm er das Brot, sprach ein Dankgebet und brach es und gab es ihnen. Da wurden ihre Augen geöffnet und sie erkannten ihn“ (Lk 24,30–31). Die formelhaften Worte des Rituals, die vier Verben zum Wiedererkennen – „er nahm das Brot, dankte, brach's und gab's“ begegneten auch im Lukasevangelium schon bei der Erzählung über die Massenspeisung (Lk 9,10–17)[22] und über das letzte Mahl (Lk 23,7–23). Der Ablauf ‚Brot nehmen, ein Dankgebet sprechen, das Brot brechen und es verteilen‘ bewirkt die Erkenntnis, dass Jesus selbst gegenwärtig ist – oder vielmehr: war. Denn just in dem Augenblick, in dem sich das Erkennen einstellt, verschwindet der auferstandene Jesus wieder (Lk 24,31). Das Essen, besser gesagt: eine spezifische Art, das Essen zu verteilen, bewirkt die Erkenntnis des auferstandenen Jesus, und diese Erkenntnis beflügelt die Erinnerung: „Und sie sprachen zueinander: ‚Brannte nicht unser Herz in uns, als er mit uns redete auf dem Weg und uns die Schrift eröffnete?‘“ (Lk 24,32) Wie zur Bekräftigung wird dieselbe Abfolge von Reden und Essen dann noch einmal wiederholt und der Zusammenhang von Reden und Essen sogar noch überboten. Der auferstandene Jesus zeigt sich nämlich noch einmal allen Jüngern und wird von ihnen für ein Gespenst gehalten: „Sie erschraken aber und fürchteten sich und meinten, sie sähen einen Geist“ (Lk 24,37). Das ändert sich auch dann nicht, als er sich von ihnen berühren lässt. „Als sie aber noch nicht glaubten vor Freude und sich wunderten, sagte er zu ihnen: Habt ihr hier etwas zu essen? Und sie legten ihm ein Stück gebratenen Fisch vor. Und er nahm es und aß vor ihnen.“ (Lk 24,42–43) Und wieder lässt Lukas eine Tischrede folgen, in der der auferstandene Jesus seinen Jüngern „das Verständnis öffnete, so

22 Anders als Matthäus und Markus berichtet Lukas allerdings nur von einer Massenspeisung, der Speisung der 5.000.

dass sie die Schrift verstanden." (Lk 24,45) Die Mahlzeit des auferstandenen Jesus legt also das Fundament für die Mission, von der Lukas in seiner *Apostelgeschichte* erzählen wird.[23]

Johannes: „Mein Fleisch ist die wahre Speise"

Das Evangelium des Johannes hat, wie bereits erwähnt, einen ganz anderen Charakter als die drei vorigen. Johannes kennt höchstwahrscheinlich zumindest einen der Synoptiker, aber er ordnet das Material anders und setzt andere Akzente. Erkennen und (vor allem!) Nichterkennen sind dabei Leitmotive. „Er war in der Welt, und die Welt ist durch ihn gemacht, aber die Welt erkannte ihn nicht." (Joh 1,10) lautet einer der ersten, programmatischen Sätze. Es entsteht fast der Eindruck, dass Jesus in diesem Evangelium nichts tun kann, was nicht unmittelbar auf Erkenntnis zielt. Das gilt auch für die Mahlzeiten. Das erste „Zeichen", das Jesus tut, damit „die Welt" erkenne, dass er Gottes Sohn ist, findet auf einer Hochzeitsfeier statt (Joh 2,1–11) und sorgt für Verwirrung beim Speisemeister des Festes. Als den Gastgebern der Wein ausgeht, lässt Jesus seine Jünger die Wasserkrüge neu füllen. Der Speisemeister kostet daraus und stellt fest, dass sich darin Wein befindet, und zwar viel besserer Wein als der zuvor gereichte. Dies ist bereits in der Antike ein Bruch mit der Konvention, wie der Speisemeister gegenüber dem Bräutigam erstaunt feststellt: „Jeder gibt zuerst den guten Wein und wenn sie betrunken werden, den weniger guten. Du aber hast den guten Wein bis jetzt zurückgehalten!" (Joh 2,10) Während dieses erste „Zeichen" noch unkommentiert bleibt, redet Jesus im Fortgang des Buchs sehr viel. Die Pointe seiner Reden ist – und das erinnert an die Szene in der Wüste bei den Synoptikern –, dass die wirklich sättigende Nahrung nicht aus Brot und Wein besteht, sondern geistiger Natur ist. Als seine Jünger ihn zum Essen auffordern, erwidert er:

23 Das dritte Evangelium und die *Apostelgeschichte* gelten als „Doppelwerk" des Lukas, vgl. dazu Schnelle: *Einleitung in das Neue Testament,* S. 309–354; Martin Bauspiess: *Geschichte und Erkenntnis im lukanischen Doppelwerk. Eine exegetische Untersuchung zu einer christlichen Perspektive auf Geschichte.* Leipzig: EVA 2012.

> Ich habe eine Speise zu essen, von der ihr nicht wisst. Da sagten die Jünger zueinander: Hat ihm jemand zu essen gebracht? Jesus sagt zu ihnen: Meine Speise ist, dass ich den Willen dessen tue, der mich gesandt hat, und sein Werk vollende (Joh 4,32–34).

Da Jesus in der Theologie des Johannesevangeliums selbst *das* Wort Gottes ist, stellt er sich in seinen Reden aber vor allem selbst als Speise dar. So folgt auf die Speisung der 5.000 (eine der wenigen Szenen, die in allen vier Evangelien vorkommen) eine lange Rede, in der Jesus sich unter Verweis auf die biblische Erzählung (2. Mose 16) von der Speisung der Israeliten in der Wüste mit Himmelbrot (Manna) als „Brot des Lebens" bezeichnet: „Ich bin das Brot des Lebens. Wer zu mir kommt, der wird nicht hungern; und wer an mich glaubt, den wird nimmermehr dürsten." (Joh 6,35) Diese Behauptung ist natürlich skandalös und provoziert Widerstand. Aber Jesus überbietet sie sogar noch:

> Da stritten die Juden untereinander und sagten: Wie kann der uns sein Fleisch zu essen geben? Jesus sagte zu ihnen: Wahrlich wahrlich, ich sage euch: Wenn ihr nicht das Fleisch des Menschensohnes esst und sein Blut trinkt, so habt ihr kein Leben in euch. Wer mein Fleisch isst und mein Blut trinkt, der hat das ewige Leben, und ich werde ihn am jüngsten Tag auferwecken. Denn mein Fleisch ist die wahre Speise, und mein Blut ist das wahre Getränk. Wie mich der lebendige Vater gesandt hat, und ich lebe um des Vaters willen, so wird auch, wer mich isst, leben um meinetwillen. (Joh 6,52–57)

Diese drastischen Worte führen zu einer Spaltung in der Jüngerschaft Jesu, die er auch mit dem Hinweis, dass er von geistigen, nicht von fleischlichen Dinge rede, nicht verhindern kann – und wohl auch nicht will (Joh 6,60–65). Hier zeigt sich deutlich der ursprüngliche Charakter der Evangelien als Gebrauchsliteratur: Die Rede soll dem bei der Leser- und Hörerschaft etablierten Ritus des gemeinsamen Mahls mit Brot und Wein theologisch Sinn verleihen. Mehr noch als die anderen Evangelisten betont Johannes die Wichtigkeit der (richtigen) Deutung des Essens.

Auch dass Johannes das letzte Mahl Jesu mit seinen Jüngern nicht wie die anderen als Pessachmahl darstellt, hat theologische Gründe: Jesus, nach Johannes das „Lamm Gottes" (Joh 1,29), soll an dem Abend sterben, an denen die Pessachlämmer im Tempel geschlachtet werden. Dafür muss das letzte Mahl davor datiert werden. Auch in der Ausgestaltung dieses Mahls geht Johannes eigene Wege im Vergleich zu den Synoptikern. Die Worte Jesu zu Brot und Kelch erwähnt er nicht, dafür zitiert er seitenweise die Reden, die Jesus an diesem Tag gehalten haben soll und die in der Exegese als „Abschiedsreden" bezeichnet werden (Joh 14–17). Immerhin hat er mit seiner Darstellung der Nachwelt ein wichtiges Bildmotiv hinterlassen: Nur er erwähnt, dass der Jünger, „den Jesus lieb hatte" (Joh 13,23; 19,26; 20,2; 21,7.20), bei Tisch seinen Kopf „an die Brust Jesu lehnte" (Joh 13,25). Dieses Motiv verbindet die letzte Mahlzeit des irdischen Jesus mit der ersten, die er als Auferstandener mit seinen Jüngern hält und die in christlichen Kontexten manchmal als „Frühstück am See" bezeichnet wird (Joh 21,1-4). Einige Jünger fahren nachts zum Fischen auf den See Genezareth, kehren jedoch ohne einen einzigen Fisch ans Ufer zurück. Dort steht, unerkannt, der auferstandene Jesus und fordert sie auf, die Netze ein weiteres Mal auszuwerfen. Als die Netze bei diesem Fang so voll werden, dass sie sie kaum an Land ziehen können, erkennt der Lieblingsjünger, der beim Abendmahl an Jesu Brust gelegen hatte, in dem Besucher Jesus. Sie essen die über einem Feuer gegrillten Fische und Brot, und ein letztes Mal schließt sich ein Tischgespräch an, in dem der auferstandene Jesus Petrus die Verantwortung für die christliche Gemeinde überträgt. Auch Johannes verknüpft also die Erkenntnis des Auferstandenen mit einem Bericht über ein Essen. Im Unterschied zu Markus und Lukas spielt er dabei aber nicht mit der Erinnerung an das ritualisierte eucharistische Mahl, sondern mit dem Motiv der Fülle: Neben Jesus sind es noch sieben weitere Personen, für die an diesem Morgen 153 Fische und einige Brote gegrillt und aufgetischt werden.

Christliche Esskultur: Gemeinschaft zum Gedächtnis, aber ohne Geschmack

Der Spannungsbogen, der sich über die vier Evangelien hinweg entfaltet, führt von einer grundlegenden Relativierung des Essens (Matthäus) über das Essen als Ort von Erkenntnis, die durch Tischgespräche (Markus und Lukas) und durch die Erinnerung an gemeinsame, durchaus opulente Mahlzeiten (Lukas und Johannes) hervorgerufen wird, hin zu einer christologischen Neudeutung von Brot und Wein,

den Hauptnahrungsmitteln der Antike. Vom matthäischen Jesus, der mit einem Zitat aus 5. Mose 8,3 erklärt: „Der Mensch lebt nicht von Brot allein“ (Mt 4,4), führt die Lektüre der Evangelien zum johanneischen, der sagt: „Ich bin das Brot des Lebens.“ (Joh 6,35)
Damit spiegelt sich in der kanonischen Reihenfolge der Evangelien eine Entwicklung, die in den paulinischen Briefen auch für die ersten christlichen Gemeinden im 1. Jahrhundert dokumentiert ist. In Korinth etwa trafen sich die Christen regelmäßig, um gemeinsam zu essen, bevor sie das ritualisierte eucharistische Erinnerungsmahl feierten. Dies führte zu Konflikten, weil nur die wohlhabenderen Gemeindemitglieder sich dieses gemeinsame „Sättigungsmahl“ leisten konnten, während die Ärmeren erst zur Eucharistie erschienen. Paulus versucht diesen Konflikt mit der Empfehlung zu lösen, dass man sich bei den Zusammenkünften auf das rituelle Mahl beschränken soll. Wer Hunger habe, könne vorher zuhause etwas essen, ohne dass die anderen es sehen müssten (1 Kor 11,17–34). Die hier propagierte Bevorzugung des rituellen Mahls und seine Abkopplung von anderen Mahlzeiten hatte kulturgeschichtlich weitreichende Folgen: Weil es im Christentum – anders als in anderen Religionen und Kulturen – außer für Brot und Wein keine religiöse Deutung für Speisen gibt, ist der Geschmack des Essens für die christliche Religionskultur irrelevant. (Beim Kauen einer Oblate kann man sogar auf den Gedanken verfallen, es werde für die Symbolik als besonders vorteilhaft angesehen, wenn die Speise selbst gerade nicht schmackhaft ist). Die Evangelien bewahren zwar noch die Erinnerung daran, dass Jesus selbst ausgiebig gespeist hat und dass sein letztes Mahl mit den Jüngern nicht nur aus Brot und Wein bestand. Die Relativierung und Neudeutung des Essens durch den Apostel Paulus und die vier kanonisch gewordenen Evangelien hat aber sicherlich ihren Teil zur oft gescholtenen Sinnenfeindlichkeit des Christentums beigetragen, in deren Folge auch das Essen an Sinnlichkeit verlor. Wenn man in christlich geprägten Kulturen dennoch kulinarische Genüsse erleben kann, ist dies wohl nicht wegen, sondern trotz des Neuen Testaments möglich. Andererseits hat keine andere Religionskultur das gemeinsame Essen als puren – geschmacks- und genussfreien! – Akt des Gedächtnisses so explizit und exklusiv betont wie das Christentum.

Stefan Tilg

Essen und Erzählen

Eine römische Spezialität in den Romanen von Petron und Apuleius

> „Was wird dir das nützen, wenn du durch Verzicht auf Nahrung aufgerieben bist, wenn du dich lebendig begräbst, wenn du, bevor das Schicksal es fordert, deinen Geist, ohne dass der Spruch gefällt ist, wegwirfst? ‚Glaubst du, darum kümmern sich Asche und Tote im Grabe?' Willst du nicht ins Leben zurückkehren? Willst du nicht abschütteln weibliche Verblendung und, so lange es erlaubt ist, die Freuden des Daseins genießen? Gerade die Leiche dessen, der da liegt, sollte dich mahnen zu leben." Niemand hört es ungern, wenn er genötigt wird, entweder Speise zu sich zu nehmen oder doch zu leben. Daher ließ die vom mehrtägigen Fasten ausgedörrte Frau zu, dass ihre Hartnäckigkeit gebrochen wurde, und sie stopfte sich nicht weniger gierig mit Speise voll als ihre Magd, die sich vorher hatte besiegen lassen. (Petron: *Satyrica* 111,11–13)

Essen in Rom und der römischen Literatur – Satire und Roman

Wo von Essen im römischen Kulturkreis die Rede ist, sind Assoziationen von Speiseluxus und Dekadenz nicht fern. Der Topos vom „Essen wie die alten Römer" hat sich nicht zuletzt durch die zahlreichen in römischen Antikefilmen zu sehenden Gelage in den Köpfen vieler festgesetzt. Er passt zu dem noch gröberen Klischee von den im Gegensatz zu den vergeistigten Griechen eher materiell orientierten Römern, das vielfach freilich nur durch die bessere Quellenlage im römischen Bereich und die damit wiederum zusammenhängende intensivere

Forschung zur Alltagskultur bedingt ist. So ist das einzige erhaltene Kochbuch der Antike (*De re coquinaria*, „Über das Kochen"), das im Humanismus dem unter Tiberius lebenden Gourmet Apicius zugeschrieben wurde und bis heute römische Hobbyköche zum Nachkochen inspiriert, eben ein lateinisches, obwohl es zweifellos auch ähnliche griechische Werke gegeben hat. So richtig erkennbar römisch wird das Römische für die meisten heutigen Zeitgenossen allerdings erst dann, wenn das Materielle ins Kolossale und Exzessive gesteigert wird, wenn Armeen marschieren, Blut in der Arena spritzt oder sich Schlemmer ins *vomitorium* („Spei-Ort") begeben, um sich, womöglich mit einer Pfauenfeder, nach einem üppigen Mahl zur weiteren Nahrungsaufnahme zum Erbrechen zu bringen (tatsächlich ist das ein moderner Mythos – die Römer kannten das Wort *vomitorium* zwar seit der Spätantike, benutzten es aber für die Zugänge zu den Theatern, aus denen die Zuschauer gleichsam ‚ausgespien' wurden). Die römische Literatur – und gerade die emphatisch römische, von der griechischen Literatur stark emanzipierte – ist an der Entstehung solcher Essens-Topoi aber auch nicht ganz unschuldig. Zwei Genres sind hier besonders einschlägig, die römische Satire und der römische Roman. In diesem Beitrag werde ich mich auf Letzteren konzentrieren, da er unter dem Aspekt des Essens in seinen vielfältigen Dimensionen der Erinnerung bisher weniger untersucht wurde und aus einer heutigen weltliterarischen Perspektive zugänglicher als die Satire ist. Erinnerung wird hier dabei nicht nur als individuelle biographische Erinnerung von Figuren im Text verstanden, sondern auch und v. a. als Appell der Texte an ein intra- und intertextuelles, poetologisches, kulturelles und religiöses Gedächtnis. Dass diese tendenziell überindividuellen Formen der Erinnerung in den hier untersuchten Texten dominieren, hat wohl auch mit der Tatsache zu tun, dass Figuren in vormodernen Erzähltexten eher als ‚flache'[1] Charaktere ohne ausgeprägtes psychologisches Innenleben gezeichnet werden. Ein

1 Der Begriff stammt aus Edward Morgan Forsters einflussreicher Studie *Aspects of the Novel* (New York: Harcourt, Brace 1927), in der Forster ‚flat' vs. ‚round characters' unterscheidet. Während Forster ‚flache' Charaktere abwertet, lässt sich in der ‚Flachheit' durchaus auch etwas Positives sehen, nämlich die stärkere Aktualisierung von Bedeutungsebenen über die Fokalisierung eines Ich-Erzählers bzw. generell von Figuren hinaus. Die in diesem Beitrag aufgezeigten Erinnerungsdimensionen des vertexteten Essens können als Beispiel dafür dienen.

Proust'sches Madeleine-Erlebnis kann es in antiken Erzählungen nicht geben, weil Erzählungen nicht die Aufgabe hatten, in die mentalen Tiefen einer Figur hinabzutauchen.

Beginnen möchte ich meinen hauptsächlich dem Roman gewidmeten Beitrag aber trotzdem mit einigen Bemerkungen zur Satire, weil dem römischen Roman oft – und nicht zu Unrecht – eine gewisse Verwandtschaft mit der Satire nachgesagt wurde.[2] Während wir heute unter „Satire" mehr eine Haltung bzw. Sprechweise als ein formal eng definiertes Genre verstehen, war die *satira* oder *satura* für die Römer stets eine metrische Dichtung im Hexameter. Dieser Vers, der sonst am besten aus dem ‚hohen' Epos bekannt ist, wurde von den Satirikern zur – typischerweise mit Spott und Kritik verbundenen – Beschreibung von ‚niedrigen' Sujets des Alltags verwendet. Essen als prominentes Phänomen des Alltags ist dabei oft ein wichtiges Motiv. Horaz' epikureisch grundiertes Eintreten für ein schlichtes, ländliches Leben und die damit einhergehende Luxuskritik in seinen Satiren ist etwa stark mit Speisen assoziiert, die für die jeweilige Lebensart stehen:

> Ach, wann wird die Bohne, Pythagoras' Verwandte, wieder auf meinem Tisch erscheinen, mit ihr der geliebte Kohl, saftig geschmälzt durch fettes Rauchfleisch?[3]

So seufzt der in die Geschäfte der Stadt verstrickte Sprecher in Satire 2,6,63–64, um der nostalgischen Erinnerung an sein Landgut Ausdruck zu geben. In derselben Satire folgt in Vers 77–117 die berühmte Fabel von der Landmaus und der Stadtmaus, in der sich der konträre Lebensstil der beiden Mäuse zu einem guten Teil über ihre jeweilige Nahrung definiert. In einzelnen Satiren wird das Essen sogar zum

2 Z. B. bei Warren S. Smith: The Satiric Voice in the Roman Novelistic Tradition. In: Joachim Knuf (Hrsg.): *Unity and Diversity. Proceedings of the Fourth International Conference on Narrative.* Lexington: U of Kentucky P 1996, S. 309–317.

3 Die in diesem Beitrag gegebenen Übersetzungen folgen – gelegentlich mit kleinen Modifikationen – den leicht zugänglichen zweisprachigen Ausgaben der Sammlung Tusculum. Hier Horaz: *Sämtliche Werke*, aus d. Lat. v. Theodor Kayser / Ferdinand Otto von Nordenflycht / Wilhelm Schöne, hrsg. v. Hans Färber / Wilhelm Schöne. München: Artemis 1982. Die Bohne wird scherzhaft „Pythagoras' Verwandte" genannte, weil Bohnen die bevorzugte Nahrung des Erzvegetariers Pythagoras gewesen sein sollen.

Hauptthema, so bei Horaz 2,4, wo ein gewisser Catius überschwänglich die kulinarischen Lehren eines anonymen Essensgurus schildert, und in 2,8, wo der Sprecher ein bizarres Gastmahl im Haus des Freigelassenen Nasidienus beschreibt. Essen ist der Satire sogar in ihren Gattungsnamen eingeschrieben, kommt doch *satura* (die ursprüngliche Form) höchstwahrscheinlich von der Verbindung *lanx satura*, was „(mit Speisen) gefüllte Schüssel" heißt.[4] Zu erklären ist das ähnlich wie das französische, ursprünglich auch der kulinarischen Sphäre entstammende *potpourri*: Wie dieses wurde die *satura* als eine Art „Eintopf" angesehen, in dem man verschiedene Stücke zusammenmischen konnte (tatsächlich wurden Satiren auch stets in Sammlungen und nie einzeln publiziert). Natürlich konnte Essen in der Satire ein breites Spektrum von Bedeutungen annehmen. Neben den philosophischen und sozialen Nuancen, die schon angeklungen sind, sei hier beispielsweise die literarische bzw. metaliterarische Dimension hervorgehoben, der Emily Gowers in ihrem Buch über die Darstellung von Essen in der römischen Literatur nachgeht.[5] Gowers schlägt z. B. vor, dass Catius' bei Horaz 2,4 gegebene kulinarische Lehren eine Analogie zu Horaz' alexandrinischem Literaturprogramm des Kleinen, aber sorgfältig Ausgearbeiteten darstellen, das er in der *Ars poetica* ebenso wie in seinen poetologischen Satiren 1,4 und 1,10 erläutert. Man könnte also in unserem Kontext dafür argumentieren, dass das satirische Essen und Trinken auf metaphorischer Ebene an ein Dichtungsprogramm erinnert, etwas, was wir auch in den Romanen wiederfinden werden.

Der römische Roman, den Gowers in ihrer Studie fast vollständig übergeht, nimmt das Motiv von Essen und Trinken ähnlich bereitwillig wie die Satire auf. Wenn der griechisch-römische Roman allgemein mit der heute gültigen Basisdefinition eines Romans als lange, selbständig publizierte, fiktionale Prosaerzählung gefasst werden kann, so zeichnet sich der römische Roman darüber hinaus insbesondere

4 Einen konzisen Überblick über die möglichen wortgeschichtlichen Herleitungen von „Satire" gibt Susanna Braund: Satire. In: *Der Neue Pauly*, hrsg. v. Hubert Cancik / Helmuth Schneider / Manfred Landfester. Stuttgart: Metzler 1996–2003, Bd. 11, S. 101–104.

5 Emily Gowers: *The Loaded Table. Representations of Food in Roman Literature.* Oxford: Oxford UP 1993. Gowers behandelt die Genres Komödie, Satire und Lyrik, wobei der Satire am meisten Platz eingeräumt wird.

durch seine Komik aus. Vertreten wird er – zumindest bis in die christliche Spätantike – nur durch die zwei Werke von Petron und Apuleius, die in den folgenden Abschnitten näher charakterisiert werden. Im Unterschied zum griechischen Kulturraum, in dem seit der Kaiserzeit zahlreiche idealisierende und für heutige Begriffe vielleicht trivial wirkende Liebesromane produziert wurden, sind diese wenigen römischen Romane in ihrer Komik ‚niedrig', in ihrer literarischen Ausgestaltung aber ungemein elaboriert und anspielungsreich. Durch ihren bissigen Witz, ihren intertextuellen Anspielungsreichtum und die ‚Niedrigkeit' der in ihnen dargestellten Welt sind die römischen Romane mit der Satire vergleichbar; dazu kommen einzelne ganz konkrete Anknüpfungspunkte wie z. B. die offenkundigen Parallelen zwischen Petrons berühmtem Gastmahl des Trimalchio und dem bei Horaz beschriebenen Gastmahl des Nasidienus – hier wie dort haben wir einen neureichen Freigelassenen, der sich als jovialer Gastgeber inszeniert; hier wie dort steht die Beschreibung üppiger Speisearrangements im Zentrum; hier wie dort suchen die beobachtenden Protagonisten schließlich angeekelt das Weite. Das heißt nicht, dass der römische Roman einfach aus der Satire abzuleiten wäre, doch hat die Satire ihm offenbar einen Impuls mitgegeben, den wir so im griechischen Roman nicht finden. Zwar legen manche griechische Romanfragmente die Existenz von komischen Romanen auch im griechischen Sprachraum nahe, bieten aber nicht im selben Ausmaß – und gerade auch, was die Darstellung von Essen betrifft – Anknüpfungspunkte an die Satire wie die römischen Romane von Petron und Apuleius. Das ist auch leicht verständlich, wenn man bedenkt, dass die *satura* eines der ganz wenigen Genres der römischen Literatur ist, das die Römer nicht von den Griechen übernommen, sondern selbst erfunden haben. *Satura tota nostra est*, „die Satire gehört ganz uns", formulierte der römische Redelehrer Quintilian in den Neunzigerjahren des 1. Jahrhunderts n. Chr. stolz (*Institutio oratoria* 10,1,93). In diesem Sinn ist das Erzählen im römischen Roman, von dem ich im Titel spreche, tatsächlich eine römische Spezialität.

Bevor ich zur Charakterisierung der Romane von Petron und Apuleius unter dem Aspekt des Essens übergehe, sei allerdings noch ausdrücklich davor gewarnt, die darin dargestellte Welt ungebrochen als Spiegel der historischen Wirklichkeit zu sehen. Zwar zeichnet sich der römische Roman wie die Satire durch die Darstellung von Niedrigem und Alltäglichem aus, doch ist diese scheinbare Realität praktisch immer komisch überzeichnet und teilweise ins Groteske gewendet. Auch von Übertreibungen zu sprechen greift hier sicher oft zu kurz, wenn man darunter versteht, dass man die Überzeichnung nur etwas zurücknehmen müsste, um zur Realität zu gelangen. Insofern ist die in der älteren Forschung aufgekommene und heute gelegentlich immer noch kursierende Rede vom „realistischen" römischen Roman (im Unterschied zum „idealistischen" griechischen) unglücklich. Gerade das Motiv des Essens beweist, dass die Darstellung eines alltäglich-elementaren und insofern wohl der Lebenswirklichkeit entnommenen Vorgangs in der Literatur eher ein Spektrum von Verweisebenen als mimetischen Realismus anzeigt.

Petrons *Satyrica*: Essen um Leben und Tod

Über den Autor der *Satyrica* ist wenig bekannt. Vermutlich handelt es sich um den in Tacitus' *Annalen* (16,17,1 und 16,18–9) beschriebenen Petronius, der am Hof Neros als Lebemann und „Experte in Stilfragen" (*arbiter elegantiae*) aufgefallen ist – von daher datiert man die *Satyrica* gewöhnlich auch in die neronische Zeit, ca. 60 n. Chr. Das Werk verdankt seinen Namen den Satyrn, den komischen, halb tierischen (mit spitzen Ohren und Pferdeschwanz ausgestatteten) und Eskapaden nie abgeneigten Begleitern des Weingotts Dionysos in der griechischen Mythologie. Der scherzhaft aus dem griechischen *Satyrika* (Σατυρικά) abgeleitete und dann latinisiert *Satyrica* geschriebene Titel bedeutet in Anlehnung an historiographische Titel wie *Hellenika* („Griechische Geschichte") ungefähr „Satyrgeschichten"; nicht etwa, weil Satyrn als Figuren auftreten würden, sondern weil sich die von ihren körperlichen Grundbedürfnissen gesteuerten Protagonisten so ähnlich wie Satyrn verhalten. Vielleicht ist mit dem Titel auch eine Anspielung auf das griechische Satyrspiel intendiert, das bei den attischen Theaterfestspielen als komischer Abschluss auf eine Tragödientrilogie folgte. Dann wäre *Satyrica* gleich auch ein poetologisches Signal für den parodistischen Charakter des Werks, denn das Satyrspiel parodierte die hohe Tragödie und den Mythos, indem es seinen Protagonisten eine Schar lustiger Satyrn als Chor beigesellte.[6]

6 Sprachlich ist der Titel übrigens ein Neutrum Plural. Die in manchen Handschriften als Überschrift zu findende Genitivform *Satyricon libri* („Bücher der *Satyrica*"; nach griechisch Σατυρικῶν λόγοι) hat zu der an sich falschen, aber im Lauf der

Die *Satyrica* sind leider nur sehr fragmentarisch überliefert. Von den ursprünglich mindestens 16 Büchern (vielleicht waren es 24 nach dem Modell der homerischen Epen, die Petron vielfach parodiert) haben wir Fragmente aus nur wenigen, vielleicht aus drei, erhalten. Das einzige lange und als eigenständige Episode wohl auch vollständig erhaltene Stück des Werks ist das Gastmahl des Trimalchio, dem ich mich gleich näher widmen werde. Alles Übrige ist Stückwerk, aus dem man den Erzählzusammenhang oft erst rekonstruieren muss. Zumindest grob lassen sich die *Satyrica* mit dem frühneuzeitlichen Schelmenroman vergleichen. Hier wie dort sind die Protagonisten männliche Vagabunden bzw. Schelme, wobei gerade ihre sexuellen (homo- und heterosexuellen) Ausschweifungen bei Petron unverblümter als meist in der Neuzeit dargestellt werden. Der Ich-Erzähler des Romans und seine wichtigste Figur ist ein gewisser Encolpius, der auf seinen Abenteuern von zwei weiteren Figuren begleitet wird: vom schönen Knaben Giton, in den er verliebt ist, und von seinem Freund Ascyltus, der zu einem Konkurrenten um Giton wird. Als eine Art Anführer dieser Gruppe tritt außerdem in der ersten Hälfte der erhaltenen Fragmente der Redelehrer Agamemnon, in der zweiten der alternde Dichter Eumolpus auf. Die Berufe dieser Letzteren deuten schon darauf hin, dass die *Satyrica* ein ausgeprägtes Interesse an Bildung und Literatur an den Tag legen, allerdings so, dass die hohe Welt der Bildung und Literatur – deren Figuren, Plots und Pathos Encolpius und Co. gewissermaßen nachspielen – komisch mit der niedrigen Lebenswirklichkeit der Protagonisten zusammentrifft. Encolpius stilisiert sich z. B. gern als epischer Held und bevorzugt als neuer Odysseus, der durch göttlichen Zorn über Land und Meer getrieben wird. Allerdings sieht er sich nicht als Opfer des odysseischen Poseidon, sondern des Priapus, des mit einem riesigen Glied dargestellten ländlichen Gartengotts, auf dessen Zorn er seine zeitweilige Impotenz zurückführt. Trotz ihrer fragmentarischen Überlieferung sind die *Satyrica* seit ihrer Wiederentdeckung in der Renaissance (das Gastmahl des Trimalchio wurde

Zeit eingebürgerten Rede von „dem *Satyricon*" (statt „den *Satyrica*") geführt. Ebenfalls falsch ist die zählebige und noch in manchen Ausgaben des 20. Jahrhunderts zu lesende Form *Satiricon* oder *Satirica*, die eine sprachliche Ableitung des Titels von der Satire nahelegt – inhaltlich kann man allerdings, wie einleitend dargelegt, sehr wohl von einer Inspiration durch die Satire sprechen, und vielleicht hat Petron den Titel wortspielerisch auch bewusst im Anklang an *satira* gewählt.

erst im 17. Jahrhundert bekannt) außerordentlich einflussreich geworden. Sie haben auf den Schelmenroman ebenso wie auf die in der Frühen Neuzeit blühende Menippeische Satire gewirkt. Heute sind sie einem größeren Publikum vor allem über die filmische Aneignung in Federico Fellinis *Satyricon* von 1969 bekannt, das allerdings ein eher ‚fellineskes' als ein ‚petroneskes' Kunstwerk ist.

Von allen antiken Romanen sind die *Satyrica* sicher jener, in dem Essen und Trinken die wichtigste Rolle spielen. Das mag zum Teil an einer Verzerrung durch die Überlieferung liegen, die uns die Episode vom Gastmahl des Trimalchio ganz erhalten hat, während viele andere Teile fehlen. Auch in den Fragmenten vor und nach dem Gastmahl ist das Motiv des Essens aber breit vertreten. Die Fragmente beginnen mit einer Szene in einer Rhetorenschule. Encolpius hält gerade eine pathetische Rede gegen die aus seiner Sicht zunehmend pathetische Redekunst seiner Zeit. Dabei bedient er sich eines auffällig dichten Netzes von Metaphern aus dem kulinarischen Bereich. Er bezeichnet inhaltsleere Deklamationen als „Honigkuchen-Reden und lauter Worte und Taten, die gleichsam mit Mohn und Sesam bestreut sind"[7] und fährt fort:

> Die, welche in diesem Milieu genährt werden, können nicht mehr Geschmack haben, als diejenigen gut riechen können, die ständig in einer Küche hausen. (1,1,3–2,1)

Schließlich geht er zu einer größeren Attacke auf die Dekadenz der zeitgenössischen Literatur über:

> Und ebenso wenig hat eine Dichtung von gesunder Farbe ihren Glanz entfaltet, sondern nichts konnte, weil alles gleichsam mit derselben Kost gefüttert (*omnia ... eodem cibo pasta*) war, ein hohes Alter erreichen. (2,8)

Essen dient hier wie im oben kurz diskutierten Fall von Horaz' *Satiren* zunächst als Chiffre, um ein literarisches Programm (das der guten alten Zeit bzw. das der dekadenten Gegenwart) in Erinnerung zu rufen. Im Unterschied zu Horaz ist der Erzähler hier aber notorisch

7 Übersetzungen nach Petronius Arbiter: *Satyrische Geschichten. Satyrica*, aus d. Lat. u. hrsg. v. Niklas Holzberg. Berlin: Akademie 2013.

unzuverlässig. Zumindest im Rückblick wird klar, dass der eigentliche Zweck seiner bombastischen Rede war, sich eine Einladung zu einem Gastmahl zu verschaffen – der Redelehrer Agamemnon, der Encolpius zugehört hat und von ihm beeindruckt ist, sorgt für die entsprechenden Kontakte. In einem Streitgespräch, das Encolpius mit seinem Freund Ascyltus wegen dessen Abwesenheit in der eben beschriebenen Szene führt, werden die wahren Motive offengelegt:

> „Du hast dich", sagte ich, „von der Diskussion mit dem Rhetoriklehrer heimlich davongemacht." „Was hätte ich denn machen sollen, du Riesendummkopf, wo ich vor Hunger fast umkam? Ich hätte wohl die Sentenzen anhören sollen, und das heißt: Glasscherben und Traumdeutereien? Viel schändlicher als ich bist du, beim Herkules, der du, um auswärts essen zu können, einem ‚Poeten' [Agamemnon] gelobhudelt hast!" (9,10–10,2)

Essen als Metapher für und Erinnerung an einen literarischen Diskurs wird so schleichend zu einem der komischen Personencharakteristik dienenden Signal. Gerade der Verlust des erinnernden Verweischarakters des Essens, seine Herauslösung aus einem größeren gedanklichen Kontext und seine Fokussierung auf die reinen körperlichen Grundbedürfnisse scheint dabei eine Quelle der Komik zu sein. Der Redelehrer Agamemnon ist es schließlich, der Encolpius, Ascyltus und Giton zum Gastmahl des Trimalchio mitnimmt (26,7), während dessen Verlauf sich bewahrheitet, dass Agamemnon im Metier des Parasiten versiert ist:

> Wir nahmen die Raffinesse des Scherzenden [Trimalchio] mit Beifall auf, und allen voran Agamemnon, der wusste, für welche Verdienste man ihn wieder zum Gastmahl einladen würde. (52,7)

Beim Gastmahl selbst, der *Cena Trimalchionis*, stehen dann Essen und Trinken im Mittelpunkt der Erzählung. Trimalchio ist der Typus des neureichen, eingebildeten und stillosen Emporkömmlings. Spezifisch römisch ist sein sozialer Hintergrund als freigelassener Sklave, dem eine ehrenwerte Karriere in Politik und Armee verwehrt bleibt und der sich nur als Privatier in der Wirtschaft hocharbeiten kann. Seine Unkultiviertheit versucht er mit Prunk und Partys zu überdecken, die seine Gäste beeindrucken sollen. Bei dem von Encolpius beschriebenen Gastmahl tritt er gleichsam als Regisseur einer sorgfältig geplanten Inszenierung auf. Jeder der zahlreichen Gänge, die er servieren lässt, birgt eine Überraschung, oft in Form von optischen Illusionen und Spielen mit der Wirklichkeit. Einmal lässt er z. B. ein Wildschwein auftragen, das so von Biskuitferkeln umgeben ist, dass es diese zu säugen scheint. Als zusätzlichen Clou, der den Gästen zunächst entgeht, hat er das Wildschwein mit lebenden Vögeln füllen lassen. Als es ein als Jäger verkleideter Trancheur aufschneidet, flattern die Vögel hinaus, werden von eigens dafür engagierten Vogelfängern eingefangen und den Gästen gleich darauf serviert (40,4–6). Dergestalt inszeniertes Essen passt vorderhand in das gerade herausgearbeitete Schema des markiert erinnerungslosen, komischen Essens. Es dient der Personencharakteristik des geschmacklosen Trimalchio, aber auch einem tragikomischen Porträt des sozialen Stands der Freigelassenen, dem er angehört.[8] Gleichzeitig gewinnt das Essen in Trimalchios Gastmahl unter der Textoberfläche aber wieder neuen Verweischarakter: Es erinnert intertextuell an Ausgangstexte wie Horaz' Gastmahl des Nasidienus (*Satiren* 2,8), wie oben in der Einleitung festgestellt, aber auch z. B. an die literarische Tradition der philosophischen Symposionsliteratur (so findet sich eine ganze Reihe von parodistischen Anklängen an Platons *Symposion*). Es erinnert aber auch vielleicht an diffusere existenzielle und kulturelle Befindlichkeiten, zumindest wenn man Deutungen Glauben schenken will, die gerade bei einem breiteren modernen Publikum zu den einflussreichsten geworden sind. Im Fachdiskurs der Klassischen Philologie gehen diese Ansätze v. a. auf William Arrowsmith zurück.[9] Arrowsmith argumentiert, dass das in den ganzen *Satyrica* prominente Motiv des (gierigen) Essens, das besonders in dem von Trimalchio zur Schau getragenen Speiseluxus zum Ausdruck kommt, eine fundamental ernste und kulturkritische Stoßrichtung hat. Das ständige und üppige Essen in der *Cena Trimalchionis*, das Trimalchio ironischerweise als Zeichen von Lebensgenuss verstanden wissen will, wäre demnach ein Symbol für die Sättigung und Todesnähe einer ganzen Gesellschaft, die sich

8 Dazu z. B. Jean Bodel: The *Cena Trimalchionis*. In: Heinz Hofmann (Hrsg.): *Latin Fiction. The Latin Novel in Context*. London: Routledge 1999, S. 38–51.

9 William Arrowsmith: Luxury and Death in the *Satyricon*. In: *Arion* 5 (1966), S. 304–331.

überlebt hat (wobei Arrowsmith nicht zögert, diese Gesellschaft mit der realen Gesellschaft der neronischen Zeit zu identifizieren, deren pagane römische Kultur bald durch das Christentum abgelöst werden sollte). Tatsächlich sind Lebensgenuss und Tod weitere wichtige, von Trimalchio aktiv forcierte und mit Essen und Trinken verbundene Motive des Romans. In Kapitel 34 etwa wird ein 100-jähriger Wein aufgetischt, was Trimalchio zu einem Räsonnement über Leben und Tod inspiriert: „Oh weh, also lebt der Wein länger als ein Menschlein. Darum wollen wir uns zuprosten. Wein ist Leben (*vinum vita est*)" (34,7). Gleich darauf wird ein silbernes Skelett in den Speisesaal gebracht, dessen lockere Glieder Trimalchio schüttelt und darauf in folgende Verse ausbricht:

> Ach wir Elenden, wie doch das ganze Menschelein nichts ist! / So sein werden wir alle, nachdem uns der Orkus wird wegholn. / Drum lasst uns leben, solang möglich das Wohlsein noch ist (*ergo vivamus, dum licet esse bene*). (34,10)

Der an zwei Hexameter angehängte Pentameter am Schluss fasst dabei die ganze Problematik von Essen, Dasein und Tod in einem Wortspiel zusammen, da sich das „Wohlsein" (*esse* in der Bedeutung „sein") auch als „essen" verstehen lässt (*esse* in der Bedeutung „essen"). Wenn Trimalchio später (47,2–6) von seiner Verstopfung und den Gefahren der daraus entstehenden Blähungen für das Gehirn spricht, bezieht Arrowsmith das nicht nur wörtlich auf das Individuum Trimalchio, sondern auch kulturkritisch auf eine von Luxus verstopfte, derangierte und dem Tod geweihte Gesellschaft. Am Ende des Gastmahls spielt Trimalchio schließlich wirklich seinen eigenen Tod vor und lässt sich auf einer Bahre von den Gästen betrauern. Mit dieser ernsten Interpretation der *Satyrica* (und des Motivs des Essens) führte Arrowsmith allerdings nur in die Klassische Philologie ein, was grundsätzlich in der Literatur des frühen 20. Jahrhunderts schon angebahnt war. T. S. Eliot stellte seinem *Waste Land* von 1922 ein Motto aus *Satyrica* 48,8 voran, in dem Trimalchio von einer Begegnung mit der prophetischen Sibylle von Cumae und ihrer Todessehnsucht berichtet. F. Scott Fitzgerald sah in Trimalchio eine tragische Figur und ließ sich von ihr zu seinem neureichen, rauschende Partys feiernden und einen jähen Tod findenden Great Gatsby inspirieren. Ein 1924 vollendeter Entwurf zu dem 1925 erschienenen Roman *The Great Gatsby* trug dementsprechend noch den Titel *Trimalchio*.

Zwei weitere erinnernde Aspekte des Essens in den *Satyrica*, die sich nach der *Cena Trimalchionis* manifestieren, sollten noch zur Sprache kommen: zum einen Essen als individuelle und überindividuelle Erinnerung an das Leben, als emphatisches Symbol der Lebensbejahung (ein offensichtlicher Kontrast zu der eben vorgestellten Interpretation von Arrowsmith); zum anderen Essen als Evokation religiöser Praktiken, als mögliche Parodie auf die christliche Eucharistie. Der lebensbejahende Aspekt zeigt sich nirgends so deutlich wie in der Novelle von der Witwe von Ephesos, die vom Dichter Eumolpus auf einem Schiff zur Unterhaltung und Aussöhnung streitender Parteien erzählt wird (111,1–112,8): Als eine für ihre Sittsamkeit und Treue bekannte Frau aus Ephesos ihren Ehemann begraben muss, harrt sie, einzig von ihrer Magd begleitet, tagelang klagend und ohne Essen und Trinken in seiner Gruft aus, sodass sie schon dem Tod nahe ist. Schließlich tritt zufällig ein Soldat ein, der in der Nähe die Leichname gekreuzigter Verbrecher bewacht (damit sie von ihren Angehörigen nicht abgenommen werden können). Er bietet ihr seine Essensration an, was zunächst erfolglos bleibt. Als aber die Magd dem Duft des Weins nicht widerstehen kann und das Essen annimmt, bewegt sie schließlich auch ihre Herrin dazu, sich an den Wert des Lebens zu erinnern (siehe auch das Motto am Beginn dieses Beitrags):

> „Willst du nicht ins Leben zurückkehren? Willst du nicht abschütteln weibliche Verblendung und, so lange es erlaubt ist, die Freuden des Daseins genießen? Gerade die Leiche dessen, der da liegt, sollte dich mahnen zu leben." Niemand hört es ungern, wenn er genötigt wird, entweder Speise zu sich zu nehmen oder doch zu leben. Daher ließ die vom mehrtägigen Fasten ausgedörrte Frau zu, dass ihre Hartnäckigkeit gebrochen wurde, und sie stopfte sich nicht weniger gierig mit Speise voll als ihre Magd, die sich vorher hatte besiegen lassen. (111,12–13)

Das eine führt dann zum andern, konkret das Essen zu Sex. „Ohne Ceres und Bacchus friert Venus" (*Sine Cerere et Baccho friget Venus*) lautet ein altes lateinisches Sprichwort, das den Zusammenhang zwischen Essen, Trinken und Liebe erfasst, auf den auch der Erzähler

Eumolpus ausdrücklich aufmerksam macht:[10] „Nun wisst ihr ja, was meist einen Menschen in Versuchung zu führen pflegt, wenn er gesättigt ist." (112,1) Während die Frau mit dem Soldaten schläft, wird aber ein Leichnam von einem der Kreuze gestohlen, die er hätte bewachen sollen. Da er nun die Todesstrafe befürchten muss, bietet ihm die Frau als „Ersatz" den Leichnam ihres Mannes an, weil sie lieber „den Toten kreuzigen als den Lebenden töten" (112,7) will. Binnen einer Nacht hat sich – dank Essen und Liebe – ihre moralisierende Todesbereitschaft zur Lebenslust jenseits moralischer Schranken gewandelt. Michail Bachtin hat diese Novelle als ungewöhnlich starken, kondensierten und direkten Ausdruck dessen interpretiert, was er den „folkloristischen Chronotopos" im Roman nannte.[11] Darunter versteht er seine Idee eines ursprünglichen, ganzheitlichen Daseins, das durch den – in gesellschaftliche Rituale integrierten und insofern entindividualisierten – ewigen Zyklus von Leben, Tod und Erneuerung des Lebens geprägt ist. Vor allem die körperlichen Bedürfnisse von Essen, Trinken und Sexualität stehen dabei für das Leben und seine Erneuerung. Es sei Rabelais gewesen, der nach Bachtin diesen Chronotopos in großem und oft gesteigert-groteskem Stil literarisch wiederentdeckt habe.[12] Auch bei Petron schimmere das Folkloristische aber immer wieder durch, hier allerdings auf realistische Weise. In der Novelle der Witwe von Ephesos verdichte es sich schließlich zu einer „realistischen Emblematik"[13]. Mit dem ‚Realismus' der Novelle von der Witwe von Ephesos hat Bachtin insofern recht, als hier nichts Phantastisches, Groteskes, Idealisiertes oder Metaphorisches zu finden ist. Die Geschichte ist zugespitzt, aber immer der Lebenswirklichkeit nahe und von daher stets glaubhaft. „Emblematisch" nennt Bachtin diesen Realismus deshalb, weil er in seiner Individualität den großen, überindividuellen folkloristischen Chronotopos als sein Substrat

10 Vgl. grundsätzlich dazu auch Clarissa Vierke: Frau Betelpfeffer und die lustvollen Stunden. Die Inszenierung sinnlicher Erfahrung, Erinnerung und Erwartung in früher Swahili-Dichtung, in diesem Band.

11 Michail M. Bachtin: *Formen der Zeit im Roman. Untersuchungen zur historischen Poetik*, aus d. Russ. v. Michael Dewey, hrsg. v. Edward Kowalski / Michael Wegner. Frankfurt am Main: Fischer 1989, S. 167–170.

12 Bachtins Ausführungen zu Petron sind in einem Kapitel zu den „folkloristischen Grundlagen des Rabelaisschen Chronotopos" zu finden (ebd., S. 149–170).

13 Ebd., S. 169.

ins Gedächtnis ruft. Essen und Trinken weisen damit ebenso wie die Sexualität über sich selbst hinaus und werden zum Zeichen für die ewige Erneuerung des Lebens aus dem Tod heraus.

Auch bei der Evokation von religiösen Praktiken kann man an Bachtins Gedanken zum folkloristischen Chronotopos anschließen, identifiziert er eine ferne Erinnerung an diesen doch auch im Christentum, dort aber sublimiert, verschoben und in gewisser Weise zensuriert. Essen und Trinken in Form von Brot und Wein, Tod, Grab, Auferstehung und neues Leben, all das gebündelt im zentralen Altarsakrament der Eucharistie[14], verweist in seiner Interpretation auf ein folkloristisches Substrat. Angesichts der Ähnlichkeiten in der Motivik zwischen der Witwe von Ephesos und der Passion Christi (vgl. auch noch Grab und Kreuzigung) könnte man sogar annehmen, dass Petron christliches Erzählgut parodiert hat, was in der jüngeren Forschung tatsächlich auch wiederholt vertreten wurde.[15] Chronologisch ist das schwierig, weil die *communis opinio* das Markus-Evangelium als erstes der Evangelien nach 70 n. Chr. ansetzt.[16] Es gibt aber auch abweichende Datierungen und v. a. könnte man sich denken, dass vor-evangelische Erzählungen von Christus schon deutlich früher mündlich oder schriftlich in Rom kursierten. Interessant ist jedenfalls, dass auch andere Stellen der *Satyrica* als Parodien auf das Christentum interpretiert wurden und dass auch dabei gerade das letzte Abendmahl bzw. die Eucharistie prominent hervorsticht. So hat man die ganze *Cena Trimalchionis*, an deren Ende ein Hahn unheilvoll kräht (74,1–2) und den Scheintod Trimalchios (78,5–6) ankündigt, als Spott auf das letzte Abendmahl gelesen. Ganz am Schluss unserer überlieferten Fragmente finden wir außerdem eine verstörende und aus dem Kontext auch nicht klar motivierte Szene, in der der Dichter Eumolpus ein makabres Testament verkündet:

14 Zum Abendmahl als bedeutendster Essensszene in den Evangelien und der herausragenden Bedeutung der Eucharistie im Christentum vgl. den Beitrag von Katharina Heyden: „Als er mit ihnen zu Tisch saß, wurden ihre Augen geöffnet und sie erkannten ihn." Essen, Erinnern und Erkennen in den Evangelien, in diesem Band.

15 Z.B. Carsten Peter Thiede: *Ein Fisch für den römischen Kaiser. Juden, Griechen, Römer. Die Welt des Jesus Christus*. München: Luchterhand 1998, S. 110–121.

16 Ganz abgesehen davon, dass eine simplere Version der Geschichte von der Witwe von Ephesos schon in Phaedrus' wohl vor 50 n. Chr. entstandenem Fabelbuch überliefert ist (Appendix Perottina 15).

> Alle, die in meinem Testament mit einem Legat bedacht sind [...] werden, was ich gebe, nur unter der Bedingung erhalten, dass sie meinen Leichnam in Stücke schneiden und im Beisein der Leute aufessen.

Zumindest im Verein mit den anderen möglichen Anspielungen auf das Christentum könnte man hier leicht an die Einsetzungsworte von Jesus zu seinen Jüngern denken („Nehmt und esst, das ist mein Leib [...] das ist das Blut des neuen Bundes (τῆς καινῆς διαθήκης)", Mk 14,22–24; man beachte, dass der „neue Bund" gleichbedeutend mit dem „neuen Testament" ist und so einer Parallele zu Eumolpus' „Testament" darstellt). Natürlich sind auch andere Interpretationen denkbar, z. B. könnte Eumolpus eine besondere Pointe seines ausbedungenen Kannibalismus darin suchen, dass die Szene in Kroton spielt und Kroton die Heimat des Vegetariers Pythagoras war. Wie genau die Szene zu verstehen ist, werden wir aber schon deshalb nie erfahren, weil der überlieferte Text der *Satyrica* kurz darauf abbricht.

Apuleius' *Metamorphosen*: Vom Futter-Fressen zum Kult-Essen

Apuleius ist der einzige antike Romanschriftsteller, über dessen Leben man einigermaßen gut Bescheid weiß. Er stammte aus Madauros im heutigen Algerien und lebte im 2. Jahrhundert n. Chr. Von Beruf war er Redner, machte sich aber auch einen Namen als einer der wichtigsten Vermittler der platonischen Philosophie im römischen Kulturkreis. Neben rhetorischen und philosophischen Werken verfasste er einen Roman in elf Büchern mit dem Titel *Metamorphoses*, „Verwandlungen". Seit der Kirchenvater Augustinus im 5. Jahrhundert n. Chr. diesen Roman den „Goldenen Esel" (*Asinus aureus*) genannt hat, ist er auch unter diesem Titel bekannt.[17] Ein Ich-Erzähler namens Lucius erzählt darin von seinen Erlebnissen. Auf einer Geschäftsreise kommt er ins sprichwörtliche Hexenland Thessalien und sieht dort, wie die Frau seines Gastgebers sich nachts in einen Vogel verwandelt und davonfliegt. Fasziniert davon – Neugier ist Lucius' große Schwäche

17 *De civitate dei* 18,18. „Golden" ist hier als Wertbegriff im Sinn von „besonders gut" zu verstehen (vgl. Wendungen wie „goldener Schnitt"). Der Esel in Apuleius' Roman ist weder goldfarben noch hat er sonst etwas mit Gold zu tun.

und ein Leitmotiv des Romans – möchte er es ihr gleichtun und verschafft sich über die Hausmagd Photis, mit der er ein Verhältnis hat, die entsprechende magische Tinktur. Photis hat allerdings die Büchse verwechselt, und so wird Lucius anstatt zu einem Vogel zu einem Esel. Den größten Teil der Handlung nehmen dann seine oft leidvollen Abenteuer als Esel ein, dem im Übrigen sein menschliches Bewusstsein erhalten bleibt. Zwar hat er gleich nach seiner Verwandlung erfahren, dass das Fressen von Rosen ihn wieder in einen Menschen zurückverwandeln könnte, doch will ihm, was sich zunächst einfach anhört, einfach nicht gelingen. So weit die Bücher 1–10, die sich auch dadurch auszeichnen, dass Lucius zunächst als Mensch, dann als ein seine menschliche Mitwelt beobachtender Esel vieles sieht und hört, was er in Form von eingelegten Erzählungen bzw. Novellen den Leserinnen und Lesern des Romans weitererzählt. Mit Buch 11 werden Inhalt und Ton ernster, auch die Novellen verschwinden. Am Beginn dieses Buchs erscheint dem am Meer eingeschlafenen Lucius plötzlich die Göttin Isis und kündigt ihm seine Erlösung an: Er werde auf einen ihrer Priester treffen und von ihm die ersehnten Rosen zu fressen bekommen. So geschieht es auch. Lucius verwandelt sich wieder in einen Menschen, sagt seinem alten Laster der Neugier ab und will aus Dankbarkeit selbst als Priester in den Isisdienst eintreten. Nachdem er eine Reihe von Initiationen in den Kult von Isis und Osiris erfolgreich absolviert hat, lebt er fortan glücklich im Dienst dieser Götter. Das 11. Buch ebenso wie das lange und zentrale (sich über Buch 4–6 erstreckende) Märchen von Amor und Psyche, das als Allegorie der menschlichen Seele (Psyche) und ihres göttlichen Liebhabers (Amor) gelesen werden kann, legen ein ernstes philosophisches Anliegen des Platonikers Apuleius nahe, das er auf unterhaltsame Weise in einen komischen Roman gepackt hat.

Apuleius' lateinische *Metamorphosen* gehen höchstwahrscheinlich auf eine verlorene griechische Fassung desselben Stoffs zurück. Im Oeuvre des griechischen Schriftstellers Lukian, der ein Zeitgenosse von Apuleius war, ist uns eine weitere, wesentlich kürzere Version der Eselsgeschichte mit einem abweichenden, nicht-religiösen Ende überliefert. Bei Lukian findet Lucius zufällig Rosen in dem Theater, in dem er sich bei Apuleius am Ende von Buch 10 befindet. Man nimmt heute meist an, dass dies auch das Ende der griechischen Urfassung war und dass Apuleius' religiöses 11. Buch seine eigene Zutat zu dieser darstellt. Wahrscheinlich hat er seine Vorlage auch sonst stark erweitert und zahlreiche Novellen eingefügt. In Apuleius' Fassung wurden die *Metamorphosen* jedenfalls zu einem bedeutenden Teil der europäischen Erzählliteratur. In der Spätantike waren sie u. a. Augustinus bekannt. In der Renaissance adaptierte Boccaccio in seinem *Decamerone* (7,2 und 5,10) zwei Novellen aus den *Metamorphosen* (9,5–7 und 9,24–7; erstere finden sich auch in Pier Paolo Pasolinis Verfilmung des *Decamerone* von 1971). Bald darauf wirkten sie extensiv, wenn auch oft diffus, auf den Picaro- bzw. Schelmenroman.

Das Motiv des Essens ist bei Apuleius auf den ersten Blick weniger stark ausgeprägt als bei Petron, was vor allem daran liegt, dass sich hier nichts der *Cena Trimalchionis* Vergleichbares findet. Dennoch erweist sich bei näherem Hinsehen das Essen als ein roter Faden, mit dem viele Themen des Romans verknüpft sind und der sogar eine gewisse Einheit zwischen den scheinbar getrennten Werkteilen 1–10 und 11 stiftet. Tatsächlich begegnet bei Apuleius das aus Petron bekannte Motiv vom zumindest vordergründig sinnentleerten, auf die Körperlichkeit konzentrierten, komischen Essen kaum. Essen ist stets mit Formen der individuellen und überindividuellen Erinnerung verbunden. Als Besonderheit kann bei Apuleius außerdem die – im Gegensatz zu Petrons Encolpius ernst gemeinte – Engführung von Essensmetaphern und einem poetologischen, ja vielleicht sogar meta-performativen Diskurs gelten.

Zunächst zu den Büchern 1–10: Essen ruft hier den im Roman selbst, aber auch den in einer größeren philosophischen Tradition verhandelten Gegensatz von Mensch und Tier in Erinnerung, den Lucius, dessen menschliches Bewusstsein in einem tierischen Körper steckt, sozusagen am eigenen Leib erfährt. Als Esel ist er gezwungen, tierisches Futter zu fressen: Gleich nach seiner Verwandlung wird er in den Stall seines Gastgebers gebracht und dort von den anderen Eseln und Pferden von der Gerste weggedrängt, die er selbst den Tieren als Mensch noch gebracht hatte (3,26,8). Die Mutter eines Hirtenjungen, die ihn – fälschlich – des Mordes an ihrem Sohn bezichtigt, fährt ihn lauthals an:

> Und der Kerl da stürzt sich jetzt seelenruhig über seine Krippe, frönt seiner Verfressenheit, weitet seinen unersättlich-grundlosen Wanst mit lauter Futtern und hat kein Mitleid mit meinem Kummer. (7,27,3)[18]

Später wird Lucius an einen Gärtner verkauft und muss dessen alte und unschmackhafte Lattichstauden essen (9,32,4); am Ende des 10. Buchs ist er beim gemütlichen Grasen (10,29,3). Auch das Motiv des Rosenfressens passt besser zu einem Tier als zu einem Menschen. Trotzdem gewöhnt sich Lucius auch in seiner Eselsgestalt nie wirklich an sein tierisches Futter. Seine Präferenz gilt nach wie vor menschlichem Essen. Als er nach seiner Verwandlung von Räubern aus dem Stall seines Gastgebers verschleppt wird, setzt ihm deren Haushälterin Gerste vor. An dieser Stelle berichtet Lucius, dass er noch nie rohe Gerste gegessen habe und dass er stattdessen Brot gefunden und drei Körbe davon verschlungen habe (4,22,2–7). Später wird er wegen seiner Vorliebe für die Gerichte von zwei Köchen (darunter auch Feingebäck) zu einer Sensation, die ihm sogar öffentliche Auftritte beschert (10,13–17). Das Motiv des Essens betont damit Lucius' Doppelwesen als Mensch und Tier und hilft bei der Entwicklung des größeren (platonischen) Themas der in einem tierischen Körper gefangenen Seele.

Essen ist bei Apuleius aber auch eng mit dem Erzählen selbst verbunden.[19] Zunächst einmal allein schon dadurch, dass zahlreiche Geschichten beim Essen erzählt werden (z. B. 2,21–30; 4.8–21). Das ist freilich auch in vielen anderen Werken zu finden und zu einem guten Teil den sozialen und literarischen Konventionen der griechisch-römischen Welt (die sicher auch in zahlreichen anderen Kulturen gelten) geschuldet, nach denen Mahlzeiten, besonders das Abendessen, einen bevorzugten Rahmen für Unterhaltung und Erzählen bildeten.[20] Man könnte aber auch mit Maaike Zimmerman argumentieren, dass

18 Übersetzungen nach Apuleius: *Der goldene Esel. Metamorphoseon libri XI*, aus d. Lat. u. hrsg. v. Edward Brandt / Wilhelm Ehlers. 6., überarb. Aufl. Berlin: Akademie 2012.

19 Vgl. dazu auch den Beitrag von Eva von Contzen: Chaucers kulinarische Pilgerreise: Essen und Erzählen im englischen Mittelalter, in diesem Band.

20 Zahlreiche Beispiele aus verschiedenen Genres werden angeführt von Gerald Sandy: Petronius and the Tradition of the Interpolated Narrative. In: *Transactions of the American Philological Association* 101 (1970), S. 463–476, hier S. 470–473.

das vielfach symposiastische Setting des Geschichtenerzählens gepaart mit der für Symposia und Symposionsliteratur typischen Heiterkeit selbst bei ernsten Themen darauf hinweist, dass die *Metamorphosen* ursprünglich zum Erzählen bzw. Vorlesen beim Symposion gedacht waren.[21] Ein Problem, das sich dabei mit dem scheinbar ganz unsymposiastischen (und auch von Zimmerman nur als Kontrast gedeuteten) 11. Buch stellt, werde ich am Ende dieses Abschnitts noch ansprechen.

Ein Naheverhältnis von Essen und Erzählen suggerieren auch Wendungen, die beides auf eine Ebene stellen oder als miteinander austauschbar ansehen. Gehäuft (und vielleicht programmatisch) treten solche Fälle im 1. Buch auf: Am Beginn verspricht Lucius auf der Reise nach Thessalien einem Wegbegleiter eine Mahlzeit als Lohn für das Erzählen einer Geschichte (1,4,6). In der erzählten Geschichte wird dann ein verwahrloster Bettler in einem Gasthaus mit „Essen, Wein und Geschichten" wieder aufgeheitert (1,7,4). Am Ende des Buchs geht Lucius dann bei seinem knausrigen, aber redseligen Gastgeber anstatt mit einer richtigen Mahlzeit „nur mit Geschichten im Magen" ins Bett (1,26,7). Schließlich funktioniert Essen in *Metamorphosen* 1–10 spielerisch als eine selbstreferentielle poetologische Metapher für fiktionales Erzählen und seine zweifelhafte Glaubwürdigkeit.[22] Wieder scheint hier die allererste eingelegte Erzählung programmatisch zu sein: Auf seinem Weg nach Thessalien trifft Lucius auf zwei andere Reisende, die über die Wahrheit einer Geschichte streiten, die der eine dem anderen gerade erzählt hat. Lucius, als „einer, der nach Neuigkeiten dürstet" (1,2,6: *sititor ... novitatis*; man vergleiche zur „Neuigkeit" im Sinn von „Erzählung" auch den modernen Begriff „Novelle"), unterstützt den scheinbaren Lügner eifrig und erzählt zu dessen Verteidigung seinerseits von der schier unglaublichen Performance eines Schwertschluckers, die er selbst erlebt hat und bezeugen

21 Maaike Zimmerman: *Cenatus solis fabulis*? A Symposiastic Reading of Apuleius' Novel. In: Werner Riess (Hrsg.): *Paideia at Play. Learning and Wit in Apuleius*. Groningen: Barkhuis / Groningen University Library 2008, S. 135–155. Der Begriff des Symposions schließt hier Essen mit ein.

22 Vgl. allgemein John R. Heath: Narration and Nutrition in Apuleius' *Metamorphoses*. In: *Ramus* 11 (1982), S. 57–77; speziell für das Folgende bes. Wytse Keulen: Swordplay–Wordplay. Phraseology of Fiction in Apuleius' *Metamorphoses*. In: Ders. / Stelios Panayotakis / Maaike Zimmerman (Hrsg.): *The Ancient Novel and Beyond*. Leiden / Boston: Brill 2003, S. 161–170.

kann (1,4,2–5). Um die Leistung des Schwertschluckers in Relation zu setzen, rahmt er sie mit seiner erzählten Erinnerung an ein Gastmahl, bei dem er eine Käsepolenta gierig essen wollte und sich dabei übel verschluckt hat (1,4,1). Wenn schon das Schlucken einer Käsepolenta schwierig ist, wie viel schwieriger ist dann die Performance des Schwertschluckers (zu glauben)? Da es im Kontext ausdrücklich um die Frage von Wahrheit und Lüge von Erzählungen geht, ist es an dieser Stelle wohl relevant, dass „käsen" (τυρεύειν) und „Käse" (τύρευμα) in der griechischen Literatur metaphorisch auch für „erfinden" bzw. „Plot" stehen konnten.[23] Auf Latein funktioniert diese Metapher zwar an sich nicht, was in diesem Fall aber kein Hindernis darstellt: Man bedenke einerseits, dass praktisch jeder gebildete Römer Griechisch konnte und mit der griechischen Literatur vertraut war; und dass andererseits Apuleius in seinem Roman eine griechische Vorlage adaptierte. Auf einer metaphorischen Ebene könnte unsere Szene also für Lucius' unersättlichen und zu seiner Neugier passenden Appetit auf erfundene Geschichten und damit poetologisch auch für die fiktionale Natur der *Metamorphosen* stehen. Essen ruft damit auch größere Diskurse über die Natur und den Nutzen fiktionaler Erzählprosa ins Gedächtnis, wie sie in Rom und anderswo in der Antike geführt wurden.[24]

Nun scheint diese wechselseitige Bedingtheit von Essen und fiktionalem Erzählen zwar für die komischen Bücher 1–10 passend, aber weniger für das religiöse Ende in Buch 11. Tatsächlich wird in der Forschung üblicherweise argumentiert, dass in Buch 11 Essen durch Fasten und Askese abgelöst wird und dass das Essensmotiv so einen scharfen Bruch zwischen den Büchern 1–10 und Buch 11 signalisiere.[25]

23 Wytse Keulen: Significant Names in Apuleius. A "Good Contriver" and his Rival in the Cheese Trade (*Met.* 1, 5). In: *Mnemosyne* 53 (2000), S. 310–321, hier S. 316–319.

24 Stefan Tilg: Apuleius' *Metamorphoses*: A Study in Roman Fiction. Oxford: Oxford UP 2014, passim (z. B. S. 32–35).

25 Heath: Narration and Nutrition, S. 66–67, spricht vom letzten Buch der *Metamorphosen* als einem „book of abstinentia" und sagt, dass Lucius, „[i]nstead of stuffing himself on food as he did in the past ... now feasts on religious devotion". Ähnlich meint Zimmerman: *Cenatus solis fabulis*? A Symposiastic Reading of Apuleius' Novel, S. 151, dass die ansonsten symposiastische Atmosphäre der *Metamorphosen* im letzten Buch nur als Hintergrund ihrer expliziten Verneinung gegenwärtig sei. Die von mir hier skizzierte Gegenposition vertrete ich ausführlicher und mit einem

Diese Deutung der intratextuellen Rückverweise als Bruch stimmt aber nur bedingt. Richtig ist, dass Lucius vor jeder seiner drei Initiationen in den Kult von Isis und Osiris ein zehntätiges Fastengebot auferlegt bekommt (11,23,2; 11,28,5; 11,30,1), das sich – und das ist schon eine erste Einschränkung – allerdings nur auf die Enthaltung von Fleisch und Wein bezieht. Angesichts der Tatsache, dass Fleisch für die meisten Griechen und Römer der Zeit ohnehin eine Seltenheit auf ihren Tischen war, scheint dieses Fasten nicht besonders fordernd. Nach den Initiationen aber – und das ist die zweite und wichtigere Einschränkung – wird das Fasten jeweils mit einem kultischen Festmahl gebrochen. Im Anschluss an die erste Initiation berichtet Lucius:

> Danach feierte ich den Mystengeburtstag als großes Fest mit köstlichem Diner und unterhaltsamem Bankett (*suaves epulae et faceta convivia*). Auch der dritte Tag wurde nach dem gleichen Zeremoniell gefeiert mit frommem Frühschmaus (*ientaculum religiosum*) und der üblichen Weihe-Schlussfeier. (11,24,4–5)

Die Rede vom „Mystengeburtstag" deutet die in den damaligen Mysterienreligionen gängige Vorstellung an, dass die Kandidatinnen und Kandidaten für eine Initiation ihr altes Leben hinter sich lassen („sterben") und durch die Initiation ein neues Leben beginnen („neu geboren werden", einen neuen Geburtstag feiern). Dass das bei Apuleius jeweils über das zentrale Motiv des Essens ausgedrückt wird (Fasten als Tod; Essen als neues Leben) passt im Übrigen auch zu Bachtins oben bei Petron vorgestellter Interpretation des Essens als Erinnerung an das Leben und an einen archaischen folkloristischen Chronotopos.

Die zweite Initiation wird Apuleius dann sogar metonymisch nicht als Initiation, sondern als ein „feierliches Kultmahl" (11,27,4: *religionis amplae ... epulas*) angekündigt, als ob das Kultmahl das eigentlich Wichtige an der Initiation wäre. Manche Wörter und Wendungen im Text, auf die ich hier nicht im Detail eingehe, legen auch nahe, dass

anderen Akzent in der Frage der Performanz des Erzählens in meinem Aufsatz: Religious Feasting in Apuleius's *Metamorphoses*. Appetite for Change? In: *Transactions of the American Philological Association* 141 (2011), S. 387–400.

Lucius' Vorbereitungen auf die Initiation mit der Beschaffung von Speis und Trank für die folgenden Kultmähler zu tun haben. Solche religiösen Kultmähler sind keine Erfindung von Apuleius, sondern entsprechen durchaus der historischen Realität antiker Mysterienkulte (und eine Spur davon kann man wohl auch in der christlichen Eucharistie finden). Gerade für den Kult von Isis und Osiris bzw. Sarapis sind regelmäßige gemeinsame Mähler der Mysten zu Ehren der von ihnen verehrten Gottheiten gut bezeugt. Sie waren offenbar so eng mit dem Kult verbunden, dass der christliche Apologetiker Tertullian kurz nach Apuleius' Lebenszeit sich darüber mokierte, dass „der Rauch des Sarapis-Banketts die Feuerwehr alarmieren werde" (*Apologeticus* 39,15). Zu bedenken ist auch, dass Mysterienkulte in der Regel den Eliten vorbehalten waren. Üppige Kultmähler dienten da auch im Sinn von Geltungskonsum (Thorstein Veblens „conspicuous consumption") der Affirmation dieser Exklusivität. Wer in einen solchen religiösen Club aufgenommen wurde, hatte es ‚geschafft' und konnte das mit Festmählern auch zeigen. Auch Lucius hat es als Myste am Ende der *Metamorphosen* geschafft, sich in Rom, wohin ihn seine letzte Reise führt, ohne materielle Sorgen zu etablieren.

Was bedeutet das für die *Metamorphosen* und das Motiv des Essens? Lucius schlemmt auch in Buch 11, insofern funktioniert die intratextuelle Erinnerung an Buch 1–10 nicht von einer Leerstelle aus. Sie ist aber doch von einer Spannung geprägt. Lucius' Nahrung in Buch 11 ist nicht mehr tierisch, setzt sich aber auch von seiner früheren menschlichen Nahrung darin ab, dass sie kultisch konnotiert ist. Man kann diesen Wandel wieder metaliterarisch mit dem Thema des Erzählens in Verbindung bringen, und zwar in doppelter Weise: einerseits, weil in Buch 11 die davor prominente Inszenierung des Erzählens in Form von eingelegten Geschichten versiegt; andererseits, weil das Erzählen nach Lucius' letzter Einweihung überhaupt sein Ende findet. Im ersten Fall könnte man sagen, dass die Veränderung der Qualität des Essens mit einer Veränderung der Qualität des Erzählens einhergeht: ‚niedriges' Essen passt zu Komik und ungezügelter fiktionaler Erzählfreude; ‚hohes' zur ernsten Konzentration auf das Wesentliche. Für den zweiten Fall, das Ende des Erzählens überhaupt, ist zu berücksichtigen, dass gerade die letzten Teile von Buch 11 eine historisierende und metaleptische (von der Erzählebene in die Wirklichkeit des Erzählens überspringende) Tendenz aufweisen, die Apuleius' tatsächliches Publikum anspricht. Nicht nur begibt sich Lucius am Ende unter Angabe einer Reihe von historisch-geographischen Details nach Rom, der Hauptstadt von Apuleius' realer Rezeption, er wird dort auch noch in einer Traumvision als „Mann von Madauros" (11,27,9) angesprochen, was eigentlich nur für den Autor Apuleius, aber nicht für seine aus Korinth stammende Figur Lucius zutrifft. Es wird so zumindest der Eindruck suggeriert, dass sich Apuleius unter der Maske von Lucius seinem realen Publikum präsentiert. Dass dieser Lucius am Ende bei kultischen Banketten zu finden ist, weist möglicherweise auf den wirklichen oder imaginierten Rezeptionskontext der *Metamorphosen* bei einem (kultischen?) Bankett hin, womit man sie als einen Spezialfall der Symposionsliteratur ansehen könnte. Jedenfalls würde der finale Schwenk aus der erzählten Welt hinaus in die Realität des Rezeptions- und vielleicht auch Rezitationskontexts *beim* Essen und Trinken das Ende der Erzählung *von* Essen und Trinken miterklären. Auf diese Weise wäre in den Text der *Metamorphosen* über das Essensmotiv die Erinnerung an seinen ursprünglichen performativen Kontext eingeschrieben.

Fazit

Es hat sich gezeigt, dass das Motiv des Essens im römischen Roman nicht nur an sich prominent vertreten ist, sondern zahlreiche Ebenen der Erinnerung eröffnet, die über eine Abspiegelung der Lebenswirklichkeit hinausgehen. Individuelle, biographische Erinnerungen von Figuren sind dabei eine Möglichkeit, wichtiger und deutlich stärker ausgeprägt sind aber Appelle der Texte an ein tendenziell überindividuelles intra- und intertextuelles, poetologisches, kulturelles und religiöses Gedächtnis. Man mag darin, wie in der Einleitung argumentiert, ein typisch vormodernes Phänomen von Erzähltexten sehen. Essen ist auf diese Weise stets mit größeren inhaltlichen (z. B. philosophischen, kulturkritischen) oder formalen (z. B. intertextuell-parodistischen, poetologischen) Anliegen der Texte verbunden. Die römischen Romane wären – im Gegensatz zu den Liebesromanen der griechischen Literatur – ohne das durchgängig und vielfältig bedeutsame Motiv des Essens und Trinkens kaum denkbar; jedenfalls wären sie dann eines eindrucksvollen Grundzugs beraubt. Diese Spezialität des römisch-romanhaften Erzählens dürfte einiges der genuin römischen Tradition der Satire verdanken. Dass die seit der Renaissance wieder stärker auflebende Erinnerung an den römischen Roman im Rahmen seiner reichen Rezeptionsgeschichte dann ihrerseits wieder zahlreiche literarische Essenserinnerungen beeinflusst hat, ist anzunehmen. Das wäre aber ein Thema für sich, dem nachzugehen sich lohnte.

Kirill Dmitriev

Wein und Erinnerung in der frühen arabischen Poesie

أَطْيِبْ بِراحِ الشَّأمِ صِرْفاً وَهذِه ـِ مُعَتَّقَةً صَهْباءَ وَهْيَ شِيابُها
فَما إِنْ هُما في صَحْفَةٍ بارِقِيَّةٍ جَديدٍ حَدِيثٍ نَحْتُها وَاقْتِضابُها
بِأَطْيَبَ مِنْ فِيها إِذا جِئْتَ طارِقاً مِنَ اللَيلِ وَالتَفَّتْ عَلَيَّ ثِيابُها

Wie gut ist also der syrische Wein, wenn er rein ist, alt, rotgelb; und mit diesem (Honig) gemischt!
Und (doch) sind beide (Wein und Honig) — in einer bāriḳitischen Schüssel, einer neuen, frisch geglätteten und geschnittenen (gemischt) —
Nicht besser als ihr Mund, wenn ich komme und nachts klopfe und ihr Kleider mich umschlingen.
(Abū Ḏu'ayb al-Huḏalī)[1]

Vorbemerkungen

Die vormoderne arabische Dichtung zählt Wein zum festen Bestand ihrer Thematik und Gattungsgeschichte. Die Anfänge der arabischen Weinpoesie gehen auf die vor- und frühislamische Zeit zurück (5.–6. Jahrhundert), in der mehrere arabische Dichter ein reiches Repertoire an poetischen Weinmotiven entwickelten. Spätestens

1 *Šarḥ aš'ār al-Huḏaliyyīn*, Bd. 1, hrsg. v. 'Abd al-Sattār Aḥmad Farrāǧ / Maḥmūd Muḥammad Šākir. Kairo: Maktabat Dār al-'Urūba 1965, S. 54. Übersetzung: *Neue Huḏailiten-Diwane*, aus d. Arab. u. hrsg. v. Joseph Hell, Bd. 1: Dīwān des Abū Ḏu'aib, Hannover: Orient-Buchhandlung Heinz Lafaire 1926, S. 16.

in der zweiten Hälfte des 8. Jahrhunderts etabliert sich das Weinlied als eine selbstständige Gattung der arabischen Poesie. Der arabische Begriff dafür ist ḫamriyya[2], nach dem arabischen Wort für Wein *ḫamr*.[3] In diese Epoche, verbunden mit dem Aufstieg Bagdads als politisches, wirtschaftliches und kulturelles Zentrum der islamischen Welt und oft mit dem Namen des Kalifen Hārūn al-Rašīd (ca. 763–809) assoziiert, gehört auch das Wirken des wohl bekanntesten Vertreters der arabischen Weindichtung, Abū Nuwās (ca. 755–813)[4], dessen poetisches Werk die Ḫamriyya-Gattung nachhaltig über mehrere Jahrhunderte ihrer Entwicklung prägte.

Die lange Geschichte der arabischen Weinpoesie bietet vielfältiges Material, um die Thematik des Weins und Weinkonsums in der arabischen Literatur zu erforschen. Der Erinnerungsaspekt, der im Fokus dieses Bandes steht, erscheint dabei in zweierlei Hinsicht relevant. Er ist wichtig sowohl auf der Ebene der Interpretation einzelner für sich genommener Texte als auch in Bezug auf den breiteren Kontext der literarischen Tradition und der Gattungsgeschichte. Einzelne Weinmotive, wie bspw. die Beschreibung eines Weingelages, werden in der arabischen Poesie häufig aus der Erinnerungsperspektive behandelt und als Ereignisse in der Vergangenheit dargestellt. Das Verständnis der Bedeutung solcher Motive und ihrer Funktion setzt

2 Jamel-Eddine Bencheikh: Khamriyya. In: *Encyclopaedia of Islam*. 2. Ausg., hrsg. v. Peri Bearman / Th. Bianquis / C. E. Bosworth / E. van Donzel / W. P. Heinrichs. Leiden: Brill 1978, Bd. 4, S. 998–1008; F. Harb: Wine Poetry (Khamriyyāt). In: *ʿAbbasid Belles-Lettres. The Cambridge History of Arabic Literature,* hrsg. v. Julia Ashtiany / T. M. Johnstone / J. D. Latham / R. B. Serjeant. Cambridge: Cambridge UP 1990, S. 219–234; Philip F. Kennedy: Arab Poets. In: *The Oxford Companion to Wine*, hrsg. v. Jancis Robinson / Julia Harding. Oxford: Oxford UP 2015, S. 30. Zu ḫamriyya in der arabischen, persischen und anderen poetischen Traditionen im Nahen und Mittleren Osten siehe Kirill Dmitriev / Christine van Ruymbeke (Hrsg.). *Comparative Perspectives on Wine Poetry in Middle Eastern Literatures* (im Erscheinen).

3 Ḫamr/خَمْر ist im Arabischen ein Lehnwort aus dem Aramäischen bzw. Syrischen, vgl. Siegmund Fraenkel: *Die aramäischen Fremdwörter im Arabischen*. Leiden: Brill 1886, S. 160–161; Arthur Jeffery: *The Foreign Vocabulary of the Qurʾān*. Baroda: Oriental Institute 1938, S. 125–126. Vgl. auch Arent Jan Wensinck / Joseph Sadan: Khamr. In: *Encyclopaedia of Islam*, Bd. 4, S. 994–998.

4 Philip F. Kennedy: *The Wine Song in Classical Arabic Poetry. Abū Nuwās and the Literary Tradition*. Oxford: Oxford UP 1997; Ewald Wagner: *Abū Nuwās. Eine Studie zur arabischen Literatur der frühen ʿAbbāsidenzeit*. Wiesbaden: Harassowitz 1965.

den Erinnerungsdiskurs explizit voraus. Zugleich stellt die Erinnerung einen zentralen Aspekt der Gattungsgeschichte als einen im kulturellen Gedächtnis verankerten Prozess der literarischen Kommunikation dar. Jedes Weingedicht der klassischen arabischen Poesie steht durch seine Gattungszugehörigkeit notwendigerweise in einem engen Verhältnis zur poetischen Tradition der Ḫamriyya, in der er sich positioniert, die er verhandelt und fortschreibt. Die Geschichte der frühen und klassischen arabischen Weindichtung wurde durch einen literarischen Erinnerungsprozess getragen, der durch die für vormoderne Kulturen charakteristische Ästhetik fester Normativität und starker Konventionalität künstlerischer Ausdrucksmittel bestimmt wurde. Dieser Erinnerungsprozess findet auch in der außerordentlichen Intertextualität der klassischen arabischen Poesie seinen Ausdruck.[5] Beide Wirkungsbezüge der literarischen Erinnerung werden in folgenden Beobachtungen berücksichtigt. Zuerst werden die Funktionen der Weinmotive in der frühen arabischen Poesie skizziert und ihre Bedeutungen unter dem Aspekt der Erinnerung am Beispiel eines Gedichts des Abū Ḏuʾayb al-Huḏalī (gest. ca. 649) beleuchtet. Daraufhin wird ein kurzer Blick auf das Gattungsphänomen Ḫamriyya als einen literarischen Erinnerungsprozess gerichtet.

Wein als Symbol der glücklichen Vergangenheit in der altarabischen Qaṣīde

Die ältesten Werke der arabischen Poesie aus der vorislamischen Zeit sind in einer besonderen Weise durch die Poetik des Erinnerns geprägt, die sowohl in den Inhalten der literarischen Motive als auch in der Struktur der altarabischen Qaṣīde verankert ist. Als eine prominente Form der frühen arabischen Dichtung, zeichnet sich die Qaṣīde durch ihre Polythematik aus.[6] Die Auswahl und die Reihenfolge der einzelnen Themen können variieren, die Einleitung einer altarabischen Qaṣīde bildet jedoch stets das Nasīb. Im Nasīb, als einem unabdingbaren Eröffnungsteil der altarabischen Qaṣīde, kommen

5 Thomas Bauer: Formel und Zitat: Zwei Spielarten von Intertextualität in der altarabischen Dichtung. In: *Journal of Arabic Literature* 24 (1993), S. 117–138.

6 Renate Jacobi: *Studien zur Poetik der altarabischen Qaside*. Wiesbaden: Harrassowitz 1971.

die literarischen Konventionen der frühen arabischen Dichtung am stärksten zum Vorschein. Dazu gehören die Rahmenmotive des Nasīb, die eine nostalgische Stimmung und schmerzvolle emotionale Reaktion des Dichters thematisieren, oft ausgelöst durch das Erinnern an das Liebesglück und die Lebensfreude, die unwiederbringlich mit seiner Jugend vergangen sind. Eines der häufigsten solcher Motive ist die Beschreibung der verwehten Spuren der Lagerstätte (arabisch *aṭlāl*), die von der Geliebten des Dichters zusammen mit ihrem Stamm verlassen wurde. Der Eröffnungsvers der *Muʿallaqa* des Imruʾ al-Qays (6. Jahrhundert), einer der bekanntesten altarabischen Qaṣīden, betont den Erinnerungsaspekt dieses Motivs unmissverständlich:

قِفَا نَبْكِ مِنْ ذِكْرَى حَبِيبٍ وَمَنْزِلِ...

> Haltet an, ihr beiden (Freunde, eure Tiere), auf daß wir weinen in Erinnerung an eine Geliebte und Wohnstätte ...[7]

Die Fixierung auf die Vergangenheit bestimmt die Perspektive der literarischen Zeit und ihre emotionale Färbung im altarabischen Nasīb. Wie Renate Jacobi treffend bemerkt, ist die literarische Zeit im Nasīb der altarabischen Qaṣīde immer auf die Vergangenheit ausgerichtet[8] und damit auf die Erinnerung beschränkt. Im Gravitationsfeld der Erinnerung an die unwiederbringliche Vergangenheit, die das altarabische Nasīb und seine literarische Zeit dominiert, wird das Thema des Weins und des Weintrinkens in der frühen arabischen Qaṣīde entweder im Nasīb selbst bzw. in Bezug auf das Nasīb in weiteren Teilen der Qaṣīde behandelt. Die Funktion der Weinmotive besteht dabei darin, die bittere Erfahrung der Vergänglichkeit des Lebens durch eine positive Erinnerung an den Weingenuss und die damit verbundenen Lebensfreuden zu kompensieren. Ein besonders kostbares Luxusgetränk im spätantiken Arabien, diente Wein altarabischen Dichtern als Symbolträger für Reichtum, Großzügigkeit und Opulenz.

7 Salomon Gandz: Die Muʿallaqa des Imrulqais. In: *Sitzungsberichte der Philosophisch-historischen Klasse der Kaiserlichen Akademie der Wissenschaften in Wien* 170,4 (1913), S. 1–125, hier S. 10.

8 Renate Jacobi: Time and Reality in Nasīb and Ghazal. In: *Journal of Arabic Literature* 16 (1985), S. 1–17.

Dementsprechend bot sich die Beschreibung des Erwerbs, der Qualitäten und der Verkostung des Weins in poetischen Texten als ein Mittel zur Hervorhebung der positiven Selbsteinschätzung des Dichters, selbst wenn der Bezugspunkt auch hier auf die Vergangenheit beschränkt blieb, wie bspw. in den folgenden Versen der arabischen Dichter aus dem 6. Jahrhundert:
ʿAmr ibn Kulṯum

وَكَأْسٍ قَدْ شَـرِبْتُ بِبَعْلَبَـكٍّ وَأُخْرَى فِي دِمَشْقَ وَقَاصِرِينَـا

So manchen Becher habe ich in Baalbak getrunken
und mehr noch in Damaskus und Qāṣirīn,

und ʿAntara Ibn Šaddād al-ʿAbsī

وَلَقَدْ شَرِبْتُ مِنَ الْمُدَامَةِ بَعْدَ مَا رَكَدَ الْهَوَاجِرُ بِالْمَشُوفِ الْمُعْلَمِ

Wohl hab ich auch, nachdem die Mittagsstille eingetreten,
alten Wein getrunken aus dem blanken, gezeichneten (Gefäss).[9]

Den thematischen Kontext für die Erinnerung an den Weingenuss in der altarabischen Qaṣīde bildet das Selbstlob des Dichters. Die gleiche Motivation liegt auch dem Vergleich des Weins mit dem süßen Geschmack des Munds der Geliebten des Dichters und ihres Speichels zugrunde, mit dem die Weinpassagen in der frühen arabischen Poesie häufig eingeleitet werden,[10] wie folgende Verszitate illustrieren:
al-Muraqqiš al-ʾAsġar (6. Jahrhundert)

كَأَنَّ فَاها عُقَارٌ قَرْقَفٌ نَشَّ مِنَ الْدَّنِّ فَالْكَأْسُ رَذُومْ

Ihr Mund ist wie starker Wein,

9 Text: James E. Montgomery: *Dīwān ʿAntarah ibn Shaddād. A Literary-Historical Study*. New York: NYU Press 2018, S. 9. Übersetzung: *Fünf Moʿallaqāt*, aus d. Arab. u. erklärt v. Theodor Nöldeke, Bd. II: Die Moʿallaqāt ʿAntara's und Labīd's. In: *Sitzungsberichte der Kaiserlichen Akademie der Wissenschaften zu Wien* 142 (1900), S. 19.

10 Ali Hussein: The Rhetoric of Hudhalī Wine Poetry. In: *Oriens* 43 (2015), S. 4.

der gluckernd aus einem Krug herausfloss, so dass der Becher übergelaufen ist.[11]

ʿAdī ibn Zayd al-ʿIbādī (gest. ca. 600)

بَاكَرَتْهُنَّ قَرْقَفٌ كَدَمِ الجَوْ   فِ تُرِيكَ القَذَى كُمَيْتٌ رَحِيقُ

Wein versüßte sie [ihre Zähne] am Morgen, (rot) wie Herzensblut,
(so klar) dass jedes Staubkörnchen (in ihm) sichtbar wird, dunkelroter, ausgereifter Wein.[12]

Die emotionale Ausrichtung der Weinmotive, selbst wenn ihre Behandlung der Erinnerungsperspektive verhaftet bleibt, kontrastiert mit der prävalierend nostalgischen Stimmung im altarabischen Nasīb. Mit dem Wein wird eine trostbringende Erinnerung favorisiert, welche die Lebenserfahrung des Dichters als wertvoll und beneidenswert erscheinen lässt. So werden Fakten aus einem passiven Gedächtnis in eine aktive Erinnerung überführt und in positive emotionale Impulse verwandelt. Die Gefühle, die in der altarabischen Qaṣīde mit dem Wein veranschaulicht werden, gehen jedoch kaum über die Flüchtigkeit eines Flashbacks hinaus. Erst im Rahmen der Liebesdichtung, die als selbstständige Gattung – Ġazal – in der arabischen Poesie im 7. Jahrhundert entsteht, wird die durch das Gedächtnis der literarischen Tradition vertraut gewordene Weinthematik auf die Gegenwart bezogen und in Hinblick auf den dauerhaften wie ruhelosen emotionalen Zustand des Dichters und seine Hingebung an das Liebesgefühl interpretiert.[13]

11 Vgl. Alan Jones: *Early Arabic Poetry: Select Poems.* Reading: Sussex Academic Press 2011, S. 401.

12 ʿAdī ibn Zayd al-ʿIbādī: *Dīwān ʿAdī ibn Zayd al-ʿIbādī*, hrsg. v. Muḥammad Jabbār Muʿaybid. Baghdad: Wizārat al-thaqāfa wa-l-irshād 1965, S. 77 (Übers. K.D.).

13 Ausführlicher dazu: Kirill Dmitriev: The Symbolism of Wine in Early Arabic Love Poetry: Observations on the Poetry of Abū Ṣakhr al-Hudhalī. In: Ders. / Julia Hauser / Bilal Orfali (Hrsg.): *Insatiable Appetite: Food as Cultural Signifier in the Middle East and Beyond.* Leiden: Brill 2019, S. 225–263.

Wein in der frühen arabischen Liebespoesie

Die berauschende Wirkung des Weins und die suchtstiftenden Folgen eines übermäßigen Weinkonsums machen es naheliegend, sie metaphorisch mit dem starkem Rausch der Liebesgefühle und seelisch wie körperlich besitzergreifender Liebeskrankheit gleichzusetzen. Liebe und Erinnerungen an sie werden nicht mehr im Archiv des Gedächtnisses verschlossen, sondern werden im Spannungsfeld der lyrischen Gegenwart und der hoffnungsvollen Zukunftserwartung entfaltet, die sogar über den Tod hinaus reichen kann. Ob gegenwärtig oder vergangen, wird die Liebesbeziehung in der frühen arabischen Liebespoesie unter dem Vorzeichen der vollständigen emotionalen Hingabe und kompromissloser Treue des Dichters seinen Liebesgefühlen gegenüber geschildert. Der letzte Aspekt ist vor allem für die Richtung der frühen arabischen Liebesdichtung charakteristisch, die in die Geschichte der Weltliteratur als ʿuḏritische Lyrik eingegangen ist, benannt nach Banū ʿUḏra, dem Namen eines arabischen Stammes, dessen Dichter diejenigen waren, „welche sterben, wenn sie lieben", wie es in Heinrich Heines Gedicht *Der Asra* (1846) heißt.[14]

Entsprechend dem neuen Liebesethos werden die konventionellen Weinmotive umgedeutet. Abū Ṣaḫr al-Huḏalī (gest. ca 700), ein arabischer Dichter aus der zweiten Hälfte des 7. Jahrhunderts, in dessen Werk die Liebesthematik im Mittelpunkt steht und der in vielerlei Hinsicht ʿuḏritische Liebesideale teilt, setzt Weinmotive dafür ein, seine tiefe Betroffenheit von der Liebeskrankheit zu betonen. Der Wein wird bei ihm nicht nur in Assoziation mit dem Genuss der Intimität gebracht:

Abū Ṣaḫr II:16[15]

كَأَنَّ ذَوْبَ مُجَاجِ النَّحْلِ رِيقَتُها   وَمَا تَضَمَّنُ أَجْوَافُ الرَّوَاقِيدِ

Es ist als ob ihr Speichel Bienenhonig wäre, (gemischt mit dem), was Weinkrüge enthalten,

14 Vgl. Renate Jacobi: The ʿUdhra: Love and Death in the Umayyad Period. In: Friederike Pannewick (Hrsg.): *Martyrdom in Literature: Visions of Death and Meaningful Suffering in Europe and the Middle East from Antiquity to Modernity.* Wiesbaden: Reichert 2004, S. 137–148.

15 Der arabische Text und die Übersetzung der Verse des Abū Ṣaḫr al-Huḏalī wird zitiert nach Kirill Dmitriev: *Das Poetische Werk des Abū Ṣaḫr al-Huḏalī. Eine literaturanthropologische Studie.* Wiesbaden: Harrassowitz 2008.

sondern er verkörpert die Liebessehnsucht, die unstillbar ist:
Abū Ṣaḫr II:17

كَالكَأْسِ مَا رَكَدَتْ لَمْ يَصْحُ شَارِبُهَا   وَقَالَ إِنْ نَفِدَتْ يَا كَاسَنَا زِيدِي

Wie ein Becher: solange er sich vermindert, wird der Trinkende nicht nüchtern,
und sagt, wenn er leer ist: O Becher, fülle dich wieder!

Aus einem poetischen Bild für Vergnügen, das der Dichter aus einer Distanz der Erinnerung betrachtet, wird Wein zum Symbol für das Verlangen nach Liebe, das zu befriedigen unmöglich ist:
Abū Ṣaḫr VII:25–26

إِنَّ المُنَى بَعْدَمَا ٱسْتَيْقَظْتُ وَٱنْصَرَفَتْ   وَدَارُهَا بَيْنَ مَبْعُوقٍ وَأَجْيَادِ
كَمَا تَمَنَّى حُمَيَّا الكَأْسِ شارِبُها   لَمْ يَقْضِ مِنْهَا طَلَاهُ بَعْدَ إِنْفَادِ

Wahrlich, die Wünsche, nachdem ich wach geworden bin und sie fort war,
– denn ihr Lager befand sich zwischen Mabʿūq und Aǧyād –
waren so, wie wenn ein Weintrinker die Glut eines Weinbechers will:
am Schluss ist sein Verlangen nach ihm nicht befriedigt.

Es ist bezeichnend, dass damit keine Zukunftsphantasien über ein reales oder imaginiertes Liebesglück verbunden werden. Die Betrunkenheit durch den Wein der Liebe wird dramatisch empfunden und ihre Beschreibung steigert die emotionale Spannung, die eine kompromisslose Liebestreue trotz des Abbruchs der Beziehung verursacht:
Abū Ṣaḫr XVII:18–20, 23

قَدْ كَانَ صُرْمٌ فِي المَمَاتِ لَنَا   فَعَجِلْتِ قَبْلَ المَوْتِ بِالصُّرْمِ
أَطْلَالُ نُعْمٍ إِذْ كَلِفْتُ بِهَا   يَا دِينَ هَذَا القَلْبِ مِنْ نُعْمِ
إِذْ تَسْتَبِي قَلْبِي بِذِي غُذَبٍ   ضَاقٍ يَمُجُّ المِسْكَ كَالكَرْمِ
[…]
وَلَوْ انَّنِي أُسْقَى عَلَى سَقَمِي   بِلَمَى عَوَارِضِهَا شَفَى سُقمِي

Unsere Trennung war im Tod (bestimmt),
du aber beeiltest dich mit der Trennung (noch) vor dem Tod.

Die Spuren (des Lagerplatzes) [aṭlāl] von Nuʿm, ich liebte sie leidenschaftlich!
O Nuʿm, die Religion meines Herzens!
Da sie mein Herz mit üppigen Haarlocken gefangen nimmt,
die wie Wein einen Moschusduft verbreiten,[16]
[...]
Und selbst wenn ich in meiner (Liebes)krankheit getränkt wäre
mit dem Lippenrot (um) ihre Zähne[17], würde das meine Krankheit (nur noch mehr) beleben.

Eine im Kontext der Erinnerung bemerkenswerte Wendung nimmt das Weinmotiv bei Abū Ṣaḫr in einem Vers, in dem die Wirkung des Weins mit dem Gedächtnisverlust verbunden wird:
Abū Ṣaḫr XI:17

وَأَنْسَى الَّذِي قَدْ جِئْتُ كَيْمَا أَقُولَهُ　　كَمَا تَتَنَاسَى لُبَّ شَارِبِهَا الخَمْرُ

Ich vergesse was zu sagen ich gekommen bin,
wie Wein den Trinker seinen Verstand verlieren lässt.

Das altarabische Ideal eines Helden, der damit prahlt, das Weintrinken genossen zu haben, scheint hier vollkommen aufgelöst zu sein. Vom Liebesgefühl ergriffen, schlägt der Dichter einen ganz anderen Ton an und präsentiert sich als jemand, der in seinen mentalen Fähigkeiten geschwächt und dem Rausch der Liebe wie betrunken hilflos ausgeliefert ist. Die Idee der Unterwerfung in der Liebe wird in Verbindung mit der Weinthematik besonders kunstvoll in einem Gedicht des Abū Ḏuʾayb behandelt, der dem gleichen arabischen Stamm der Banū Huḏayl angehörte, aber ca. 50 Jahre früher als Abū Ṣaḫr in der ersten Hälfte des 7. Jahrhunderts lebte. Der Text des Gedichts ist

16 Moschus wurde in Arabien häufig dem Wein beigemischt. Neben der Anspielung auf ein angenehmes Aroma impliziert das Moschusmotiv den Hinweis auf eine dunkle schwarze Haarfarbe als Symbol für Jugend. Zu Moschus und Wein in der arabischen und persischen Poesie vgl. Anya H. King: *Scent from the Garden of Paradise. Musk and the Medieval Islamic World*. Leiden: Brill 2017, S. 143, 319–323, 358; Mehr Ali Newid: *Aromata in der iranischen Kultur unter besonderer Berücksichtigung der persischen Dichtung*. Wiesbaden: Reichert 2010, S. 76.
17 Metonymisch für Speichel.

unter der Nummer II in der Sammlung der poetischen Werke des Abū Ḏu'ayb überliefert. Er soll nun ausführlicher besprochen werden.

Das Gedicht Nr. II des Abū Ḏu'ayb al-Huḏalī

Das Gedicht stellt eines der frühesten Beispiele der arabischen Ġazalpoesie dar.[18] In seiner Struktur kann es in folgende Abschnitte gegliedert werden:[19]

1. Das konventionelle Einleitungsmotiv des Trennungsmorgens (Verse 1–2)
2. Erinnerung an die Liebe (Verse 3–4) und emotionale Verzweiflung (Verse 5–6)
3. Vergleich von Moschus, Wein und Honig mit dem Mund der Geliebten (Verse 7–28)
4. Erinnerung und Deutung einer Episode, in der der Dichter seiner Geliebten im betrunkenen Zustand begegnete (Verse 29–31).

Das Weinthema hat für das Verständnis des Gedichts eine Schlüsselbedeutung. Nicht nur der Umfang der Vergleichspassage, die hauptsächlich vom Wein handelt, und der explizite Weinbezug im Schlussteil des Gedichts sprechen dafür. Abū Ḏu'ayb verleiht der Metaphorik des Weins eine Bedeutung, die weit über die übliche Beschreibung des Liebesgenusses in der altarabischen Poesie hinausreicht. Die Weinthematik dient dem Dichter dazu, kunstvoll und anschaulich die emotionale Anstrengung seiner langen Werbung um eine verheiratete Frau, sein moralisches Dilemma zwischen Leidenschaft und Pflicht und schließlich seine waghalsige Hingabe an die Liebe zu schildern.

18 Renate Jacobi: Die Anfänge der arabischen Ġazalpoesie: Abū Ḏu'ayb al-Huḏalī. In: *Der Islam* 61 (1984), S. 218–250, insb. S. 224–225, 239–240, wo einige Passagen des Gedichts analysiert werden. Vgl. auch Akiko Motoyoshi Sumi: Remedy and Resolution: Bees and Honey-Collecting in Two Hudhalī Odes. In: *Journal of Arabic and Middle Eastern Literatures* 6 (2003), S. 131–157; dies.: *Description in Classical Arabic Poetry. Waṣf, Ekphrasis, and Interarts Theory*. Leiden: Brill 2004, S. 61–91.

19 Den arabischen Originaltext nach der Ausgabe von ʿAbd al-Sattār Aḥmad Farrāǧ / Maḥmūd Muḥammad Šākir: *Šarḥ ašʿār al-Huḏaliyyīn*, S. 42–55, und die deutsche Übersetzung des Gedichts von Joseph Hell aus *Neue Huḏailiten-Diwane*, Bd. 1: Dīwān des Abū Ḏu'aib, S. 14–16, siehe im Anhang.

Den rhetorischen Rahmen bildet ein komplexer Vergleich, der sich wie eine Kaskade über die lange Passage von 21 Versen stufenweise ergießt. Der Erwähnung eines Moschusbehälters in Vers 7 folgen die ausführlichen Abschnitte über Wein (Verse 8–14) und Honig (15–25), mit dem der Wein gemischt wurde. Den langen Spannungsbogen des Vergleichs abschließend, wird dem Wein und Honig der Geschmack des Munds der Geliebten gegenübergestellt (26–27). Die Reihenfolge der Vergleichselemente ist gezielt gewählt. Die Betrachtung des Wein/Honigmotivs und die folgende Verdeutlichung des Bezugs zum Mund der Geliebten dienen dazu, die Weinmetaphorik strukturell in das Hauptthema des Gedichts vollständig zu integrieren. Auch erfüllt die ausführliche Beschreibung von Wein und Honig eine rhetorische Funktion. Die Aufmerksamkeit für den Wein wird aufgebaut, um die emotionale Wirkung des Vergleichsbezugs zum Liebesgenuss, der höher bewertet wird, zu steigern.

Den wichtigsten Aspekt in der Behandlung der Weinthematik in dem Gedicht stellt die Erweiterung der metaphorischen Bedeutung der Weinmotive und ihre durchgehende Verknüpfung mit dem Liebesthema dar. Abū Ḏu'ayb beschränkt sich nicht einfach darauf, den Geschmack des Weins mit dem noch besseren Geschmack des Munds seiner Geliebten zu vergleichen. Eine nähere Betrachtung der Weinverse lässt erkennen, dass die Weinmotive die Liebesthematik in allen entscheidenden Aspekten auf einer metaphorischen Ebene widerspiegeln und damit wichtige Sinnbezüge vermitteln.

Im Einzelnen lassen sich folgende inhaltliche Parallelen zwischen der direkten Reflexion über die Liebe in den ersten sechs Versen des Gedichts und der folgenden Wein/Honigpassage festhalten:

1. Der Trennungsmorgen und das Bild der aufbrechenden Reittiere (arabisch *rikābun*) der Geliebten im Vers 1 implizieren die Lebensrealität der seminomadischen arabischen Stammesgesellschaft in den Wüstenregionen des spätantiken Arabiens. Dazu gehörte selbstverständlich auch der Karawanenhandel. Der Wein, der in Vers 8 zum Verkauf eintrifft, kommt ebenfalls mit den Reitern (arabisch *rukbānun*, Vers 10), wobei es bemerkenswert ist, dass der Wein personifiziert und syntaktisch durchgehend als weiblich behandelt wird.

2. Eine deutlich nähere und zugleich aufschlussreichere Parallele enthält die Wortwahl, mit der die Umwerbung der Geliebten und des Weins beschrieben wird. Abū Ḏu'ayb hat seine Geliebte „umkreist

[*ṭāfa*] und begehrt Jahre lang“ und „hat ihren Gatten gefürchtet und sie (selbst) ehrfürchtig gescheut“ (Vers 3). Das gleiche arabische Verb *ṭāfa* bezeichnet auch das Verhalten der potenziellen Käufer des Weins, die ihn „umkreisen“, wobei der hohe Preis des Weins sie von seinem schnellen Kauf abhält und sie sich zugleich nicht trauen, „ihn mit Gewalt wegzunehmen“ (Vers 12), da er gut beschützt wird (Vers 10). In beiden Fällen wird eine dauerhafte emotionale Spannung vermittelt, die durch leidenschaftliche Wünsche und wiederholte Versuche, sie zu erfüllen, motiviert ist.

3. Der ethische Konflikt, der die Leidenschaft des Dichters verursacht (Vers 5):

> Da wandte sich mein Herz gegen mich – zu ihr. Ich gehorche seinem Befehl, doch weiß ich nicht, ob es recht ist, nach ihr zu verlangen,[20]

scheint im Bewusstsein der Menschen, die sich den Wein zu erlangen wünschen, eine Parallele zu finden, denn sie müssen einsehen, dass „es ihnen nicht erlaubt war, den Wein zu erzwingen und zu erringen“ (Vers 13).

4. Schließlich gibt der Dichter dem Willen seines Herzens nach. Dieser Schritt und die Folge seiner Liebesneigung eröffnen jedoch die Perspektive, die mit dem Tod verbunden wird (Vers 6):

> Ich sprach zu meinem Herzen: Möge es Dir wohl ergehen! Die Liebe zu ihr wird dich in einen neuen Tod versenken.[21]

Die Weingeschichte trägt ähnliche psychologische Züge. Die Einwilligung der Käufer, den erforderlichen Preis für den Wein zu leisten, lässt die Schranken fallen. Der nun möglich gewordene Weinkonsum wird in dezidiert intensiver Bildersprache geschildert (Vers 14):

> Da brachten sie den Gewinn herbei, den er erforderte, und man begann, sich über ihn (den Wein) herzumachen; denn nun ist er freigegeben worden und sein Trunk gleitet angenehm durch die Kehle.

20 Übersetzung zit. n. Jacobi: Die Anfänge der arabischen Ġazalpoesie: Abū Ḏuʾayb al-Huḏalī, S. 239.

21 Zit. n. ebd.

Der Geschmack des Weins wird zusätzlich durch die Beimischung von Bienenhonig veredelt, was im spätantiken Arabien üblich war.[22] Auch stellt die Beschreibung der Bienen sowie der Sammlung des Honigs ein beliebtes Thema der Huḏailiten-Dichter dar. Wichtig ist jedoch zu betonen, dass Wein- und Honigmotive in der frühen arabischen Dichtung, wie Akiko Motoyoshi Sumi betont, symbolhaft mit „eroticism and immortality" verbunden wurden.[23] Den besonderen Genuss, den solcher Wein gemischt mit Honig bietet, erlangt man jedoch nicht umsonst. Die detailreiche Beschreibung der Herkunft des Honigs in Versen 15–25 betont, dass er von wilden Bienen stammt, die in extremen Berghöhen und steilen Schluchten zu finden und daher äußerst schwer und mit großem Risiko zu erreichen sind (Verse 16–17). Zudem können sie sich aggressiv verhalten und „wie die Pfeile des Wettschießens" bzw. „Schleudersteinchen" niederfliegen (Verse 18 und 20) – Motive, die als eine Anspielung auf die Unzugänglichkeit der Geliebten bzw. die Gefahr, die von ihrer wachsamen Verwandtschaft ausgeht, interpretiert werden können.[24] Das Erlangen des Honigs gelingt dem Honigsammler, der trotz der aussichtslosen Chancen und der Warnungen seiner Verlockung folgt und sich nicht davon abhalten lässt, sein Leben den „Todesseilen" (*asbābu l-maniyyatin*) anzuvertrauen (Verse 20–22). Man beachte auch, dass der Einsatz des Sammlers, der ihn letztendlich zu seinem Honig bringt, mit dem Abstieg auf einem rutschigen Felsgelände, „auf dem selbst der Rabe strauchelt", und der betäubenden Wirkung des Räucherns verbunden wird (Verse 24–25) – poetische Bilder, die nicht ohne Bedeutung im Zusammenhang mit der Liebesepisode am Schluss des Gedichts sein könnten.

Die lange Weinpassage wird abgerundet, indem der Vergleichsbezug zu dem Mund der Geliebten hergestellt wird. Der Dichter bekräftigt nachdrücklich, dass der Liebesgenuss, den ihm die Nähe zu seiner Geliebten bereitet, den Genuss des leckeren mit Honig gemischten Weins übersteigt (Verse 26–28). Die Bedeutung der Wein/Honigmotive geht jedoch weit über diesen statischen Vergleich auf der

22 Georg Jacob: *Altarabisches Beduinenleben nach den Quellen geschildert.* Berlin: Mayer & Müller 1897, S. 102.

23 Motoyoshi Sumi: *Description in Classical Arabic Poetry*, S. 62–63.

24 Vgl. ebd., S. 87.

Geschmacksebene hinaus. Ihre Metaphorik ist reichlich mit psychologischen Nuancen und Anspielungen ausgestattet, die eine Gefühlsdynamik und emotionale Spannung vermitteln.
Dies legt den Schluss nahe, dass im vorliegenden Gedicht des Abū Ḏuʾayb der Wein durchgehend als Metapher für die Liebe zu verstehen ist. Die Trunkenheit des Dichters, die in Vers 29 erwähnt wird, ist damit auch metaphorisch als sein Liebesrausch zu interpretieren:

> Eines Tages sah sie mich in Qurrān, vom Wein niedergeworfen,
> womit ich sie kränkte – Weinliebhaber sehen verwirrt aus.[25]

Was sich genau bei dieser Begegnung ereignete, bleibt unausgesprochen. Es wird wohl aber kaum der betrunkene Zustand des Dichters als solcher gewesen sein, der seine Geliebte beleidigte. Ist Abū Ḏuʾayb in seinem Liebesrausch zu weit gegangen und auf dem heiklen Boden seiner Leidenschaft ins Unerlaubte ausgerutscht? In den Abgrund eines „neuen Todes", den er zu riskieren wagte, obwohl ihm der verbotene Charakter seiner Liebesbeziehung bewusst war? Eine Schuld sieht Abū Ḏuʾayb darin nicht, was durchaus verständlich ist, wenn man annimmt, dass die Betrunkenheit ihre Ursache und ihren Sinn allein in der Liebe hat. Eine Begegnung mit der Geliebten kann sie nur verstärken.[26] In jedem Fall entspricht das Verhalten des Dichters in seinen Augen dem, was von einem Weintrinker, d. h. dem

25 Jacobi: Die Anfänge der arabischen Ġazalpoesie, S. 225, übersetzt den Satz *ʾinna l-ḫamra šuʿṯun ṣiḥābuhā* als „Betrunkene sehen verwahrlost aus", was im gegebenen Zusammenhang einen Sinn ergibt. Das Wort *ṣiḥābun* druckt aber in seiner Grundbedeutung zunächst nur ein Besitz- bzw. Zugehörigkeitsverhältnis aus. Joseph Hell gibt sie in seiner Übersetzung mit „die Genossen des Weins" wieder. Vor dem Hintergrund der Liebesmetaphorik erscheint es plausibel, anzunehmen, dass der Dichter nicht ausschließlich die Betrunkenheit als extremen Liebesrausch für ein närrisches Benehmen voraussetzt, sondern es schon bei einem üblichen Liebeszustand zulässt, was sein eigenes Verhalten zusätzlich rechtfertigt.

26 Eine Parallele dazu, die allerdings nicht im engeren Sinne literaturhistorisch, sondern eher typologisch interessant ist, bietet eine Erzählung über den berühmten ʿuḏritischen Dichter Ǧamīl ibn Maʿmar (gest. 701): „Al-Hayṯam und seine Gefährten berichteten auch, daß eine Gruppe von den Banū ʿUḏra erzählt hätte, Ǧamīl habe Buṯayna eines Nachts belauert, als sie gerade ausgegangen waren, gute Weidegründe zu suchen. Als er schließlich fand, daß sie allein war, war er (wie) trunken [*sakira*] (von Liebessehnsucht ob dieser Gelegenheit) und näherte sich ihr, und dies geschah in einer dunklen Nacht mit Wolken, Wind und Donner. Er warf nach ihr mit einem Steinchen, doch traf er eine ihrer (gleichaltrigen) Gefährtinnen" (Martin

Liebenden, zu erwarten sei. Daher würde er ein ähnliches Auftreten seiner Geliebten nicht für respektlos halten (Vers 30):

> Wäre aber sie es gewesen, die bei mir stolperte, so hätte ich sie
> nicht beschimpft deshalb und ihr keine kränkende Antwort gegeben.[27]

Mit dem Gedicht verwandelt Abū Ḏu'ayb seine Erinnerung an die Liebesbeziehung in eine emotionale Vergegenwärtigung seiner Liebesgefühle. Solche Aktualisierung stellt eine wichtige Funktion der literarischen Erinnerung als eines Erkenntnis- und Kommunikationsprozesses dar.[28] Den Wein behandelt Abū Ḏu'ayb dabei nicht als ein selbstständiges Thema, sondern er instrumentalisiert ihn, um seiner Bildersprache eine ausdrucksvolle poetische Metaphorik zu verleihen. Inhaltlich passen die Weinmotive gut dazu, die Sehnsucht und den Genuss sowie den Rausch und die Macht der Liebe auszumalen. Zwischen Erinnerung und Wein in der frühen arabischen Poesie gibt es jedoch noch eine weitere tiefgehende Verbindung, die in der Motiv- und Gattungsgeschichte verankert und durch die literarische Fiktion ermöglicht ist.

Literarische Gattungsgeschichte als Erinnerungsprozess

Die Verwendung der Weinmotive in der frühen und klassischen arabischen Poesie stellt eine literarische Konvention dar. Im engen Rahmen der normativen Ästhetik, welche die vormoderne arabische Literatur prägte, schuf und sicherte die Konventionalität das ästhetische Koordinatensystem, das für die Wahrnehmung eines Literatur- bzw. Kunstwerks erforderlich war. Dmitri Lichačew betrachtet dieses Phänomen als einen Ausdruck der Etikette der vormodernen Weltanschauung[29]

Jagonak: *Das Bild der Liebe im Werk des Dichters Ǧamīl bin Maʿmar. Eine Studie zur udritischen Lyrik in der arabischen Literatur des späten 7. Jahrhunderts*. Wiesbaden: Harrassowitz 2008, S. 74).

27 Übersetzung zit. n. Jacobi: Die Anfänge der arabischen Ġazalpoesie: Abū Ḏu'ayb al-Huḏalī, S. 225.

28 Zu Erinnerung als Erkenntnis vgl. Katharina Heyden: „Als er mit ihnen zu Tisch saß, wurden ihre Augen geöffnet und sie erkannten ihn." Essen, Erinnern und Erkennen in den Evangelien, in diesem Band.

29 Dmitry S. Lichačew: *Поэтика древнерусской литературы* [*Die Poetik der altrussischen Literatur*]. Moskau: Nauka 1979.

und Juri Lotman definiert es treffend als die „Ästhetik der Gleichsetzung“[30], die darauf gründet, dass ein Werk der konventionalen Kunst seinem kulturellen Umfeld nicht gegenüber gestellt wurde, sondern aus ihm heraus entstand und nur in ihm seine vollständige Gestalt erhielt. Die literarische Tradition verkörperte einen wichtigen Teil dieses kulturellen Umfelds. Ihre Vorgaben bestimmten die Bandbreite der möglichen poetischen Themen und Motive, wozu in der arabischen Poesie der Wein bereits in der vorislamischen Zeit zählte. Die kontinuierliche Weiterpflege der konventionellen Weinmotive stellt in der historischen Perspektive der literarischen Entwicklung einen sich fortschreibenden Prozess der literarischen Erinnerung dar. Die kreative Sprungfeder dieses Prozesses wurde durch die literarische Fiktion entfesselt. Arabische Dichter von der altarabischen Epoche bis in die Vormoderne bedienten sich der Weinthematik, weil sie im Gedächtnis der literarischen Tradition vorgegeben war. Dies erfolgte jedoch nicht durch eine sich rein mechanisch reproduzierende Tradierung der Konventionen. Vielmehr wurde die lange Geschichte der arabischen Weinpoesie durch ihre Fähigkeit ermöglicht, die Weinmotive immer wieder neu zu interpretieren und ihre Bedeutungen zu aktualisieren. Das hermeneutische Potenzial der Weinmetaphorik wurde dabei im Zusammenhang mit der Fiktionalität der arabischen Poesie entwickelt und in vielfältiger Weise ausgeschöpft. Das Aufkommen der Ḫamriyya als selbstständige Gattung der arabischen Weinpoesie, die bereits bei vorislamischen Dichtern wie ʿAdī ibn Zayd al-ʿIbādī (gest. ca. 600)[31] ansetzt und sich spätestens mit dem poetischen Genie des Abū Nuwās (ca. 755–813) in vollem Umfang entfaltet, lässt das steigende Bewusstsein über die Fiktionalität des poetischen Wortes erkennen, wovon auch der Prozess der literarischen Erinnerung direkt betroffen ist. Wie Johannes Anderegg bemerkt, ist die literarische Fiktion immer eine Vorstellungsfolge, ein komplexer

30 Jurz M. Lotman: Каноническое искусство как информационный парадокс [Die kanonische Kunst als ein Informationsparadox]. In: *Проблема канона в древнем и средневековом искусстве Азии и Африки* [*Das Problem des Kanons in der antiken und mittelalterlichen Kunst Asiens und Afrikas*]. Moskau: Nauka 1973, S. 16–22, hier S. 20.

31 Kirill Dmitriev: ʿAdī Ibn Zayd al-ʿIbādī and the Origins of Arabic khamriyya. In: Ders. / van Ruymbeke (Hrsg.): *Comparative Perspectives on Wine Poetry in Middle Eastern Literatures* (im Erscheinen).

Vorstellungszusammenhang, und „man kann sich an Fiktionen erinnern, man kann sie wiedererkennen, und man kann sie zum ‚Gegenstand' des Gesprächs machen".[32] Die explizite Absage an das altarabische Nasīb, die in mehreren Weingedichten des Abū Nuwās betont wird, zeigt deutlich die enge Verbindung zwischen literarischer Erinnerung und Fiktion. In den folgenden Anfangsversen einer Ḫamriyya stellt Abū Nuwās die Anziehungskraft des Weins der nostalgischen Reflexion über die Vergangenheit gegenüber:

دَعِ الرَّبْعَ ما لِلرَّبعِ فيكَ نَصيبُ   وَما إِنْ سَبَتْنِي زَيْنَبٌ وَكَعُوبُ
وَلَكِنْ سَبَتْنِي البابِلِيَّةُ إِنَّها   لَمِثْلِيَ في طولِ الزَّمانِ سَلوبُ

Laß das Frühlingslager! Das Frühlingslager hat an mir keinen Anteil. Zainab und La'ūb nehmen mich nicht gefangen.
Aber der babylonische Wein nimmt mich gefangen. Er ist für meinesgleichen das ganze Leben lang ein starker Räuber.[33]

Dabei ist es eindeutig, dass sowohl Abū Nuwās selbst als auch seine Bagdader Hörerschaft die Wüstenlagerstätten kaum frequentiert haben dürften und sie nur imaginär „lassen" konnten. Die kritische Auseinandersetzung mit dem konventionellen Einleitungsmotiv der altarabischen Qaṣīde ist symbolhaft. Das Motiv wird nicht einfach als literarisch abgenutzt entwertet. Im Gegenteil: Abū Nuwās wiederholt es in seinen Gedichten immer wieder und ruft es damit bewusst als ein wichtiges Attribut des beduinischen Kulturerbes in Erinnerung. Diesem wird Wein als Symbol für neue ästhetische Ideale, Verhaltensmuster und Wertevorstellungen gegenübergestellt. Die Anfangspassage eines weiteren Weingedichts des Abū Nuwās bringt es unmissverständlich zum Ausdruck:

32 Johannes Anderegg: *Sprache und Verwandlung. Zur literarischen Ästhetik*. Göttingen: Vandenhoeck & Ruprecht 1985, S. 109–110.

33 Text: Abū Nuwās: *Dīwān ʾAbī Nuwās*, hrsg. v. ʿUmar Fārūq al-Ṭabbāʿ. Beirut: Dār al-Arqam 1998, S. 60. Übersetzung Ewald Wagner: *Abū Nuwās. Eine Studie zur arabischen Literatur der frühen ʿAbbāsidenzeit*. Wiesbaden: Steiner 1965, S. 299.

دَعِ الأَطلالَ تَسفيها الجَنوبُ   وَتُبلي عَهدَ جِدَّتِها الخُطوبُ
وَخَلِّ لِراكِبِ الوَجناءِ أَرضاً   تَخُبُّ بِها النَجيبَةُ وَالنَجيبُ
بِلادٌ نَبتُها عُشَرٌ وَطَلحٌ   وَأَكثَرُ صَيدِها ضَبعٌ وَذيبُ
وَلا تَأخُذ عَنِ الأَعرابِ لَهواً   وَلا عَيشاً فَعَيشُهُم جَديبُ
دَعِ الأَلبانَ يَشرَبُها رِجالٌ   رَقيقُ العَيشِ بَينَهُمُ غَريبُ
إِذا رابَ الحَليبُ فَبُل عَلَيهِ   وَلا تُحرَج فَما في ذاكَ حوبُ
فَأَطيَبُ مِنهُ صافِيَةٌ شَمولٌ   يَطوفُ بِكَأسِها ساقٍ أَديبُ
أَقامَت حِقبَةً في قَعرِ دَنٍّ   تَفورُ وَما يُحَسُّ لَها لَهيبُ
كَأَنَّ هَديرَها في الدَنِّ يَحكي   قِراةَ القَسِّ قابَلَهُ الصَليبُ

Laß die Ruinen [aṭlāl], die der Südwind verweht und deren frischen Zustand das Unglück abnutzt!

Überlaß dem Reiter der starken Kamelin ein Land, in dem der edle (Hengst)und die edle (Stute) Paßgang gehen!

Es ist ein Land, dessen Pflanzen Asclepias gigantea und Akazien sind, in dem der größte Teil der Jagdbeute aus Hyänen und Wölfen besteht.

Von den Beduinen wirst du kein Vergnügen und kein angenehmes Leben erlangen; denn ihr Leben ist öde

Laß die Milch Männer trinken, bei denen ein armes Leben schon als Reichtum gilt!

Wenn die Frischmilch gebuttert wird, dann piß auf sie und tu dir keinen Zwang an! Denn darin liegt keine Sünde.

Angenehmer als die Milch ist reiner, guter Wein, mit dessen Becher ein gebildeter Schenke umhergeht.

Lange Zeit hielt er sich in der Höhle des Kruges auf, indem er kochte (gor), ohne daß man bei ihm eine Hitze verspürte.

Es ist, als ob das Geräusch des Gärens im Kruge der Lesung des Priesters gegenüber dem Kreuze gliche.[34]

Abū Nuwās ruft auch explizit dazu auf *aṭlāl* zu vergessen:

انْسَ رَسْمَ الدِيارِ الطُلولَ ...[35]

Vergiss die Spuren der Wohnstätten (und) die Überreste [ṭulūlun] ...

34 Text: Abū Nuwās: *Dīwān ʾAbī Nuwās*, S. 53–54. Übersetzung: Ewald Wagner: *Abū Nuwās*, S. 295.

35 Text: Abū Nuwās: *Dīwān ʾAbī Nuwās*, S. 454.

Tatsächlich wird dadurch aber das Gegenteil erreicht: Man wird an sie erinnert. Dies geschieht aber nicht retrospektiv, sondern fiktional. Wie das *aṭlāl*-Motiv der altarabischen Qaṣīde, wanderten konventionelle Themen und Motive aus der vormodernen arabischen Poesie einschließlich der Weinthematik kontinuierlich in neue literaturhistorische Epochen hinüber und wurden in neuen poetischen Werken entsprechend ihren kulturhistorischen Kontexten umgedeutet und in neue Gattungsformen verwandelt. Wenn ein vortrefflicher Wein, wie Abū Nuwās beteuert,

شَمطاءُ تَذكُرُ آدَماً مَع شيثِهِ   وَتُخَبِّرُ الأَخبارَ عَن حَوّاءِ

… sich Adams und Seths erinnert und Nachrichten von Eva erzählt,[36]

so bietet die Motiv- und Gattungsgeschichte der frühen und klassischen arabischen Weinpoesie eine eigene Erinnerungsperspektive, die tiefgehende Einblicke in die arabische Literatur- und Kulturgeschichte ermöglicht.

36 Text: Abū Nuwās: *Dīwān ʾAbī Nuwās*, S. 38. Übersetzung: Ewald Wagner: *Abū Nuwās*, S. 304.

Anhang

Das Gedicht Nr. II des Abū Ḏuʾayb al-Huḏalī (gest. ca. 649)

Arabischer Originaltext: *Šarḥ ašʿār al-Huḏaliyyīn*, Bd. 1, hrsg. v. ʿAbd al-Sattār Aḥmad Farrāǧ / Maḥmūd Muḥammad Šākir. Kairo: Maktabat Dār al-ʿUrūba 1965, S. 42–55.

Deutsche Übersetzung: *Neue Huḏailiten-Diwane*, aus d. Arab. u. hrsg. v. Joseph Hell, Bd. 1: Dīwān des Abū Ḏuʾaib. Hannover: Orient-Buchhandlung Heinz Lafaire 1926, S. 14–16.

1	أَبِالصُّرْمِ مِنْ أَسْماءَ حَدَّثَكَ الَّذي	جَرَى بَيْنَنا يَوْمَ اسْتَقَلَّتْ رِكابُها
2	زَجَرْتَ لَها طَيْرَ الشِّمالِ فَإِنْ تكُنْ	هَوَاكَ الَّذي تَهْوَى يُصِبْكَ اِجْتِنابُها
3	وَقَد طُفْتُ مِنْ أَحْوالِها وَأَرَدْتُها	سِنِينَ فَأَخْشَى بَعْلَها أَوْ أَهَابُها
4	ثَلاثَةَ أَحْوالٍ فَلَمّا تَجَرَّمَتْ	عَلَينا بِهُونٍ وَاستَحارَ شَبابُها
5	عَصانِي إِلَيْها القَلْبُ إِنّي لِأَمرِهِ	سَميعٌ فَما أَدْرِي أَرُشْدٌ طِلابُها
6	فَقُلْتُ لِقَلْبِي يا لَكَ الخَيْرُ إِنَّما	يُدَلِّيكَ لِلمَوْتِ الْجَديدِ حِبابُها
7	وَأُقْسِمُ ما إِنْ بالَةٌ لَطَمِيّةٌ	يَفُوحُ بِبابِ الفارِسِيِّينَ بابُها
8	وَلا الرَّاحُ راحُ الشَّامِ جاءَتْ سَبِيئَةً	لَها غايَةٌ تَهْدِي الكِرامَ عُقابُها
9	عُقارٌ كَماءِ النِّيءِ لَيسَت بِخَمْطَةٍ	وَلا خَلَّةٍ يَكْوِي الشُّرُوبَ شِهابُها
10	تَوَصَّلُ بِالرُّكْبانِ حيناً وَتُؤلِفُ الْ	جِوارَ وَيُغْشِيها الأَمانَ رِبابُها
11	فَما بَرِحَتْ في النَّاسِ حَتَّى تَبَيَّنَتْ	ثَقِيفاً بِزِيزاءِ الأَشاءِ قِبابُها
12	فَطافَ بِها أَبْناءُ آلِ مُعَتِّبٍ	وَعَزَّ عَلَيْهِم بَيْعُها وَاغْتِصابُها
13	فَلَمّا رَأَوْا أَنْ أَحْكَمَتْهُمْ وَلَمْ يَكُنْ	يَحِلُّ لَهُمْ إِكْراهُها وَغِلابُها
14	أَتَوْها بِرِبْحٍ حاوَلَتْهُ فَأَصبَحَتْ	تُكَفَّتُ قَد حَلَّتْ وَساغَ شَرابُها

15 بِأَرْيِ الَّتي تَأْرِي لَدَى كُلِّ مَغربٍ   إذا اصْفَرَّ لِيطُ الشَّمْسِ حانَ انْقِلابُها

16 بِأَرْيِ الّتي تَأرِيِ الْيَعاسيبُ أَصْبَحَتْ   إِلى شاهِقٍ دُونَ السَّماءِ ذُؤابُها

17 جَوارِسُها تَأرِيِ الشُعُوفَ دَوائِباً   وَتَنْصَبُّ أَلْهاباً مَصِيفاً كِرابُها

18 إذا نَهَضَتْ فيهِ تَصَعَّدَ نَفْرَها   كَقِتْرِ الْغِلاءِ مُسْتَدِرّاً صِيابُها

19 تَظَلُّ عَلى الثَّمْراءِ مِنْها جَوارِسٌ   مَراضيعُ صُهْبُ الرِّيشِ زُغْبٌ رِقابُها

20 فَلَمّا رَآها الخالِدِيُّ كَأَنَّها   حَصَى الْخَذْفِ تَهْوِي مُسْتَقِلّاً إِيابُها

21 أَجَدَّ بِها أَمْراً وَأَيْقَنَ أَنَّهُ   لَها أَوْ لِأُخْرَى كَالطَّحِينِ تُرابُها

22 فَقِيلَ تَجَنَّبْها حَرامُ وَراقَهُ   ذُراها مُبِيناً عُرْضُها وَانْتِصابُها

23 فَأَعْلَقَ أَسْبابَ الْمَنِيَّةِ وَارْتَضَى   ثُقُوفَتَهُ إِنْ لَمْ يَخُنْهُ انقِضابُها

24 تَدَلَّى عَلَيْها بَيْنَ سِبٍّ وَخَيطَةٍ   بِجَرْداءَ مِثْلِ الوَكْفِ يَكبُو غُرابُها

25 فَلَمّا اجتَلاها بِالإِيامِ تَحَيَّزَتْ   ثُباتٍ عَلَيْها ذُلُّها وَاكتِئابُها

26 فَأَطْيِبْ بِراحِ الشَّأمِ صِرْفاً وَهذِهِ   مُعَتَّقَةً صَهْباءَ وَهْيَ شِيابُها

27 فَما إِنْ هُما في صَحْفَةٍ بارِقِيَّةٍ   جَديدٍ حَدِيثٍ نَحْتُها وَاقْتِضابُها

28 بِأَطْيَبَ مِنْ فِيها إِذا جِئْتَ طارِقاً   مِنَ اللَيلِ وَالتَفَّتْ عَلَيَّ ثِيابُها

29 رَأَتْنِي صَرِيعَ الْخَمْرِ يَوْماً فَسُؤْتُها   بِقُرَّانَ إِنَّ الخَمْرَ شُعْثٌ صِحابُها

30 وَلَوْ عَثَرَتْ عِنْدِي إِذنْ ما لَحَيْتُها   بِعَثْرَتِها وَلا أُسِيءَ جَوابُها

31 وَلا هَرَّها كَلْبي لِيَبْعُدَ نَفْرُها   وَلَوْ نَبَحَتْني بِالشَّكاةِ كِلابُها

1. Hat dir den Bruch mit Asmā' verkündet, was zwischen uns (als Omen) erschien am Tage, da ihre Reittiere sich (um Aufbruch) erhoben?

2. Du hast in Bezug auf sie den Unglücksvogel aufgescheucht; wenn also sie der Gegenstand deiner Liebesleidenschaft ist, so wird dich ihr Vermeiden treffen.

3. Und in der Tat, ich habe sie umkreist und begehrt Jahre lang und habe ihren Gatten gefürchtet und sie (selbst) ehrfürchtig gescheut.

4. Drei Jahre lang! Und als sie vorüber waren mit Erniedrigung für uns (d. h. für mich) während ihre Jugend in der Fülle stand,

5. Ist mir das Herz durchgegangen – hin zu ihr; siehe, ich gehorche seinem Befehle, und ich weiß nicht ob es das Richtige ist, nach ihr zu trachten.

6. Das sagte ich zu meinem Herzen: O, möchte dir das Beste beschieden sein! Die Liebe zu ihr wird dich nur in den neuen Tod versenken.

7. Und ich schwöre: Kein Moschusbehälter, dessen Öffnung am Tor der Perser Wohlgeruch verbreitet,

8. Noch der Wein, der syrische Wein, der zum Verkaufe eingetroffen ist, mit einer Fahne, deren Zeichen die Edlen richtig leitet,

9. Ein Wein (trüb) gleich dem Wasser des rohen Fleisches, nicht bitter und nicht essigsauer, dessen Feuer die Trinker brennt,

10. Er kommt eines Tages an mit den Reitern (einer Karawane) und genießt den Schutz des einen und des anderen (Stammes), und es hüllt ihn in Sicherheit sein Bündnis.

11. So hörte er nicht auf, mit den Leuten (zu wandern) bis er deutlich erkannte die Ṯaqīf, deren Zelte sich auf dem Hügelgrund von al-Ašā' (junge Dattelpalmen?) erheben.

12. Da umkreisten ihn die Söhne der Familie des Muʿattib und es fiel ihnen (gleich) schwer, ihn zu kaufen und ihn mit Gewalt wegzunehmen.

13. Und als sie sahen, daß er (der Wein) sie in Schranken hielt, und es ihnen nicht erlaubt war, ihn zu erzwingen und zu erringen.

14. Da brachten sie den Gewinn herbei, den er erforderte, und man begann, sich über ihn (den Wein) herzumachen; denn nun ist er freigegeben worden und sein Trunk gleitet angenehm durch die Kehle.

15. (Gemischt) mit dem Honig (der Biene), die Honig sammelt bei jedem Sonnenuntergang; wenn die Scheibe (wörtlich: Haut) der Sonne gelb geworden ist, dann ist für sie die Zeit der Heimkehre gekommen.

16. Mit dem Honig derjenigen (Bienen), die die Bienenköniginnen regieren; des morgens begeben sie sich zu einer Bergeshöhe, deren Scheitel unmittelbar unter dem Himmel ist.

17. Summend suchen sie emsig alle Gipfel auf und lassen sich nieder in Schluchten, wo die Wasserrillen schräg am Berge herunterlaufen.

18. Wenn sie sich dort erheben, steigt ihr Schwarm empor wie die Pfeile des Wettschießens, die reichlich niedergehen.

19. Immerdar sind von ihnen auf dem Blütenflor (Kr.) Summende, Saugerinnen mit gelben Härchen und flaumigen Nacken.

20. Und als der Ḫālidite sie sah, wie sie gleich (kleinen) Schleudersteinchen hinfielen und wieder zurückprallten,

21. Da strengte er sich an um sie und war (doch) überzeugt, daß er ihnen (verfallen sei) oder einer anderen (sc. der Tiefe), deren Staub gleich Mehl ist.

22. Da sagte man: Meide Sie, Ḥarām! Doch ihn lockte ihr Gipfel, dessen Breite und Höhe sich deutlich zeigte.

23. So knüpfte er die Todesseile und gefiel sich in seiner Findigkeit, wenn ihn ihr (der Stricke) Reißen nicht trog.

24. Er ließ sich zu ihnen herunter zwischen Seil und Pflock (?) an einem (Felsen), glatt wie ein Glanzleder (?), auf dem (selbst) der Rabe strauchelt.

25. Und als er sie herausgetrieben hatte durch Räuchern, da waren sie betäubt und bildeten Häufchen (Klumpen) von Elend und Traurigkeit beschwert.

26. Wie gut ist also der syrische Wein, wenn er rein ist, alt, rotgelb; und mit diesem (Honig) gemischt!

27. Und (doch) sind beide (Wein und Honig) — in einer bāriḳitischen Schüssel, einer neuen, frisch geglätteten und geschnittenen (gemischt) —

28. Nicht besser als ihr Mund, wenn ich komme und nachts klopfe und ihre Kleider mich umschlingen.

29. Sie sah mich eines Tages hingestreckt vom Wein und ich habe sie in (Wādī) Qurrān gekränkt; die Genossen des Weines sind nun einmal struppig.

30. Wenn aber sie gestrauchelt wäre bei mir, ich würde sie alsdann nicht gescholten haben ob ihres Fehltrittes und sie würde keine kränkende Antwort erhalten haben.

31. Und mein Hund würde sie nicht angeknurrt haben, damit sie weit entfliehe, wenn auch ihre Hunde mich mit Gekläff anbellten.

Alfred Bodenheimer

Das Brot der Armut

Die *matza* als Cluster von Erinnerung, Text und Verdauungsproblemen in der *Pessach-Haggada*

> Dies ist das Brot der Armut, das unsere Väter in Ägypten gegessen haben. Wer hungrig ist, komme und esse. Wer in Not ist, komme und feiere Pessach. Dieses Jahr sind wir hier – im nächsten Jahr im Land Israel. Dieses Jahr sind wir Sklaven – nächstes Jahr freie Menschen.
> (*Die Basler Haggada*)[1]

Diese Formel zählt zu den klassischen Texten der *Pessach-Haggada*, ein Büchlein, aus dem am ersten Abend des jüdischen Pessachfests, dem sogenannten Sederabend (von Hebräisch *seder* = Ordnung), gelesen und gesungen wird, ja, sie ist die eigentliche Eröffnung der Pessacherzählung.[2] Während des Rezitierens dieses Textes hebt die Tischgesellschaft die sogenannte Sederplatte, auf der sich auch drei *matzot* (pl. von *matza* – ungesäuerte Fladen, die nur aus Mehl und Wasser bestehen) in die Höhe. Gegessen werden diese *matzot* erst im späteren Verlauf des Abends – auch der im Text eingeladene Hungrige müsste sich noch eine ganze Weile gedulden, bis die Erzählung über den Auszug aus Ägypten und die damit verbundenen Rituale

1 *Die Basler Haggada*, mit neuer deutscher Übersetzung und Lautschriftübertragung, red. u. hrsg. v. Israel Meir Levinger. Basel: Selbstverlag 1989, S. 17.

2 Das Fest dauert aufgrund von Verfügungen, die zur Zeit des Babylonischen Exils eingeführt wurden, außerhalb des Landes Israel insgesamt einen Tag länger als die biblisch vorgeschriebenen sieben Tage, entsprechend wird auch in Israel nur ein Sederabend, außerhalb Israels aber, zumindest in orthodox und traditionell ausgerichteten Kreisen, tags darauf noch ein zweiter gefeiert.

soweit gediehen sind, dass (die nach dem kargen Beginn meist üppige Mahlzeit) gegessen werden kann. Dieser kurze Text ist (abgesehen von dem sehr viel später entstandenen Liedtext vom Lämmchen ganz am Ende der *Haggada*)[3] die einzige Passage des Textes, die im Original nicht auf Hebräisch, sondern auf Aramäisch steht. Sie öffnet verschiedene Perspektiven auf die Komplexität der Sederrituale. Verglichen mit dem Grundkorpus der *Haggada*, der den ersten nachchristlichen Jahrhunderten zugerechnet werden kann, ist dieser Text erstmals in einem Werk der sogenannten gaonidischen Zeit aus dem 9. Jahrhundert nachgewiesen. Entstanden ist er nicht im Land Israel, sondern in Babylonien, wo sich in der Spätantike wie auch im Mittelmeerraum viele kulturell bedeutsame jüdische Diaspora-Gemeinden befanden.

Die kurze zitierte Textpassage lässt sich dreiteilen: Der erste Satz verweist auf das Vergangene, das „Brot der Armut" ist ein Erinnerungsmedium. Der mittlere Teil thematisiert die Gegenwart, die Tafel, an der man sitzt und an die man einlädt. Der dritte und letzte Teil schließlich beschwört die noch uneingelöste Zukunft der Rückkehr nach Zion (was zusätzlich auf den Entstehungsraum des babylonischen Exils und die Zerstörung des Ersten Tempels im Jahr 597 v. u. Z. verweist) und in die Freiheit. Just diese letzte Formulierung belegt, dass die Feier des Sederabends nicht mit „Freiheit" identifiziert wird. Als exilische Gegenwart (im räumlichen oder angesichts der fortgesetzten Zerstörung des Tempels geistigen Sinn) steht die Feier für ein Stadium zwischen den beiden Extremen der Sklaverei und der Freiheit. Entsprechend ist der konkrete Ablauf des Sederabends auch nicht ein erzählerischer Prozess, der mit der Erinnerung an die Sklaverei der Israeliten in Ägypten beginnt und mit der Befreiung, also dem Exodus, endet. Vielmehr ist der Abend, sowohl was den Aufbau der Erzählung wie auch die dem Ritual beigemengten Elemente (vor allem die Speisen auf der Sederplatte) angeht, als Verschränkung dieser Elemente

3 Es handelt sich um eine Ballade, in der jeweils ein Stärkerer einen Schwächeren umbringt, tötet oder auslöscht (die Katze das Lämmchen, der Hund die Katze, der Stock den Hund etc.), bis am Ende Gott als letzte Instanz seine Allmacht demonstriert. Das populäre Lied, das aus dem deutschen Raum stammt und im frühen 15. Jahrhundert erstmals schriftlich verbürgt ist, hat eine formale Verwandtschaft zu der bekannten deutschen Ballade *Der Bauer schickt den Jockel aus*, wobei die Meinungen in der Forschung auseinandergehen, welcher von beiden Texten allenfalls den anderen beeinflusst haben könnte. In der zitierten Ausgabe der *Basler Haggada*, S. 75–77.

strukturiert. Diese Kontingenz der mit dem Essen verbundenen Erinnerung prägt den ganzen Abend. Zwei Beispiele: Gleich zu Beginn des Abends, sogleich nach dem Wein- und Tagessegen (und unmittelbar vor der oben zitierten Passage über das „Brot der Armut") wird der Segensspruch über Erdfrüchte gesprochen und jedem Teilnehmenden ein rohes Gemüse (Radieschen, Sellerie o.Ä.) gereicht (das einzig Essbare bis zum Ende des Hauptteils der *Haggada*). Dies symbolisiert Luxus (eine Art *hors d'œuvre* vor dem eigentlichen Essen) und damit Freiheit. Zugleich aber wird diese Speise vor dem Genuss in Salzwasser (Tränen) getunkt. Umgekehrt verhält es sich mit der sogenannten *charosset*, einem Brei aus Nüssen oder Mandeln, Äpfeln und etwas Wein, der aufgrund seiner braunen Farbe an den Lehm erinnern soll, mit dem die Israeliten in Ägypten als Sklaven die Ziegel für Bauwerke herstellen mussten. Die *charosset* ist süß und wird, wenn später in Erinnerung an die Verbitterung des Lebens der Israeliten durch die Ägypter das Bitterkraut (Lattich, Chicorée o.Ä.) gegessen wird, diesem beigemengt, um den Geschmack angenehm zu machen.
Die Kontingenz, die diese rituell vorgeschriebenen Speisen in den Abend bringen, kulminiert in der *matza* selbst, und deshalb lohnt sich ein vertiefter Blick auf den ersten Satz der eingangs zitierten Passage. Dieser Satz ist für sich genommen schon stark interpretativ, was die Funktion und das Verständnis der *matza* als symbolische Speise betrifft. Diese ersetzt während des Pessachfests das Brot, das wie alles mit Sauerteig bzw. Hefe Zubereitete an Pessach für die Gläubigen verboten ist. Doch während das ganze Fest hindurch vor allem das *Verbot* des Verzehrs oder auch nur des Besitzes von Gesäuertem gilt, besteht zumindest am ersten Abend eine *positive Verpflichtung*, eine Mindestquantität *matzot* zu essen.[4]

4 Der Umfang beträgt insgesamt zweimal „die Entsprechung einer Olive", allerdings ist der normative Umfang dieser in vielerlei religionsgesetzlichen Kontexten vorkommenden Maßeinheit, die aus der Mischna, dem ersten zentralen Sammelwerk jüdischen Gesetzes stammt, umstritten und wird, je nach Lehrmeinung, heute auf ein Vielfaches der mischnaitischen Größe, nämlich auf 17–50 cm^3 Volumen veranschlagt. Eine von einer israelischen Ausbildungsinstitution für die Ausübung zum Rabbinat angegebene Größe setzt die „Entsprechung einer Olive" im Falle einer *matza* mit dem Gewicht von 27 Gramm an und sieht im Falle von Menschen, denen der Genuss dieser Quantität schwerfällt, eine Reduktion auf bis zu jeweils 11 Gramm vor. Vgl. http://din.org.il/2011/04/05/מצוות-אכילת-מצה/ (Zugriff am 15.07.2018).

Um die Komplexität des Zugangs zum Genuss der *matza* zu verstehen, muss vergegenwärtigt werden, dass der oben zitierte aramäische Referenztext seinerseits schon auf einer Übersetzung seiner ersten Worte aus dem Hebräischen basiert. Das Aramäische „ha lachma anja" (in der *Basler Haggada* übersetzt mit „Dies ist das Brot der Armut") bezieht sich auf die hebräische Benennung der *matza* als „lechem oni" in der Hebräischen Bibel. Doch bezieht sich in der *Basler Haggada* die Übersetzung des *Haggada*-Textes eher auf den biblischen, hebräischen Begriff als auf die aramäische Form des aramäischen Referenztextes. Während das hebräische *oni* für das Substantiv Armut steht, ist das aramäische *anja* ein Adjektiv. Auf die unmittelbare Textstelle bezogen wäre deshalb die von Wolf Heidenheim (1757–1832) in seiner im 19. und frühen 20. Jahrhundert in Deutschland populären und nach dem Holocaust in der Schweiz neu aufgelegten *Haggada* gewählte Übersetzung „Seht, welch armseliges Brod unsere Väter im Lande Egypten genossen haben"[5] korrekter. Dass die in der *Basler Haggada* gewählte substantivische deutsche Übersetzung sich demgegenüber eigentlich nicht an der aramäischen Vorlage, sondern am impliziten biblisch-hebräischen Referenztext orientiert, deutet schon darauf hin, dass sich in der Interpretationsgeschichte des biblischen Begriffs ein Zusammenkommen von Verschiebungen zwischen Bibeltext und Erinnerungsakt spiegelt.

Die exegetischen Probleme, die sich aus dem Begriff „lechem oni" ergeben, hat der 2010 verstorbene israelische Dozent für jüdische Bibelexegese Naftali Tucker in einem Aufsatz analysiert und die Problemstellung sowie die verschiedenen dazu geäußerten Meinungen und Kommentare werden hier (sehr verkürzt) seiner konzisen Darstellung gemäß referiert.[6]

Die Bibelstelle, auf die jeder Bezug auf die *matza* als „Brot der Armut" (bzw. „armseliges Brod") referiert, ist Deuteronomium 16,3:

5 Vgl. *Die Pessach-Haggada. Erzählungen von dem Auszuge Israels aus Egypten an den beiden ersten Peßach-Abenden*, aus d. Hebr. v. Wolf Heidenheim. Basel: Goldschmidt 1960, S. 7.

6 Vgl. Naftali Tucker: סוגיית ״לחם עוני״ – בין לחם שיעבוד ללחם גאולה [Das Problem „Brot der Armut" – zwischen Brot der Knechtschaft und Brot der Erlösung]. In: שמעתין 132 (5758; 1997/98), S. 93–104.

> Du sollst damit [gemeint ist das Pessachopfer, das Lamm, das am Tag vor Beginn des Fests dargebracht und am ersten Abend verspeist werden soll] kein Gesäuertes essen, sieben Tage sollst du damit Matzot, Brot der Armut (lechem oni), essen, denn in Hast bist du aus dem Lande Ägypten herausgezogen.[7]

Der Vers ist in mancherlei Hinsicht verwirrend, wenn man ihn auf die religionsgesetzliche Praxis hin betrachtet. Insbesondere was die Zeitangaben angeht: Gesäuertes darf nach der tatsächlich angewandten *halacha* (dem Religionsgesetz) sieben Tage lang nicht gegessen werden. *Matzot* müssen aber, wie erwähnt, nur am ersten Abend gegessen werden (an den anderen Tagen ist es optional und keine spezielle Erfüllung eines Gebots), während wiederum das Pessachopfer am ersten Abend gegessen werden muss (und danach nicht mehr gegessen werden darf). Doch diese Details sind hier nur partiell von Wichtigkeit. Entscheidender ist tatsächlich der Umgang mit dem Begriff „lechem oni".

Dem Begriff können, aufgrund der Diskurse der Gelehrten zwischen der Antike und der Vormoderne, vier Verweiskategorien zugeordnet werden. Der Diskurs ist dadurch gekennzeichnet, dass über die Generationen hinweg alle seine Teilnehmer von der Überzeugung beseelt sind, in der Torah, die als göttliche Rede gelesen wird, sei kein Wort oder auch Buchstabe zufällig oder überflüssig. Gerade in dieser Eigenschaft der Festlegung auf die Unveränderlichkeit der Textgestalt besteht die Heiligkeit des Textes. Die Vielzahl verweist zugleich darauf, dass jede einzelne Kategorie allenfalls die partielle Akzeptanz aller Diskursteilnehmer besitzt, dass der Referenztext irreduzibel ist, seine Verständnisvarianten aber nahezu unbegrenzt sind. Folgende Interpretationsansätze für die Begriffsebenen von „lechem oni" haben über die Jahrhunderte im Zentrum der jüdischen Exegese gestanden:

- der Verweis auf die Armut der Israeliten als Knechte in Ägypten;
- der Verweis auf die Schlichtheit („Armseligkeit") des ungesäuerten Brotes selbst;

7 Ebd., S. 93.

- der Verweis auf den gedanklich weiterführenden Charakter, im Sinne der Nähe des Wortes *oni* (Armut) zum Verb *la'anot* (antworten). In den Worten der rabbinischen Literatur: „onin alaw dwarim harbe"[8] (= „In seiner Gegenwart beantwortet man viele Dinge."');
- der Verweis auf die Qualen (in der Verdauung), die das Brot verursacht im Sinne der morphologischen Nähe des Wortes *oni* zu *inui* (Qual, Kasteiung)

Mit diesen Verständnismöglichkeiten wird zunächst, wie in jeder von einem religiösen Gebot verordneten Speise, das kollektive Erinnerungshandeln in einen individuellen, kulinarischen und entsprechend abrufbaren Erfahrungs- und (über das Verordnete ins Erlebte hinein erweiterten) Assoziationsraum eingebunden. Dabei ist zugleich zu vermerken, dass die *matza* für die intellektuelle oder spirituelle Erweiterung menschlicher Handlung stehen soll, aber keinesfalls für deren Transgression oder für irgendeine Form von Substitution. Alle aufgezählten Varianten sind, dies sei zusätzlich angemerkt, ausdrücklich nicht mit der Symbolik etwa der Hostie vergleichbar, die auf etwas unmittelbar Heiliges (den Leib Christi) verweist. Verweise auf das Göttliche selbst werden konsequent gemieden, vielmehr sind die Interpretationsansätze direkt auf die Rezipienten bzw. die den Seder begehenden Zeitgenossen bezogen, die daraus mnemonische oder handlungsauslösende Schlüsse ziehen sollen.
Verschiedene Fragen hängen im Diskurs der Gelehrten am Begriff „lechem oni". Hier seien nur die zentralen benannt: Wenn *matzot* das „Brot der Armut" sind, dann ist der direkte Zusammenhang, den der Vers zwischen diesem Brot und dem Auszug aus Ägypten herstellt, unverständlich. Denn der Akt der Befreiung weckt doch ganz andere Assoziationen als die der Armut. Auch die Hast, von der hier die Rede ist und die sich auf die (im wörtlichen Sinn unausgegorene) Beschaffenheit der *matzot* auswirkt, verweist eher auf ein Ende der Sklaverei als auf deren heteronomen Zustand, wie dem Buch Exodus (12,39) zu entnehmen ist. Dort steht, dass nach der zehnten Plage die Israeliten aufgrund des Drängens der verzweifelten Ägypter, sie noch in dieser Nacht zum Auszug zu zwingen, so rasch aufbrechen mussten, dass ihr Teig keine Zeit hatte, aufzugehen.

8 *Babylonischer Talmud,* Pesachim 115b.

Ein starkes Argument für die These, dass eher der Befreiungsakt als die Sklaverei in Form dieses Brotes memoriert werden sollen, formuliert etwa der frühneuzeitliche Gelehrte Isaak Abravanel. Er weist darauf hin, dass das Pessachfest in der Torah konsequent „Fest der Matzot" genannt wird, ein Name, der eher auf die Tat der Befreiung als auf die vorhergehenden Jahrhunderte der Sklaverei hinweise.[9] Doch es gibt durchaus auch Gelehrte, die anderer Meinung sind: Der Umstand, dass das Brot beim Auszug gebacken worden sei, negiere nicht die Möglichkeit, dass es auch in Ägypten die Standardnahrung der Israeliten gewesen sein könnte.

Die Diskussionen zwischen den Gelehrten darüber, ob etwa die *matzot* schon in Ägypten das den Sklaven zur Verfügung stehende Brot waren, weil sie unter dem Druck der schweren Arbeit nicht mehr Zeit zum Backen hatten, oder ob der explizite Hinweis auf die Hast des Auszugs gerade einen Bruch zwischen der in Ägypten einerseits und beim Auszug andererseits genossenen Speise markiert und ob nicht auch die Beschaffenheit dieser Fladen der Absicht geschuldet war, eine besonders haltbare Speise herzustellen, die auch auf Wochen der in die Wüste führenden Reise halten würde, sind nicht rein intellektuelle Denkspiele. Sie verweisen auf die tiefere Frage, welche Erinnerung an diesem zentralen Fest tatsächlich mit dem Genuss der *matza* verbunden wird. Denn der Anlass des Fests ist ja der Exodus, der zur Basis jeder Verbindung zwischen Gott und Israel werden sollte. Steht die Sklaverei als schwerwiegende Erinnerung im Vordergrund, dann spiegelt der Verzehr der *matzot* primär die Dankbarkeit der Befreiten und ihre unerschütterliche Beziehung zu Gott. Wird aber der Akt des Auszugs betont, so ist die *matza* Symbol des Aufbruchs und der Autonomie, die den Dienst freier Menschen an Gott vor allem qualitativ gegenüber der Dienstbarkeit der Versklavten unterscheiden soll.

Würde man die beiden Übersetzungsvarianten der *Basler Haggada* und der älteren Heidenheim-Übersetzung zur Illustration beiziehen, so ergäbe sich daraus, dass das „Brot der Armut" (*Basler Haggada*) auf die Sklaverei in Ägypten verweist. Das „armselige Brod" (Heidenheim) als hastig gebackener Fladen (und tatsächlich beträgt die halachisch erlaubte Zubereitungszeit einer Matza vom Beginn der Teigherstellung bis zum Ende des Backvorgangs maximal 18 Minuten)

9 Vgl. Tucker: סוגיית לחם עוני, S. 97.

ohne veredelnde Zutaten und Zubereitungsmöglichkeiten aber erinnert eher an die Befreiung. Zudem ist nach dem Prager Gelehrten Rabbi Judah Löw (1520–1609) die „Armseligkeit“ als Schlichtheit zu lesen und in diesem Sinne das Qualitätsmerkmal eines Menschen, den keine weltlichen Güter und Verheißung von seiner eigentlichen Bestimmung abhalten und ablenken.[10]

Interessant ist, dass es zwei Bedeutungsvarianten in der Exegese gibt, die mit dem Begriff der Armut nichts zu tun haben, sondern sich auf die Situation der Feiernden beziehen. Dass das (in der Tat) schwer verdauliche Brot als ‚Qual‘ ein Regulativ zum Luxus der Befreiung sein soll, ist auch der erwähnten Kontingenz in der Botschaft der Sederzutaten insgesamt subsumierbar. Das Spezifische dabei ist, dass diese Erinnerung sich über das Performative und Assoziative hinaus als faktisch körperliche Erfahrung äußert. Erinnerung geht hier ganz konkret (bis) durch den Magen.

Die Interpretation von „lechem oni“ als Brot, in dessen Gegenwart man antwortet, ist demgegenüber ein klares Konstrukt, das eine bewusste exegetische Erweiterung des in der Torah Gemeinten bedeutet, weil es sich auf die faktische Machart und Qualität des Brotes gar nicht bezieht. Es hebt die anderen exegetischen Möglichkeiten nicht auf, führt sie vielmehr darin zusammen, dass sie den Interpretationsspielraum an sich als faktisch zentrale Funktion der *matza* versteht. Tucker überschreibt seinen Artikel im Untertitel mit „zwischen Brot der Knechtschaft und Brot der Erlösung“ (בין לחם שיעבוד ללחם גאולה). Damit ist genau jener Zwischenraum ausgefüllt, den diese Interpretationslinie öffnet, indem sie sich zwischen den Auslegungen nicht entscheiden will und kann, sondern die Vielfalt an Auslegungen stark macht.

„Lechem oni“ wird somit zu einer Chiffre, die, in ihrer Oszillation zwischen begrifflicher Kontingenz und dem konkret gegessenen Fladen, eine immense Spannbreite von Interpretationspotentialen eröffnet. Man könnte behaupten, der Reichtum der möglichen Zuschreibungen von „lechem oni“ stehe umgekehrt proportional zur angeblich benannten Eigenschaft der *matza* („arm, armselig“). Als Name und Verweis sowie als konkret genossenes und schließlich in den Metabolismus eingeführtes Gebäck lässt sich die *matza* am ehesten als Cluster

10 Tucker: סוגיית לחם עוני, S. 99.

umschreiben, der ebenso schwer im Magen liegt, wie er die Spektren der Interpretation in sich versammelt und vermengt. In der *matza* vereinigen sich deshalb zum einen das Element des biblischen Texts als Ursache rituellen Handelns und der Sinngebung, zum anderen dasjenige der Erinnerung, die dem performativen und narrativen Präsentieren und Thematisieren dieser Speise am Sederabend folgt. Und zuletzt, beim Verzehr mit den (für empfindlichere Mägen oder Vielesser) absehbaren Folgen, wird der (durchaus durch Text und Erinnerung evozierte) Bedeutungsgehalt in das unmittelbare Befinden der in seiner Gegenwart lebenden Jüdinnen und Juden überführt.

Zwei andere Speisen werden in der Torah explizit genannt, die mit der *matza* gegessen werden sollen: „Esst das Fleisch [des Pessachopfers] in dieser Nacht auf dem Feuer gebraten und Matzot, gemeinsam mit Bitterkräutern esst es." (Ex 12,8) Verweist das geschlachtete und gebratene Pessachlamm offensichtlich auf die Befreiung und die Bitterkräuter auf die Bitternis der Knechtschaft, so füllt die *matza*, die hier also schon vor der Vertreibung durch die Ägypter angeordnet wird, den ganzen Raum zwischen diesen beiden Daseinszuständen aus.

In der Zeit nach der Zerstörung des Zweiten Tempels (im Jahr 70), als keine Opfer mehr gebracht werden konnten, wurde diese Dreierkombination beibehalten, allerdings das Fleisch des nicht mehr gebrachten Opfers durch ein zweites Stück *matza* ersetzt. Damit verweist die *matza* am Sederabend nicht nur auf das Vergangene und das Gegenwärtige. Vielmehr schafft und füllt sie die interpretatorischen wie die existentiellen Leerstellen zwischen der im Bitterkraut memorierten Sklaverei und der als Verweis auf den Verweis sich manifestierenden *matza* ‚armselig' und zugleich interpretatorisch unermesslich aus.

Eva von Contzen

Chaucers kulinarische Pilgerreise

Essen und Erzählen im englischen Mittelalter

> So steht er da, der stattliche König und plaudert mit der Tafelrunde am erhöhten Tisch gewandt über dies und das. Der tapfere Gawain saß zur einen, Agrawain mit der harten Hand zur anderen Seite – beide Schwestersöhne des Königs und bewährte Ritter. Bischof Balduin saß am Kopf der Tafel und bei ihm Uwain, der Sohn Uriens. Sie alle saßen auf erhöhten Plätzen und wurden geziemend bedient, und viele weitere Recken saßen an den Nebentischen. Dann wurde der erste Gang aufgetragen unter dem Schmettern der Trompeten, die mit vielen bunten Fähnchen geschmückt waren; dann dröhnten die Kesselpauken, die Flöten, und die Musik war so kraftvoll und mitreißend, daß die Herzen schneller schlugen. Dann wurde ein Festmahl serviert, Gebratenes in so vielen Schüsseln, daß vor den Gästen für die Silbergefäße auf dem weißen Tafeltuch kaum noch Platz blieb. Jeder griff nach Herzenslust zu, und niemand neidete dem Nebenmanne etwas, denn je zwei hatten zwölf Schüsseln und dazu gutes Bier und Weißwein.
>
> (*Gawain and the Green Knight*)[1]

1 „Thus þer stondes in stale þe stif kyng hisseluen, / Talkkande bifore þe hyȝe table of trifles ful hende. / There gode Gawan watz grayþed Gwenore bisyde, / And Agrauayn a la Dure Mayn on þat oþer syde sites – / Boþe þe kynges sister-sunes and ful siker kniȝtes; / Bischop Bawdewyn abof biginez þe table, / And Ywan, Vryn son, ette with hymseluen. / Þise were diȝt on þe des and derworþly serued, / And siþen mony siker segge at þe sidbordez. / Þen þe first cors come with crakkyng of trumpes / Wyth mony baner ful bryȝt, þat þerbi henged; / Nwe nakryn noyse with þe noble pipes, / Wylde werbles and wyȝt wakned lote, / Þat mony hert ful hiȝe hef at her towches. / Dayntes dryuen þerwyth of ful dere metes, / Foysoun of þe fresche,

In der populären Imagination ist das Mittelalter die Epoche der großen Bankette: An langen Tafeln in prächtigen Hallen trifft sich die höfische Oberschicht zu opulenten Mahlen; die Burgdamen tragen bunte und kostbare Kleider, der Klerus darf auch nicht fehlen, man isst Fleisch vom Spieß und trinkt aus silbernen Bechern, begleitet von einer Gruppe von Musikern mit Zupfinstrumenten oder den Spielereien eines Hofnarren, bisweilen auch dem Gesang eines Barden. Was Hollywood-Filme und TV-Serien dem modernen Publikum als typisch mittelalterlich vermitteln, hat durchaus historische, vor allem aber *literarische* Vorbilder. Um diese soll es im Folgenden gehen: Die Frage nach historischer Akkuratesse steht dabei weniger im Mittelpunkt als vielmehr ein Einblick in die kreative Verwendung von Essen und seinen Kontexten in der englischen Literatur des späteren Mittelalters (14. Jahrhundert). Essen, Erzählen und Erinnerung sind dabei eng miteinander verbunden: Essen, ob in Gemeinschaft oder individuell, wird immer wieder im und durch das Erzählen zum Anlass, Leitmotiv, Ausgangs- und Endpunkt von Geschichten, die wiederum Träger von kulturellen Erinnerungen sind.
In zahlreichen Texten des Mittelalters, vor allem den am Hofe angesiedelten Ritterromanen, spielt die Festhalle als Ort des gemeinsamen Essens und der Repräsentation eine zentrale Rolle. Die Festhalle ist nicht nur als Raum bedeutsam, den die höfische Gemeinschaft teilt, den sie nach außen öffnet und nach innen absichert und in dem ihre Mitglieder feste Plätze, je nach ihrer Bedeutung und ihren Verdiensten, haben. Bereits in der altenglischen Heldenerzählung *Beowulf* (10. Jahrhundert) wird dies deutlich: Die sogenannte *mead hall*, die große Halle, die den zentralen Treffpunkt und zugleich das politische Herz des germanischen Herrschertums darstellte, ist auch in *Beowulf* der Ort, von dem die Handlung ihren Anfang nimmt und an dem sie immer wieder gebündelt und rekapituliert wird: Der Held Beowulf,

and on so fele disches / Þat pine to fynde þe place þe peple biforne / For to sette þe sylueren þat sere sewes halden / On clothe. / Iche lede as he loued hymselue / Þer laght withouten loþe; / Ay two had disches twelue, Good ber and bryȝt wyn boþe" (*Gawain and the Green Knight*, V. 107–129). Alle mittelenglischen Zitate aus *Gawain and the Green Knight* zit. n. Malcolm Andrew / Ronald Waldron (Hrsg.): *The Poems of the Pearl Manuscript*. London: Arnold 1978. Die deutsche Übersetzung hier und im Folgenden zit. n. *Sir Gawain and the Green Knight*, aus d. Mitteleng. v. Hans J. Schütz. Stuttgart: Klett-Cotta 2004.

erfolgreicher Kämpfer der *geatas*, reist zum dänischen König Hrothgar, um ihm bei seinem bisher vergeblichen Kampf gegen das Monster Grendel zur Seite zu stehen, das die königliche Festhalle bedroht – aus Neid und Missgunst angesichts der Geselligkeit:

> Ein mächtiger Unhold, der in einer düsteren Höhle hauste, konnte es grollend kaum länger ertragen, jeden Tag den Jubel des lauten Banketts in der Halle zu hören – dort gab es den Klang der Harfe und den klaren Gesang des Dichters [*scop*].[2]

Die Halle trägt den Namen Heorot; ihr kommt beinahe der Status einer Figur zu: Dort empfängt Hrothgar Beowulf und seine Männer und bereitet ihnen ein Festmahl; dort verübt Grendel seine Attacken; dort rächt die Mutter des Monsters ihren Sohn; dorthin kehrt Beowulf nach seinen erfolgreichen Kämpfen zurück und berichtet von seinen Heldentaten, während der König ihm ein großes Dankesmahl bereitet. Die gemeinsamen königlichen Festmähler bilden dabei immer wieder die Folie für Erzählungen – von Beowulfs Taten, aber auch anderen heldenhaften Geschichten aus der Vergangenheit, die zum Teil der König selbst, zum Teil ein Barde vorträgt.[3] Das Festmahl liefert damit auch geistige Nahrung; es ‚füttert' die Zuhörerschaft, diejenigen in der Geschichte ebenso wie das angelsächsische Publikum, mit anregenden, unterhaltsamen, belehrenden Details. Essen und Erzählen werden also in solch einem Maße verschränkt, dass die Festhalle zum Kristallisationspunkt der narrativ tradierten Erinnerung wird: In der Halle werden die Heldengeschichten der Vergangenheit erzählt, zugleich liefert Beowulfs Kampf das Material für eine neue Geschichte – die wiederum bei gemeinsamen Essen vorgetragen wird.

In der Literatur des späteren Mittelalters und ihren höfischen Kontexten, insbesondere den höfischen Romanen, gewinnt die Verschränkung von Essen, Erzählen und Erinnerung einmal mehr an Bedeutung. Dies tritt besonders in der Artus-Tradition zutage, aus deren

2 „ða se ellengæst earfoðlice / þrage geþolode, se þe in þystrum bad, / þæt he dogora gehwam dream gehyrde / hludne in healle. þær wæs hearpan sweg, / swutol sang scopes" (zit. n. R. D. Fulk / Robert E. Bjork / John D. Niles (Hrsg.): *Klaeber's Beowulf.* Toronto: U of Toronto P 2008, V. 86–90; Übers. E.v.C.).

3 Vgl. ebd., V. 866–914, 1062–1158, 1654–1751.

Kontext die eingangs zitierte Passage stammt. Die Abenteuer der Ritter beginnen in der Regel mit einem Festmahl, oft anlässlich eines religiösen Festes, und finden ihren Schlusspunkt abermals bei einem gemeinsamen Essen. König Artus ist dabei derjenige, der die Feste auf Camelot ausrichtet und damit seinen Platz am Hof und seinen Status als König markiert. Die Abenteuer sind seinen Rittern überlassen, die er in seinem Namen ausschickt, um für ihn einzustehen und letztlich seinen Machterhalt zu sichern. So nimmt in der anonym überlieferten Erzählung *Sir Gawain and the Green Knight* aus dem späten 14. Jahrhundert das Abenteuer, bei dem es Gawain mit dem Grünen Ritter aufnimmt, seinen Anfang bei den Weihnachtsfeierlichkeiten auf Camelot. Diese dauern ganze fünfzehn Tage und die Bankette, einschließlich der Sitzordnung, werden ausführlich beschrieben. Die Festivitäten werden jäh unterbrochen, als besagter Grüner Ritter – dessen gesamte Erscheinung, von seiner Hautfarbe bis zu seiner Rüstung, grün ist – in die Halle eindringt und Artus herausfordert. Gawain nimmt an des Königs statt die Herausforderung an, und sein Abenteuer ist wie bereits bei Beowulf durch ein Abschieds- und (nach seiner Rückkehr) ein Willkommensmahl markiert. Auch während seines Abenteuers nimmt das gemeinsame Speisen einen prominenten Platz ein. Am Hofe des geheimnisvollen Sir Bertilak wird Gawain königlich bewirtet:

> Rasch wurde ein schöner Klapptisch aufgestellt und mit einem reinen weißen Tafeltuch bedeckt und mit einer Serviette, einem Salzfaß und silbernen Löffeln versehen. Da wusch sich der Ritter [Gawain] mit Behagen die Hände und wandte sich den Speisen zu, und viele freundliche Knappen warteten ihm ehrerbietig auf. Sie servierten viele Arten höchst raffiniert gewürzter Suppen in doppelten Portionen, wie es üblich war, und verschiedene Arten von Fisch: einmal in Brotteig gebacken oder auf Kohle geröstet, ein anderes Mal gesotten oder schmackhaft gedämpft. Jedesmal wurden kunstvoll zubereitete Saucen gereicht, die ihm köstlich schmeckten. Diese Mahlzeit sei ein Festessen, sagte er wiederholt dankbar und höflich, und die guten Männer versicherten ihm eifrig: „Wir bitten Euch, dies ist ein Fastenessen, es wird bald besser werden!“[4]

4 „Seggez h y m serued semly innoȝe / Wyth sere sewes and sete, sesounde of þe best, / Doublefelde, as hit fallez, and fele kyn fischez – / Summe baken in bred, summe brad on þe gledez, / Summe soþen, summe in sewe sauered with

Gawain ist hocherfreut angesichts der hervorragenden Qualität der Speisen und lobt das Festmahl, obgleich es ‚nur' aus Fisch besteht, da am Fastentag kein Fleisch aufgetischt wird. Die anderen Anwesenden versprechen, dass er nun zwar diese Buße (*penance*) auf sich nehmen müsse, dass aber bald auch wieder Fleisch auf dem Speiseplan stehen werde. Dieser Kommentar ist mehr als eine Apologie in Bezug auf den Fisch: Er verweist darauf, dass Gawain auch in anderer Hinsicht einem ‚appetitlichen' Angebot, im wahrsten Sinne des Wortes einem fleischlichen Gelüst, nicht widerstehen können wird – den Avancen von Sir Bertilaks Frau. Gawain kann sich den Verführungsversuchen der schönen Gattin nicht entziehen und nimmt schließlich auch das Angebot an, ihren magischen Gürtel zu tragen, als er sich dem Grünen Ritter zum Schlagabtausch stellt. Gawain hat – wenig ritterlich – Angst vor dem riesenhaften Gegner mit seinen schier übermenschlichen Kräften; mit Hilfe des Gürtels bleibt er unverletzt, muss aber mit der Schmach leben, das magische Objekt, Ausdruck seiner Angst, genutzt zu haben.[5] Gawain beschließt, den Gürtel zur Erinnerung an dieses Abenteuer gleich einer Schärpe zu tragen – dies verkündet er bei seinem Willkommensmahl und hat zur Folge, dass die anderen Ritter es ihm gleichtun (vgl. V. 2505–2530). Durch dieses gemeinschaftliche Ritual bekommt das Festmahl einen bitteren Beigeschmack, legen sich die Ritter der Tafelrunde doch eine wenig rühmliche Erinnerung auf. Die Rahmung des Abenteuers durch zwei festliche, nach außen repräsentative Bankette – die selbst wiederum der bevorzugte Ort des Vortrags von Gesängen und Geschichten sind – macht deutlich, dass das gemeinsame Essen auch als Kristallisationspunkt von Erinnerung(en) fungiert: Hier wird Erlebtes nicht nur vor-, sondern auch zusammengetragen und gemeinschaftlich verarbeitet.

Die Verschränkung von Essen und Erzählen ist in *Sir Gawain and the Green Knight* so eng, dass das Erzählen gar zur Bedingung wird, um überhaupt das Mahl zu beginnen: Artus folgt einer alten Sitte, nach der niemand zu essen anfängt, bevor nicht entweder eine wundersame

spyces – / And ay sawses so sleȝe þat þe segge lyked. / Þe freke calde hit a fest ful frely and ofte / Ful hendely, quen alle þe haþeles rehayted hym at onez / As hende, / ‘Þis penaunce now ȝe take / And eft hit schal amende.'" (*Gawain and the Green Knight*, V. 888–900).

5 Es stellt sich am Ende heraus, dass Morgana die Urheberin dieses ‚Tests' ist, mit dem sie letztlich Artus und seine Macht angreifen wollte.

Geschichte erzählt wird oder ihn jemand spielerisch zum Kampf herausfordert:

> [Arthur] wollte an einem festlichen Tag, wie dieser einer war, erst dann speisen, wenn ihm eine sonderbare Geschichte, ein aufregendes Abenteuer berichtet wurde oder ein wunderliches Ereignis, an das er glauben konnte, von Fürsten, ritterlichen Taten oder anderen Abenteuern; und noch lieber war ihm, wenn ihm jemand einen aufrechten Ritter nennen konnte, der mit ihm tjostieren und bereit sein würde, sein Leben gegen das königliche aufs Spiel zu setzen, in einem Zweikampf, dessen Ausgang Fortuna bestimmte. Das war des Königs Gewohnheit, wenn er bei einem prächtigen Fest mit seiner edlen Schar in der Halle weilte.[6]

In *Sir Gawain and the Green Knight* sind gleich beide Bedingungen erfüllt: Der Grüne Ritter dringt in die Halle ein und fordert Artus – für den Gawain einsteht – heraus; zugleich wird das Abenteuer Gawains zu einer Geschichte, mit der Gawain am Ende nach Camelot zurückkehrt. Die Erinnerung an ebendiese Geschichte bleibt durch den Gürtel bzw. die Bänder, die nun alle Ritter tragen, lebendig; sie sind gleichsam ein Mahnmal, sich der ritterlichen Tugenden bewusst zu sein.

Die Möglichkeit, Essen zum Anlass von Erzählen und Erzählungen zu nehmen, hat der wohl wichtigste Autor der mittelenglischen Literatur, Geoffrey Chaucer (1343–1400), in seinen *Canterbury Tales* konsequent und in kreativer Variation umgesetzt: Kulinarisches – im weitesten Sinne – wird zu einem Leitmotiv des Erzählens. Das durch Chaucers Tod unvollendet gebliebene Werk berichtet von einer Pilgerreise nach Canterbury, die der Ich-Erzähler ‚Chaucer' gemeinsam mit etwa dreißig anderen Pilgern und Pilgerinnen unternommen haben will. Die Gruppe trifft sich in Southwark im Gasthaus des Wirts Harry Bailey, der, um die Reise unterhaltsamer zu gestalten,

6 „Þhe þurȝ nobelay had nomen: he wolde neuer ete / Vpon such a dere day, er hym deuised were / Of sum auenturus þyng, an vncouþe tale / Of sum mayn meruayle þat he myȝt trawe, / Of alderes, of armes, of oþer auenturus; / Oþer sum segg hym bisoȝt of sum siker knyȝt / To joyne wyth hym in justyng, in joparde to lay, / Lede, lif for lyf, leue vchon oþer, / As fortune wolde fulsun horn, þe fayrer to haue. / Þis watz kynges countenaunce where he in court were, / At vch farand fest among his fre meny / In halle" (*Gawain and the Green Knight*, V. 91–101).

einen Erzählwettbewerb initiiert: Jede*r wird auf dem Hin- wie auf dem Rückweg eine Geschichte erzählen, die sowohl vergnüglich wie erbaulich sein soll. Der Gewinn, der ausgelobt wird, ist – wie könnte es anders sein – ein Mahl im Hause des Gastwirts auf Kosten der anderen:

> Und wer sich von euch allen dabei am besten anstellt, d. h. wer diesbezüglich Geschichten mit der bedeutsamsten Moral und von größter Unterhaltsamkeit erzählt, der soll hier auf diesem Platz ein Abendessen auf unser aller Kosten haben und an diesem Pfeiler sitzen, wenn wir von Canterbury wieder zurückgekommen sind.[7]

Eine Pilgerreise durch ein opulentes Mahl zu krönen und durch Geschichten aufzulockern, entspricht kaum dem christlichen Gedanken einer solchen Reise als einem Akt der Buße. So wird bereits gleich zu Beginn des Werks deutlich, dass Chaucer die Ansprüche und Werte seiner Zeit kritisch-satirisch aufs Korn nimmt – die gesamten *Canterbury Tales* sind ein Panorama des späten Mittelalters und seiner Menschen aus allen sozialen Schichten, deren Geschichten Widersprüche aufweisen und Missstände aufzeigen, Wünsche und Träume formulieren, Grenzen ausloten und Ernstes und Heiteres miteinander in Verbindung setzen. Essen – *was* gegessen wird, *wann*, *wie viel* und *von wem* – fungiert dabei als Leitmotiv der Figurendarstellung und als Motor des Erzählens.[8] Zugleich hat Chaucer ein Werk geschaffen,

7 „And which of yow that bereth hym best of alle, / That is to seyn, that telleth in this caas / Tales of best sentence and moost solaas, / Shal have a soper at oure aller cost / Heere in this place, sittynge by this post, / When that we come again fro Caunterbury." Mittelenglischer Text sowie deutsche Übersetzung hier und im Folgenden, sofern nicht anders angegeben, zit. n. Geoffrey Chaucer: *The Canterbury Tales. Die Canterbury-Erzählungen. Mittelenglisch / Deutsch*, übers. u. erl. v. Heinz Bergner / Waltraud Böttcher / Günter Hagel / Hilmar Sperber, ausgew. u. hrsg. v. Heinz Bergner. Stuttgart: Reclam 1996, hier „General Prologue", V. 796–801. Die Standardausgabe des mittelenglischen Texts ist Larry D. Benson (Hrsg.): *The Riverside Chaucer*. Oxford: Oxford UP 1987.

8 Mir geht es hier vor allem um Essen als erzählerisches Mittel, nicht um die – zweifellos wichtigen – Anspielungen auf die sozialen und historischen Realitäten von Ernährung und der Versorgung mit Nahrungsmitteln im Mittelalter. Vgl. dazu z. B. allgemein Melitta Weiss Adamson: *Food in Medieval Times*. Westport: Greenwood 2004; Christopher M. Woolgar / Dale Serjeantson / Tony Waldron (Hrsg.): *Food in Medieval England. Diet and Nutrition*. Oxford: Oxford UP 2006; speziell zu Chaucer: Elisabeth Jayne Archer / Richard Marggraf Turley / Howard

das die vielfältigen Funktionen von Essen als kulturelles Erinnerungsmedium festschreibt.

Im Prolog wird die Pilgergesellschaft vorgestellt, die ‚Chaucer' aus naiv-beobachtender Außenperspektive beschreibt. Unter kulinarischen Gesichtspunkten stechen dabei drei Mitreisende besonders hervor: der Gutsbesitzer (*the Franklin*), die Äbtissin (*the Prioress*) und der Gerichtsbote (*the Summoner*). Bei allen dreien gilt: Sie sind, was sie essen. Ich beginne mit letzterem: Der Gerichtsbote ist von einem sehr unattraktiven, krankhaften Äußeren (Kinder, so heißt es, hätten Angst vor seinem Gesicht). Dies spiegelt sich in seinen Ernährungspräferenzen wider: Seine bevorzugten Speisen sind Zwiebeln, Knoblauch und Lauch; am liebsten trinkt er starken Rotwein.[9] Der Gerichtsbote erweist sich auch in seinem Verhalten als wenig gefällig, im Gegenteil, er handelt ruchlos und nutzt seine Stellung im Dienst der Kirche schamlos aus, um sich zu bereichern. Ernährung, Charakter und Verhalten sind untrennbar miteinander verbunden.

Ähnliches gilt auch für den Gutsbesitzer. Dieser steht im System der gesellschaftlichen Klassen gleich nach dem Adel; sein Lebenswandel und sein Selbstverständnis sind von den Aspirationen auf aristokratische Kreise gekennzeichnet. Er bezeichnet sich als „ein echter Nachfahre Epikurs"[10], dessen Lehre er nicht im Sinne der antiken Epikureer in Maßhaltung zu verstehen scheint, sondern als Aufruf zum Hedonismus: Er besitze, so berichtet uns ‚Chaucer', den besten Weinkeller weit und breit und tische regelmäßig die besten Köstlichkeiten überhaupt auf („It snewed in his hous of mete and drynke / Of alle deyntees that men koude thynke"[11]); er züchte seine eigenen

Thomas: *Food in the Literary Imagination*. London: Palgrave Macmillan 2014; dies.: „Soper at Oure Aller Cost": The Politics of Food Supply in the *Canterbury Tales*. In: *The Chaucer Review* 50,1–2 (2015), S. 1–29; Elizabeth M. Biebel: Pilgrims to Table: Food Consumption in Chaucer's *Canterbury Tales*. In: Martha Carlin / Joel T. Rosenthal (Hrsg.): *Food and Eating in Medieval Europe*. London: Hambledon 1998, S. 15–26; Madeleine Pelner Cosman: *Fabulous Feasts. Medieval Cookery and Ceremony*. New York: Braziller 1976; Kathryn R. Lynch: From Tavern to Pie Shop. The Raw, the Cooked, and the Rotten in Fragment 1 of Chaucer's *Canterbury Tales*. In: *Exemplaria* 19,1 (2007), S. 117–138.

9 Chaucer: *Canterbury Tales*, „General Prologue", V. 323–336.

10 „he was Epicurus owene sone" (Chaucer: *Canterbury Tales*, „General Prologue", V. 336).

11 Ebd., V. 345–346.

Rebhühner und Fische und unterhalte einen Koch, der den stets zum Essen gedeckten Tisch unter den strengen Augen des Gutsbesitzers füllt.[12] Auch wenn die einzelnen Nahrungsmittel durchaus typisch sind für seine gesellschaftliche Stellung, vielleicht sogar einem ärztlichen Rat der gesunden Ernährung im Alter folgen, was Ausgewogenheit und Abwechslung betrifft,[13] so dient das reichhaltige Essen hier vor allem als Mittel der sozialen Distinktion und karikiert den Gutsbesitzer als Beinahe-Adeligen.

Vor diesem Hintergrund mag es kein Zufall sein, dass auch in der Geschichte, die der Gutsbesitzer seinen Mitreisenden erzählt, an einer zentralen Stelle ein gemeinsames Essen steht. Die Protagonist*innen der Geschichte sind Dorigen, eine junge, verheiratete Frau, deren Ehemann außer Landes ist, und der Knappe Aurelius, der sich unsterblich in sie verliebt. Nachdem Aurelius unablässig um sie geworben hat, verspricht Dorigen ihm schließlich ihre Liebe unter der (scheinbar unmöglichen) Bedingung, er lasse die vor der heimatlichen bretonischen Küste liegenden Felsen verschwinden. Aurelius nimmt die Herausforderung an und wendet sich an einen Magier, der ihm seine Fähigkeiten eindrucksvoll vorführt: Aurelius glaubt sich auf der Jagd und beim Tanz mit seiner Geliebten, bis ein Klatschen des Magiers ihn wieder zurück in dessen Studierzimmer holt. Kaum eine Stunde sei vergangen, wie der Magier betont, während er seinen Diener anweist, das Abendessen aufzutragen: „‚Gehen wir also speisen', sagte er, ‚das ist das Beste. Verliebte Leute müssen auch manchmal ihre Ruhe haben'."[14] Am Ende ist die vermeintliche Zauberei die korrekte Vorhersage einer Flut, so dass berechtigter Zweifel bestehen mag, ob der Zauberer (und sein Zauber) überhaupt ein solcher ist. Die Bilder, die vor Aurelius' innerem Auge entstehen, können ihn nicht nähren, sie haben in der realen Welt keine Macht. Dies macht das Essen deutlich: Zauberei kann den Geist, nicht aber den Körper täuschen.

12 Vgl. ebd., V. 349–354.

13 Vgl. dazu Joseph Allen Bryant Jr.: The Diet of Chaucer's Franklin. In: *Modern Language Notes* 63,5 (1948), S. 318–325; Adamson: *Food in Medieval Times*, S. 93–94. Vgl. Auch Frederick B. Jonassen: Carnival Food Imagery in Chaucer's Description of the Franklin. In: *Studies in the Age of Chaucer* 16 (1994), S. 99–117.

14 „‚Go we thanne soupe,' quod he, ‚as for the beste. / Thise amorous folk somtyme moote han hir reste'" (Chaucer: *Canterbury Tales*, V. 1217–1218).

Im Gegenteil: Oftmals ist es gerade das Essen bestimmter Lebensmittel, das positive oder negative Wirkung auf den Körper haben kann. Dies wird in der Erzählung des Nonnenpriesters (*The Nun's Priest's Tale*) thematisiert. Die Geschichte ist eine Fabel: Chauntecleer, ein stolzer, aber wenig weitsichtiger Hahn mit philosophischen Inklinationen, lebt mit sieben Hennen, darunter seine kluge Frau Pertelote, auf dem Hof einer armen Witwe. Eines Nachts plagt ihn ein furchtbarer Albtraum, in dem ihn ein Fuchs bedroht (was sich später als prophetisch herausstellen soll). Pertelote beruhigt ihren Mann und verweist in einer längeren Rede auf die physischen Ursachen eines Albtraums: Verdauungsbeschwerden durch falsches oder übermäßiges Essen könnten die Körpersäfte durcheinandergebracht haben; sie empfiehlt Heilkräuter mit abführender Wirkung, um das Gleichgewicht der Säfte wiederherzustellen.[15] Diese pragmatische Herangehensweise hat eine lange Tradition in der mittelalterlichen Traumdeutung, die körperliche Ursachen von nicht-körperlichen – die dann prophetisch sein können – abgrenzt. Auch hier stehen sich Natürliches und Übernatürliches gegenüber. Pertelotes Rat ist letztlich zu einseitig gedacht, da sie die spirituelle Dimension der Körpersaft-Theorie und die philosophische Dimension, in die Chauntecleer seinen Traum einbetten will, unbeachtet lässt.

Die Perspektive der Hennen-Ehefrau findet ihre Entsprechung in der Lebens- und Ernährungsweise der Witwe, auf deren Hof die Tiere leben. Was Pertelote rein physisch angeht, ist bei der Witwe philosophisch fundiert; ihre Ernährungspraktiken sind das Idealbild gesunder Ernährung nach mittelalterlicher medizinischer Tradition:[16]

> Diese Witwe [...] führte [...] in Geduld ein durchaus einfaches Leben, denn ihr Besitz und ihre Einkünfte waren klein. Durch sparsames Haushalten mit dem, was Gott ihr sandte, ernährte sie sich selbst und ihre beiden Töchter. Nicht mehr als drei große Muttersäue hatte sie, [dazu] drei Kühe und auch ein Schaf, das sie Molly rief. Ganz verrußt waren ihr Gemach und auch ihre Halle, in der sie manch karge Mahlzeit zu sich nahm. Eine pikant gewürzte Sauce hatte sie [dabei wohl] nie nötig; kein Leckerbissen

15 Vgl. Chaucer: *Canterbury Tales*, V. 2922–2969.

16 Patrick Gallacher: Food, Laxatives, and Catharsis in Chaucer's Nun's Priest's Tale. In: *Speculum* 51,1 (1976), S. 49–68, hier S. 59.

wanderte durch ihre Kehle, [denn] ihre Kost paßte so ganz zu ihrer Kate. An Überfülle [des Magens] erkrankte sie kein einziges Mal; maßvolles Essen war all ihre Arznei, sowie körperliche Bewegung und innere Zufriedenheit. Da gab es keine Gicht, die sie am Tanzen gehindert hätte, [und] kein Schlaganfall ließ sie im Kopf wirr werden. Wein trank sie nicht, weder weißen noch roten, ihr Tisch war meist mit Weißem und Schwarzem gedeckt – mit Milch und Schwarzbrot, woran sie keinen Mangel hatte, mit gebratenem Speck und manchmal einem Ei oder auch zwei; sie war nämlich sozusagen eine Art Milchwirtschafterin.[17]

Die alte Witwe mag die einzige Figur in den gesamten *Canterbury Tales* sein, die sich gut ernährt, und zwar ‚gut' in Bezug auf ihre Gesundheit wie auf den christlichen Anspruch der Maßhaltung und Genügsamkeit. Sie exemplifiziert, dass Essen mit Weisheit, und zwar der Weisheit, klug zu handeln, gleichgesetzt zu werden vermag.[18] Es ist kein Zufall, dass Fragen der Ernährung an zwei *weiblichen* Figuren durchgespielt werden. Essen ist klar ‚gegendert'. Ernährung in ihrer lebensweltlichen, praktischen Dimension ist Sache der Frauen; Männer dagegen, dazu zählt auch Chauntecleer, beschäftigen sich mit ‚geistiger' Nahrung, sei es philosophische oder spirituelle. Welche Form der Weisheit am Ende die bessere – die nahrhaftere? – ist, lässt die Geschichte des Nonnenpriesters offen. Festzuhalten bleibt, dass auch hier Praktiken der Ernährung den Ausgangspunkt bilden: Essen und Erzählen als leitmotivisches Prinzip der *Canterbury Tales.*

Zwar nicht direkt mit ihrer Erzählung verbunden, aber ebenso ‚gegendert' ist die Beschreibung der Äbtissin im Prolog. Aus der naiven

17 „This wydwe, of which I telle yow my tale, / Syn thilke day that she was last a wyf / In pacience ladde a ful symple lyf, / For litel was hir catel and hir rente. / By housbondrie of swich as God hire sente / She foond hirself and eek hir doghtren two. / Thre large sowes hadde she, and namo, / Three keen, and eek a sheep that highte Malle. / Ful sooty was hire bour and eek hir halle, / In which she eet fu lmany a sklendre meel. / Of poynaunt sauce hir neded never a deel. / No deyntee morsel passed thurgh hir throte; / Hir diete was accordant to hir cote. / Replecciouen ne made hire nevere sik; / Attempree diete was al hir phisik, / And exercise, and hertes suffisaunce. / The goute lette hire nothyng for to daunce, / N'apoplexie shente nat hir heed. / No wyn ne drank she, neither whit ne reed; / Hir bord was served moost with whit and blak – / Milk and broun breed, in which she foond no lak, / Seynd bacoun, and somtyme an ey or tweye, / For she was, as it were, a maner deye" (Chaucer: *Canterbury Tales*, V. 2824–2846).

18 Gallacher: Food, Laxatives, and Catharsis, S. 59.

Sicht des Pilger-Erzählers ‚Chaucer' erfahren wir, dass die Äbtissin sich weniger wie eine kirchliche Würdenträgerin als vielmehr wie eine Möchtegern-Adelige gehabt. Ihr Name ist nicht etwa der einer Heiligen, sondern evoziert die Heldin eines Ritterromans; er lautet Madame Eglantine. Die gesamte Beschreibung ihrer Person ist eine Karikatur: Sie singt nasal, spricht ein bäuerliches Französisch, ist kostbar gekleidet und legt feinste Tischmanieren an den Tag, die sie sich aus adeligen Kreisen abgeschaut hat.[19] Dabei wird die Beschriebene auf eine höchst unpassende Weise sexualisiert. Die Beschreibung ihrer Essgewohnheiten lenkt die Aufmerksamkeit auf ihre Lippen und ihre Brust:

> Beim Essen war sie sehr gut erzogen; sie ließ keinen Krümel von ihren Lippen fallen, noch tunkte sie ihre Finger tief in ihre Sauce ein; sie vermochte einen Bissen sehr gut zu nehmen und darauf zu achten, dass kein Tropfen auf ihre Brust fiel. Ihre größte Freude war gutes Benehmen.[20]

Ebenso unpassend ist die tiefe Verbundenheit der Äbtissin zu Tieren: Eine Maus in der Falle bringt sie zum Weinen und sie füttert ihre Schoßhündchen – deren Existenz allein ein unpassendes Detail ist – mit gebratenem Fleisch und Weißbrot.[21] Als Äbtissin wäre Nächstenliebe zu ihren Schwestern und ihren Mitmenschen das erwartbare Lob gewesen. So aber ist es nur konsequent, dass ihre Beschreibung in einer Brosche gipfelt, auf der geschrieben steht: *Amor vincit omnia* („Liebe besiegt alles)[22] – allerdings ist *amor* gerade nicht die christliche Nächstenliebe (dies wäre *caritas*), sondern die körperliche Liebe, zu der die Äbtissin eine starke Neigung aufzuweisen scheint.[23]

19 Die gesamte Beschreibung findet sich in Chaucer: *Canterbury Tales*, „General Prologue", V. 118–162 (in Benson: *The Riverside Chaucer*).

20 „At mete wel ytaught was she with alle; / She leet no morsel from hir lippes falle, / Ne wette hir fyngres in hir sauce depe; / Wel koude she carie a morsel and wel kepe / That no drope ne fille upon hire brest. / In curteisie was set ful muchel hir lest" (Chaucer: *Canterbury Tales*, V. 127–132, zit. n. Benson: *The Riverside Chaucer*; Übers. E.v.C.).

21 Vgl. Chaucer: *Canterbury Tales*, V. 127–132, 142–150.

22 Ebd., V. 160–162.

23 Vgl. zur Beschreibung der Äbtissin z. B. Edward I. Condren: The Prioress: A Legend of Spirit, a Life of Flesh. In: *The Chaucer Review* 23,3 (1989), S. 192–218; R. D. Eaton: Sin and Sensibility: The Conscience of Chaucer's Prioress.

Ich möchte hier nicht näher auf das bekannte Phänomen eingehen, dass sexuelles Begehren oftmals mit Vergleichen und Metaphern aus dem Kontext von Essen und Nahrungsaufnahme beschrieben wird. Dies ist besonders in der Erzählung des Müllers der Fall, in deren Mittelpunkt die junge Frau Alison und ihre Affäre mit einem gewieften Studenten steht. In diesen Fällen wird nicht das Erzählen akzentuiert, sondern das punktuelle Evozieren von Bildern der körperlichen Attraktivität und des Verlangens, das Alison ausstrahlt bzw. erregt.[24] Schließen möchte ich vielmehr mit einer der beiden Erzählungen, die ‚Chaucer' auf der Pilgerreise vorträgt: die Erzählung über Sir Thopas. Der Held der Geschichte, die das Abenteuer eines Ritters zu behandeln verspricht, ist besagter Sir Thopas. Aber Chaucer spielt mit den Erwartungen seines Publikums: Sein Erzähler-Alter-Ego stellt sich als miserabler Geschichtenerzähler heraus. Er verwendet ein Versmaß, das repetitiv und wenig kunstvoll ist, und er erzählt eine Geschichte ohne Handlung. Statt der schnellen Folge von Episoden, in denen sich die Ereignisse überschlagen – so die Erwartungen an das Genre –, konterkariert Chaucer diese konsequent, indem er beschreibt und auflistet statt erzählt.[25] Zu dieser Anti-Erzählung gehört auch die Beschreibung eines Festmahls. Im Gegensatz zu den Festmählern in *Sir Gawain and the Green Knight*, die stets einen konkreten Anlass haben und eine wichtige Funktion für die Erzählung erfüllen, ist Sir Thopas' Festmahl ein Lückenfüller; der Held hat nichts Heldenhaftes vollbracht, lässt sich aber trotzdem feiern und trägt seinen Musikern auf, ihm Geschichten zu erzählen, „königliche Romane, / über Päpste und Kardinäle / und über die Freuden der Liebe"[26]. Daraufhin wird ihm das Mahl angerichtet:

In: *JEGP* 104,4 (2005), S. 495–513; Patrizia Grimaldi Pizzorno: *Metaphor at Play: Chaucer's Poetics of Exemplarity*. Alessandria: dell'Orso 1997, S. 53–78 (Kap. „The Prioress, the Jew and the Knight").

24 Vgl. z. B. Peter G. Beidler: Art and Scatology in the Miller's Tale. In: *Chaucer Review* 12 (1977), S. 90–102.

25 Vgl. zu Sir Thopas z. B. Jessica Brantley: Reading the Forms of Sir Thopas. In: *The Chaucer Review* 47,4 (2013), S. 416–438; Katharine Jager: „Som deyntee thyng": Poetry and Possibility in Chaucer's *Tale of Sir Thopas*. In: *Medieval Perspectives* 24 (2009), S. 22–45.

26 „*Of romances that been roiales*, / *Of popes and of cardinales*, / *And eek of love-likynge*" (Chaucer: *Canterbury Tales*, V. 848–850).

> Sie brachten ihm den süßen Wein / und auch Met in einem Trinkgefäß aus Ahornholz / und königliche Delikatessen / aus Ingwerbrot, das äußerst fein war, / und Süßholz und auch Kümmel / mit Zucker – dies ist vorzüglich.[27]

Sir Thopas mag es offensichtlich gern süß: Die süßen, zuckerhaltigen Speisen sind in ihrer Häufung wenig nahrhaft. Sie spiegeln die gesamte Erzählweise wider, die im übertragenen Sinne ebenfalls wenig ‚Nahrhaftes' enthält, erfüllt sie doch keine der beiden Bedingungen, die der Gastwirt Harry Bailey zu Beginn der Pilgerreise an den Erzählwettbewerb gestellt hat: „bedeutsamste Moral und beste Unterhaltung"[28]. Aber Chaucer wäre nicht Chaucer, wenn er diesem Spiel nicht noch die Krone aufsetzen würde: Die Mitreisenden unterbrechen die unerträgliche Geschichte von Sir Thopas und bitten ‚Chaucer' um einen neuen Versuch. Die neue Geschichte – *The Tale of Melibee* – ist eine allegorische Erzählung über kluges Handeln und wohlüberlegtes Entscheiden in Dilemma-Situationen. Der Name des Protagonisten, Melibee, bedeutet, so heißt es in der Geschichte, „ein Mann, der Honig trinkt"[29] – und auch hier wird die Vorliebe für Süßes negativ ausgelegt. Melibee sei trunken von den Freuden und Ehren der Welt und habe seinen Glauben vernachlässigt. Die Geschichte des Melibee zeigt auf, wie man sich durch eine Reihe von Strategien dieser Versuchungen erwehren und zu klugen Entscheidungen gelangen kann. In der spielerischen Auseinandersetzung mit Essen, Ernährung und Genuss in all ihrer Bandbreite macht Chaucer deutlich, dass die *Canterbury Tales* auch – vielleicht sogar vor allem – eben eine Pilgerreise sind. Ihr kulinarisches Panorama bietet einen Spiegel der spätmittelalterlichen englischen Gesellschaft in all ihren Widersprüchlichkeiten und ihrer Buntheit.

27 „They fette hym first the sweete wyn, / And mede eek in a mazelyn, / And roial spicerye / Of gyngebreed that was ful fyn, / And lycorys, and eek comyn, / With sugre that is trye." (Chaucer: *Canterbury Tales,* V. 851–856, zit. n. Text aus Benson: *The Riverside Chaucer*; Übers. E.v.C.)

28 „best sentence and most solaas" (Chaucer: *Canterbury Tales,* V. 798, zit. n. Text aus Benson: *The Riverside Chaucer*; Übers. E.v.C.).

29 „a man that drynketh hony" (ebd., V. 1410; Übers. E.v.C.).

Jan Niklas Howe

Into the Heart of It

Mahlzeiten an der *Frontier* bei James Fenimore Cooper und Herman Melville

> "Cut more into the heart of it, lad," said the trapper, for it was the venerable inhabitant of those vast wastes, who had served the bee-hunter with the banquet in question; "cut more into the centre of the piece; there you will find the genuine riches of natur', and that without need from spices, or any of your biting mustard to give it a foreign relish." "If I had but a cup of metheglin," said Paul, stopping to perform the necessary operation of breathing, "I should swear this was the strongest meal that was ever placed before the mouth of man!" "Ay, ay, well you may call it strong!" returned the other laughing after his peculiar manner, in pure satisfaction at witnessing the infinite contentment of his companion; "strong it is, and strong it makes him who eats it!"
> (James Fenimore Cooper: *The Prairie. A Tale.*)[1]

US-amerikanisches Essen ruft unweigerlich die Assoziation von Größe hervor. Große Burger, große Getränke, große Desserts, und damit verbunden: große Fahrzeuge, in denen große Burger und Getränke von großen Supermärkten in große Kühlschränke transportiert werden. Neben diesem Klischee von schierer, undifferenzierter Größe steht eine unbestreitbar gewaltige Produktauswahl, die dem Wohlstand der Bevölkerung, ihren vielfältigen Migrationshintergründen, der starken Ausdifferenzierung im Lebensstil zwischen

1 James Fenimore Cooper: *The Prairie. A Tale.* 2 Bde. Philadelphia: Carey, Lea, & Blanchard 1836, Bd. 1, S. 132.

Küsten- und Inlandbevölkerung und den vielen regionalen Besonderheiten eines großen Landes entspricht. Damit soll gleich einleitend die Einschränkung formuliert werden, dass sich über „amerikanisches" Essen schlechterdings wenig sagen lässt. Dennoch lässt sich der grundlegende Dualismus von *size* und *choice* literaturhistorisch in eine Gegenüberstellung von *simplicity* und *sophistication* ausdifferenzieren: Das Ringen um die *Great American Novel* gestaltet sich auch als Versuch der Etablierung einer nordamerikanischen Poetik des Essens, die notwendig eine Abgrenzung von europäischer Kultur und die Herstellung einer eigenständigen nordamerikanischen Tradition bedeutet.[2] Stellvertretend für europäische Essenskultur steht dabei die französische Küche als Inbegriff der *sophistication*, die von Nathaniel Hawthorne bis zu Henry James immer wieder als Vorwurf an die Provinzialität und derbe Einfachheit der amerikanischen Küche in Stellung gebracht wird. Zugleich wird seit der ersten Hälfte des 19. Jahrhunderts mit zunehmendem Selbstbewusstsein gerade diese kulinarische Einfachheit propagiert, die ihre Legitimität aus der Situation der *frontier* zieht,[3] jener gefährlichen, instabilen und immer in Verschiebung begriffenen Grenze aus der Zeit der europäischen Besiedlung.

Ich lese im Folgenden exemplarisch zwei Grenzerkundungen aus *Leatherstocking* und *Moby-Dick*. James Fenimore Cooper und Herman Melville zelebrieren letzte Mahlzeiten an der Präriegrenze und an der Atlantikgrenze der jungen Nation und definieren damit den Innenraum künftigen amerikanischen Essens. Der bekannten Hinwendung zu Land-, See- und Waldleben in der amerikanischen Literatur und Philosophie des 19. Jahrhunderts, wie bei Ralph Waldo Emerson oder Henry David Thoreau, der poetischen Rangerhöhung

2 Vgl. Monika Elbert: The Perfect Dinner. Hawthorne's Ruminations on Old and New England. In: Dies. / Marie Drews (Hrsg): *Culinary Aesthetics and Practices in Nineteenth-Century American Literature*. Basingstoke: Palgrave Macmillan 2009, S. 73–88.

3 So verbindet Mark Mc Williams den „continuing appeal of the frontier and the relatively primitive nature of American cooking" mit der „conception of the American character during the national crisis of identity in the Jacksonian era" (Mark McWilliams: *Food and the Novel in Nineteenth-Century America*. Lanham: AltaMira 2012, S. XIV; vgl. hierzu auch das Kap. „Wholesome Food for a Wholesome People", ebd., S. 29–50).

von Jagd[4], Fischerei und Landwirtschaft und dem Konzept des entsagungsreichen Pionierlebens korrespondiert hier ein kulinarischer Essentialismus, eine Poetik des einfachen Essens. Diese Einfachheit ist untrennbar verbunden mit der Etablierung eines schlichten, aber beständigen amerikanischen literarischen Männer-Paradigmas, das bis zu den Stierkämpfern und Alleinreisenden bei Ernest Hemingway und John Dos Passos weiterverfolgt werden kann: Wortkarge, körperbetonte, raue Trapper und Seemänner stehen an seinem Anfang, heroisch interpretiert bei Cooper, stellenweise bereits ironisiert bei Melville, aber stets hungrig.[5]

Mark McWilliams hat die Erfindung amerikanischen Essens im 19. Jahrhundert als ein politisches Projekt beschrieben, das vor allem während der von Expansionismus und Anti-Elitismus geprägten Präsidentschaft Andrew Jacksons (1829–1837) an Dringlichkeit gewinnt:

> With old English ways now tainted by association with monarchy and new French alternatives already marked by continental decadence, foodways became part of a larger debate between luxury and virtue. In the end, rather than change eating habits shaped through years of adapting local ingredients to British tastes, Americans sought to redescribe them, to claim an American identity for foodways that would remain fundamentally British well into the nineteenth century. American cuisine was thus born in the anxiety of identity.[6]

4 Vom europäischen Topos der aristokratischen Jagd, der sich von mittelalterlichen Darstellungen über Petrarca und Shakespeare bis in die Moderne verfolgen lässt, unterscheiden sich diese Darstellungen mit Blick auf ihren Eigentlichkeitsstatus: Jagd ist keine höfische Disziplin, die zu Qualifikations- oder Brautwerbungszwecken dient, sondern eine Frage des Überlebens.

5 Die Konzentration auf den weißen Mann des Pionierzeitalters dient hier der Herausarbeitung eines frühen Paradigmas amerikanischen Essens. Eine problematisierende Lektüre bietet Chris Nesmith: „This Comes of Settling a Country!“ Masculinity on the Borderlands in James Fenimore Cooper's *The Pioneers*. In: *ANQ. A Quarterly Journal of Short Articles, Notes and Reviews* 27 (2014), S. 16–22. Zur Verbindung von Essen und Weiblichkeit an der *frontier* vgl. Sue Hart: At Home on the Range. Food as Love in Literature on the Frontier. In: Mary Anne Schofield (Hrsg.): *Cooking by the Book: Food in Literature and Culture*. Bowling Green, OH: Popular Press 1989, S. 89–107.

6 Mark McWilliams: Distant Tables. Food and the Novel in Early America. In: *Early American Literature* 38 (2003), S. 365–393, hier S. 365.

Mit dieser Aufwertung der Einfachheit scheint zunächst ein Bekenntnis zu einer realistischen Poetik verbunden – zumindest legt die Verbindung von naturnahen Männern und Speisen auch ein naturnahes Erzählen nahe. Schlichtes Essen wäre demnach ein Spiegel literarischer Askese, einer Art stolzer Armut des Hinterwäldlers oder Seemanns. Tatsächlich kommt im Spannungsfeld von realistischer Schlichtheit und romantischer Naturüberhöhung aber eine seltsame Metaphysik des Essens zum Tragen, deren Verfahren nicht realistisch-beschreibend, sondern überhöhend sind. Melvilles und Coopers Mahlzeiten an der *frontier* sind, auf unterschiedliche Weise, fundamental prosozial. Sie stellen eine Gemeinschaft her, die über die ohnehin starken sozialen Bindungen durch die gemeinsame Gefahrenlage hinausreicht und sie um eine Komponente gemeinsamer Affirmation der eigenen Tugend ergänzt. Dabei ist eine Figur von Einschluss und Ausschluss wirksam: Das Fremde und Feindliche wird aus klar umgrenzten Räumen, dem Raum um das Lagerfeuer oder dem Schiffsinnenraum (bzw. dem einem Schiffsinnenraum nachempfundenen *Inn*) sowohl ferngehalten als auch, in Form von Büffel- und Walfleisch sowie in Form von Erzählung und Omen, wieder eingelassen. Der Ort der Mahlzeit ist jeweils flüchtig: Das Schiff bewegt sich ständig, der Feuerplatz in der Prärie wird täglich gewechselt. In zweifachem Sinne produzieren diese Mahlzeiten Gedächtnis: Im Schutz der flüchtigen Innenräume werden auf der Erzählebene persönliche Erinnerungen ausgetauscht. Aber auch auf der Ebene der jeweiligen gesellschaftlichen Wirkung funktionieren Coopers und Melvilles Darstellungen gemeinschaftsstiftend, indem sie gemeinsame Erinnerungen produzieren. Beider epische Entwürfe dienen der „Erfindung von Traditionen" im Sinne der Etablierung oder Symbolisierung sozialer Gemeinschaften.[7] Cooper datiert seine Erzählungen zurück ins 18. Jahrhundert und berichtet aus der melancholischen Perspektive des 19. Jahrhunderts von bereits vergangenen Pionierzeiten. Melvilles Nostalgie ist ungreifbarer, weil sein Roman zeitloser ist, entsteht aber ebenfalls durch eine Rückschau, die des Seemanns Ishmael, der als einziger Überlebender einen postkatastrophischen Blick auf den

7 Zum Begriff der „invented traditions" nach Eric Hobsbawm und Terence Ranger vgl. Astrid Erll: *Kollektives Gedächtnis und Erinnerungskulturen*. Stuttgart: Metzler 2017, S. 42.

Walfang wirft. In beiden Fällen trägt der literarische Text zur Produktion eines kollektiven Gedächtnisses bei, indem er Erinnerungen an einen Naturraum produziert, der nach seiner Eroberung und Unterwerfung außerhalb der großen amerikanischen Romane nicht mehr zur Verfügung stehen wird.
Durch diese Rückwärtsgewandtheit erhält die Poetik des Essens bei Cooper und Melville zugleich eine moralische Dimension, in der sich Freiheitsversprechen, Zivilisationskritik und emphatisch gesetzte Naturnähe mit einer melancholischen Verlustvision überschneiden. Die Einfachheit des Essens an der *frontier* in der Jackson-Ära korrespondiert mit ihrem moralischen Gehalt, der Befreiung von konventionellen Zwängen und der Befreiung aus der Zivilisation. Nathaniel Hawthorne setzt in *Mosses from an old Manse* die Freiheit der einfachen Mahlzeit in Beziehung zur Lebensweise der *Native Americans*: „Nor could the same Indian have prepared his noontide meal with more simplicity", und fährt fort:

> The chief profit of those wild days, to him and me, lay – not in any definite idea – not in any angular or rounded truth, which we dug out of the shapeless mass of problematic stuff – but in the freedom which we thereby won from all custom and conventionalism, and fettering influences of man on man.[8]

Bei Hawthorne ist, wie bei Cooper und Melville, ein Phantasma wirksam, das prägend ist für das ideologische Programm des frühen amerikanischen Romans: Indem sich die avancierte Kulturtechnik des Erzählens der avancierten Kulturtechnik des Zubereitens und Verspeisens von Nahrung widmet, soll eine Anleitung zum einfachen Leben entstehen, eine Möglichkeit, Konventionen, Hierarchien und ganz allgemein die Zivilisation zu überwinden. Als Schauplatz dieses kulinarischen und politischen Programms dient die *frontier* als Ort letzter Mahlzeiten vor dem Aufbruch in die Gefahr. Jenseits der gemeinsamen Kulturkritik und der Aufwertung des Naturbegriffs liegen Melvilles und Coopers ästhetische und ethische Programme weit auseinander. Cooper folgt einer stringenten Ästhetik der Reinheit, Melville

8 Nathaniel Hawthorne: *Mosses from An Old Manse*, Bd. 1. London: Wiley & Putnam 1846, S. 21–22.

entwirft eine Poetik der Hybridisierung und Verunklarung.[9] Und dennoch finden beide Programme darin zusammen, die propagierte Einfachheit als kulturelle Erinnerung an die Frühzeit der amerikanischen Zivilisation zu fassen: Sie ist, zur Zeit der Abfassung der beiden großen amerikanischen Epen, bereits unwiederbringlich verloren.

Coopers Roman *The Pioneers* ist Teil der epischen Romanserie *Leatherstocking Tales*, die wie kein anderer literarischer Text des 19. Jahrhunderts die *frontier* des 18. Jahrhunderts poetisch, moralisch und politisch abschreitet.[10] Er beginnt mit einer Meinungsverschiedenheit über erlegtes Wild. Im Kleinen werden in diesem Streit die Konflikte der entstehenden Zivilisation durchgespielt: der problematische rechtliche Status der *Native Americans*, die Legitimität von Landnahme, die Bedeutung der Religion, Konflikte, die aus der heterogenen sozialen und ethnischen Zusammensetzung der europäischen Siedler*innen entstehen, die ungelöste Sklaverei-Frage, das Vakuum mit Blick auf geltendes Recht und etablierte Autoritäten. Zwar kommen die im Roman erzählten Ereignisse innerhalb der Chronologie der *Leatherstocking*-Saga an vierter Stelle, geschrieben und veröffentlicht wird er aber 1824 als erster der fünf Bände. Cooper exponiert hier die zentralen politischen Problemstellungen, die auch die anderen vier Romane prägen, und bringt sie erstmals in Kontakt mit dem ästhetischen Programm der *Leatherstocking Tales*, einer Poetik moralisch überhöhter natürlicher Einfachheit,[11] die möglicherweise für den anhaltenden Erfolg der *Tales* verantwortlich ist, sicherlich aber für Mark Twains Zorn auf Cooper.[12]

9 Ich verwende Melville und Cooper dabei als Pole im Feld nordamerikanischer Literatur im 19. Jahrhundert. Eine Unterscheidung zwischen Hoch- und Trivialliteratur soll hier bewusst nicht vorgenommen werden, ebenso wenig wie Einschätzungen zur jeweiligen Qualifikation der Romane als *Great American Novel*.

10 Vgl. Warren Motley: *The American Abraham. James Fenimore Cooper and the Frontier Patriarch*. Cambridge: Cambridge UP 1987.

11 Edwin Fussell schreibt, dass Cooper im Verlauf der Abfassung der *Leatherstocking*-Romane „not only augmented and magnified Leatherstocking's virtues but gave them an increasingly aesthetic orientation" (Edwin S. Fussell: *Frontier in American Literature*. Princeton: Princeton UP 2015, S. 56).

12 Sogar unter Mark Twains Polemiken ist es schwierig, eine ähnlich vernichtende Kritik zu finden: „In one place in *Deerslayer*, and in the restricted space of two-thirds of a page, Cooper has scored 114 offences against literary art out of a possible 115. It breaks the record." Twain greift sogar Coopers Vorstellungskraft an, die ihm

Es ist kein Zufall, dass die Konfliktlinien des Romans zuerst anhand eines erlegten Tiers durchgespielt werden. Cooper konzipiert die 1750er Jahre als Übergangsphase, in der die naturnahe Lebensweise sowohl der *Native Americans* als auch der ersten Siedler*innen mit den Rechtsvorstellungen von Vertretern der zunehmenden Zivilisierung kontrastiert wird. Moralische Sieger dieser Auseinandersetzung sind der alte Trapper Natty Bumppo und seine Freunde Chingachgook und Oliver Edwards, also Vertreter eines präkolonialen Naturrechts, im Rahmen dessen der Jäger Anrecht auf das erlegte Wild hat. Moralische Verlierer sind der Richter Marmaduke und der Sheriff Richard Jones, Vertreter eines Rechtspositivismus, der sich auf Grundbesitz und Jagdrechte stützt. Ihre Rechtsvorstellungen sind hybrid, und ihre Küche (bzw. die ihrer Angestellten[13]) ist geprägt von Missverständnissen und unzulässigen Vermischungen, ein „mishmash of the accepted modes of the day"[14].

Nahrung als Auslöser und Gegenstand ethischer und juridischer Konflikte durchzieht Coopers fünf Romane. Dabei setzt Cooper regelmäßig den Mischformen der Zivilisation kulinarische Schlichtheit entgegen, eine fast rituelle Mahlzeit an den Grenzen der amerikanischen Zivilisation: „[...] a repast which, though it might want the elegancies [...] was not deficient in the more important requisites of savour and nutriment"[15]. Cooper schildert die *frontier* als einen geographischen

auch von kritischen Leser*innen meist zugebilligt wird: „Cooper hadn't any more invention than a horse; and I don't mean a high-class horse, either; I mean a clotheshorse." (Mark Twain: Fenimore Cooper's Literary Offenses. In: *North American Review* 161,464 (1895), S. 1–12, hier S. 1, 5.)

13 Nordamerikanische Literatur im 19. und noch im 20. Jahrhundert spiegelt natürlich auch die gesellschaftlichen Herrschaftsverhältnisse, gerade wenn es um die Zubereitung von Essen für andere geht wie in William Faulkners Beschreibung der schwarzen Hausangestellten Dilsey: „She entered the kitchen and built up the fire and began to prepare breakfast. [...] Dilsey prepared to make biscuit. As she ground the sifter steadily above the bread boar, she sang, to herself at first, something without particular tune or words, repetitive, mournful and plaintive, austere, as she ground a faint, steady snowing of flour onto the bread board. The stove had begun to heat the room and to fill it with murmurous minors of the fire, and presently she was singing louder, as if her voice had been thawed out by the growing warmth, and then Mrs. Compson called her name again [...]" (William Faulkner: *The Sound and the Fury*, hrsg. v. David Minter. New York / London: Norton 1994, S. 167).

14 Vgl. McWilliams: *Food and the Novel*, S. 37–40, hier S. 40.

15 Cooper: *The Prairie*, Bd. 2, S. 82.

Zwischenraum, der ein Entkommen aus den Zwängen der Zivilisation ermöglicht[16]; dieses Entkommen ist zugleich ein Zu-sich-selbst-Finden, eine Rückkehr zu einer (vage rousseauistisch verstandenen, also positiv besetzten) Natur des Menschen. In einer zentralen Mahlzeit der Romanserie, ebenfalls in *The Prairie*, werden Natur und Natur des Menschen mithilfe gegrillten Bisonfleischs in ein Gleichgewicht gebracht, selbstverständlich ohne dass Gewürze nötig wären. Die Szene ist als maieutischer Dialog zwischen dem alten Trapper Natty Bumppo in seinen letzten Lebensjahren und dem *bee-hunter* Paul Hover angelegt:

> [T]wo men were intently occupied in a swale that lay along the borders of a little run, just out of cannon-shot from the encampment, discussing the merits of a savoury bison's hump, that had been prepared for their palates with the utmost attention to the particular merits of that description of food. The choice morsel had been judiciously separated from the adjoining and less worthy parts of the beast, and, enveloped in the hairy coating provided by nature, it had duly undergone the heat of the customary subterraneous oven, and was now laid before its proprietors in all the culinary glory of the prairies.[17]

Was Cooper als „culinary glory of the prairies" beschreibt, entsteht aus umsichtiger Aufmerksamkeit („utmost attention"), scharfer Urteilskraft („choice morsel", „judiciously separated") und Geduld („duly undergone"). Dies sind die Eigenschaften des Jägers und des Kriegers in den *Leatherstocking Tales*. Der zentrale Begriff ist wenig überraschend der der Natur: Das Gericht des Trappers nutzt die natürlich gegebenen Eigenschaften des Bisons und arbeitet sie heraus, ohne ihnen etwas hinzuzufügen. Das Resultat ist dennoch ein kunstvolles Produkt:

16 Zu diesem Topos bei Cooper vgl. Donald Darnell: *James Fenimore Cooper. Novelist of Manners*. Newark: Delaware UP 1993; William Vance: „Man and Beast": The Meaning of Cooper's „The Prairie". In: *PMLA* 89 (1974), S. 323–331. Von einer Fusion aus europäischer Kultur und amerikanischer Natur spricht dagegen Robert Lawson-Peeble: Fenimore Cooper's Frontier Comforts. In: *Revue Française d'Etudes Américaines* 48 (1991), S. 247–257.

17 Cooper: *The Prairie*, Bd. 1, S. 131.

> So far as richness, delicacy and wildness of flavour, and substantial nourishment were concerned, the viand might well have claimed a decided superiority over the meretricious cookery and laboured compounds of the most renowned restaurateur;[18] though the service of the dainty was certainly achieved in a manner far from artificial. It would appear that the two fortunate mortals, to whose happy lot it fell to enjoy a meal in which health and appetite lent so keen a relish to the exquisite food of the American deserts, were far from being insensible of the advantage they possessed.[19]

Die vier zentralen Kriterien dieses fast feierlichen Lobs – *richness, delicacy, wildness of flavour, substantial nourishment* – ergeben in ihrer Summe eine poetisch überhöhte und zugleich stark präskriptive Konzeption von Nahrungszubereitung und Nahrungsaufnahme. Cooper beschreibt eine Präriemahlzeit und gibt zugleich zu verstehen, dass es sich um eine Idealkonzeption von Mahlzeit handelt. Fülle, eine Variation des *size*-Motivs und Ausweis eines Reichtums, der weit jenseits der frühkapitalistischen Begriffe liegt, verbindet sich mit Köstlichkeit, der einzigen im konventionellen Sinne ästhetischen Kategorie, zugleich aber mit einem zivilisationskritischen Moment von Devianz, der „Wildheit" des Geschmacks, und natürlich mit einer pragmatischen Komponente der Nahrhaftigkeit. Dieser plötzliche Nuancenreichtum der Beschreibung wirkt, als verändere sich kurzzeitig die Erzählperspektive hin zur Sichtweise eines „renowned restaurateur", der sich mit großer *sophistication* des aus dem Französischen abgeleiteten Begriffs „viand" bedient und überrascht feststellt, dass ganz ohne kulinarische Raffinesse eine raffinierte Mahlzeit entstanden ist. Cooper charakterisiert die Nahrungszubereitung im amerikanischen Westen als Kunstfertigkeit, die nicht künstlich ist, sondern einen Weg zurück zur Natur weist. Diese Wendung gegen die Künstlichkeit mündet in einer essentialistischen Rhetorik:

Bumppos diesem Aufsatz vorangestellte Aufforderung, ins Herz des Büffelhöckers zu schneiden, liest sich wie eine Kurzfassung von

18 In späteren Ausgaben wird das Wort „restaurateur" durch „artist" ersetzt, vermutlich, weil es den Herausgebern antiquiert schien. Der Sinn der Passage ist dabei recht gut getroffen: Tatsächlich geht es um eine Form der Kunst („art"), die natürlich und damit nicht „artifical" ist. Vgl. z. B. James Fenimore Cooper: *The Prairie. A Tale*, hrsg. v. James P. Elliott. Albany: SUNY Press 1985, S. 96.

19 Cooper: *The Prairie*, Bd. 1, S. 131–132.

Coopers Poetik. Das Versprechen des Höckers ist das unverfälschter, authentischer Natürlichkeit, und in diesem Reinheitsversprechen fallen ethische, ästhetische und politische Anliegen zusammen. Cooper variiert auf der Figurenebene die Gegenüberstellung von natürlichen, einfachen Gemütern einerseits und korrumpierten, zivilisationsgeschädigten Charakteren andererseits in allen fünf Romanen. Das korrespondierende kulinarische Geschmacksurteil lässt sich einfügen in eine Reihe von Urteilen, die der Roman über Gegenstände aller Art trifft: Schön ist, was einfach, natürlich und unverfälscht ist. Eine politische Dimension erhält Coopers Engführung von Schönem und Gutem dadurch, dass sich über diese Reinheit, in Abgrenzung von zivilisierter Hybridisierung, Coopers Verständnis von *Americanness* entwickelt. Seine Wendung gegen Gewürze und Senf ist allgemein zivilisationskritisch und spezifischer gegen die französische Küche gerichtet. Was der Trapper und sein Gast im Herzen des Bisonbuckels finden, ist Natur, mit den Attributen der Stärke und Stärkung, der Ehrlichkeit und Reinheit und der Authentizität. Nach einer Kochanleitung gibt der Roman also auch eine Anleitung zur Tätigkeit des Essens, die sich ebenso nach der Natur richten soll. Cooper führt sie durch einen Vergleich zwischen Hund und Mensch weiter, in dem der Hund markant besser abschneidet, mit Blick auf Eigenschaften wie Loyalität, Bescheidenheit und überraschenderweise auch Selbsterkenntnis, aber vor allem mit Blick auf sein Essverhalten: Er ist dem Menschen überlegen, „because he has used and not abused the gifts of his Maker“[20]. Das Motiv der christlichen Demut ist hier deutlich der Rhetorik der Naturnähe untergeordnet: Der Rekurs auf den Schöpfer ist nur eine weitere Begründung für die Notwendigkeit unverfälschten Essens und Lebens an der *frontier*. Die abschließende Bemerkung des Trappers illustriert diese Verwendung der christlichen Rhetorik:

> Do you know the difference between the cookery of the wilderness and that which is found in the settlements? No; I see plainly you don't, by your appetite; then I will tell you. The one follows man, the other natur'. One thinks he can add to the gifts of the Creator, while the other is humble enough to enjoy them; therein lies the secret.[21]

20 Cooper: *The Prairie*, Bd. 1, S. 133.
21 Ebd.

Die Präriegrenze ist also ein Ort, an dem der Mensch aus seiner Egozentrik heraus und zur Natur zurückfindet, als Jäger und Sammler, aber auch im Gespräch während der gemeinsamen Mahlzeit: Die Mahlzeit ist zugleich eine Manifestation dieser Einfachheit wie auch der soziale Rahmen zu ihrer Ideologisierung. Dabei, und diese melancholische Reflexion begleitet den chronologisch letzten der *Leatherstocking*-Romane, bedeutet das Auftauchen der Siedler an ebendieser Grenze ihre weitere Verschiebung nach Westen und perspektivisch das Verschwinden von Orten mit Grenzcharakter. Die Gemeinschaft, die sich während der Mahlzeit an der *frontier* konstituiert, trägt maßgeblich zur Besiedlung des Kontinents und damit zum Verschwinden gerade dieser beweglichen Westgrenze bei.

Die frühen Vereinigten Staaten haben zwei gleichermaßen wichtige Grenzen: die vielzitierte, ständig in Verschiebung und im Verschwinden begriffene *frontier* im Westen und den Atlantik im Osten. Nur zehn Jahre nach dem Erscheinen des letzten der *Leatherstocking*-Bände widmet sich Herman Melville dieser Atlantikgrenze, genauer dem Küstenort Nantucket, als Ausgangspunkt seines epischen Romans *Moby-Dick; or, The Whale*, den er seinerseits Nathaniel Hawthorne wie eine gewaltige Mahlzeit ankündigt:

> Shall I send you a fin of the Whale by way of a specimen mouthful? The tail is not yet cooked – though the hell-fire in which the whole book is broiled might not unreasonably have cooked it all ere this.[22]

Diese erste Zusendung an Hawthorne, dem der Roman gewidmet ist, enthält auf engem Raum zwei schwer vereinbare Metaphern: Der Roman ist ein halbgares Gericht, literarische Produktion ist ein Inferno. Melvilles eigenwillige Kombination von Pathos und Ironie verweist auf die eingangs erwähnten offensichtlichen Unterschiede zwischen Cooper und Melville mit Blick auf Erzählweise,

22 Zit. n. Robert T. Tally Jr.: Whale as a Dish: Culinary Rhetoric and the Discourse of Power in *Moby-Dick*. In: Elbert / Drews (Hrsg.): *Culinary Aesthetics and Practices*, S. 73–87, hier S. 73. Tally fügt diese Bemerkung ein in eine Interpretation von Mahlzeiten als Ort und Medium der Etablierung von Hierarchien an Bord und darüber hinaus; er attestiert Melville einen „subtle and ironic use of food to indicate larger themes“ (ebd., S. 73).

Erzählperspektive und allgemeines Literaturverständnis. Ich möchte hier die Gemeinsamkeiten betonen.

Melville, dessen literarische Karriere mit zwei erfolgreichen Südsee-Romanen, *Typee* (1846) und *Omoo* (1847), beginnt, ist zunächst kein offensichtlicher *frontier*-Schriftsteller. Aber die Bewegung fort von der nordamerikanischen Zivilisation, die in *Moby-Dick* in Nantucket beginnt, die gewaltige Weite des Ozeans und die damit verbundene Einsamkeit der Reisenden, die Motive von Jagd und *quest* konstituieren ausreichende Gemeinsamkeiten, um den Ozean ebenso wie die Prärie als unbekannten Raum zu lesen, den es zu erobern gilt, und entsprechend die atlantischen und pazifischen Grenzräume als Teil der *frontier*.[23] Präriegrenze und ozeanische Grenze ähneln sich auch darin, dass sie jeweils von einem Tier beherrscht werden – entsprechend ist Melvilles Wal immer wieder als Äquivalent des Büffels gelesen worden: „If the whale, or typifying creature of the Pacific, resembles the continental West, he also resembles the West's typifying creature, the buffalo. Whale and buffalo are repeatedly compared and identified."[24]

Die literarische Annäherung an Ozean und Prärie, an Wal und Büffel basiert bei Cooper und Melville auf einer polemischen Ablehnung reinen Buchwissens, die sicherlich Vorläufer in der europäischen Romantik hat, vor allem aber ein sehr nordamerikanisches Modell von Erfahrung im Umgang mit der Natur gegenüber der Uneigentlichkeit akademischer Bildung privilegiert. Cooper kontrastiert wiederholt das „book of nature" mit dem Gelehrtenwissen, als dessen Vertreter der

23 Zum atlantischen Walfang als *frontier*-Erfahrung vgl. Edwin Fussells Überlegungen zu *Moby-Dick*: Fussell: *Frontier in American Literature*, S. 274. Vgl. auch Hester Blum: Melville and the Novel of the Sea. In: Leonard Cassuto / Clare Virginia Eby / Benjamin Reiss (Hrsg.): *The Cambridge History of the American Novel*. Cambridge: UP 2011, S. 151–166; Stephanie Le Menager: Imagining the Frontier. In: ebd., S. 515–536.

24 Fussell: *Frontier in American Literature*, S. 274. Zusätzlich zur funktionalen Ähnlichkeit von Wal und Büffel auf der metaphorischen Ebene ähnelt sich auch das Motiv der Jagd, vgl. dazu Richard Slotkins Analyse der „hunter myths": Richard Slotkin: Moby-Dick: The American National Epic. In: Michael Gilmore (Hrsg.): *Twentieth Century Interpretations of Moby-Dick*. Englewood Cliffs: Prentice Hall Direct 1977, S. 13–26. Zu Moby-Dick als „great buffalo" vgl. Edward F. Edinger: *Melville's Moby-Dick. A Jungian Commentary*. New York: Norton 1975, S. 75.

„man of books" Dr. Battius fungiert.[25] Melville lässt seinen Roman mit einer Parodie des Gelehrten, „[...] threadbare in coat, heart, body, and brain"[26], beginnen und setzt seine Kritik u. a. im Kapitel „Cetology" fort, in dem er das Buchhafte des Wissens auf seine Gegenstände überträgt: auf Duodez-, Folio- und Oktav-Wale. Wie bei Cooper bedeutet Welterfahrung auch bei Melville, die Uneigentlichkeiten der Zivilisation hinter sich zu lassen. Diese Überwindung lässt sich als Inhalt von Ahabs *quest* verstehen, die, wie in zahllosen allegorischen Interpretationen festgehalten worden ist, nicht einem Wal gilt, sondern einem Welträtsel. Ich möchte, ohne eine weitere Interpretation dieser Art vorzuschlagen, auf Melvilles Rhetorik der Uneigentlichkeit verweisen, weil sie auch für seine Essensdarstellungen wesentlich ist. In einem seiner shakespearischen Monologe bezeichnet Ahab alle Objekte der sichtbaren Welt als Mauer aus Pappmasken („pasteboard masks"[27]), die es zu durchschlagen gilt. Der weiße Wal wird als Verkörperung dieser Maskenhaftigkeit der Welt angeführt, gegen die sich Ahabs Zorn richtet: „If man will strike, strike through the mask!"[28] In einer empirischen Welt aus verwirrenden und potenziell irreführenden Zeichen, wie sie in *Moby-Dick* dargestellt wird, gelingt nur in Ausnahmefällen eine Erfahrung von Eigentlichkeit. Essen bietet eine solche Möglichkeit der zeichenfreien und unmittelbaren Welterschließung.

Melvilles Roman nähert sich dem Thema „Wal" (und damit „Welt") aus allen denkbaren Perspektiven, zwangsläufig also auch aus der Perspektive des Essenden. Im Kapitel „The Whale as Dish" reflektiert er zivilisierte und zugleich grausame Verhaltensweisen wie die Produktion von *paté de foie gras* und kommt zum Ergebnis: „Cannibals? who is not a cannibal?"[29] Zugleich wird in der Darstellung des Wals als Speise ein Grenzwert für *sophistication* gesetzt, der gerade in *size* besteht: „but when you come to sit down before a meat-pie nearly one

25 Vgl. Joshua J. Masters: „Smothered in Bookish Knowledge": Literacy and Epistemology in The Leatherstocking Tales. In: *Arizona Quarterly. A Journal of American Literature, Culture, and Theory* 61 (2005), S. 5–30.

26 Herman Melville: *Moby-Dick*. A Norton Critical Edition. 3rd Edition, hrsg. v. Hershel Parker. New York / London: Norton 2018, S. 6.

27 Ebd., S. 133.

28 Ebd.

29 Ebd., S. 231.

hundred feet long, it takes away your appetite“[30]. In *Moby-Dick* gibt es nur eine Szene, in der tatsächlich Walfleisch gegessen wird, und sie zählt zu den absurdesten des Romans. Der Harpunier Flask lässt sich Wal-Steak zubereiten und befiehlt dem Schiffskoch, den Haien eine Predigt zu halten, die am Rumpf des Schiffs lautstark die Überreste des erlegten Wals verzehren. Der Koch hält die gewünschte Predigt, in der er die Haie als „fellow creatures“ und moralische Agenten adressiert, und verwischt die Mensch-Tier-Grenze vollständig in seinem gemurmelten letzten Kommentar: „Wish, by gor! whale eat him, 'stead of him eat whale. I'm bressed if he ain't more shark dan Massa Shark himself“[31]. Dies variiert ein Leitmotiv des Romans. Es gibt in *Moby-Dick* eine Figur der Inversion oder Perversion des Essens. Ahab wird von innen zerfressen von einer „monstrous creature“, „pecking at the shell“.[32] Von den ersten Erwähnungen des Essens bis zur finalen Jagdszene, in der Wal und Jäger mehrfach die Rollen tauschen, betont Melville die Nähe von Essen und Gegessenwerden. Der Erzähler Ishmael und sein engster Freund Queequeg finden zwar in einem gemeinsamen Bett zueinander, eingeführt wird Queequeg aber durch eine insistierende Aufrufung des Kannibalismus-Topos. Lange bevor er überhaupt erscheint, macht der Wirt des *Spouter Inn* eine Reihe von Anspielungen auf seine kulinarischen Präferenzen, die wörtlich nur auf Fleisch, implizit aber stets auf Menschenfleisch verweisen: „He never eats dumplings, he don't – he eats nothing but steaks, and likes 'em rare.“[33] Essen ist auch bei Melville ein natürlicher Vorgang, wie bei Cooper, aber er legt einen gewalttätigen und pessimistischen Naturbegriff zugrunde, der eher an Thomas Hobbes als an Jean-Jacques Rousseau geschult ist.

Der fundamental prosoziale Charakter des Essens, wie ihn Cooper betont, wird bei Melville zunächst problematisch. Essen ist eine Möglichkeit, Gemeinschaft zu erleben, aber ebenso eine Möglichkeit, sie zu verweigern. Der Darstellung dieser beiden Dimensionen der Mahlzeit widmet Melville das Kapitel „The Cabin Table“: Ahab zieht sich ostentativ von der Mannschaft zurück, seine Offiziere leiden an der

30 Melville: *Moby-Dick*, S. 230.

31 Ebd.

32 Vgl. Mark Edelman Boren: What's Eating Ahab? The Logic of Ingestion and the Performance of Meaning in Moby-Dick. In: *Style* 34 (2000), S. 1–24.

33 Melville: *Moby-Dick*, S. 26.

strikten Hierarchisierung und Ritualisierung der Mahlzeiten; die Harpuniere dagegen etablieren während der Mahlzeiten eine „almost frantic democracy“[34]. Aber schon bevor Melville das Verhältnis von Mensch und Wal als kannibalistisch bestimmt und mithilfe der Schiffsmahlzeiten soziale Hierarchien an Bord abbildet, wird gegessen, und zwar in Nantucket, „away off shore, more lonely than the Eddystone lighthouse“[35]. Nantucket als Ausgangspunkt des Walfangs eignet ein hybrider Zwischenstatus zwischen Zivilisation und ihrem Anderen. Es ist ein Ort, an dem Melville Kannibalen Schrumpfköpfe verkaufen lässt, an dem Nordamerikaner Europäern ebenso begegnen wie Männern aus den Kolonien (Frauen tauchen im Roman nur hier, aber auch hier nur am Rande auf) und an dem die See nicht viel Landhaftes lässt. Nantuckets Hotels, Restaurants, Kirche und Friedhof sind bei Melville durch und durch maritim. In dieser Umgebung gelingt es zunächst gerade nicht, über die Mahlzeit Gemeinschaft herzustellen. Die wenig zeremonielle Einstellung der Nantucketer zum Essen zeigt sich, indem es als „Fraß“ angekündigt wird und mit einem Kommandolaut begleitet wird: „'Grub, ho!' now cried the landlord, flinging open a door, and in we went to breakfast.“[36] Im Roman produziert die erzwungene Geselligkeit der Mahlzeit vor allem Unwohlsein, mitunter Peinlichkeit und sogar Komik:

> They say that men who have seen the world, thereby become quite at ease in manner, quite self-possessed in company. Not always, though: [...] after we were all seated at the table, and I was preparing to hear some good stories about whaling; to my no small surprise, nearly every man maintained a profound silence. And not only that, but they looked embarrassed. Yes, here were a set of sea-dogs, many of whom without the slightest bashfulness had boarded great whales on the high seas – entire strangers to them – and duelled them dead without winking; and yet, here they sat at a social breakfast table – all of the same calling, all of kindred tastes – looking round as sheepishly at each other as though they had never been out of sight of some sheepfold among the Green Mountains. A curious sight; these bashful bears, these timid warrior whalemen![37]

34 Ebd., S. 123.
35 Ebd., S. 60.
36 Ebd., S. 37.
37 Ebd.

Dieses Unwohlsein verweist auf eine elementare Inkompatibilität von Mahlzeit und Gesellschaft. Essen ist bei Melville ein gewalttätiger Vorgang mit kannibalistischen Konnotationen, der den Menschen dem Hai (oder, im Verlauf der Erzählung, dem Wal) näher bringt als seinen Mitmenschen. Unangenehm kommt dies dann zum Vorschein, wenn gemeinsames Essen an Hierarchien und Traditionen geknüpft ist, wie im Kapitel „The Cabin Table", oder eben auch nur an die Konventionen, die ein gemeinsames Frühstück unter Fremden notwendig macht. Die Predigt des Kochs adressiert das Fressen als Problemfall menschlicher Gemeinschaft, in dem ein natürlich-barbarisches und ein zivilisiertes Element gleichzeitig sichtbar werden, die einander ausschließen. Immer wieder macht Melville in seinen Essensbeschreibungen dieses Problem sichtbar, wie im Falle Queequegs, der mit seiner Harpune Fleischstücke vom anderen Ende des Tischs angelt; später, an Bord der *Pequod*, übersteigert Flask die unnatürliche Natürlichkeit des Essens ins Surreale. In den zivilisierteren Städten der Ostküste stellt sich das Problem nicht, weil das konventionelle und prosoziale Element der gemeinsamen Nahrungsaufnahme stets die Oberhand behält. Es ist der *frontier*-Status, die Grenzsituation, die *sophistication* unmöglich macht und gleichermaßen ihr Gegenstück – das haiartige Fressen aus den späteren Szenen an Bord. Die *frontier* ist bei Melville eine Metapher für die unmerklichen Übergänge zwischen Zivilisation und Barbarei. Diese Opposition wird in der Gegenüberstellung von *steaks* und *dumplings* aufgefangen: Steaks, „rare" natürlich, sind eine Chiffre für Kannibalismus. Dumplings stehen für dasjenige Essen, das Ishmael, noch aus der Land-Perspektive, als „homely" beschreibt. Queequeg wird nur zu Anfang des Romans deutlich unterschieden von den anderen Seeleuten – sobald er mit Ishmael die *Pequod* betritt, sticht er weder in seinen Verhaltensweisen noch in seiner Erscheinung aus der wild gemischten Besatzung markant heraus. Zugleich verunsichert Melville diese Unterscheidung von Fremdem und Eigenem, Zivilisiertem und Barbarischem kontinuierlich, etwa, wenn er Ishmael über seinen Bettgenossen sagen lässt: „Queequeg was George Washington cannibalistically developed".[38]

38 Melville: *Moby-Dick*, S. 51. George Washington selbst bietet sich auf merkwürdige Weise zur Verunsicherung der Unterscheidungen von Eigenem und Fremdem, Mensch und Tier und Essen und Gegessenwerden an. Sein in den *Mount Vernon*

Der Schüchternheit der Walfänger setzt Melville eine Utopie verbindender kulinarischer Einfachheit entgegen, die im Wort *chowder* am besten wiedergegeben ist.[39] Die traditionelle deutsche Übersetzung als „Labskaus" ist zwar falsch,[40] weist aber in die richtige Richtung. Chowder ist eine dickflüssige Fisch- oder Muschelsuppe, also anders als Labskaus weder auf Kartoffel- noch auf Rindfleischbasis zubereitet. Beiden gemeinsam sind aber ihr maritimer Ursprung, der Charakter des Zusammengemischten und die Assoziationen von Schiffsabfällen, Resteessen und Derbheit der Zubereitung. Chowder, als Melvilles kulinarisches Synonym für Einfachheit, kommt ohne Coopers Pathos der Reinheit aus, es ist ein improvisiertes Gemisch aus heterogenen Zutaten. Zugleich entfaltet es verbindende Wirkung: Ishmael, der sein suizidales Intellektuellen-Dasein an Land hinter sich lassen möchte, und Queequeg, Südsee-Kannibale fern von zu Hause, fühlen sich mit Chowder als Mahlzeit gleichermaßen wohl. Ihre gemeinsame Mahlzeit im *Try Pot* stellt eine *frontier*-Situation im engeren Sinne dar. Der Name des Hotels ist abgeleitet von den Kesseln, mithilfe derer an Deck Waltran gekocht wird, und seine ganze Einrichtung ist die eines Schiffs. Es handelt sich, innerhalb der romaninternen Logik der *loomings*,[41] der ominösen und unklaren Vorzeichen, um einen fast überdeterminiert zeichenhaften Ort, wobei die jeweiligen Zeichen zumindest ambivalent sind: Das gleiche Stück Holz erscheint als Mast und als Galgen, die „prodigious black pots"[42]

Collections aufbewahrtes Gebiss besteht teils aus Kuh- oder Pferdezähnen und teils aus Elefantenzähnen und muss auf die Zeitgenossen einen furchterregenden Eindruck gemacht haben.

39 Diese Szene findet kaum Beachtung in der Melville-Forschung, wird am Rande erwähnt in Henry Hughes: Fish, Sex and Cannibalism: Appetites for Conversion in Melville's Typee. In: *Leviathan* 6,2 (2004), S. 3–16.

40 Sie findet sich in den Übersetzungen von Fritz Güttinger (1944) und Alice und Hans Seiffert (1956). Die Neuübersetzung von Matthias Jendis (2001) behält das englische Wort *chowder* bei. Die Übersetzung mit „Labskaus" ist mit Blick auf die Zutaten des Gerichts wiederum plausibel, weil einige der Zutaten bei Melville nicht aus einem klassischen Chowder-Gericht zu stammen scheinen: „salted pork cut into little flakes" (Melville: *Moby-Dick*, S. 62) etwa erinnert an das Corned Beef im Labskaus. Chowder ist allerdings auch bei Melville eine Suppe.

41 Ich habe andernorts versucht, die „prodigies" des Romans als ein Geflecht monströser Zeichen aufzuschlüsseln. Vgl. Jan Niklas Howe: *Monstrosität. Abweichungen in Literatur und Wissenschaften des 19. Jahrhunderts*. Berlin: de Gruyter 2016, S. 206–209.

42 Melville: *Moby-Dick*, S. 62.

bedeuten ebenso sehr Schifffahrt wie Tod. Anders verhält es sich mit der servierten Mahlzeit:

> However, a warm savory steam from the kitchen served to belie the apparently cheerless prospect before us. But when that smoking chowder came in, the mystery was delightfully explained. Oh, sweet friends! hearken to me. It was made of small juicy clams, scarcely bigger than hazel nuts, mixed with pounded ship biscuit, and salted pork cut up into little flakes; the whole enriched with butter, and plentifully seasoned with pepper and salt. Our appetites being sharpened by the frosty voyage, and in particular, Queequeg seeing his favorite fishy food before him, and the chowder being surpassingly excellent, we despatched it with great expedition [...].[43]

Es gibt hier weder *variety* noch *choice*. Chowder ist unumgänglich, so dass nur die Geschmacksrichtung, „Muschel“ oder „Kabeljau“, überhaupt angegeben werden muss. Es wird selbstverständlich davon ausgegangen, dass die Gäste Suppe essen. Diese Suppe leistet, was dem Frühstück im *Spouter Inn* fehlt: Sie verbindet in sich Elemente von Land („pork“), Meer („clam“/„cod“) und Schiff („biscuit“) und im gemeinsamen Verzehr Nordamerikaner und Südsee-Kannibalen („his favourite fishy food“). Durch diesen Zwischenstatus ist Melvilles Chowder mit gleichem Recht eine Grenz-Mahlzeit wie die Coopers. Sie findet statt an einem Grenzort, lässt die kommenden Gefahren erahnen und bietet trotzdem einen sicheren Rahmen, in dem gemeinsam gegessen und das Essen ideologisiert werden kann. Sie folgt aber einer entgegengesetzten Ästhetik der Hybridisierung: Das verbindende Element von Chowder liegt im zusammengemischten, uneindeutigen und veränderlichen Charakter der Suppe. Natürlichkeit und Eigentlichkeit sind auch für Melville ästhetische und moralische Imperative, wie seine Ausführungen zur Maske und seine Ausfälle gegen das Buchwissen zeigen. Die Einfachheit der Mahlzeit lässt sich zwar nicht, wie bei Cooper, umstandslos in einfache Handlungsanweisungen übersetzen – sehr wohl aber in eine Anleitung zur kollektiven Erinnerung an die *frontier* als einen verschwindenden Raum, an dem diese utopische Einfachheit einen vorübergehenden Ort findet.

43 Melville: *Moby-Dick*, S. 62–63.

Astrid Erll unterscheidet zwei Funktionspotentiale literarischer Gedächtnisbildung, das der „Konstruktion und Affirmation“ und das der „Dekonstruktion und Revision“.[44] Es lässt sich argumentieren, dass Cooper eher affirmativ, Melville eher dekonstruktiv zur Produktion eines nordamerikanischen kulturellen Gedächtnisses beiträgt: Die *Leatherstocking Tales* propagieren ein humanistisches Konzept moralisch überlegener Einfachheit als Instrument der Zivilisationskritik, *Moby-Dick* stellt eine zersetzende, animalische Einfachheit vor, die nicht weniger problematisch ist als die Zivilisation, von deren Rändern berichtet wird. Bei Cooper funktioniert Einfachheit als moralisches Argument für die Befreiung aus den Zwängen der europäischen Zivilisation und Küche, für Melville ist Natürlichkeit Teil des moralischen Dilemmas, in dem sich Ahab, Ishmael und Queequeg bewegen.

Und dennoch sind *Moby-Dick* und die *Leatherstocking Tales* gleichermaßen Teil eines ästhetischen Programms der Produktion nordamerikanischer Eigentlichkeit. Während der Mahlzeiten der Pioniere und Walfänger scheint die flüchtige Möglichkeit einer buchlosen, zeichenfreien und unzivilisierten Freiheit auf, eine Möglichkeit menschlicher Existenz ohne individuelle Verstellung (Cooper) bzw. existenzielle Maskenhaftigkeit der Welt (Melville). Die gedächtnisbildende Funktion dieser Grenzmahlzeiten wird im gemeinsamen Modus der melancholischen Rückschau sichtbar: Sowohl Melville als auch Cooper betreiben bereits Trauerarbeit an einer verschwindenden *frontier*. Natty Bumppo zieht sich weit in die Prärie zurück, um dem Lärm der Holzfäller an der Ostküste zu entkommen, analog taucht Ahab als „the last of the Grisly Bears [...] in settled Missouri“[45] auf. Es mischt sich in die Beschreibungen der Gefahren der Wildnis schon überraschend früh der Gedanke an ihre potenzielle Vernichtung. Melville und Cooper thematisieren die Endlichkeit von Büffel und Wal und damit zweier Grenzkulturen, der Lebensformen des Trappers und des Walfängers. Die Mahlzeit an der Grenze der Zivilisation wird zu einem Stück nostalgischer, kollektiver Erinnerung, indem in der Beschreibung der *frontier* bereits ihr unvermeidliches Verschwinden mitgedacht ist.

44 Erll: *Kollektives Gedächtnis*, S. 188.

45 Melville: *Moby-Dick*, S. 124.

Clarissa Vierke

Frau Betelpfeffer und die lustvollen Stunden

Die Inszenierung sinnlicher Erfahrung, Erinnerung und Erwartung in früher Swahili-Dichtung

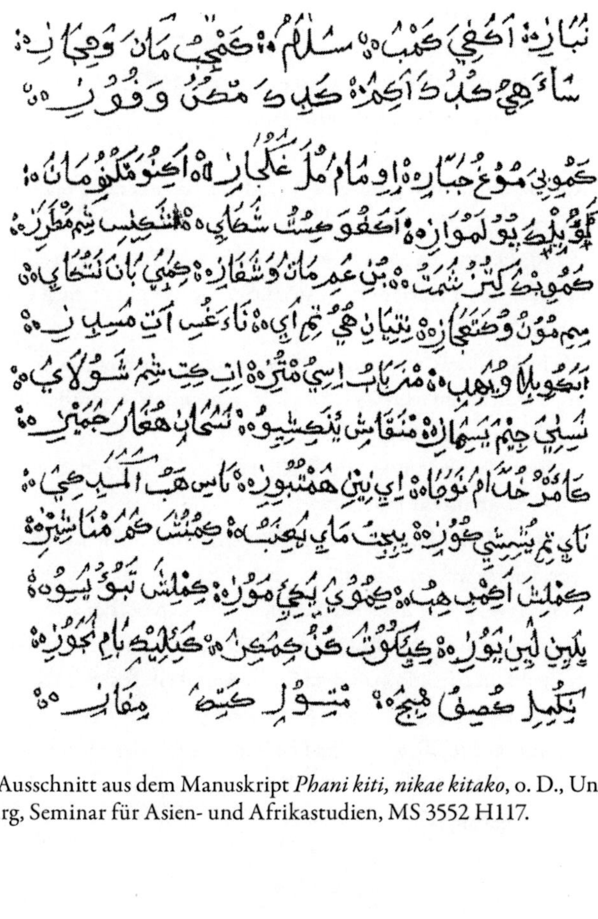

Abb. 1: Ausschnitt aus dem Manuskript *Phani kiti, nikae kitako*, o. D., Universität Hamburg, Seminar für Asien- und Afrikastudien, MS 3552 H117.

Akangiya kampa salamu, ♦ kamjibu mwana wa Hijazi.
Saa hiyo kondoka akima ♦ kamwandika mkono wa fuzi,
Kamwombeya Muungu Jabari, ♦ ewe mama, Mola ngwakujazi.
Akinuwa mkonowe mwana ♦ kaupeka yuu la muwanzi.
Akanguwa kisutu cha kaye, ♦ cha kinisi chema mtwarazi,
Kamuweka kituzo cha mato, ♦ buni ami, mwana wa shangazi.
Kimwambiya, bwana natukaye, ♦ sime mno, ukataajazi.
Nitiyani hoyo Time aye, ♦ naanguse, ate masindizi.
Apakuwe pilau ya Hindi, ♦ mzababu isiyo mtuzi.
Ete kiti chema cha Ulaya ♦ na siniya njema ya Shirazi.
Mnakashi inakishiweyo ♦ na sahani hung'ara ja mwezi.
Kaamuru hudama na waja, ♦ ai, ninyi, hamtumbuizi?
Basi, hapo akamwandikiya, ♦ naye Time yushishiye kuzi,
Yapijeto mayi ya inabu ♦ kimnosha kama mnwa shizi.
Kimlisha akimpa hiba ♦ kimuonya yakeye maozi,
Kimlisha tambuu ya Siyu ♦ yi laini laini ya Ozi.
Kiukuta k'ono kimwakiza, ♦ kwa iliki pamwe na jauzi

Er betrat das Haus und grüßte sie ♦ und die Tochter aus Hijaz erwiderte den Gruß
Als er an sie herangetreten war ♦ legte er ihr die Hand auf die Schulter
Er betete für sie zu Gott, dem Allmächtigen ♦ „Oh Frau, mag Gott Dich belohnen."
Und die feine Dame streckte ihre Hand ♦ nach der Bambusstange aus
Und zog einen altehrwürdigen *Kisutu*-Stoff herunter ♦ mit herrlichen Stickereien und eingewirkten Mustern
Die Betörerin seiner Augen, die Tochter seiner Tante, ♦ breitete den Stoff vor dem Sohn ihres Onkels aus
Sie bat ihn: „Mein Mann, verharre nicht länger im Stehen ♦ zögere nicht länger, Dich niederzulassen!"
„Ruf Time, lass sie kommen, ♦ schnell, sie soll sich beeilen!
Sie soll indischen Pilau auftragen ♦ gekocht mit Rosinen ohne Sauce!
Bring einen schönen europäischen Stuhl ♦ und ein feines Tablett aus Shiraz!
Aus ziseliertem Metall ♦ und die Platte glänze wie der Mond!"
Und sie befahl den Dienern und Sklaven: ♦ „Ihr, warum seid Ihr uns nicht zu Diensten?"

Da bediente sie ihn ♦ und Time hielt den Krug
Voll mit Traubensaft ♦ sie gab ihm zu trinken, als tränke er Wein
Sie verköstigte ihn mit Leckerbissen ♦ und warf ihm bedeutungsvolle Blicke zu
Sie gab ihm den Betelhappen aus Siu zu essen ♦ so köstlich weich wie der aus Ozi
Sie faltete das Blatt und schob es ihm in seinen Mund ♦ mit Kardamom und Arekanuss.

Das *Utumbuizo wa Mwana Mnazi* („Das Lied der Frau Kokospalme") gehört zu den ältesten Swahili-Gedichten, das bis heute aus Ostafrika erhalten geblieben ist.[1] Es wird vage dem Liedzyklus des ostafrikanischen Helden und Meistersängers Fumo Liyongo zugeschrieben. Es passt auf den ersten Blick nicht gut zu den Episoden aus Fumo Liyongos Leben.[2] Das Lied erzählt von keiner Heldentat, sondern ist das Preislied auf eine Frau *Mwana Mnazi* („Frau Kokospalme") in der alten Literatursprache der Nordküste Kenias. Es bietet eine kurze szenische Momentaufnahme, in der Gegenstände, Essen und der Betelhappen, um den es hier gehen wird, prominenter sind als Taten.
Das Lied ist in einem Manuskript in arabischer Schrift bewahrt geblieben, das Anfang des 20. Jahrhunderts nach Hamburg gelangte und von dem ein Ausschnitt am Anfang dieses Beitrags abgebildet ist. Erst Ende des 19. Jahrhunderts, als die Moderne mit der Kolonialzeit in Ostafrika Einzug hielt, nahmen sich einheimische Gelehrte der Aufgabe an, die bis dahin mündlich weitergegebenen Lieder in der in Ostafrika damals üblichen arabischen Schrift aufzuschreiben, um sie vor dem Vergessen zu bewahren. In den Langversen des *Utumbuizo* dichtete schon zur Zeit ihrer Niederschrift keiner mehr. Auch andere alte Lieder, ebenfalls überliefert in Manuskripten, bilden die Grundlage

1 Siehe dazu Gudrun Miehe / Abdilatif Abdalla / Ahmed Nassir Juma Bhalo / Ahmed Nabahany / Angelica Baschiera / Clarissa Dittemer / Farouk Topan / Mohamed Abdulaziz / Said Khamis / Yahya Ali Omar / Zaina Mahmoud al-Bakary: *Liyongo Songs. Poems Attributed to Fumo Liyongo*. Köln: Köppe 2004, S. 66–70, 143–150. Meine Übersetzung aus dem Swahili und Englischen – wie auch alle weiteren Übersetzungen in diesem Artikel. Manuskript: Anonym: *Phani kiti, nikae kitako*, o. D.. Universität Hamburg, Seminar für Asien- und Afrikastudien, MS 3552 H117.

2 Miehe et al.: *Liyongo Songs*, S. 4–6. Edward Steere: *Swahili Tales as Told by Natives of Zanzibar with an English Translation*. London: Society for Promoting Christian Knowledge 1870, S. 437–451, hier S. 441, 442.

dieses Beitrags. Die lyrischen Texte verschwanden im 19. Jahrhundert weitgehend aus dem Repertoire, ebenso wie der Betelhappen, obwohl er davor – und davon soll hier die Rede sein – ein wiederkehrendes Sujet und kulturell zentrale Formulierungsschablone für Erinnerungen oder Erwartung von Rausch und Verlangen war.

Die kulturelle Praxis des Betelhappens und die gepriesene Wirkung seines Rausches

Der Betelhappen, der im obigen Gedicht am Ende auftaucht, war ein beliebtes Genussmittel entlang der ganzen ostafrikanischen Küste bis ins 19. Jahrhundert – heute findet man nur noch vereinzelt vor allem indische Frauen und Männer, die in den Kaffeehäusern von Mombasa sitzend den Betelhappen genießen. Er bezeichnet eine Mischung aus der sogenannten Betelnuss oder auch Arekanuss (*areca catechu*), Kalk, häufig auch Tabak und Gewürzen, wie dem oben genannten Kardamom, die in das Blatt des tropischen Betelpfeffers (*piper betel*) eingewickelt wird – dem Aussehen nach einem gefüllten Weinblatt in der türkischen oder griechischen Küche ähnlich.[3] Dieses Päckchen schiebt man in die Backe, um es langsam zu kauen, damit sich seine Stoffe entfalten können. Der Betelhappen gehört nicht zum eigentlichen Essen – auch im eingangs zitierten Gedicht wird der Betelhappen am Ende der Mahlzeit gereicht. Er rundet, ähnlich wie die Zigarette nach dem Essen, die Mahlzeit ab und kann, je nach Intensität, auch stimulierende Kräfte entfalten. Im *Sifa za Mtambuu* („Die Vorzüge des Betelpfeffers") lobt der anonyme Dichter die beruhigende und gleichzeitig euphorisierende Wirkung des Betelhappens.[4]

Utafunapo hutoka ♦ hamu moyoni na ghamu
hutakata kama shuka ♦ kalibi hutabasamu
Ukawa mwenye kuteka ♦ na kusema na hirimu.
Siati kwenda dawamu ♦ kuuzuru mtambuu

3 John Vaughan / Catherine Geissler: *The New Oxford Book of Food Plants*. Oxford UP 2009, S. 128.

4 Ich habe eine erste Übersetzung und Kommentar der Manuskriptvarianten dieses Gedichts auf Englisch veröffentlicht, vgl. Clarissa Vierke: Of Plants and Women. A Working Edition of Two Swahili Plant Poems. In: *Swahili Forum* 14 (2007), S. 69–73, hier Strophen 7 und 8 auf S. 72. Der Gedichttitel ist Teil der meisten Swahili-Manuskriptversionen dieser Dichtung.

Ukisha kula chakula, ♦ *nd'uza, niwape khabari,*
msipateni ghafula ♦ *itake iwe tayari,*
huja mangi masiala ♦ *maneno mazuri-zuri*
nd'ipo nisitafakhari ♦ *haupenda mtambuu*

Wenn Du ihn kaust ♦ verschwinden Sorge und Angst aus dem Herzen.
Du wirst rein wie Leinen ♦ und das Herz lacht Dir.
Du wirst lustig und ♦ gesprächig und überschwänglich
Ich kann es nicht lassen ♦ den Betelpfeffer aufzusuchen

Wenn Ihr gegessen habt ♦ ich sage Euch, meine Freunde,
Dürft Ihr nicht unvorbereitet sein ♦ der Betelhappen muss fertig sein.
Viele Themen ergeben sich dann ♦ viele nette Worte.
Dann brüste ich mich nicht ♦ denn ich genieße den Betelpfeffer.

Wie im obigen Gedicht, das im Ton einem wohlgemeinten Ratschlag gleichkommt, lässt der Betelpfeffer die Sorgen des Alltags in den Hintergrund treten. Ähnlich wie der Wein in Roland Barthes Überlegungen zu „Wein und Milch" „eine Substanz der Verwandlung" ist, die „Situationen und Gegenstände umzukehren und den Dingen ihr Gegenteil zu entziehen vermag", schafft der Betel einen außergewöhnlichen Raum, der den Menschen von Pflichten, Ängsten und jeglichem Machtstreben entbindet.[5] Der Betelbissen entfaltet seine Wirkung graduell und führt, ähnlich wie es auch Charles Baudelaire für das Haschisch beschreibt, zunächst zu einem lebhaften Mitteilungsbedürfnis („Du wirst lustig und gesprächig"): Die Themen und Worte sprudeln wie von selbst ohne weitere Anstrengung und Motivation, verbunden mit einer „grundlosen Lustigkeit", die die gewagtesten Gedankengänge und Wortwitz mit sich bringt.[6] Die Runde ergötzt sich in Selbstvergessenheit an ihren eigenen Gespinsten in einem zwanglosen und interesselosen Moment, dessen Zweck in sich selbst liegt. Auch die gesteigerte Wahrnehmung trägt mit zur Erfahrung der Transzendenz bei, die im Kontrast zur Achtlosigkeit,

5 Roland Barthes: *Mythen des Alltags*, aus d. Franz. v. Horst Brühmann. Frankfurt am Main: Suhrkamp 2012, Kap. „Wein und Milch", S. 95–99, hier S. 95, 96.
6 Charles Baudelaire: *Die künstlichen Paradiese*, aus d. Franz. v. Heinrich Steinitzer. München: Müller 1925, S. 11.

aber auch zur Zweckgebundenheit des Alltags steht. In seiner Kulturgeschichte des Rausches ist dies für Alexander Kupfer der Kern des rauschhaften Erlebens:

> Etwas Außergewöhnliches, eine eigentlich unbeschreibliche Lusterfahrung rauscht sozusagen wie mit mächtigen Schwingen heran und senkt sich unwiderstehlich in unser Bewusstsein, so daß wir sogar uns selbst vergessen und ganz in der Betrachtung des Wunderbaren aufgehen.[7]

Die in der Dichtung beschriebene Wirkung lässt sich physiologisch und damit auch als universell erklären: Gefördert durch den Kalk entstehen aus der Arekanuss Alkaloide, Stoffe, die auch für die Wirkung anderer pflanzlicher Stimulanzien, wie Haschisch, Tabak oder Kaffee, auf das Nervensystem verantwortlich sind. Sie unterdrücken Müdigkeit, beruhigen und euphorisieren.[8] Gleichzeitig ist der Betelhappen kulturell überformt. Zum einen ist der Betelhappen im Gegensatz zu anderen Stimulanzien, wie Haschisch, aus ostafrikanischer, muslimischer Perspektive keine Droge (*madawa ya kulevya*), sondern lediglich ein Genussmittel (*uraibu*), vergleichbar einer Zigarette, da er aus Swahili-Sicht die Sinne nicht vernebelt, sondern nur anregend wirkt – eine kulturelle Zuschreibung, die man physiologisch nicht eindeutig bestätigen kann und vor allem von der Dauer der Einwirkung und der Dosierung abhängt.[9] Selbst der Dichter mahnt in einer anderen Strophe, dass es der Expertise und der Vorsicht bedarf, denn nur dann stelle sich keine dauerhafte „Blödheit" ein:[10]

Tambuu haina jura ♦ *ipatapo mraibu,*
mwenye hila na busara ♦ *kendra nayo taratibu.*
Hutoa mthu hasira ♦ *imjiyapo karibu,*
kwa raha si kwa sulubu ♦ *una mambo mtambuu*

7 Alexander Kupfer: *Göttliche Gifte. Kleine Kulturgeschichte des Rausches seit dem Garten Eden*. Stuttgart: Metzler 1996, S. 3.
8 Ebd., S. 314.
9 Ich danke Annachiara Raia und Ustadh Mahmoud Mau aus Lamu, die diesen Aspekt mit einem Betelpfefferhändler auf Lamu diskutiert haben.
10 Vierke: Of Plants and Women, S. 73 (Strophe 10).

Betel macht nicht blöd, ♦ wenn er in die Hände dessen fällt,
Der schlau und weise genug ist ♦ vorsichtig mit ihm umzugehen.
Er nimmt den Ärger ♦ von dem, der sich an ihn wagt,
Durch Heiterkeit nicht Plage ♦zeigt der Betelpfeffer seine Wirkung

Der Betelhappen ist eine „gute und schöne Substanz" – ähnlich dem Wein in Barthes Betrachtungen, der in Frankreich von einer „vielgestaltigen Mythologie" umrankt ist.[11] Sein Genuss ist anders als z. B. der Haschischkonsum zu Zeiten der Décadence, als die Bohème sich mit dem Drogenkonsum antisozial als Bürgerschreck gebärdete, nicht nur toleriert, sondern ein repräsentatives Statussymbol und Teil der kollektiven Imagination in Ostafrika.[12] Der Müßiggang nach dem Mahle in erlesener Umgebung, die zum sinnlichen Erkunden einlädt, sowie auch das ausgiebige Gespräch unter Einfluss des Betelhappens ist ein gesellschaftliches, gruppenstiftendes Ereignis. Gleichzeitig ist es ein Privileg der Oberschicht der ostafrikanischen Küste, worauf ich im Folgenden eingehen werde.

Der Betelpfeffer, die Swahili-Küste und das Gedächtnis des Indischen Ozeans: die Vergegenwärtigung der Ferne

Der Betelpfeffer ist keine einheimische Pflanze – genauso wenig wie die Arekapalme. Nach Ostafrika sind beide Pflanzen wohl schon vor dem 16. Jahrhundert aus den Küstenregionen des Indischen Ozeans, wie z. B. Indien, Persien oder dem Jemen, gekommen. Ursprünglich kommen die Pflanzen wie auch die kulturelle Praxis des Betelgenusses aus den tropischen Regionen Südostasiens, von wo aus sie sich unter anderem nach Indien und dann nach Ostafrika ausbreiteten.[13] Erweckt der Betel in der Dichtung Erinnerungen oder Vorstellungen

11 Barthes: *Mythen des Alltags*, S. 95.

12 Vgl. dazu auch Roland Barthes: Toward a Psychosociology of Contemporary Food Consumption. In: Elborg Forster / Robert Forster (Hrsg.): *European Diet from Preindustrial to Modern Times*. New York: Harper & Row 1975, S. 47–59, hier S. 49.

13 Vgl. Vaughan / Geissler: *Food Plants*, S. 128. Diese Ausbreitungsroute nach Ostafrika spiegelt sich in der Etymologie: Betel ist auf Sanskrit *tāmbūla*, Hindi *tambol*, Arabisch *tanbūl* und auf Swahili *tambuu*. Vgl. Philippe Beaujard: *Histoire et voyages des plantes cultivées à Madagascar avant le XVI siècle*. Paris: Karthala 2017, S. 199–200. Für Beaujard liegt das zusammengesetzte Sanskritwort *pugaphala*

dieser Verbindung über den Indischen Ozean und war seine Exotik Teil seiner Anziehungskraft – ähnlich wie Opiate und Haschisch im 19. Jahrhundert in Europa Teil der Faszination des Orients waren?[14]
Im *Utumbuizo wa Mwana Mnazi*, dem Gedicht vom Anfang dieses Beitrags, reiht sich der Betelhappen in eine ganze Liste von exquisiten Gegenständen ein, wie dem getriebenen Tablett aus Shiraz, dem indo-portugiesischen („europäischen") Stuhl und dem indischen *kisutu*-Stoff sowie schweren Duftessenzen, dem indischen Gericht *pilau* und dem weinähnlichen Traubensaft, die einen sinnlichen Bezug zu einem weiteren Raum des Indischen Ozeans schaffen. Auch die Frau aus dem Hijaz, die über den ostafrikanischen Kontext hinaus verweist, passt dazu. Liegt der Reiz des Essens, der Frau und des Betels in dieser Ästhetik des „Orientalischen"? Und ist damit der Betelhappen, wie er in den Dichtungen auftaucht, gerade deswegen Teil einer kulturellen Praktik der Distinktion, womit eine ostafrikanische Oberschicht sich durch einen luxuriösen Lebensstil, zu dem auch der Genuss von exquisiten Rauschmitteln gehört, von der breiten Bevölkerung abgrenzt und sich gleichzeitig als nicht afrikanisch, sondern als indisch oder arabisch stilisiert?[15]
Das Preisgedicht *Sifa za Mtambuu* legt in einer Strophe das genaue Gegenteil nahe, denn das lyrische Subjekt preist den Betelhappen als emblematisch ostafrikanisch, im Gegensatz zu Kaffee, der – obwohl ebenfalls im ostafrikanischen Kontext nach Mahlzeiten üblich – stets „ein Fremder" bleibt, der nach Arabien, in den Jemen oder den Hijaz gehört.[16]

Kahawa nda wa Arabu ♦ wa Hejazi na Yamani
kwethu ni kithu gharibu ♦ thaipendani mgeni?
na twambe ni mahabubu ♦ tusiitowe funguni,
tungiapo faraghani ♦ ifaayo ni tambuu

(*phala* „Frucht") den indischen Formen wie Gujarati *phophal* für die Arekanuss zu Grunde, die im Swahili zu *popoo* wird (Arabisch: *fawfal,* Persisch: *popal*), vgl. Beaujard: Histoire et voyages des plantes cultivées à Madagascar, S. 204.

14 Kupfer: *Göttliche Gifte*, S. 39–41.

15 Robert Leonard / Wendy Saliba: Food, Drink and Swahili Public Space. In: Harlan Walker (Hrsg.): *Oxford Symposium on Food and Cookery. Public Eating.* London: Prospect 1991, S. 178–185, hier S. 178.

16 Vierke: Of Plants and Women, S. 73 (Strophe 9).

Der Kaffee gehört den Arabern ♦ aus dem Hijaz und Jemen.
Uns ist er fremd, ♦ wie kann ich einen Fremden lieben?
Und gerade wenn es um Liebesdinge geht, ♦ ist der Betel das Richtige.
Wenn wir uns zu zweit zurückziehen, ♦ ist Betel das Beste.

Diese Strophe hebt die Fremdheit des Betelhappens auf. Er wächst nicht nur in Ostafrika, sondern weist seine Konsument*innen als Ostafrikaner*innen aus. Aber wie passt das zum *Utumbuizo wa Mwana Mnazi*, das die weite Herkunft der Gegenstände und des Essens betont, eine Summe, die der Betelhappen ergänzt? Der Betelhappen ist beides: Er bringt die weite Welt des Indischen Ozeans an die Küste und macht sie gerade dadurch zu einem wichtigen Bestandteil der Küstenkultur.
Dazu muss man einen Blick auf die Kultur der Swahili-Küste Ostafrikas werfen. Seit Ende des ersten Jahrtausends lebten swahilisprachige, muslimische Händler in Ostafrika, die jenseits und entlang der Küste des Indischen Ozeans – dem muslimischen *mare liberum* – Handel trieben. Als Mittler zwischen dem afrikanischen Festland und dem Indischen Ozean handelten sie Gold, Elfenbein, Schildpatt und andere Rohmaterialien gegen Glas, Textilien, Gewürze, Parfüm, Bronze und Metallwaren – von denen die Gedichte und Lieder beredt Auskunft geben. Ihre Weltläufigkeit und Kultiviertheit trugen diese reichen Händler gerne zur Schau und nutzten ihre prächtigen aus Stein gebauten Häuser als wichtige Symbole und um ihren erlesenen Besitz auszustellen.[17]
Dabei wäre es falsch, sich die Besitzer dieser Häuser als arabische Herrschaftsschicht vorzustellen, die über die ostafrikanischen Nachbarethnien verfügte, von denen sie sich ethnisch abgrenzte. Die Küstenkultur der Swahili ist durch eine Offenheit gekennzeichnet, die lange bei Kolonialherren und Forschern für Verwirrung gesorgt hat: Der Begriff Swahili selbst, der von dem arabischen Wort für Küstenbewohner*innen kommt, ist keine ethnische Kategorie, sondern steht für die handeltreibende Stadtbevölkerung an der ostafrikanischen Küste und auf den vorgelagerten Inseln, die sich vor allem

17 Für einen Überblick zur Geschichte und Identität der Swahili vgl. Mark Horton / John Middleton: *The Swahili: The Social Landscape of a Mercantile Society*. Malden: Blackwell 2008.

durch einen bestimmten Lebensstil definiert. Geburt ist also prinzipiell nicht das Entscheidende: Auch als Neuankömmling an der Küste – egal ob man vom afrikanischen Festland, Indien oder Arabien kommt – kann man Swahili werden. Entscheidende verbindende Elemente sind dabei der Islam als gemeinsame Religion, die Bantusprache Swahili als gemeinsames Idiom, aber vor allem auch ein gemeinsam eleganter Lebensstil, der sich in Mode, Schmuck, Architektur und Einrichtungsgegenständen ausdrückt und eine Kultiviertheit gegenüber Nichtmuslimen betont. Ebenso sind Dichtkunst und Musik und die Zubereitung und Einnahme von erlesenen Speisen und Genussmitteln, wie z. B. des Betelhappens, Praktiken, welche die Teilhabe an der Swahili-Kultur ausmachen.[18]
Für den Lebensstil, den sich de facto vor Ende des 19. Jahrhunderts vor allem reiche Kaufmannsfamilien leisten konnten, spielte der Bezug zur weiteren Welt, Arabien, dem Indischen Ozean eine wichtige Rolle. Weltläufigkeit ist nicht nur die Folge dingfester Handelsbeziehungen, sondern die genährte Vorstellung davon, dass man Teil eines größeren Bezugs ist, der über den räumlich begrenzten Küstenraum Ostafrikas hinausgeht und gleichzeitig Teil der Küstenkultur ist. Sie ist Teil des kulturellen Gedächtnisses und muss nicht durch autobiographische Erlebnisse begründet sein. Das sinnlich Erfahrbare wie der Betelhappen spielt dabei eine wichtige Rolle, denn er vergegenwärtigt das räumlich Ungegenwärtige. Der Betel enthebt die Konsument*innen mit seinem Rausch dem Hier und Jetzt und weitet den Raum, nimmt sie mit auf eine Reise durch die dargebrachten Genüsse aus Indien und Arabien, wie etwa Pilau und Traubensaft, denn so stellt sich das Mahl als sinnlich erfahrbare Reise dar. Jedes Essen beschwört mit seinen Gerüchen und seinen Zutaten die weitere Welt des Indischen Ozeans herauf, die gleichzeitig Teil der ostafrikanischen Küste wird.[19] Dabei ist der Gedächtnisraum des Indischen Ozeans an konkrete, sinnlich wahrnehmbare Objekte wie das persische Tablett, das

18 Vgl. auch Paola Ivanov: The Aesthetic Constitution of Space. Mimetic Appropriation of Foreign "Styles" and the Creation of Transoceanic Connections on the Swahili Coast. In: *Comparative Studies of South Asia, Africa and the Middle East* 37,2 (2017), S. 368–390.

19 Zur Einverleibung des Fremden, um es zum Eigenen werden zu lassen, vgl. Konrad Köstlin: Das fremde Essen – das Fremde essen. Anmerkung zur Rede von der Einverleibung des Fremden. In: Kikuko Kashiwagi-Wetzel / Anne-Rose Meyer (Hrsg.): *Theorien des Essens*. Frankfurt am Main: Suhrkamp 2017, S. 355–372.

Reisgericht, den Betelhappen oder schwere Essenzen wie Weihrauch und Moschus gebunden, denn erst in der Interaktion mit diesen Dingen leuchtet die Idee einer größeren Welt in Ostafrika auf.
Der Betel ist also nicht nur ein fremdes Element, das sich der Dichter zu eigen macht, um Fremdheit auszustellen oder das, was vorher fremd war, als Eigenes zu deklarieren, denn die Idee der Aneignung würde eine Dichotomie von Eigenem und Fremden voraussetzen. Im Schmelztiegel der Küstenkultur, in der die Frau aus dem Hijaz (im *Utumbuizo wa Mwana Mnazi*) gleichzeitig uneindeutig Swahili ist und doch reizvoll mit ihrer weiteren Herkunft, scheint Teilhabe das bessere Konzept. Der Betel ermöglicht durch seinen Konsum sinnlich eine Teilhabe an weiteren Räumen, indem er weitere Bezüge aufmacht. Dabei entwickelt er seine Wirkung konkret vor Ort im ostafrikanischen Kontext der Gemächer – ähnlich wie in Tee eingeweichtes Gebäck auf eine rätselhafte Art einen Zeitsprung in die Kindheit hervorruft.[20] Der Aufhebung von Innen und Außen im liminalen Moment, den Anne-Rose Meyer als konstitutiv für das Essen herausstellt, entspricht hier das Verschmelzen von Ferne und Nähe.[21] Und dies passt auf den Betelhappen umso mehr, als der Rausch an sich die Transzendierung der Zeit- und Raumbeschränkung – Barthes spricht von der verwandelnden Funktion des Weins – mit sich bringt.[22] Nach einem Blick in die Ferne betrachte ich im Folgenden das anfangs zitierte Lied aus der Nähe.

Inszenierte Steigerung der Intimität: Die Frau, das Haus, das Essen und der Betelhappen

Das *Utumbuizo wa Mwana Mnazi* führt in ein wohlhabendes Haus, in dem der Betelhappen ein reiches Mahl krönt. Die ganze Dichtung strebt diesem Moment zu: Im gezeigten Ausschnitt der Dichtung kommt der sehnlich erwartete Mann endlich nach Hause. Davor hatte die Frau des Hauses, eine Dame nobler Abstammung, die über Dienerinnen und Sklaven gebietet, schon eine Sklavin nach ihm

20 Vgl. Christine Ott: Prousts Madeleine und ihr Nachgeschmack, in diesem Band.

21 Anne-Rose Meyer: Einführung: Essen und Theorien des Essens. Interdisziplinäre Perspektiven. In: Dies. / Kashiwagi-Wetzel (Hrsg.): *Theorien des Essens*, S. 15–66, hier S. 16.

22 Barthes: *Mythen des Alltags*, S. 95.

geschickt – so ungeduldig war sie. Gerührt von ihrer Sorge, legt er ihr nun die Hand auf die Schulter und spricht ein Dankgebet. Das Gedicht folgt ihren Gesten: Sie nimmt ein edles *Kisutu*-Tuch, das im Kontext der Hochzeitsnacht die Schlafzimmerbekleidung darstellt, und bereitet es für ihn auf dem Boden aus, dass er sich lagern kann. Sie ruft die Sklavin Time, das Essen zu bringen – ein indisches Reisgericht (*Pilau*) mit Rosinen, ein wahres Festessen, das ebenfalls Hochzeitsbräuche zitiert. Dazu gießt sie ihm Traubensaft ein, eine rare Köstlichkeit, ähnlich dem berauschenden Wein. Zum Schluss füttert sie ihn mit Betel von der Insel Siu, dem besten der Region, den sie für ihn vorbereitet hat. Und an dieser Stelle endet die Dichtung – ein Preislied auf eine Frau –, das im Reichen von Speisen und Getränken Intimität entstehen lässt.

Die Dichtung konstruiert eine enge Verbindung zwischen Frau, Haus und Essen. Das Haus ist im muslimischen ostafrikanischen Kontext der Bereich der Frau. Es gehört ihr nicht nur rechtlich, sondern sie hat es als Teil der Oberschicht nicht zu verlassen, während der Mann seinen Geschäften nachgeht. Öffentlichkeit und Privates sind stark voneinander getrennt: eine gesellschaftliche Ordnung, die sich räumlich präsentiert und die die Dichtung szenisch ausgestaltet.[23] Begegnungen zwischen Mann und Frau finden ausschließlich im Haus, dem Ort der Intimität, statt – dem Gegenpol zu den Geschäften, die den Mann außerhalb des Hauses in Anspruch nehmen. Auch die Gemächer sind getrennt: Der Bereich der Veranda und der Vorhalle dienen dem Empfang von Gästen, während das Schlafzimmer des Paares, aber auch das Esszimmer davon geschieden sind. Hierhin zieht sich das Paar zurück. Das Darreichen von Essen – die Frau isst nicht, sondern bewirtet den Mann gewissermaßen als ihren Gast – markiert den Moment und den Ort zusätzlich als intim. Die normativen Genderrollen werden in der Asymmetrie des Manns als einzig Essendem und der Frau als Fütternder, des Manns als Trinkendem und der Frau als Mundschenk, bestätigt. Hier ist es die Rolle der Frau, für den Mann zu sorgen, der wie „ein Kind“ ist, „das nicht sprechen kann“ – so hält es ein gedichteter Regelkatalog für zukünftige Ehefrauen des 19. Jahrhunderts fest.[24]

23 Zur starken Trennung von Öffentlichkeit und Privat durch das Essen vgl. auch Leonard / Saliba: Food, Drink and Swahili Public Space, S. 178–181.

24 Alice Werner / William Hichens (Hrsg.): *Mwana Kupona. The Wifely Duty*. Medstead: Azania 1934, S. 51.

Gleichzeitig kommen ihr Servieren und ihre Darreichungen einer Aufforderung gleich, die sinnliche Erkundung des Gastmahls auszudehnen: Das Dienen geht in Verführen über. Das lyrische Ich der Dichtung gibt im ersten Vers an, die Frau preisen zu wollen, die „Verlangen und Traurigkeit" von ihm nimmt.[25]

Nicht nur in der deutschen Übersetzung legt schon der Ton nahe, dass das „Abendbrot" mehr als nur den Hunger des Manns stillt, der von der Arbeit nach Hause kommt und sich auf ein Essen freut. Das Essen wird, gerade da es den Höhepunkt des Gedichts ausmacht, angereichert durch Blicke, Gesten und Referenzen zur Hochzeitsnacht, zur intimen und lustvollen Begegnung: Es konstituiert Intimität. Durch die Erzählperspektive ergibt sich eine gesteigerte Spannung. Mann und Frau bewegen sich voll Ungeduld aufeinander zu. Die Dichtung wechselt aus der Ich-Perspektive des erzählenden Manns am Anfang in eine Vogelperspektive, die das Wechselspiel zwischen ihm und ihr, Mann und Frau, beobachten kann. Sein Parfüm, seine Hand auf ihrer Schulter, die zärtliche Anrede, das Ausbreiten des Tuchs, das Anbieten von erlesenen Speisen und Getränken und ihr vielsagender Blick, als sie ihm den Betelhappen reicht, bauen zudem eine sinnliche Spannung auf.

Schließlich scheint das Gedicht abrupt zu enden, als sie ihn mit dem Betelhappen füttert. Doch für das Swahili-Publikum lässt gerade die Leerstelle die Gedanken weiterwandern. Der Betelhappen hat daran einen entscheidenden Anteil, denn er ist mit dem Liebesspiel konnotiert. Er ist nicht nur ein Aphrodisiakum, sondern ist leitmotivisch – ähnlich wie Champagner im westlichen Kontext – zum festen Inventar des erotischen Schäferstündchens geworden, wie auch im indischen *Kamasutra*, für das Wendy Doniger den Topos wie folgt beschreibt: „Im Kamasutra reichen sich die Liebenden ständig Betel und nehmen Betel aus dem Mund und legen ihn in den Mund des anderen."[26] Der Betel gehört zum aufreizenden Vorspiel.[27]

Für ein Swahili-Publikum, für das die Dichtung sogar eine explizite Referenz zum *Kamasutra* aufmachen mag, denn weitläufige

25 Miehe et al.: *Liyongo Songs*, S. 66, 143.

26 Wendy Doniger: *Redeeming the Kamasutra*. Oxford: Oxford UP 2016, S. 30 (Übers. C.V.).

27 Wie z. B. in der folgenden Szene: „Hat sie sich die Umarmung gefallen lassen, kann er einen Schritt weitergehen. Mit seinem Mund reiche er ihr Betel dar. [...] Gelingt es ihm, ihr den Betel mit dem Mund zu überreichen, so nutze er die

Textverbindungen über den Ozean sind auch geschätzt als Teilhabe am Fremden, ist damit das letzte Bild eine erotische Szene.
Schon das Essen an sich bereitet in seiner Opulenz eine weitergehende sinnliche Erkundung vor. Nicht nur das Verb *kula* „essen, „verzehren“ ist in Swahili eine auch in der Alltagssprache gängige Metapher für den Liebesakt, bei dem der Mann die Frau „verspeist“ – Essen ist *die* Metapher für Sex oder, anders gesagt, Sex ist eine Form des Verzehrens, Essen eine andere. Die Dichtung inszeniert eine graduelle sinnliche Überführung von der Speise zum berauschenden Getränk und schließlich zum Betelhappen, der den Sinnenrausch steigert und gleichzeitig – gerade wegen der Leerstelle – ein Zeichen seiner wird: Er deutet über die Grenzen der Dichtung hinaus. Wie eng die gedankliche Verbindung zwischen Betelhappen, dem weiblichem Körper und der Liebesnacht ist, möchte ich im Folgenden anhand weiterer Dichtungen untersuchen.[28]

Frau und Pflanze zugleich: Der Betelpfeffer als variabler rhetorischer Topos

Man findet eine ganze Reihe von Dichtungen, die den Betelpfeffer als zentrales Motiv haben, wie etwa das *Sifa za Mtambuu* („Die Vorzüge des Betelpfeffers“), aus dem ich bereits Strophen zitiert habe, die die Wirkung des Betelpfeffers loben. Es ist jüngeren Datums als das *Utumbuizo wa Mwana Mnazi*, also wahrscheinlich im 19. Jahrhundert entstanden – sowohl das aus dem Arabischen adaptierte Versmaß als auch die weniger archaische Sprache bezeugen es.
Ein Bezug zur Liebe scheint nicht gegeben. Ein Gärtner pflanzt am Anfang einen Setzling Betelpfeffer.[29]

Gelegenheit und gebe ihr geschickt einen sanften und ja nicht etwa unanständigen Kuß.“ (Mallanāga Vaatsyaayana: *Kāmasūtram. Leitfaden der Liebeskunst*, aus d. Sanskrit v. Klaus Mylius. München: Beck 1987, S. 92–93.)

28 Zur Verbindung von Essen und Liebesakt vgl. auch Lena Henningsen / Kai Wiegandt: Koreanische (Familien)Geschichte, Trauma und Entsagung. Han Kangs Die Vegetarierin und der Geschmack der Weltliteratur, in diesem Band.

29 Vierke: Of Plants and Women, S. 70 (Strophe 1), 72 (Strophe 6).

Nipete nti tayibu ♦ ardhi imetengeya
nalekeza hitharibu ♦ kuilimia-limia
N'na yangu matulubu ♦ n'liyoyaazimia
nataka kuutulia ♦ ukono wa mtambuu

Ich bekam gutes Land ♦ mit gelockerter Erde
Ich pflügte und grub es um ♦ beackerte es fortlaufend
Ich hatte einen Plan ♦ den ich mir vorgenommen habe
Ich wollte die Ranke ♦ eines Betelpfeffers einpflanzen

Ausgiebig betont er seine Mühen aus Hingabe an die Pflanze, die ihn selbst wichtige Geschäfte vergessen lassen.

Hima, nendra tasihili ♦ nikaukalia papo;
Nisikuwa na shughuli, ♦ na shughuli zingawapo.
Ndruza na watume mali ♦ mimi ihapunga upepo,
sina popothe endrapo ♦ kwa huba ya mtambuu

Schnell, ich eile zur Pflanze ♦ und bleibe bei ihr
Meine Geschäfte kümmern mich nicht ♦ obwohl ich viele Verpflichtungen habe.
Lass meine Brüder ruhig den Profit einfahren ♦ während ich nur frische Luft genieße
Ich gehe nirgendswo anders hin ♦ aus Liebe zum Betelpfeffer

Die Erzählung des Gärtners gibt es in einer ganzen Reihe von Dichtungen. Im *Shairi la Mtambuu* („Die Dichtung vom Betelpfeffer"), einer Dichtung, die Anfang des 19. Jahrhunderts niedergeschrieben wurde, pflanzt der Gärtner einen Setzling Betelpfeffer auf erstaunlich ähnliche Weise:[30]

Nipete nti kiwambo ♦ unyika usiyameya
khafungata masombo♦ mno khaipotoleya
khatimba kwa mitimbo ♦ hata yaliporegeya
mti mwema khatuliya ♦ ukono wa mtambuu

30 Ebd., S. 64–69 (hier Strophen 1, 3, 8, 12 auf S. 64, 65, 67, 68); vgl. auch Ernst Dammann: Suaheli-Lieder aus Lamu. In: *Zeitschrift für Eingeborenen-Sprachen* 31 (1940/41), S. 161–188, 278–287, hier S. 167.

Ich bekam einen Streifen Brache ♦ wo der Busch noch nicht nachgewachsen ist
Ich legte meinen Gürtel um ♦ und zog ihn straff
Ich grub mit einem Grabstock ♦ bis die Erde sich lockerte
Eine gute Pflanze setzte ich ein ♦ die Ranke des Betelpfeffers

Auch hier lässt die Betelpflanze, den Gärtner seine üblichen Pflichten und Bedürfnisse, sogar schlafen und essen, vernachlässigen. Eine Unruhe und ein Verlangen haben ihn gepackt, die ihn immer wieder zur Pflanze treiben. Allein bei der Pflanze zu sein, erfüllt ihn mit Glückseligkeit: Der Traum nimmt die Wirkung des Betelhappens vorweg.

Shughuli ikanipata ♦ sikuwa nao usono
nisi ndaa nisi nyota ♦ kwa mahaba khenda mno
nisikulala khaota ♦ kupelekwa mikono
nisikufinika meno ♦ kwa hawaa ya mtambuu

Rastlosigkeit erfüllte mich ♦ ich fand keine Ruhe
Ich hatte weder Hunger noch Durst ♦ die Liebe trieb mich an
Ich schlief nicht und träumte doch ♦ mir würden die Blätter der Pflanze gereicht,
Ich hatte ein Lächeln auf meinen Lippen ♦ aus Verlangen nach dem Betelpfeffer.

Aus gärtnerischer Sorge baut er Rankhilfen für den Bettelpfeffer, eine Kletterpflanze. Dann nimmt das Gedicht plötzlich eine andere Wendung: Der Gärtner trifft auf seinem üblichen Gang zur Pflanze eines Tages ein Monster an der Pflanze an.

Khautiya na zipoya ♦ nafasi ya kutambaa
hata siku zichongeya ♦ khauwakiya na taa
siku moya khatembeya ♦ khalimatiya khakaa
khiya mbwene mnyangaa ♦ si mnani mwa mtambuu

Mwizi alongiya kwangu ♦ kafasidi mtambuu
ngwampa fumo la Mungu ♦ nalo ndrilo fumo kuu
afe nti za wazungu ♦ ya Diu na Damao
afufuwe na chepeo ♦ ufito mkononi

Ich stellte ihr sogar Stangen auf ♦ um ihr das Klettern zu erleichtern
Und nachdem einige Tage vergangen waren ♦ auch ein Gerüst
Eines Tages spazierte ich meines Weges ♦ und ging langsamer als sonst
Als ich ankam, sah ich ein Ungeheuer ♦ „Sitzt da nicht jemand im Betelpfeffer?"

Der Dieb, der bei mir eindrang ♦ tat sich am Betelpfeffer gütlich.
Möge Gott seinen Speer nach ihm schleudern ♦ und dieser Speer ist enorm!
Möge er im Land der Weißen sterben ♦ in Diu und Damão
Dass er auferstehe mit einem Hut auf dem Kopf ♦ und einen Stock in der Hand.

In der letzten Strophe verflucht er das Monster, „den Dieb": Es möge im Land der Weißen sterben, in Diu und Damão, portugiesischen Handelszentren im Indien des 17. Jahrhunderts, als die Portugiesen den Indischen Ozean inklusive der ostafrikanischen Küste beherrschten.[31] Der Spazierstock und der Hut (*chepeo* von Portugiesisch *chapéu*) umreißen mit zwei raschen Pinselstrichen karikaturistisch den Portugiesen. Im Land der Weißen, womöglich als Christ und damit als Verdammter, zu sterben, ist der Fluch, „Gottes Speer", der ihn treffen soll.
Trotz unterschiedlicher Wendung ist die Ähnlichkeit zwischen diesen beiden Dichtungen, die bis in den Wortgebrauch hineinreicht, deutlich, und es ließen sich noch weitere Beispiele ergänzen. Die Swahili-Lieder des 17., 18. und 19. Jahrhunderts neigen zu einem seriellen Charakter: Die Darstellung folgt im Kern einem festen Erzählmuster – hier die Aufzucht des Betelpfeffers –, an dem sich die Dichter abarbeiten. Teilweise ist die Wiederholung sicher der mündlichen Darbietung geschuldet, bei welcher der Dichter, um die Rede am Laufen

31 Die portugiesische Herrschaft in Ostafrika endete im heutigen Kenia und Tansania im 18. Jahrhundert, wo sie 1498 mit der Ankunft Vasco da Gamas in Mombasa auf seinem Weg nach Indien ihren Anfang nahm. Im 18. Jahrhundert vertrieben vor allem arabische Herrscherfamilien aus dem Oman die Portugiesen aus ihren Besitzungen und Handelshäfen im Norden der Swahili-Küste. Weiter südlich, an der Küste des heutigen Mosambiks, blieben die Portugiesen bis 1975 Kolonialherrn. Referenzen auf die Zeit der portugiesischen Herrschaft im Norden der Swahili-Küste sind äußerst rar und weisen auf das Alter der Dichtung hin.

zu halten, auf feste, in seinem Gedächtnis gespeicherte Versatzstücke zurückgreift. Zum anderen bringt diese Technik auch eine besondere Wirkungsästhetik mit sich: Der Dichter stellt seine Kenntnis des festen Bild- und Erzählrepertoires dem kritischen Publikum unter Beweis, das vor allem Vergnügen darin findet, zu sehen, wie der Dichter das bekannte Muster im jeweiligen Text geschickt neu in Szene setzt. Ist die erste Dichtung ein Loblied auf den Betelpfeffer, schlägt die zweite Dichtung eine andere Volte, der Gärtner schaut rückblickend enttäuscht auf seine einstigen Anstrengungen und Hoffnungen zurück, denn ein Ungeheuer hat sich der Pflanze bemächtigt.
Sowohl die Sehnsucht nach der Pflanze – der Gärtner wird von Liebe verzehrt und kann weder essen noch schlafen – als auch das auftretende Monster, das in einer anderen Strophe als Ungeheuer mit „hundertvierzehn Köpfen" beschrieben wird, und der Fluch am Ende der Dichtung scheinen seltsam überzogen, wenn man annimmt, dass sich *mtambuu* („Betelpfeffer") allein auf die Pflanze bezieht, die überall an der Nordküste Kenias gut gedeiht. Nicht nur durch die unverhältnismäßige Beschreibung, sondern auch durch einen festen Zusammenhang zwischen Bild und Bedeutung ist für das Swahili-Publikum klar, dass mit dem Betelpfeffer eine Frau gemeint ist. Wie man mir in Ostafrika erklärte, ist im *Shairi la Mtambuu* der Betelpfeffer ein Mädchen, das sich der Liebende, ein reifer Mann, schon früh als zukünftige Ehefrau ausgesucht hat.[32] Das zur Frau heranreifende Mädchen ist im Gedicht die Pflanze, die umsorgt und behütet werden muss, bevor sie heiratsfähig ist, während der Mann schon voller Verlangen ist. Dem Genuss der Pflanze, der Hochzeitsnacht, die im Gedicht gar nicht genannt wird, sondern ebenfalls der Vorstellungskraft des Publikums überlassen wird, geht eine lange Zeit der aufgeschobenen Begierde voraus. Der heranwachsende Betelpfeffer ist ein Topos, d. h. im wörtlichen Sinne ein rhetorischer ‚Ort', ein gedankliches Stereotyp, mit dem der Dichter das Verlangen nach dem Einverleiben inszeniert.
In den Dichtungen der Zeit steht nicht nur der Betelpfeffer, sondern eine ganze Reihe von Pflanzen und Früchten metaphorisch für die Frau, ihre Körperteile, wie auch den Genuss derselben. Der Sinnenfreude am weiblichen Körper im Liebesakt, seiner Süße und

32 Ich danke vor allem Ahmed Sheikh Nabahany für diese Erklärung.

berauschenden Wirkung entsprechen Früchte oder Blüten, deren Sinnlichkeit die Lieder dominiert. Im berühmten *Utendi wa Mwana Mnga* („Das Epos der Frau Mnga") das ebenfalls Fumo Liyongo zugeschrieben wird und in dem der männliche Erzähler den weiblichen Körper von Kopf bis Fuß nach unten wandert und liebkost, wird das Kinn zur indischen Mandel, ihre Brüste zu Granatäpfeln, „die Früchte des Paradieses", und der Duft ihrer Achseln „der von Jasminblüten".[33] Mal taucht die Frau in Bezug auf ihre Gestalt als Pflanze oder Baum auf, wie z. B. als Kokospalme, Schilfrohr (siehe unten) oder Lotus, oder ihr Geschlecht wird zur Frucht, wie z. B. zur Feige, Mandel oder Traube. In seiner Anthologie von Swahili-Liebesgedichten spricht Jan Knappert in Bezug auf die Dichtung von der Feige, der „Frucht der Liebe, die den Gast verwöhnt", von einem „double entendre": „Der Dichter spricht drei Gegenstände unter einem Namen an, d. h. durch eine Metapher: die Feige, Liebe, Sex, Frauen und eine spezifische Frau."[34]

Den weibliche Körper metaphorisch mit dem Genuss von Früchten und Pflanzen zu verbinden, entspricht der Darstellungsart der Lieder und frühen Dichtungen, die das vermeintlich Äußerliche in engen Zusammenhang mit dem Inneren, dem Wesen des Menschen, setzen. Abstrakte Konzepte, wie Tugendhaftigkeit, aber auch Macht und Sinnlichkeit, werden im Gedicht konkret präsent. Und gemeinsames Auftreten legt eine Ähnlichkeitsbeziehung nahe. Der „europäische Stuhl" bestimmt im *Utumbuizo wa Mwana Mnazi*, dem eingangs zitierten Gedicht, die Macht des Mannes weniger in dem Sinne, dass er seinen Reichtum und Einfluss spiegelt, sondern dass er seine Macht ausmacht. Karin Barber spricht im Zusammenhang von Yòrúba- und Dinka-Preisdichtung, in denen ebenfalls Objekte und Tiere eine zentrale Rolle einnehmen, von „verteilter Persönlichkeit" (*distributed personhood*), womit die Idee gemeint ist, dass sich das Wesen eines Menschen auf Gegenstände oder Tiere erstrecken kann, die damit Anteil an des Menschen Persönlichkeit haben.[35] Der Betelpfeffer steht damit

33 Miehe et al.: *Liyongo Songs*, S. 61.

34 Jan Knappert.: *A Choice of Flowers. Chaguo la Maua: An Anthology of Swahili Love Poetry*. Nairobi: Heinemann 1981, S. 15 (Übers. C.V.). Eine ganze Reihe von Liebesdichtungen, in denen eine Frau und ihre Körperteile als Traube, Apfel oder Feige auftauchen, findet sich in dieser Anthologie.

35 Karin Barber: *The Anthropology of Texts, Persons and Publics*. Cambridge: Cambrigde UP 2007, S. 112–136.

nicht nur im Zusammenhang mit der Frau, weil sie gemeinsam Teil derselben erwünschten Liebesszene sind, sondern er bestimmt ihre weibliche Sinnlichkeit, den Rausch, den sie hervorruft. Er wird damit von ihrer Metonymie zu ihrer Metapher. Der Betelpfeffer ist mit der ihm zugeschriebenen Sinnlichkeit der Frau wesensähnlich. Der Mann, dessen Perspektive in allen Gedichten vorherrscht, träumt davon, sich beide als Teil eines rauschhaften Erlebens einzuverleiben.

Verlangen, Rausch und die Anwesenheit des Abwesenden

Eine besondere Rolle bei der Inszenierung des Verlangens spielt zum einen die Doppelbödigkeit der Metapher, die zugleich Pflanze und Frau ist und wie ein Vexierspiel mal die eine, mal die andere anschaulich in den Vordergrund treten lassen kann. Im *Shairi la Mtambuu*, in dem der Betelpfeffer die Frau bezeichnet, wird die Analogie zwischen Frau und Pflanze kaum weiter ausgeführt, es herrscht die heftige leidenschaftliche Sehnsucht und die Unruhe vor, die Liebesstunden bleiben aber unerwähnt. Die Lesart der Pflanze als über den buchstäblichen Betelpfeffer hinausgehend ist zunächst allein dem unpassenden Zusammenhang geschuldet – Begierde ist für eine Kletterpflanze übertrieben. Hans Blumenberg spricht vom Reparaturzwang, den die Metapher hervorrufe, denn sie sei ein „heterogenes Element, das in einen anderen als den aktuellen Zusammenhang verweist".[36] Die Rezipient*innen sollen über den Betelpfeffer, der ein Geheimnis birgt, weiter nachdenken. Im *Utumbuizo wa mjemje* (siehe unten) dagegen bricht sich das Verlangen in einer ganzen Flut von erotischen Strophen Bahn, denn die Metapher lädt in ihrer Uneindeutigkeit den Dichter zu Reformulierungen ein, die das Bildmotiv erweitern und erläutern.

Jedoch bleiben insgesamt bei den Dichtungen die ‚Leerstellen' vorherrschend: Im *Utumbuizo wa Mwana Mnazi* bricht die Dichtung in der Verführungsszene ab: Die Rezipient*innen sollen sich die Frau und auch die Liebesszenen ausmalen. Die Anspielung und sich steigernde Erwartung setzen damit der Imagination kein Ende, sondern stacheln sie vielmehr an. Die Fantasie soll dabei mit dem Publikum

36 Hans Blumenberg: *Schiffbruch mit Zuschauer*. Frankfurt am Main: Suhrkamp 1997, S. 88.

durchgehen. Die im Topos des Betelhappens angelegte sprunghafte Wandlung und Erweiterung der Wahrnehmung als Element des Rausches wird zu einer Rezeptionsanleitung erotischer Dichtung, d.h. zur Aufforderung, die Dichtung weiterzudenken. Dabei hält der Dichter das Zepter über die Vorstellungen nicht in der Hand. Die Rezipient*innen nähren ihre eigenen Fantasien mit dem Text: Eine vom Dichter rein auf die buchstäbliche Pflanze reduzierte Dichtung, wie im *Sifa za Mtambuu* kann für die Hörer*innen erotische Anklänge haben, genauso wie jeder Dichter den Betel neu formulieren kann – die Liedserien zeugen davon.
Der Topos entwickelt außerdem einen besonderen Effekt in Verbindung mit den zeitlichen Perspektivierungen, die die Begierde an Kontur gewinnen lassen, indem sie in den Dichtungen auf unterschiedliche Art einen Abstand zwischen erfüllter Lust und Erzählzeitpunkt festlegen. Im ebenfalls Fumo Liyongo zugeschriebenen *Utumbuizo wa mjemje* („Lied über den *mjemje*", womit die Lotusblume gemeint sein könnte, auch ein Aphrodisiakum) findet sich das Erzählmotiv des sich sorgenden Gärtners, dessen Mühen letztendlich enttäuscht werden, schon früh in der Dichtung wieder:[37]

Mjemje mte wali wangu ♦ *t^huliyeo kwa mani uwani*
T^huliyeo kwa embe la chuma ♦ *na mtanga mwema wa ziwani*
Mjemje ukisa kumeya ♦ *tumo simo shirikani*

Mjemje, der Setzling, war meiner ♦ ich pflanzte ihn im Hof mit einer schweren Hacke
Ich pflanzte ihn mit eiserner Hacke ♦ und feinem Sand aus dem See
Als der *mjemje* gewachsen war ♦ hatte ich an der Ernte keinen Anteil mehr

37 Vierke: Of Plants and Women, S. 36. Ob *mjemje* wirklich den Lotus bezeichnet, ist fragwürdig. Die Pflanze ist heute unbekannt. Der Heimatforscher Ahmed Nabahany nennt als einziger die Pflanze in seinem Wörterbuch, ohne sie zu klassifizieren oder ihre Gestalt zu beschreiben. Er gibt aber die Verwendung als Erektionsmittel an (Ahmed Nabahany: *Kandi ya Kiswahili.* Dar es Salaam: Kiswahili Researched Products 2012, S. 83). Knappert übersetzt in diesem Lied *mjemje* als Lotus (Jan Knappert: *Four Centuries of Swahili Verse. A Literary History and Anthology*. Nairobi: Heinemann 1979, S. 95–97). Der Lotus war schon im alten Ägypten als Aphrodisiakum gebräuchlich und erinnert auch an die Lotophagen der Odyssee.

Danach verliert sich der Dichter in der Erinnerung oder der Vorstellung des nie stattgefundenen Liebesakts – die zeitliche Verortung im Präsens bleibt bewusst vage: *nicht mehr* und *noch nicht* verschwimmen ineinander. In der Dichtung gleicht ihr Körper dem eines Schilfrohrs, ihr Geschlecht wird erst zur Perlmuschel und dann zur Frucht, ihre Schamlippen zur duftenden Blüte.[38] Die Verbindung mit der stimulierenden Pflanze, *mjemje*, ist nicht zufällig: In den letzten Zeilen wird die Liebeswonne mit denselben Attributen beschrieben wie der Drogenrausch, nämlich als Entbindung von „Kummer und Sorgen", Ich-Entgrenzung über das Bewusstsein hinaus („der Körper trennt sich vom Kopf"), als Verrücktheit verbunden mit einem gesteigerten Genuss, der in der Süße, dem *haluwa*, einer Süßspeise „aus dem Jemen", seine metaphorische Entsprechung findet.

Ivumapo ya mande ♦ hunemka kama hinzirani
Na maniye nda zabarijudi ♦ ahdhari isiyo kifani
Uwa lake landapo kutoka ♦ jauhari huwa kito dond'oni
Ling'aa kama nyota ya makungu ♦ ya zuhura iwapo kutwani
Na tund'a liliwapo kutosha ♦ hupendeza kwangaliyani
Si kuu si toto kamuono ♦ lingine katika wizani
Na gand'ale ni kama sulami ♦ na maniye nguo ya nyuni
Arufuye nda uwale ♦ si misiki si zaafarani
Kalibusu mwenye kulitunda ♦ kiifunga hungiya shioni
Alilapo mwenye kulipata ♦ humwepuka hamu na huzuni
Kalishumu muiliwe kitwa ♦ huwambuza la majinuni
Ladha yake hupita haluwa ♦ yaliyoetwa Yamani
Hufadhili sukari nabati ♦ ya mswiri kuburudishani

Wenn die Morgenbrise weht ♦ schwankt sie wie ein Schilfrohr
Und ihre Blätter haben die Farbe von Chrysolith ♦ ein unvergleichliches Grün
Wenn ihre Blüte herauszukommen beginnt ♦ wird ihr Edelstein eine Perle in der Muschelschale
Er glitzert wie der Morgenstern ♦ wie die Venus, wenn sie untergeht
Und wenn ihre Frucht genug verwöhnt wurde ♦ gefällt sie dem Auge

38 Vierke: Of Plants and Women, S. 39–42.

Sie ist weder klein noch groß ♦ man findet keine andere, die ihr in ihrer Schwere ähnelt
Und ihre Schale ist wie eine weiche Pflanze ♦ und ihre Blätter sind eines Vogels Gefieder
Sie duftet nach ihrer Blüte ♦ besser als Moschus noch Safran
Er küsste sie, er, der sie umsorgte ♦ und drang langsam in sie ein
Wenn der, dem es vergönnt ist, davon kostet ♦ entgeht er Kummer und Sorgen
Er küsste sie und es trennte sich der Kopf von seinem Körper ♦ sie macht ihn verrückt
Ihr Geschmack ist besser als der von *Haluwa*-Konfekt ♦ das aus dem Jemen kommt
Es verwöhnt die Sinne wie süßer Sirup ♦ der Geschmack bringt Erfrischung

Während im *Utumbuizo wa Mwana Mnazi* wie auch im *Sifa za Mtambuu* die ganze Dichtung Begierde als Erwartung, als sich steigernde Lust auf das noch Kommende inszeniert, ist der Verlust, die enttäuschte Liebe, wie auch im *Shairi la Mtambuu* und anderen Pflanzendichtungen, ein typisches Erzählmuster für Verlangen.[39] Die Blickrichtung der Dichtung ist rückwärtsgewandt: Der Erzähler erinnert sich an seine Begierde und beschwört seine damaligen Erwartungen, eine damals mögliche Zukunft oder Gegenwart, die nun verloren ist, in bunten Farben herauf. Der Topos des Betelpfeffers zieht wieder besonders Kraft aus dem Paradox der Abwesenheit – durch Verlust oder Unerfülltheit – und der starken sinnlichen Präsenz der Pflanze und Frau in der Erinnerung oder Erwartung.
Die Anwesenheit des Abwesenden stellt eine zeitliche Brücke zwischen den beiden Situationen her – ähnlich wie der Betelpfeffer auch eine räumliche Brücke über den Ozean schlagen kann. Jedoch anders als bei Marcel Prousts Madeleine-Szene ruft nicht der Geschmack als Sinneseindruck die Erinnerung hervor, sondern andersherum, die Erinnerung an das Erträumte bringt die sinnliche Ausgestaltung mit sich. Während im *Shairi la Mtambuu* der Zorn und schließlich die Wehmut vorherrschen, gewinnt in anderen Dichtungen die Lust an ihrer sinnlichen Erkundung die Oberhand – die der Dichter als

39 Knappert: *Choice of Flowers*, S. 14, 20, 27, 74.

Leerstelle auch der Fantasie der Rezipient*innen anheimstellen mag. Der Betelhappen scheint in seiner Eigenschaft als Rauschmittel die Gegenwart auszusetzen, um eine intensive, sinnliche Erkundung des Moments zu ermöglichen, metaphorisch für diese Art der sinnlichen Vergegenwärtigung des Unerreichten, Verlorenen, Vergessenen und Fernen.

Lena Henningsen

Erinnerungen an den Kannibalismus und die Genese der modernen chinesischen Literatur

> Vielleicht gibt es Kinder, die noch keine Menschen gefressen haben? Rettet die Kinder …
> (Lu Xun: *Tagebuch eines Verrückten*)[1]

China ist eine kulinarische Nation mit vielfältigen regionalen Küchen. Essen und das Fehlen von (ausreichend) Nahrung sind in China in besonderem Maße sowohl realweltliche Phänomene als auch wichtige kulturelle Topoi, die auch der Herrschaftslegitimation dienen können. „Für das Volk kommt das Essen dem Himmel gleich"[2] (民以食为天) – dieser vielzitierte Spruch verweist nicht auf schlaraffenlandgleiche Völlerei und Genuss, sondern auf die hohe Bedeutung, welche die allgemeine Bevölkerung der Versorgung mit Nahrung beimisst. Der Himmel ist im vormodernen China in diesem Zusammenhang als normgebende Instanz zu verstehen.[3] War eine Regierung nicht in

1 Lu Xun: Tagebuch eines Verrückten, aus d. Chin. v. Raoul David Findeisen / Wolfgang Kubin / Florian Reissinger. In: Ders.: *Werke in sechs Bänden*, hrsg. v. Wolfgang Kubin, Bd. 1: Applaus. Zürich: Unionsverlag 1994, S. 16–32, hier S. 32. Zur besseren Nachvollziehbarkeit beziehe ich mich in diesem Aufsatz ausnahmslos auf (literarische) Texte, die bereits in westlich-sprachigen Übersetzungen vorliegen, und verweise daher auf diese anstatt auf die chinesischen Originaltexte. Bei chinesischen Autoren steht entsprechend der Konvention zunächst der Familien-, danach der Rufname, bei wissenschaftlichen Texten beginne ich mit dem Ruf- und gebe danach den Familiennamen an.

2 Thomas O. Höllmann: *Schlafender Lotos, trunkenes Huhn. Kulturgeschichte der chinesischen Küche*. München: Beck 2010, S. 7.

3 Ebd.

der Lage, die Bevölkerung vor Hunger zu bewahren, so gefährdete dies ihre Legitimation. Dies erklärt die umfangreichen Maßnahmen, die von lokalen Behörden und Landadel unternommen wurden, um Hungersnöte zu vermeiden bzw. abzumildern. Diese Maßnahmen zeigen aber auch, dass Hunger bis ins 20. Jahrhundert ein wiederkehrendes Problem war, das schließlich in der Katastrophe des Großen Sprungs nach vorn (1958–1961) mit nach Schätzungen bis zu 55 Millionen Hungertoten seinen traurigen Höhepunkt fand.[4] Umgekehrt wies Mao Zedong 1927 mit einem in der Folge viel zitierten Diktum darauf hin, dass der revolutionäre Kampf kein Vergnügen sei, sondern eben mit Entbehrungen einhergehe: „Die Revolution ist keine Dinnerparty." Verweise auf Essen dienen also immer realpolitischen Zielen und sind als kulturell konstruierte Tropen zu verstehen.

Auch die (moderne) chinesische Literatur ist von Verweisen auf Essen und Trinken durchzogen; ein besonderer Kristallisationspunkt für dieses Phänomen ist die Kurzgeschichte *Das Tagebuch eines Verrückten* (*Kuangren Riji* 狂人日记, 1918) von Lu Xun 鲁迅 (1881–1936), die nach allgemeinem Verständnis den Beginn der modernen chinesischen Literatur markiert und als erster literarischer Text in Umgangssprache bezeichnet wird.[5] Auf den folgenden Seiten werde ich die Bedeutung des Topos des Kannibalismus bei Lu Xun erläutern und sodann exemplarisch aufzeigen, wie sich dieser partikulare Essens-Topos in das kulturelle und literarische Gedächtnis Chinas eingeschrieben hat: Bei Lu Xun steht das Menschenfressen als Verweis auf eine Kritik der traditionellen Kultur und Wertevorstellungen. Indem spätere Autor*innen diesen Topos in ihre Werke einflechten, etablieren sie eine intertextuelle Verbindung zu dem kanonischen Text von Lu Xun, wenden das Potenzial des Topos dann aber zur Kritik an ganz anderen gesellschaftlichen Zuständen.

4 Frank Dikötter.: *Mao's Great Famine: The History of China's Most Devastating Catastrophe, 1958–1962*. London: Bloomsbury 2011; Jisheng Yang: *Grabstein – Mubei: Die große chinesische Hungerkatapstrophe 1958–1962,* aus d. Chin. v. Hans Peter Hoffmann. Frankfurt: Fischer 2012.

5 Tatsächlich wurde kurz zuvor *Ein Tag* (*Yiri* 一日, 1917) von Chen Hengzhe (陈衡哲 auch Sophia H. Z. Chen, 1890–1976) in einer chinesischsprachigen Zeitschrift von chinesischen Studierenden in Amerika veröffentlicht. Literarisch ist auch dieser Text interessant – der große Ruhm blieb dem Text aber verwehrt, vermutlich weil Chen eben – anders als Lu Xun – keine der zentralen Figuren der damaligen literarischen Szene war.

Lu Xun und „Das Tagebuch eines Verrückten“

Die Kurzgeschichte *Das Tagebuch eines Verrückten* (im Folgenden kurz: *Tagebuch*) wurde von Lu Xun 1918 in der Zeitschrift *Die Neue Jugend* (*Xin Qingnian* 新青年) veröffentlicht, in einem der wichtigsten Organe, die sich zu Beginn des 20. Jahrhunderts um eine Erneuerung der chinesischen Sprache, Literatur und Kultur bemühten. Zentrales Anliegen dieser Erneuerungsbemühungen war die Schaffung von Literatur in allgemein verständlicher „Umgangssprache“, die bisher im chinesischen literarischen System nur niedriges Ansehen genossen hatte (und nicht mehr in der hoch angesehenen klassischen Schriftsprache); erklärtes Ziel der damaligen Autoren war es, mit Hilfe der so zu schreibenden neuen Literatur die Menschen und die Nation zu modernisieren und beidem zu Stärke zu verhelfen. Der fiktionalen Literatur – die wie die Umgangssprache traditionell geringgeschätzt wurde – wurde hierbei eine zentrale Rolle zugedacht.

Lu Xun gilt als einer der wichtigsten Vertreter dieser Bewegung – wegen seines umfangreichen literarischen Œuvres, aber auch dank der posthumen Würdigung und Umdeutung seiner Person durch Mao Zedong und die Kommunistische Partei Chinas. In den Yan'aner Reden (1942) sollte Mao Lu Xuns Haltung und Literatur als modellhaft für alle Literatur- und Kunstschaffenden erklären. Während der chinesischen Kulturrevolution (1966–1976) schließlich wurde Lu Xun vom liberalen, linksgerichteten und fortschrittlichen Schriftsteller umgedeutet zu einem kulturellen Soldaten – und der Stift in seiner Hand zur Waffe.

Die Kurzgeschichte besteht aus einer kurzen Vorrede und dem eigentlichen *Tagebuch*, dessen Verfasser zunehmend dem Wahn verfällt, die Menschen in seiner Umgebung seien Menschenfresser. „Ein jeder möchte Menschen fressen und lebt dabei in der Angst, von anderen gefressen zu werden. Voller Argwohn schaut jeder in des anderen Gesicht.“[6] Während er sich zunächst sicher ist, dass er selber rein geblieben sei, erinnert er sich am Ende des Texts an seine Kindheit und den Tod seiner Schwester – und ihm dämmert, dass damals nicht nur sein Bruder und seine Mutter das Fleisch der Schwester gegessen haben, sondern dass es vermutlich auch ihm ohne sein Wissen ins Essen gemischt worden ist. In seinem *Tagebuch* sinniert der Verfasser,

6 Lu Xun: Tagebuch eines Verrückten, S.27.

wer alles von der Schwester gegessen habe und über die Schuld, die die Einzelnen damit auf sich geladen haben – die Erinnerung scheint seinem Schreiben und Sinnieren zu entspringen. Eine konkrete sinnliche Erfahrung von Geschmack oder Geruch spielt hier keine Rolle, über die eine Verbindung zwischen Gegenwart und Vergangenheit hergestellt würde und die eine Erinnerung heraufzubeschwören in der Lage wäre. Er erlebt also keinen Proust-Moment, als ihm bewusst wird, dass er genauso schuldig ist wie der Rest der Gesellschaft. Nur die Kinder, und damit die Zukunft, so seine Hoffnung, sind noch unschuldig, und diese gilt es zu retten.

Wie auch in anderen Beiträgen in diesem Band erläutert, verweist die körperliche Aufnahme von Essen darauf, dass Sprechen und die sprachliche Tradition ebenfalls durch Körperlichkeit definiert werden. Beide Akte sind mit dem Mund verbunden: Essen wird einverleibt, Sprache entströmt dem Körper, kann als mentaler Verdauungsprozess gesehen werden. Der im *Tagebuch* verhandelte Kannibalismus steht nicht nur für die Kälte der Gesellschaft, sondern ist auch eine offene Kritik an der sonst so hoch gehaltenen, langen chinesischen Tradition. Der Verrückte findet die Hinweise auf Kannibalismus nicht nur im Verhalten seiner Umgebung, sondern er verweist auch auf die einschlägigen Stellen in den traditionellen Texten: Dem Verrückten wird die Grausamkeit des weit propagierten Konzepts der kindlichen Pietät, also des Gehorsams gegenüber den Eltern, bewusst. Dieses verlangte von den Kindern, wenn die Eltern krank sind, sich für deren Heilung Stücke des eigenen Fleischs aus dem Körper zu schneiden und zuzubereiten. Der Wahn des fiktionalen Verrückten wird also nicht nur aus seinen realweltlichen Erfahrungen genährt (einschließlich der Not, die die Menschen auch zu Menschenfressern machte), sondern mehr noch aus seiner Auseinandersetzung mit dem Schriftkanon, gegen den Lu Xun und seine Zeitgenossen anschrieben: „Da ich ohnehin nicht schlafen konnte, las ich aufmerksam die halbe Nacht, bis ich zwischen den Zeilen die zwei Worte erkannte, aus denen jedes Buch bestand: ‚Menschen fressen'!"[7] Die Geschichte des *Tagebuchs* lässt sich damit als ein vernichtendes Urteil über die Menschenverachtung eben dieser schriftlichen Tradition deuten, als der Versuch von Lu Xun, das kulturelle Gedächtnis des Landes umzuschreiben. Es ist davon auszugehen,

7 Lu Xun: Tagebuch eines Verrückten, S.20.

dass Kannibalismus in China keine weitverbreitete Alltagspraktik war, sondern dass die Verweise in den Schriften größtenteils metaphorische Funktion haben, indem sie die Loyalität historischer Figuren hervorheben.[8] Hierbei scheint das Menschenfressertum der chinesischen Sprache ‚eingeschrieben': eines der Worte für ‚Verrückte' lautet *chiren* 痴人, lautgleich (aber mit unterschiedlichem Schriftzeichen) zu dem Wort für Menschenfressen *chiren* 吃人. Auch wenn Lu Xun für den Verrückten ein anderes Wort verwendet (*kuangren* 狂人), so bildet dieses Wort doch eine Brücke zwischen dem mentalen Zustand des Protagonisten und dem Kannibalismus – und zur Gelehrsamkeit der schriftlichen Tradition: Die graphischen Elemente von *chi* für verrückt verweisen auf den Zustand der Krankheit (im äußeren Teil des Schriftzeichens) sowie auf die Weisheit (im inneren Teil des Schriftzeichens). Die Ambiguität der Homophonie lässt sich aber auch gegen die ‚Normalen' wenden: Sie werden mit *chiren* als Kannibalen bezeichnet – aber vielleicht schwingt hier auch der Verweis darauf mit, dass in Wahrheit sie die Verrückten sind?[9] In ihrer Kritik an gesellschaftlichen und historischen Zuständen wird die modernistische Idee des Kannibalismus bei Lu Xun zu einem „negativen Gründungsmythos".[10]

Das *Tagebuch* bietet keine einfachen oder gar eindeutigen Antworten. Vielmehr durchzieht den Text eine starke Ambivalenz: Ist der von seiner Umgebung als verrückt bezeichnete Protagonist der eigentlich Weise, der das Tun und Lassen seiner Umgebung durchschaut – oder ist er tatsächlich einem Wahn verfallen? Hierzu trägt auch die Vorrede zu der Geschichte bei, in der ein allwissender Erzähler berichtet, er habe von der Erkrankung eines Schulfreunds erfahren und diesen daher aufgesucht. Dessen älterer Bruder klärt ihn nun darüber auf, dass der jüngere inzwischen wieder genesen sei und ein offizielles Amt übernommen habe. Damit überreicht er lachend dem Erzähler die

8 Hierzu z. B. Barbara Mittler: 'My Older Brother is a Man-Eater': Cannibalism before and after May Fourth. In: Marc Hermann / Christian Schwermann (Hrsg.): *Zurück zur Freude. Studien zur chinesischen Literatur und Lebenswelt und ihrer Rezeption in Ost und West. Festschrift für Wolfgang Kubin*. Sankt Augustin, Nettetal: Steyler 2007, S. 627–655.

9 Ebd., S. 648.

10 Andrea Riemenschnitter: Consuming Collective Identity: Food Myths in Contemporary Chinese Aesthetic Representations. In: *Asiatische Studien* 6,4 (2006), S. 1021–1049, hier S. 1026.

damaligen Aufzeichnungen des Erkrankten. Noch dazu – und dies wird in der Übersetzung nicht so deutlich – ist die Vorrede, anders als der Haupttext, in der klassischen Schriftsprache verfasst. Der umgangssprachliche Haupttext ist damit eingebettet in die literarische Konvention, gegen die er anschreibt, was noch zu einer weiteren Verunsicherung darüber beiträgt, wer nun eigentlich der Verrückte ist: die Gesellschaft, der Verfasser des Tagebuchs, der ältere Bruder – oder der Erzähler der Rahmenhandlung? Auch verweist der Text auf die Brüchigkeit und Unzuverlässigkeit von Erinnerung: Vielleicht hat der Verfasser seine Schwester gegessen, vielleicht aber auch nicht …

Weltliterarische Zusammenhänge im frühen 20. Jahrhundert

Am Beginn der modernen chinesischen Literatur im ausgehenden 19. und dann verstärkt im frühen 20. Jahrhundert stand die bewusste Auseinandersetzung von Literaten mit ausländischer Literatur. Eine moderne Nation, so die Überzeugung, benötige auch eine moderne Nationalliteratur. Autoren wie Lu Xun bemühten sich nicht nur um eine Erneuerung der Sprache, sondern auch der Inhalte und der Form. Die Auseinandersetzung mit ausländischer Literatur bedeutete eine wichtige Inspiration, und so wurden zahlreiche ausländische Texte übersetzt, nacherzählt, zusammengefasst und in Abhandlungen besprochen. Eine wichtige Rolle spielten hier literarische Gesellschaften und die von ihnen herausgegebenen Literaturzeitschriften. Wie viele Zeitgenossen übersetzte auch Lu Xun ausländische Literatur[11] – über den Umweg Japan: Japan hatte im 19. Jahrhundert einen signifikanten Modernisierungsschub vollzogen, so dass es wenige Dekaden später chinesischen Akteuren als Vorbild für die chinesische Modernisierung diente; Lu Xun (und viele andere) gingen zum Studium nach Japan, lernten dort europäische Literatur kennen und übersetzten diese ins Chinesische,[12] ähnlich wie auch koreanische Autoren aus dem Japanischen übersetzten. Ihnen dienten insbesondere Texte

11 Lennart Lundberg: *Lu Xun as a Translator: Lu Xun's Translation and Introduction of Literature and Literary Theory, 1903–1936*. Stockholm: Orientaliska Studier, Stockholm University 1989.

12 Zu diesen intellektuellen und literarischen Austauschprozessen Mark Gamsa: *The Reading of Russian Literature in China: A Moral Example and Manual of Practice*. New York: Palgrave Macmillan 2010; Michael Gibbs Hill: *Lin Shu Inc.:*

russischer Autoren als neue literarische Modelle, aber auch Argumentationsmuster zur Definition des Selbstbilds eines modernen Autors im Angesicht der kolonialen Unterdrückung der Nation durch das Nachbarland Japan.[13] In beiden Fällen finden sich deutliche Spuren ausländischer Literatur in neu entstandenen Texten, gerade die europäische Literatur (einschließlich der russischen) hatte Modellcharakter im Hinblick auf Genres, Themen und auch den politischen und gesellschaftlichen Anspruch von Literatur. Dabei übernahmen aber weder koreanische noch chinesische Autoren diese Modelle blind. Vielmehr besteht die Übersetzungsleistung in einer bewussten und kreativen Aneignung und Abwandlung des vorgefundenen Materials, so auch im Fall des *Tagebuchs*.

Das *Tagebuch* verweist bereits mit seinem Titel auf die Erzählung *Aufzeichnungen eines Wahnsinnigen* von Nikolaj Gogol aus dem Jahr 1835.[14] Die beiden Geschichten sowie die Stoßrichtung ihrer Gesellschaftskritik unterscheiden sich aber deutlich: Gogols Wahnsinniger ist ein einfacher Amtsmitarbeiter, der sich in Sophie, die Tochter des Direktors, verliebt hat – und er notiert schon zu Beginn seiner Aufzeichnungen sonderbare Beobachtungen, etwa von sprechenden und Briefe schreibenden Hunden (aus deren Konversation er viel über die Angebetete erfährt, aber auch über die Abschätzigkeit, mit der man ihm gegenübertritt). Als Sophie standesgemäß heiratet, verfällt der Protagonist völlig dem Wahn und sieht sich nun als König von Spanien – auch seine offensichtliche Einlieferung in ein Irrenhaus lässt ihn nicht wieder zur Besinnung kommen. Der Wahnsinnige bei Gogol kritisiert also die Auswüchse des zaristischen Feudalstaats und seiner Bürokratie. (Vorgeschobene) Gelehrsamkeit wird zwar benannt, spielt aber keine weitere Rolle, und auch der Kannibalismus taucht nicht auf – Lu Xun hat sich also bei Gogol als Vorbild in der Konstruktion der Geschichte bedient, diese dann aber anders

Translation and the Making of Modern Chinese Culture. New York: Oxford UP 2013; Lydia H. Liu: *Translingual Practice: Literature, National Culture, and Translated Modernity, China, 1900–1937*. Stanford: Stanford UP 1995.

13 Heekyung Cho: *Translation's Forgotten History: Russian Literature, Japanese Mediation, and the Formation of Modern Korean Literature*. Cambridge: Harvard UP 2016.

14 Nikolaj Gogol: Aufzeichnungen eines Wahnsinnigen. In: Ders.: *Der Mantel und andere Erzählungen*, aus d. Russ. v. Ruth Fritze-Hanschmann. Frankfurt: Insel 1977, S. 297–326.

ausgestaltet, um seine ganz eigene Kritik an den Zuständen in China zu äußern. Eine zweite leichte Anlehnung mag Lu Xun im Motiv des Hundes gefunden haben: sein Verrückter wähnt, dass auch der Hund der Familie Zhao bereits ein Auge auf ihn geworfen habe.[15]
Ein weiterer intertextueller Bezug zur Weltliteratur ergibt sich aus Lu Xuns Hinweis darauf, dass Friedrich Nietzsches *Zarathustra*, dessen Vorwort er selber ins Chinesische übersetzt hatte, ihn bei der Ausgestaltung des *Tagebuchs* beeinflusst habe.[16] Auch hier überwiegen aber bei allen Ähnlichkeiten die Unterschiede:

> Beide Texte werden [...] von der [...] Idee der Menschheitsveränderung bestimmt. An dieser Stelle aber tritt der Unterschied zu Tage: Während für Nietzsches Zarathustra allein ein revolutionärer Umsturz des abendländischen Welt- und Menschenbildes das zukünftige Heil bedeuten kann, verschreibt Lu Xuns Tagebuch-Ich der chinesischen Welt eine evolutionäre Selbstvervollkommnung des Menschen. Dass sich die Menschen ändern müssen, darüber herrscht Einigkeit; aber warum und in welcher Form dies geschehen soll, ist verschieden.[17]

Das *Tagebuch* steht damit sowohl in einem weltliterarischen Kontext seiner Zeit als auch im Kontext der gesellschaftlichen (und auch literarischen) Bedingungen des damaligen China. Es verweist auf die Weltoffenheit der chinesischen Intelligenz gerade zu Beginn des 20. Jahrhunderts und auf die vielfältigen Bemühungen um den Transfer von Wissen und um Übersetzungen ausländischer Literatur ins Chinesische. Nicht nur die hier erwähnten Themen der Gesellschaftskritik, sondern auch zahlreiche Topoi – vom Hund über die Kinder und Vorstellungen von Wahnsinn und Normalität bis hin zum Kannibalismus – machen diesen Text zu einem Schlüsseltext, der seither aus dem kulturellen und literarischen Gedächtnis Chinas nicht mehr wegzudenken ist. Auf das *Tagebuch* bzw. auf Motive daraus wird immer wieder offen Bezug genommen oder verdeckt angespielt. Dies soll im Folgenden an zwei Romanen gezeigt werden: an der

15 Lu Xun: Tagebuch eines Verrückten, S. 25.

16 Arne Klawitter / Michael Ostheimer: *Literaturtheorie. Ansätze und Anwendungen*. Göttingen: Vandenhoeck & Ruprecht 2008, S. 115–117.

17 Klawitter / Ostheimer: *Literaturtheorie*, S. 117.

Schnapsstadt des Nobelpreisträgers Mo Yan und an *The Noodle Maker* des Exilautors Ma Jian.

Rettet die Kinder? Esst die Kinder! Mo Yan und *Die Schnapsstadt*

Der Roman *Die Schnapsstadt* (*Jiuguo* 酒国) des späteren Nobelpreisträgers Mo Yan (莫言, *1956) erschien 1992 in Taipeh. Dass zunächst an eine Veröffentlichung in der Volksrepublik nicht zu denken war, erklärt sich aus dem Inhalt des Romans: Der Sonderermittler Ding Gou'er wird in die entlegene Provinz geschickt. Gerüchte kursieren, dort würden dekadente, in Folge des Wirtschaftswachstums zu Reichtum gekommene Parteikader kleine Kinder essen. Ding wird in dieser „Schnapsstadt" nicht nur mit Korruption, Machtanmaßung und Gier konfrontiert, sondern gerät in deren Sog – und macht sich auch selber schuldig.

> Der goldbraun gebratene kleine Junge saß mit gekreuzten Beinen von süß duftendem Öl bedeckt in der Mitte des silbernen Tabletts. Ein naives, verwirrtes Lächeln stand in seinem lieblichen Gesicht. Eine Girlande von grünen Blättern und leuchtend roten Rettichblüten umgab ihn.[18]

Während der Tagebuch-Schreiber bei Lu Xun noch Hoffnung hatte, die Kinder – als Sinnbild für die Zukunft – seien zu retten, werden bei Mo Yan kleine Jungen von ihren Familien aufgepäppelt, um dann verkauft, aufwendig zubereitet und von den Parteikadern verspeist zu werden. Diese Mahlzeiten sind nicht nur ein Abbild der gewaltigen Korruption in der Partei. Ich schlage außerdem vor, das Motiv des Kinder-Essens zu lesen als einen Kommentar zur Niederschlagung der Studentenproteste von 1989, als eine Allegorie auf die Brutalität, mit der die Regierung gegen die Jugend des Landes, gegen ihre eigenen Kinder, vorging: Mo Yan verfasste den Text zwischen 1989 und 1992. Diese Lesung ist im Text nicht explizit angelegt, mir scheint sie aber durchaus plausibel. So versinnbildlicht das Motiv des Kinder-Essens,

18 Mo Yan: *Die Schnapsstadt*, aus d. Chin. v. Peter Weber-Schäfer. Zürich: Unionsverlag 2005, S. 113.

dass für die Zukunft des Landes nichts mehr zu hoffen ist, wenn gerade die Kader der Partei die Kinder aufessen.

Während bei Lu Xun das Menschenfressen benannt und beklagt wird (aber die sinnliche Erfahrung keine Rolle für den Verfasser des Tagebuchs spielt oder auch ganz irrelevant ist, spielt sich das Thema, die Erinnerung an das Verspeisen der kleinen Schwester, doch – möglicherweise – ganz in seinem Kopf, in seinen Wahnvorstellungen ab), beschreibt Mo Yan es in allen Details. Er verbindet also den Topos von Lu Xun mit seinem eigenen Thema – Kritik an der Dekadenz der Partei – und dem von ihm gepflegten Stil, dem Magischen Realismus. Dieser Stil, den Mo Yan und andere Autoren während der 1980er in China etablierten, bedeutete eine willkommene Neuausrichtung gegenüber dem vorher vorherrschenden literarischen Dogma des Sozialistischen Realismus mit seinen klaren politischen Botschaften und extrem gezeichneten Heldenfiguren ohne innere Entwicklungen. Im Magischen Realismus dagegen finden andere Stimmen ihre Zuhörer, und es stehen den Autor*innen (und damit auch den Leser*innen) andere literarische Quellen zur Verfügung: Mo Yan beschreibt sinnenfreudig das Leben auf dem Lande, inklusive Dreck und Gestank; so meint man beim Lesen seines Romans *Die Knoblauchrevolte* (*Tiantang suantai zhi ge* 天堂蒜薹之歌 1988) bald, dass einem aus den Buchseiten schon zu Beginn fauliger Knoblauchgeruch entgegenströmt:

> Zwischen Himmel und Erde waberte trüber Staub, Folge der langen Trockenheit. Trotzdem brannte die Sonne in dieser Mittagsstunde besonders stark, und die Luft war angefüllt mit dem beißenden Geruch verfaulender Knoblauchstengel. Ein Schwarm blauer Krähen flatterte träge über den Hof und warf graue Schatten über den schon geernteten, aber noch nicht zu Zöpfen gebundenen Knoblauch, der in unordentlichen Haufen herumlag und in der Sonne dörrte. Schwaden von Gestank stiegen von ihm auf. Im Wohnzimmer hockte Gao Yang. Seine Augenbrauen waren unglücklich herabgezogen. Er hob eine Schale Knoblauchsuppe an den Mund und unterdrückte die aufsteigende Übelkeit. Gerade wollte er sich zum Trinken zwingen, …[19]

19 Mo Yan: *Die Knoblauchrevolte,* aus d. Chin. v. Andreas Donath. Reinbek: Rowohlt 1997, S. 9.

Auch eine neue Körperlichkeit und Sinnlichkeit entsteht in diesen Texten – die Menschen schuften bis zur Erschöpfung, überfressen sich an Krabben, und der Boden und die Hirse sind mitunter rot getränkt vom Blut gefallener Soldaten, die Realität wird überblendet mit magischen Wahrnehmungen. Romane wie Mo Yans *Das rote Kornfeld* (*Hong gaoliang jiazu* 红高粱家族 1987[20]) sind episch angelegt und erzählen die Geschichte einer Familie, ja eines ganzen Dorfes. Diese Texte des Magischen Realismus sind geprägt von großer Fabulierlust, die stark auf die Sinneswahrnehmungen abzielt und mit diesen spielt, gerade wenn Bilder zunächst extrem ästhetisch aufgebaut sind, dann aber umschlagen und im Leser Ekel verursachen, wie in dem oben zitierten Ausschnitt aus *Die Schnapsstadt*: Der zubereitete Junge wird in Worten detailreich beschrieben, in Worten, die dem Leser das Wasser im Munde zusammenlaufen lassen sollen, ihm aber gleichzeitig den Atem stocken lassen angesichts der Vorstellung, dass an dieser Stelle nun wirklich ein vielleicht zwei Jahre alter Junge verspeist werden soll.
Auch die Texte des Magischen Realismus bewegen sich in mindestens zwei Aspekten in einem globalen, weltliterarischen Kontext: Erstens kam der Magische Realismus aus Lateinamerika nach China. Zweitens eroberten die chinesischen Texte den (westlichen) globalen Literatur- und Kulturmarkt und prägten damit in den späten 1980er Jahren maßgeblich das Bild von China im Westen, zunächst über den Umweg des Mediums Kino: Die Verfilmungen von Werken des Magischen Realismus gerade durch Zhang Yimou als maßgeblichem Vertreter der sogenannten Fünften Generation, derjenigen Regisseure, die nach dem Ende der Kulturrevolution ihre Ausbildung erhielten, erfreuten sich großen Erfolgs im Westen und erhielten zahlreiche wichtige Filmpreise. In der Folge wurden eine Reihe der Romane der Autoren (neben Mo Yan auch insbesondere Su Tong und Yu Hua) übersetzt – und die von China lang ersehnte weltliterarische Anerkennung folgte im neuen Jahrtausend mit dem Literaturnobelpreis 2012 für Mo Yan als dem ersten Preisträger mit chinesischer

20 Mo Yan: *Das rote Kornfeld,* aus d. Chin. v. Peter Weber-Schäfer. Reinbek: Rowohlt 1993. Die erste ungekürzte chinesischsprachige Ausgabe erschien 1988 in Taiwan.

Staatsangehörigkeit (was in China betont wird (und betont werden muss), da Gao Xingjian, der den Preis 2000 erhalten hat, zu diesem Zeitpunkt bereits französischer Staatsbürger war, auch wenn er sich weiterhin als chinesischsprachiger Autor versteht[21]).

Rettet die Kinder? Rettet die Hunde!
Ma Jian und *The Noodle Maker*

Nur kurz vor Mo Yans *Die Schnapsstadt* entstand 1991 *The Noodle Maker* (*Der Nudelmacher, Lamianzhe* 拉面着) von Ma Jian (马建, *1953). Ma Jian hatte 1987 mit seinem Buch über Tibet (engl. *Stick out Your Tongue, Liangchu nide shetai huo kongkong dangdang* 亮出你的舌苔或空空荡荡) die Zensur herausgefordert und einen lebenslangen Bann seiner Bücher in China bewirkt. Nach Aufenthalten in Hongkong und Bochum lebt Ma heute mit seiner Frau, die auch die Übersetzerin seiner Bücher ist, und seinen Kindern in London. Seine Werke behandeln aber weiterhin das Leben in China.

The Noodle Maker stellt in seinen neun Kapiteln jeweils eine Figur in den Mittelpunkt: Ein Schriftsteller und ein professioneller Blutspender, der hierdurch zu Reichtum gekommen ist, bespielen die Rahmenhandlung. Für den Blutspender ist sein Körper eine Ressource:

> My greatest achievement has been my ability to produce unending streams of AB blood ... My blood has changed the course of my life. It has given it meaning.[22]

Sein Körpereinsatz, das Spenden, genauer gesagt das Verkaufen seines Bluts, hat ihm im Gegensatz zu dem erfolglosen Schriftsteller Reichtum gebracht, gutes Essen und einen dicken Bauch.

Die Freunde treffen sich regelmäßig in der von den Essensdüften der Nachbarschaft durchzogenen kleinen Wohnung des Schriftstellers,

21 Hierzu auch Julia Lovell: *The Politics of Cultural Capital: China's Quest for a Nobel Prize in Literature*. Honolulu: U of Hawai'i P 2006; Wendy Larson / Richard Kraus: China's Writers, the Nobel Prize, and International Politics of Literature. In: *The China Journal* 21 (1989), S. 143–160.

22 Ma Jian: *The Noodle Maker*, aus d. Chin. v. Flora Drew. London: Vintage 2014, S. 178.

essen, trinken und unterhalten sich über ihr Leben. Und der Schriftsteller erzählt dabei Geschichten von ebenso normalen wie sonderbaren Gestalten aus dem chinesischen Alltag; ob nun der Schriftsteller real ist oder nicht und wie real die von ihm erfundenen Charaktere sind, bleibt bis zum Schluss vage. Der Leser wird über den Grad der Fiktionalität der sorgsam konstruierten Geschichten im Unklaren gelassen, gleichzeitig wird die Realität des beschriebenen Chinas sehr erfahrbar, nicht zuletzt durch die üppigen Beschreibungen des Essens und seiner Düfte. Der Schriftsteller hat seine Mitmenschen so genau studiert, dass er die Gerüche, die zu seiner Wohnung emporsteigen, präzise den anderen Stockwerken zuordnen kann – und er flucht sich geradezu in Rage, als er riecht, dass die Nachbarn ihre Fischsuppe ohne Ingwer zubereiten.[23] Der Roman beginnt also als eine, wenn auch ironisch gebrochene, Zelebrierung der chinesischen Küche, wie es auch in anderer Literatur geschieht, so in der Novelle *Der Gourmet* von Lu Wenfu (*Meishijia* 美食家, 1982)[24]; die Novelle schildert die Irrungen und Wirrungen des chinesischen 20. Jahrhunderts anhand eines Gourmets und seines ehemaligen Laufburschen – in denen sich Ideale von Genuss bzw. Askese manifestieren ebenso wie die Spannung zwischen Autonomie des Individuums und (erschütterten) revolutionären Idealen. Gleichzeitig entsteht ein Kaleidoskop der chinesischen Gesellschaft.

Kannibalismus im Wortsinn spielt in *The Noodle Maker* keine Rolle, dafür aber eine Reihe anderer Grausamkeiten, die als allegorische Verweise auf den Zustand der chinesischen Gesellschaft gelesen werden können und als subtile Umdeutung von Lu Xuns *Tagebuch*. So begeht eine Protagonistin, Performance-Künstlerin, während einer Aufführung und in Anwesenheit ihres Freundes angekündigt und öffentlich Selbstmord, indem sie sich von einem Tiger zerfleischen und aufessen lässt, in einem Akt, der vielleicht als Selbstkannibalismus gelesen werden kann.[25] Dieser Freund beobachtet etwas später von seiner hochgelegenen Dachterrasse aus, wie auf der Straße unter ihm eine Frau

23 Ebd., S. 1–3.

24 Lu Wenfu: *Der Gourmet*, aus d. Chin. v. Ulrich Kautz. Zürich: Diogenes 1993.

25 Ma: *The Noodle Maker*, S. 41–68.

von mehreren Männern vergewaltigt wird. Er verfolgt das Geschehen genauso ungerührt wie die untenstehenden Versammelten,[26] nutzt das Spektakel aber als Hintergrund, um über die gesellschaftlichen Verhältnisse zu räsonieren. Beide Episoden zeugen von Menschenverachtung, vom niedrigen Wert, der der körperlichen Unversehrtheit des Individuums zugemessen wird, und vom hohen Potential von Gewalt gegen sich selbst oder gegen andere Individuen.

Allegorisch können diese Gräuel als Variationen des Kannibalismus von Lu Xun gelesen werden. Die Stumpfsinnigkeit und Gleichgültigkeit von Umstehenden angesichts des Elends, das anderen widerfährt, hat Lu Xun auch thematisiert: Er erinnert sich in einem Text von 1928 daran, wie während seiner Studienzeit in Japan Lichtbilder aktueller Nachrichten gezeigt wurden, so auch von der Erschießung eines Chinesen, der gegen Japan spioniert hatte. Sein Unwohlsein rührt aber von den umstehenden Chinesen her, die diesem Vorfall gleichgültig zusahen (während sie doch, so der Subtext, Empathie für den Landsmann empfinden sollten).[27] Für Lu Xun wird dies zu einem Schlüsselmoment: Ihm wird klar, dass sein Heimatland erst wieder erstarken kann, wenn sich diese Haltung seiner Landsleute ändert. In der Folge bricht er sein Studium der Medizin ab, das er in der Erwartung aufgenommen hatte, mit moderner medizinischer Technologie die Verhältnisse in China zu verbessern, und wird Schriftsteller: Als Schriftsteller, so die Erwartung, wäre er besser in der Lage, den Zustand der chinesischen Nation zu verbessern. Eine ähnliche Gleichgültigkeit der Umgebung angesichts des Leids ihrer Mitmenschen beschreibt Lu Xun in der Kurzgeschichte *Kong Yiji* (*Kong Yiji* 孔乙己 1919)[28] oder in der Erzählung *Die wahre Geschichte des Herrn Jedermann* (*A Q Zhengzhuan* 阿Q正传, 1921), die mit der Erschießung des Protagonisten endet:

26 Ma: *The Noodle Maker*, S. 155–161.

27 Lu Xun: Fujino Genkuro, aus d. Chin. v. Gudrun Erler / Anika von Greve-Dierfeld / Petra Häring-Kuan / Wolfgang Kubin / Stefan Maedje / Bettina Schröder / Ekkehard Sillem. In: Ders.: *Werke in sechs Bänden*, hrsg. v. Wolfgang Kubin, Bd. 3: Blumen der Frühe am Abend gelesen: Erinnerungen. Zürich: Unionsverlag 1994, S. 91–100, hier S. 98.

28 Lu Xun: Kong Yij, aus d. Chin. v. Raoul David Findeisen / Wolfgang Kubin / Florian Reissinger. In: Ders.: *Werke in sechs Bänden*, Bd. 1: Applaus, S. 33–41.

> Die meisten [Umstehenden] äußerten sich unzufrieden, denn Erschießen sieht bei weitem nicht so schön aus wie Köpfen. Und was war das für ein lächerlicher Delinquent! Wurde so lange durch die Straßen gekarrt und hat nicht mal ein Stück aus einer Oper geschmettert!
> Man war umsonst mitgelaufen.[29]

Ma Jian schreibt die Topoi des *Tagebuchs* aber noch in anderer Form weiter: Den Diskurs um die Kinder als Sinnbild für die Zukunft sowie den Hunde-Diskurs. Der oben beschriebene Beobachter führt seine Gespräche über die chinesische Gesellschaft mit seinem Haustier, einem dreibeinigen Hund, der ähnlich wie die Hunde in Gogols Geschichte nicht nur reden, sondern auch lesen kann – und zum Entsetzen seines Besitzers gelang es ihm offenbar, die Bücher vom obersten Regalbrett zu lesen, „ungesunde Bücher“ mit „reaktionärem Gedankengut“, die lediglich als interne Publikationen ausgewählten Kadern zur Verfügung gestellt wurden, damit sie sich ideologisch wappnen könnten gegen konterrevolutionäres Gedankengut: Nietzsche, Schopenhauer, Freud und Hegel.[30] In ihren von maoistischem Slang ironisch durchzogenen Gesprächen (die auch über den Tod hinausgehen: der Beobachter führt seine Gespräche später im Museum mit dem nun ausgestopften Tier fort) vertritt der Hund die Position, dass Hunde die besseren und rationaleren Menschen seien und dass daher deren Herrschaft unbedingt anzustreben sei. Es hieße dann nicht mehr „dem Volk dienen“, sondern „den Hunden dienen“.[31] Auch die Jungen Pioniere – in der offiziellen Rhetorik der Kommunistischen Partei vorbildliche Jugendliche – werden vom Hund des Protagonisten abschätzig bewertet:

> My three-legged dog never liked the Young Pioneers. He said that after years of being told to sacrifice their lives to the Revolution, they turn into little hooligans who lack any sense of morality or common decency.[32]

29 Lu Xun: Die wahre Geschichte des Herrn Jedermann, aus d. Chin. v. Raoul David Findeisen / Wolfgang Kubin / Florian Reissinger. In: Ebd., S. 104–164, hier S. 164.

30 Ma: *The Noodle Maker*, S. 175.

31 Ebd., S. 155.

32 Ebd., S. 172.

Es ist gewiss kein Zufall, dass diese Worte aus dem Mund eines Hundes kommen, eines versehrten Hundes noch dazu, der offenbar zu der Einsicht gekommen ist, dass der Einsatz für die Revolution, der über Jahrzehnte gepredigt und gelebt worden war, zur Verrohung der Gesellschaft geführt hat. Diese Gespräche verwirren den Beobachter, loyaler Parteisoldat, der er ist. „But after he died, I found I had nowhere to go. There was no hope left for me, nothing to look forward to. He had destroyed everything I believed in."[33] Der Hund der Familie Zhao in Lu Xuns *Tagebuch* ist Komplize, ja Mittäter der Menschenfresser; der Hund des Protagonisten in Ma Jians *The Noodle Maker* ist sein treuer Begleiter – und er ist ein wacher Beobachter, der das Weltbild seines Besitzers zum Einsturz bringt. Und damit stellt er auch die Sicht der Partei fundamental infrage.

Die Ansichten des dreibeinigen Hundes zu den Kindern hingegen spielen mit der für das 20. Jahrhundert in China grundlegenden Annahme, dass Kinder die Zukunft symbolisieren, dass damit die Kinder und ihre Unschuld für die Zukunft (des Landes) stehen, dass ihre Rettung die Rettung des Landes bedeuten kann und dass daher auch alles unternommen werden muss, um die Kinder zu guten Menschen und guten Revolutionären zu erziehen. Mit der Kulturrevolution ist diese Haltung jedenfalls in den Augen des Hundes infrage zu stellen: Damals wandte sich die Jugend, die Generation der Roten Garden, auf Geheiß von Mao Zedong gegen alles Etablierte, gegen ihre Lehrer und Eltern. Mit brachialer Gewalt gegen alle (vermeintlich) anders Denkenden wollten sie ihren revolutionären Kampfgeist und ihre Rolle als wahre Erben der Revolution unter Beweis stellen. Kein Wunder, dass der dreibeinige Hund keine besonderen Sympathien für die Jungen Pioniere, die Aktivisten unter den Kindern, hegt. Nicht ganz unrichtig konstatiert der Hund damit, dass die Jahrzehnte des revolutionären Eifers nicht zu besseren Menschen geführt, sondern vielmehr Kinder (und damit künftige Erwachsene!) ohne Rückgrat und solide Werteorientierung geschaffen haben.

******

33 Ma: *The Noodle Maker*, S. 172.

Die Topoi aus dem *Tagebuch* werden bei Ma Jian wie auch bei Mo Yan fortgeschrieben und umgedeutet, zuvorderst Kannibalismus, die Rettung der Kinder und der Nation, sowie das Bild des Hundes. Über Stellvertretertopoi (die Kinder, der Hund) kann der Kannibalismus auch implizit in Ma Jians Text gelesen werden. Wie auch andere literarische Texte sind diese beiden Texte damit in der Tradition der chinesischen Moderne verankert und schreiben diese fort, sie zeigen, wie sehr diese Topoi miteinander verknüpft und in das literarische Gedächtnis des modernen China eingeschrieben sind. Auf einer anderen Ebene verhandeln die Texte aber auch die jeweilige Rolle und den Status von Text, Autor und (zumindest indirekt) Leser: der Verrückte bei Lu Xun lehnt in seinem Wahn die schriftliche Tradition ab, nimmt nach seiner Genesung aber selbst einen Posten an, was die ungebrochene Fortdauer des Gelehrtentums als Zugangskriterium zur gesellschaftlichen und intellektuellen Elite bestärkt – durch den Text von Lu Xun aber infrage gestellt wird. Die „schreibende Stimme" im *Tagebuch* ist instabil, der Leser zumindest verunsichert. In der *Schnapsstadt* ist die Hauptfigur zwar kein expliziter Schriftsteller, aber als „Sonderermittler" doch ein Vertreter des politischen Establishments, das normativ auf die Gesellschaft einwirkt. Neben Ding treten aber zwei Vertreter der schreibenden Zunft auf: ein aufstrebender junger Autor namens Li Yidou (李一斗 „Li Eine-Flasche"), der seine semifiktionalen Erzählungen an einen berühmten Autor namens Mo Yan schickt und mit diesem einen Briefwechsel führt, bevor die beiden Figuren am Ende des Romans einander und die handelnden Figuren der Schnapsstadt treffen. Der Roman endet mit und beendet seinen Roman mit einem Stream-of-Consciousness Ausbruch der Figur Mo Yan. Dieser Ausbruch gleicht auf der einen Seite einem Parforce-Ritt durch die Themen des Romans. Assoziativ reiht der Erzähler-Autor-und-Protagonist Mo Yan seine Gedankengänge aneinander. Auf der anderen Seite kann die Passage aber auch als das Aufgeben letzter Gewissheiten gelesen werden: Ist am Ende alles nur das wirre Gefasel eines sturzbesoffenen Autoren? Als Vertreter des Magischen Realismus spielt der Roman mit den Erwartungshaltungen der Leser, bricht mit einer faktual-realistischen Schreibweise und pflegt ein mythisches, fabulierendes Schreiben. Der Wahrheitsgehalt konkreter Situationen entzieht sich damit dem Leser. In *The Noodle Maker* ist einer der beiden Protagonisten ein Schriftsteller, noch dazu

einer in einer Schaffenskrise. Sein Freund, der Blutspender, dagegen ist durch den Verkauf seines Bluts zu Reichtum gekommen (vergleichbar dem Protagonisten aus dem Roman *Der Mann, der sein Blut verkaufte* von Yu Hua (*Xu Sanguan mai xue ji* 许三观卖血记, 1996), der sein Einkommen ebenfalls durch regelmäßige Blutspenden aufbessert)[34] – und kann als Alter Ego des Schriftstellers gelesen werden: Der eine verkauft seinen Körper (seine körperliche Unversehrtheit) und konnte sich so einen dicken Wanst anfressen – der andere will seinen Intellekt zum Broterwerb nutzen und scheitert, ein klarer Verweis auf die vom Autor des Buchs kritisierte Kommerzialisierung der chinesischen Gesellschaft seit dem Ende der Kulturrevolution. Auch dieser Text ist instabil und mehrstimmig: Zunächst spielt er mit den unterschiedlichen Perspektiven, derjenigen des Schriftstellers und seines Freunds in der Rahmenhandlung und derjenigen der Protagonisten in den vom Schriftsteller ‚erfundenen' Geschichten. Zum Ende des Buchs jedoch lösen sich diese beiden vermeintlich realeren Identitäten auf und erweisen sich als rein fiktionale Geschöpfe. Die Leser*innen verlieren letzte Gewissheiten, wem überhaupt zu trauen ist.
Alle drei Texte stehen in einem eindeutigen weltliterarischen Zusammenhang: Lu Xun rezipierte die Literatur seiner Tage und ließ sich von dieser inspirieren; Mo Yan und Ma Jian und ihre Texte stehen heute auf der Bühne der Weltliteratur. Mo Yan gelangte zunächst durch die Verfilmungen seiner Bücher zu globaler Bekanntheit und dann durch den Nobelpreis zu Ruhm (wenn auch nicht unumstritten), Ma Jian schreibt zwar weiterhin in chinesischer Sprache, seine Werke werden aber nur im Ausland (und dann in Übersetzung) veröffentlicht. (In China selber kann er nur unter Pseudonym, also unerkannt, veröffentlichen).

******

Diese drei Elemente – Topoi, Rolle von Text/Autor/Leser und weltliterarischer Zusammenhang – fügen sich in einem vierten, verbindenden Merkmal zusammen, das für alle drei Texte (wie auch für unzählige andere Texte der modernen chinesischen Literatur) zentral ist:

34 Yu Hua: *Chronicle of a Blood Merchant,* aus d. Chin. v. Andrew F. Jones. New York: Random House 2003.

Essen ist ein konstituierendes Merkmal dieser Texte. Essen ist Teil der Haupt- und Nebenhandlungen, Geruch, Geschmack und Aussehen von Essen werden von den Autoren intensiv beschrieben, ebenso wie die Reaktionen der Protagonisten darauf. Diese Passagen voller intensiver sinnlicher Wahrnehmungen haben, so meine ich, einen intensiven Einfluss auf den Leseakt: Das Lesen besteht nicht länger nur aus dem intellektuellen Nachvollziehen von Gedankengängen und aus dem emotionalen Mitfiebern mit den Protagonisten, sondern wird zu einem sinnlichen Vorgang. Die Texte spielen mit den Erwartungshaltungen des Publikums: In chinesischen Leser*innen werden vertraute Düfte und Geschmäcker heraufbeschworen, in ausländischen Leser*innen (in den Übersetzungen) werden Erwartungen des Exotischen bedient. Essensnarrative dienen so der Schaffung eines ganz konkreten und erfahrbaren Lokalkolorits und als Projektionsfläche, auf der ganz andere Themen behandelt werden. Der Reiz der hier besprochenen Texte besteht dann aber darin, dass sie mit den Erwartungen der Leser spielen und diese brechen: Läuft einem angesichts der Beschreibungen zunächst das Wasser im Munde zusammen, so bleibt einem einen Absatz weiter die soeben beschriebene Köstlichkeit regelrecht im Halse stecken.

Michael Bies

Hummer oder Krebse?

Politische Gastrosophie in Theodor Fontanes *Frau Jenny Treibel*

> Fange nur erst an. Artischocken oder Krebse kann man immer essen, auch wenn man von einem Treibelschen Diner kommt. Ob sich vom Hummer dasselbe sagen läßt, mag dahingestellt bleiben. Mir persönlich ist allerdings auch der Hummer immer gut bekommen. Ein eigen Ding, daß man aus Fragen der Art nie herauswächst, sie wechseln bloß ab im Leben. Ist man jung, so heißt es ‚hübsch oder häßlich', ‚brünett oder blond', und liegt dergleichen hinter einem, so steht man vor der vielleicht wichtigeren Frage ‚Hummer oder Krebse'. [...] Sage Marcell, was ziehst Du vor?
> (Theodor Fontane: *Frau Jenny Treibel oder „Wo sich Herz zum Herzen find't"*)[1]

Poesie der Schmerle

Es gibt kaum einen deutschsprachigen Autor des 19. Jahrhunderts, der sich so eingehend wie Theodor Fontane mit Essen und Trinken befasst hat. Dabei dient ihm die detaillierte Darstellung von Mahlzeiten nie bloß als ‚Realitätseffekt', der die vermeintliche ‚Wahrhaftigkeit' und den ohnehin oft hintergründigen ‚Realismus' seiner Romane beglaubigen soll.[2] Vielmehr nutzt Fontane die Beschreibungen kleiner und großer Abendessen oder von in Ausflugslokalen genossenen Getränken

1 Theodor Fontane: *Frau Jenny Treibel oder „Wo sich Herz zum Herzen find't"*, hrsg. v. Helmuth Nürnberger. München: dtv 2013, S. 71.

2 Vgl. Roland Barthes: L'effet de réel. In: Ders.: *Œuvres complètes. Nouvelle édition*, hrsg. v. Éric Marty, Bd. 3. Paris: Seuil 2002, S. 25–32.

und Imbissen häufig zur Gliederung seiner Romane.[3] Darüber hinaus setzt er sie zur Charakterisierung von Figuren und Gesellschaften ein, in deren ausschweifenden Reden und Gesprächen sich die Erörterung von Kulinarischem immer wieder mit Auseinandersetzungen über Dichtung und Geschichte, Erinnerung und Gedächtnis verbindet. Deutlich wird das beispielsweise im 1886 publizierten Roman *Cécile*. Um die „Streitfrage" zu beantworten, ob die Forelle oder die Schmerle der delikatere Fisch sei, unternimmt die Gesellschaft um die nervöse Titelfigur und ihren Ehemann, den Oberst a.D. St. Arnaud, einen Ausflug nach Altenbrak im Harz, ins „gelobte Land der Schmerlen".[4] Dort nimmt die Gesellschaft ein Mittagsmahl ein, bei dem zunächst eine Kerbelsuppe aufgetischt wird, die den Oberst in seine Jugend zurückversetzt: „Meine ganze Jugend steigt dabei wieder vor mir auf. Alle Mittwoch, solang es Kerbel gab, gab es auch Kerbelsuppe [...]. Ich denke, daß es mir heute so schmecken soll wie damals ..."[5] Im Anschluss an die Suppe wird dann der Fisch serviert, der die Gesellschaft nach Altenbrak gebracht hat, die sich sogleich darum bemüht, die „Poesie der Schmerle" zu erfassen.[6] Noch während des Essens tragen die Mitglieder der Gesellschaft hierfür reihum ‚Leberreime' zum Lob des Fisches vor und verschränken Essen und Dichten so in unmittelbarer Weise. „Was soll'n mir Aland, Blei und Hecht und andre große Kerle / Forelle, ja, das ist mir recht und doppelt recht die Schmerle", rezitiert beispielsweise der Oberst.[7] Das ist, natürlich, keine große Dichtung – aber ein Oberst ist auch nicht immer ein großer Dichter. Dennoch ist zu bemerken, dass das Essen in Altenbrak nicht nur Jugenderinnerungen aufruft und aktualisiert, sondern dass die Suche nach der ‚Poesie' des Essens die Tischgesellschaft sogleich

3 Vgl. hierzu bereits Gottfried Kricker: *Theodor Fontane. Von seiner Art und epischen Technik*. Berlin: Grote 1912, S. 62–63; hierauf verweist auch Alois Wierlacher: *Vom Essen in der deutschen Literatur. Mahlzeiten in Erzähltexten von Goethe bis Grass*. Stuttgart / Berlin / Köln / Mainz: Kohlhammer 1987, S. 169.

4 Theodor Fontane: *Cécile*, hrsg. v. Helmuth Nürnberger. München: dtv 2011, S. 67, 94.

5 Ebd., S. 96.

6 Ebd., S. 97.

7 Ebd., S. 96.

zur Dichtung neuer ‚Poesien' veranlasst, so unvollkommen diese auch sein mögen.[8]

Ein Diner und ein Abendessen

Jedoch soll es hier nicht um die *Cécile* und die Frage „Forelle oder Schmerle?" gehen, die von der Ausflugsgesellschaft um die St. Arnauds letztlich recht klar zugunsten der Schmerle beantwortet wird. Denn noch stärker als in der *Cécile* äußert sich Fontanes Faszination für Kulinarisches in seinem Roman *Frau Jenny Treibel oder „Wo sich Herz zum Herzen find't"*, der 1892 zunächst in Fortsetzungen in der *Deutschen Rundschau* und im Verlauf desselben Jahres, vordatiert auf 1893, als Buch veröffentlicht wurde. Fontane strukturiert diesen Roman über die zur Berliner Fabrikantengattin aufgestiegene Jenny Treibel, die die Poesie ebenso liebt, wie sie die Prosa lebt, durch zwei Abendessen, die eng miteinander korrespondieren und sich entlang der Opposition von Besitzbürgertum und Bildungsbürgertum voneinander unterscheiden lassen.[9] Wie die eingangs zitierte Frage „Hummer oder Krebse?" andeutet, lässt er die Figuren in ihren ausführlichen Tischgesprächen hierbei einen ähnlich ‚feinen Unterschied' erörtern, wie er ihn mit der Debatte um Forelle und Schmerle bereits ins Zentrum der *Cécile* gestellt hat. Jedoch zeigt Fontane in *Frau Jenny Treibel* nun auch, dass Essen immer schon politisch ist, indem er aus der so harmlos erscheinenden Frage nach Hummer oder Krebsen Überlegungen entwickelt, die sich vielleicht am besten unter dem Begriff der ‚politischen Gastrosophie' zusammenfassen lassen. Gerade diese politische Gastrosophie soll in den folgenden Ausführungen herausgearbeitet werden.

8 Zum Essen in der *Cécile* vgl. auch die hilfreichen Ausführungen von Gerhard Neumann: Das Ritual der Mahlzeit und die realistische Literatur. Ein Beitrag zu Fontanes Romankunst. In: Jürgen Barkhoff / Gilbert Carr / Roger Paulin (Hrsg.): *Das schwierige neunzehnte Jahrhundert. Germanistische Tagung zum 65. Geburtstag von Eda Sagarra im August 1998.* Tübingen: Niemeyer 2000, S. 301–317.

9 Zur Korrespondenz der beiden Essen vgl. etwa Wierlacher: *Vom Essen in der deutschen Literatur*, S. 167–171; Rolf Selbmann: Alles „reine Menufragen"? Über das Essen und Trinken in Theodor Fontanes Roman *Frau Jenny Treibel*. In: *Fontane-Blätter* 60 (1995), S. 103–116; Tanja Rudtke: *Kulinarische Lektüren. Vom Essen und Trinken in der Literatur.* Bielefeld: Transcript 2014, S. 83–90.

Zunächst erzählt *Frau Jenny Treibel* aber von dem „Diner“,[10] das in der Villa des Berliner-Blau-Fabrikanten Treibel anlässlich des Besuchs eines englischen Geschäftsfreunds von Otto, einem der beiden Treibel-Söhne, veranstaltet wird. Dieses Essen, das „zu sechs Uhr festgesetzt“ wurde,[11] wird im Roman eher beiläufig behandelt und kaum selbst zum Gegenstand der Erzählungen und Reden gemacht. So gibt nur eine recht unauffällige Bemerkung des Erzählers zu erkennen, dass das bei den Treibels servierte Essen nicht im Hause zubereitet, sondern von Adolf Huster, dem bekannten „Hof-Traiteur Seiner Majestät des Kaisers und Königs“, geliefert wurde.[12] Ebenso lässt sich auch nur aus Gesprächsfetzen erschließen, woraus das Diner besteht: nämlich aus einem „Ragout fin“, einem „Hammelrücken“ und schließlich einem „rot und weißen Panaché“, einem gemischten Speiseeis.[13] Auch wenn die Gespräche während des Diners also um alles andere als ums Essen kreisen – um Jennys Liebe für die Poesie, Treibels geplante politische Kampagne im Wahlkreis Teupitz-Zossen oder aber die Kunststopferei, die Frauen im Lette-Verein lernen können –, heißt das nicht, dass dieses zuletzt nicht doch Teil der Plaudereien bei Tisch wird, zumindest auf bildlicher Ebene. Das wird beispielsweise deutlich, wenn Treibel seine politischen Ambitionen mit der Wendung: „l’appétit vient en mangeant, und wer A sagt, will auch B sagen“,[14] erklärt – oder sie dadurch eben gerade nicht erklärt.

Anders als das Diner bei den Treibels, das nach vertraulichen Männergesprächen bei Zigarre und einer obligaten Musikeinlage rasch beendet ist, verläuft das etwas später am gleichen Abend veranstaltete Essen im Hause des Gymnasialprofessors Wilibald Schmidt, einem früheren Verehrer Jenny Treibels. Während es sich beim Treibel’schen Diner um ein festliches Geschäftsessen handelt, in dem das Berliner Besitzbürgertum sich in seiner Macht und Pracht zu repräsentieren sucht, findet das Abendessen bei Schmidt in einem Rahmen statt, der bildungsbürgerlicher nicht sein könnte – im Rahmen eines ‚Kränzchens‘ von sieben Gymnasiallehrern, die sich unter dem Namen „Die sieben

10 Fontane: *Frau Jenny Treibel*, S. 17.
11 Ebd.
12 Ebd.
13 Ebd., S. 31, 37.
14 Ebd., S. 32.

Waisen Griechenlands" regelmäßig versammeln,[15] wenngleich zu diesen Treffen, wie der Erzähler ironisch vermerkt, letztlich „immer nur *die* kamen, die nichts Besseres vorhatten."[16] Die Entgegensetzungen zwischen dem Diner und dem Abendessen lassen sich vermehren: Während die Gäste bei den Treibels gegen 18 Uhr pünktlich ankommen, treffen sie bei Schmidt so spät ein, dass bis „halb neun" erst ein Gast anwesend ist;[17] während das Essen bei den Treibels angeliefert wird, wird es bei Schmidt von der Haushälterin Schmolke zubereitet; und während bei den Treibels ein Drei-Gänge-Menü serviert wird, das die Tischgespräche kaum direkt berühren, kommt bei Schmidt nur ein Gericht auf den Tisch, um das die Unterhaltungen jedoch unablässig kreisen. Nach einer Eröffnung des Essens durch „lange Kümmelbrote, denen der Gastgeber, wie allem Kümmlichen, eine ganz besondere Fülle gesundheitlicher Gaben zuschrieb", und Trarbacher, einem von der Mosel stammenden Weißwein, sind das die Oderkrebse, die die Schmolke in einer „mächtige[n] Schüssel" zu Tisch bringt.[18] Wichtig für die Gespräche des Gymnasiallehrerkränzchens ist nun, dass es sich hierbei nicht um irgendwelche Krebse, sondern um Krebse aus dem Oderbruch handelt. Nicht umsonst lässt der Gastgeber Schmidt sich von dem in der Region aufgewachsenen Zeichenlehrer Friedeberg sogleich bestätigen, dass die servierten Krebse, die „aus der Küstriner Gegend" stammen sollen, als eine „streng lokale Produktion" angesehen werden können, dass es sich bei ihnen also um „echteste Ware" handelt.[19] Dieses Urteil ergänzt Friedeberg durch die Erzählung, dass die Krebse in dieser Gegend „[d]amals, vor hundert Jahren, oder vielleicht auch noch länger" in solchen Massen vorgekommen seien, dass sie „wie eine Plage" waren und nach Überschwemmungen „von den Bäumen geschüttelt wurden, zu vielen Hunderttausenden".[20] Dieser Ausflug in die Geschichte, der übrigens eine Anekdote aufnimmt und umschreibt, die Fontane bereits in den *Wanderungen*

15 Ebd., S. 57.
16 Ebd., S. 58.
17 Vgl. ebd.
18 Ebd., S. 67.
19 Ebd., S. 68.
20 Ebd.

durch die Mark Brandenburg publiziert hatte,[21] mag zunächst nur als eine weitere Abschweifung in einer an Abschweifungen reichen Plauderei erscheinen. Allerdings ist er für den Gesprächsverlauf durchaus von Bedeutung, weil er den Gastgeber auf einigen Umwegen schließlich zu Ausführungen über eine Poetik des „Anekdotische[n]" veranlasst, wie sie auch als charakteristisch für Fontanes Texte angesehen werden kann: „Das Nebensächliche", so erklärt Schmidt, „gilt nichts, wenn es bloß nebensächlich ist, wenn nichts drin steckt. Steckt aber was drin, dann ist es die Hauptsache, denn es gibt einem dann immer das eigentlich Menschliche."[22] Diese Überlegungen führt Schmidt fort, indem er das Nebensächliche, in dem etwas „drin steckt", mit dem „Poetischen" identifiziert: „Das Poetische – vorausgesetzt, daß man etwas anderes darunter versteht als meine Freundin Jenny Treibel –, das Poetische hat immer recht; es wächst weit über das Historische hinaus ..."[23] Ähnlich wie in der *Cécile*, wo die Ausflugsgesellschaft um die St. Arnauds sich von der „Poesie der Schmerle" umgehend zur Dichtung neuer ‚Poesien' inspirieren lässt, ist es somit auch in *Frau Jenny Treibel* ein kurzer Weg vom Essen zur Dichtung, oder genauer: vom Reden über das Essen bis zu Bestimmungen über eine Poetik des Anekdotischen und Nebensächlichen, in dem sich das eigentlich Poetische verberge.

Hummer oder Krebse?

Die Tischgespräche im Hause Schmidt sind damit aber noch nicht beendet.[24] Neu befeuert werden sie durch die Ankunft von Schmidts Tochter Corinna und ihrem Cousin Marcell, mit deren Hochzeit *Frau Jenny Treibel* schließlich enden wird. Beide haben zuvor schon am Treibel'schen Diner teilgenommen, was zumindest den treuherzigen Marcell aber nicht davon abhält, sich auch zum Gymnasiallehrerkränzchen zu gesellen und sich auf einen „Kost- und Probekrebs"

21 Vgl. Theodor Fontane: *Wanderungen durch die Mark Brandenburg*, hrsg. v. Gotthard Erler / Rudolf Mingau. Berlin: Aufbau 2012, Bd. 2: Das Oderland, S. 25–26.

22 Fontane: *Frau Jenny Treibel*, S. 70.

23 Ebd.

24 Die Ausführungen in diesem Abschnitt folgen weitgehend den für diesen Beitrag sehr hilfreichen Überlegungen von Selbmann: Alles „reine Menufragen"?

sowie auf die eingangs zitierte Frage „Hummer oder Krebse?“ einzulassen.[25] Interessanter als Marcells entschiedene Antwort: „Versteht sich, Hummer“,[26] sind die Räsonnements, die diese Antwort bei Schmidt auslöst. Zunächst zeigt der Gastgeber Verständnis für Marcells Entscheidung:

> Schnell fertig ist die Jugend mit dem Wort. Auf den ersten Anlauf, mit ganz wenig Ausnahmen, ist jeder für Hummer, schon weil er sich auf Kaiser Wilhelm berufen kann. Aber so schnell erledigt sich das nicht. Natürlich, wenn solch ein Hummer aufgeschnitten vor einem liegt, und der wundervolle rote Rogen, ein Bild des Segens und der Fruchtbarkeit, einem zu allem anderen auch noch die Gewißheit gibt [...], auch nach Äonen noch werden Menschenkinder sich dieser Himmelsgabe freuen – ja, Freunde, wenn man sich mit diesem Gefühl des Unendlichen durchdringt, so kommt das darin liegende Humanitäre dem Hummer und unserer Stellung zu ihm unzweifelhaft zugute.[27]

Worauf Schmidt mit dieser Rede zielt, wird deutlicher, wenn er gleich im Anschluss auch zum Lob des Krebses anhebt und betont:

> [N]eben dem Großen hat auch das Kleine nicht bloß seine Berechtigung, sondern auch seine Vorzüge. Gewiß, dem Krebse fehlt dies und das, er hat sozusagen nicht das ‚Maß‘, was, in einem Militärstaate wie Preußen, immerhin etwas bedeutet, aber demohnerachtet, auch *er* darf sagen: ich habe nicht umsonst gelebt. Und wenn er dann, er, der Krebs, in Petersilienbutter geschwenkt, im allerappetitlichsten Reize vor uns hintritt, so hat er Momente wirklicher Überlegenheit [...].[28]

In diesen umwegigen Ausführungen argumentiert Schmidt ähnlich wie zuvor in den Erläuterungen zum ‚Nebensächlichen‘ und ‚Poetischen‘. Auch hier geht es ihm um die „Überlegenheit“ des ‚Kleinen‘ gegenüber dem ‚Großen‘, der ‚Nebensache‘ gegenüber der ‚Hauptsache‘ und zuletzt des ‚Poetischen‘ gegenüber dem ‚Historischen‘. Zwar

25 Fontane: *Frau Jenny Treibel*, S. 71.
26 Ebd.
27 Ebd., S. 72.
28 Ebd.

mag sich nicht ganz erschließen, worin er die „Vorzüge" des Krebses gegenüber dem Hummer nun genau sieht. Erkennbar aber ist, wie Schmidt Hummer und Krebs unterscheidet. Während er den einen mit „Kaiser Wilhelm", „Maß", dem „Gefühl der Unendlichkeit" und sogar dem „Humanitären" assoziiert, verbindet er den anderen mit dem, was zugleich weniger und mehr sein soll. Er verknüpft ihn mit einem fehlenden „Maß", in dem er, wie er zuvor schon zu erkennen gegeben hat, die eigentliche Schönheit begründet sieht;[29] er verknüpft ihn mit einer regionalen Identität und eigenen Geschichte, wie sie in den Spekulationen über die Herkunft des Krebses und in der durch sie veranlassten Anekdote zum Ausdruck kommt, die Friedeberg über den Überfluss an Krebsen im 18. Jahrhundert anstellt; und schließlich verknüpft er ihn im Fortgang des Gesprächs mit einer „Frische", auf die es in allem ankomme: „Die Frische gibt einem die Lust, den Eifer, das Interesse, und wo die Frische nicht ist, da ist gar nichts."[30] Natürlich mag es gelegentlich als fraglich erscheinen, wie ernst die Ausführungen Schmidts genommen werden können. Nicht zuletzt die amüsierten, verwunderten, bisweilen entgeisterten Reaktionen seiner Gesprächspartner könnten nahelegen, die mäandernden Erörterungen des Gastgebers lediglich als Gerede eines passionierten Schwadroneurs zu lesen, der ein wenig zu viel Trarbacher getrunken hat. Allerdings sollte man Fontanes Figuren nie unterschätzen, nur weil sie ihre Überlegungen im Plauderton vortragen. Dass die Ausführungen, die Fontane Schmidt in den Mund legt, nicht nur die Eigenheiten eines etwas kauzigen Gymnasiallehrers darstellen, dafür spricht etwa, dass auch die Figuren der *Cécile* eine Vorliebe für Regionalküche äußern, als sie ins „gelobte Land der Schmerle" pilgern und diese der in verschiedenen Arten an ganz verschiedenen Orten vorkommenden Forelle vorziehen. Dass es darüber hinaus nicht übertrieben ist, der Entscheidung für den Krebs eine politische Dimension zuzuschreiben und sie als Bevorzugung einer preußischen „Frische", wie es sie noch im 18. Jahrhundert gegeben habe, gegenüber der „scheinbare[n] Größe der Übergeschichtlichkeit" des von Kaiser Wilhelm verkörperten Deutschen Reichs aufzufassen,[31] dafür spricht auch eine Passage, die sich

29 Vgl. Fontane: *Frau Jenny Treibel*, S. 68.
30 Ebd., S. 73.
31 Selbmann: Alles „reine Menufragen"?, S. 108.

am Ende der Unterhaltungen von Schmidt und Marcell findet. In dieser beklagt Marcell, dass die von ihm geliebte Corinna tatsächlich mit „Bitterkeit“ von den „kleinen Verhältnissen“ gesprochen habe, in denen sie als Gymnasiallehrerstochter aufgewachsen sei, wobei sie auch erklärt habe, „sie sei nicht für Speck und Wruken und all dergleichen“.[32] Hierauf setzt Schmidt sogleich zu einer Verteidigung der Wruke, heute eher als Steckrübe bekannt, wie überhaupt der von Friedrich Wilhelm I. angeblich verehrten Gerichte an:

> [D]as gefällt mir nicht, namentlich das mit den Wruken. Das ist bloß ein dummes Vornehmthun und ist auch kulinarisch eine Thorheit; denn alle Gerichte, die Friedrich Wilhelm I. liebte, so zum Beispiel Weißkohl mit Hammelfleisch oder Schlei mit Dill – ja, lieber Marcell, was will dagegen aufkommen? Und dagegen Front zu machen, ist einfach Unverstand.[33]

Damit nimmt der Roman abermals Überlegungen auf, die Fontane schon in den *Wanderungen durch die Mark Brandenburg* präsentiert hatte. Im Gespräch mit dem Maler Wilhelm Gentz träumt der Erzähler dort nämlich vom „Leben in England“,

> wo man Ruhe habe vor Lachsmayonnaisen und Aal in Aspik und sich seinem Genuß an Hammelrippen und Seezungen immer wieder freudig hingeben könne – nur die natürlichen Gerichte hätten einen Wert.[34]

Daraufhin entgegnet Gentz:

> Sie haben schon ganz recht, wenn Sie sagen, ‚nicht bloß das Gesunde, sondern recht eigentlich auch das Feine, das hat man bloß bei den Naturgerichten‘. Und wirklich, die was davon verstehen, die haben auch immer so gedacht, obenan Friedrich Wilhelm I., der durchaus für Weißkohl und Hammelfleisch war.[35]

32 Fontane: *Frau Jenny Treibel*, S. 77.
33 Ebd., S. 77–78.
34 Fontane: *Wanderungen durch die Mark Brandenburg*, Bd. 1: Die Grafschaft Ruppin, S. 184.
35 Ebd., S. 185.

Kochkunst und Kochbücher

Mit dem Lob einer von Prinzipien wie Regionalität, Tradition und Gesundheit geprägten Küche, das er Schmidt in *Frau Jenny Treibel* vorbringen lässt, aber eben auch in den *Wanderungen durch die Mark Brandenburg* und anderen Texten formuliert,[36] steht Fontane im 19. Jahrhundert nicht allein. Er aktualisiert hiermit Positionen, wie sie im deutschsprachigen Raum schon häufiger vertreten wurden, prominent vor allem durch den Kunstkritiker und Gastrosophen Carl Friedrich von Rumohr, der in *Frau Jenny Treibel* gegen Ende des Oderkrebsessens auch kurz Gegenstand der Gespräche im Hause Schmidt wird. Nachdem der Gastgeber ausführlich seine Assoziationen zu Hummern und Krebsen entwickelt hat, gibt sein Freund und Widerpart Distelkamp dem Gespräch nämlich „eine neue Richtung",

> indem er aus dem allgemein Kulinarischen auf einzelne berühmte kulinarische Persönlichkeiten überlenkte, zunächst auf den Freiherrn von Rumohr, und im raschen Anschluß an diesen auf den ihm persönlich befreundet gewesenen Fürsten Pückler-Muskau. Besonders dieser letztere war Distelkamps Schwärmerei.[37]

Natürlich geht es dem „emeritierte[n] Gymnasialdirektor" Distelkamp, „vor dessen Wissen und Charakter" Schmidt „überhaupt einen ungeheuchelten Respekt hatte",[38] hier letztlich nicht um Rumohr. Wie der Fortgang seiner Ausführungen zeigt, verweist er auf ihn nur, um das Tischgespräch möglichst schnell vom bereits ausführlich besprochenen Essen ab- und zu seinem eigenen Lieblingsthema hinzulenken, zum Fürsten Hermann von Pückler-Muskau, der ihn denn auch nicht als „kulinarische Persönlichkeit", sondern als „Musterbeispiel" für „das Wesen des modernen Aristokratismus" interessiert.[39] Jedoch heißt das nicht, dass diese eher beiläufige, durch Distelkamps „Schwärmerei" motivierte Nennung Rumohrs nicht als Hinweis auf die Herkunft der kulinarischen Positionen gelesen werden kann, die besonders Schmidt

36 Für einen ersten Überblick vgl. hier auch das Lesebuch von Luise Berg-Ehlers / Gotthard Erler: *„Ich bin nicht für halbe Portionen". Essen und Trinken mit Theodor Fontane*. Berlin: Aufbau 1998.

37 Fontane: *Frau Jenny Treibel*, S. 73.

38 Ebd., S. 56, 73.

39 Ebd., S. 73.

entfaltet – gerade in Anbetracht der im Roman wiederholt herausgestellten Bedeutung des Nebensächlichen liegt das nahe.
In der Geschichte der modernen Gastrosophie spielt Rumohr seit seinem *Geist der Kochkunst* eine zentrale Rolle, einer Abhandlung, die er 1822 zunächst noch unter dem Namen seines „damaligen Mundkoch[s]“ Joseph König in erster Auflage veröffentlichte.[40] Rumohr geht hier von einem zwiespältigen Urteil über die Kochkunst seiner Zeit aus. Zwar betont er, dass diese nicht überschätzt werden könne, insofern sie „mit dem Nationalcharakter, mit der Geistesbildung der Völker, kurzum mit den allgemeinsten und höchsten Interessen des Menschengeschlechts in Verbindung stehe.“[41] Jedoch muss er auch feststellen, dass diese so wichtige Kunst bislang weitgehend verkannt, ja dass sie „in den letzten Zeiten nur selten in ihrer ganzen Bedeutung und nach ihrem vollen Einfluß auf das körperliche und geistige Wohlseyn des Menschengeschlechts aufgefaßt“ und entwickelt wurde.[42] Wie Rumohr kritisiert, werde die Kochkunst noch immer nicht nach wissenschaftlichen Prinzipien betrieben, sondern überwiegend nach den „unter uns überhandnehmenden Kochbücher[n] oder Receptsammlungen“ ausgeübt, die „sämmtlich entweder aus platter, unnachdenklicher Erfahrung, oder geradehin aus Compilation entstanden“ sind und „daher alles wissenschaftlichen Geistes“ entbehren.[43]
Dieses Theoriedefizit will Rumohr beheben, indem er versucht, „die Kochkunst in ihrem Geist aufzufassen und auf ihre ächten Grundsätze zurückzuführen.“[44] Als entscheidend gilt ihm dabei, dass den vermeintlichen Lastern der Schlemmerei und Schleckerei entsagt und stattdessen eine als einfach und gesund verstandene Küche etabliert wird, die zuallererst dem Grundsatz der „Nahrhaftigkeit“ verpflichtet ist und die diese bei der Verarbeitung der Nahrungsmittel stets „zu erhalten, zu entwickeln und zu erhöhen“ sucht.[45] Hierfür sei es wichtig, so führt Rumohr aus, qualitativ hochwertige „Landesproducte“ zu benutzen,[46] wofür man diese aber auch erst einmal kennenlernen

40 Carl Friedrich von Rumohr: *Geist der Kochkunst von Joseph König*. 2., verm. u. verb. Aufl. Stuttgart / Tübingen: Cotta 1832, S. vi.

41 Ebd., S. 1.

42 Ebd., S. xiii.

43 Ebd., S. xv, xvi.

44 Ebd., S. 16.

45 Ebd., S. 19.

46 Ebd., S. x.

und schätzen lernen müsse. Überhaupt betont er immer wieder, dass eine Küche im Einklang mit den kulturellen Bedingungen der Menschen stehen und die einer bestimmten Bevölkerung entsprechenden einheimischen Gerichte berücksichtigen soll.

Diese einfache, nahrhafte Küche grenzt Rumohr im Verlauf seiner Abhandlung wiederholt von der französischen Küche ab, die er ebenso wie schon die römischen Gerichte, die in dem mit dem Namen des Aspicius assoziierten Kochbuch *De re coquinaria* überliefert sind, als dekadent begreift. Statt den Charakter der verwendeten Produkte zu betonen, wie es den Grundsätzen der Einfachheit und Nahrhaftigkeit entsprochen hätte, verschleiere eine solche verkünstelte Küche diesen eher, indem sie mit „Vermischungen, Surrogaten und Verkleidungen" arbeite, „Gehäcksel und Vermengungen" verbreite und dem „Abwege der Übermischung" folge.[47] Hierin sieht Rumohr besonders deshalb eine Gefahr, weil die französische Küche über die von ihm so deutlich kritisierten neueren Kochbücher auch im deutschsprachigen Raum immer bekannter werde und sich auf Kosten einheimischer Gerichte etabliere. „Diese Kochbücher nun, oder besser die planlosen Anhäufungen von allerlei höchst widersinnigen Vorschriften", so erklärt er,

> haben sämmtlich die Tendenz, die National- und Provincial-Gerichte zu verdrängen, welche doch stets in der Volks- und Landes-Art begründet, und fast ohne Ausnahme schmackhaft und nahrsam sind. Die neueren deutschen Kochbücher sind leider meist bloße Nachäffungen der französischen, wie dieß schon ihre barbarische, unnöthiger Weise durchaus französische Nomenklatur beweiset.[48]

Essen und Gedächtnis

Es ist offenkundig, dass Rumohr an zeittypische Klischees über die deutsche und die französische „Landes-Art" anschließt, wenn er eine einfache, gleichsam natürliche Küche propagiert und diese gegenüber einer vermeintlich überfeinerten französischen Küche der Vermischungen und Verkleidungen positioniert. Wie bereits angedeutet, kehrt diese vermeintlich natürliche Küche in *Frau Jenny Treibel* vor

47 Rumohr: *Geist der Kochkunst von Joseph König*, S. 7, 8, 12.
48 Ebd., S. 8.

allem in der bildungsbürgerlichen Gastrosophie Wilibald Schmidts wieder. Denn so wie Rumohr für eine einfache und gesunde Küche plädiert, lobt Schmidt die „gesundheitlichen Gaben“ der Kümmelbrote und die „Frische“ seiner Krebse. So wie Rumohr sein Publikum von der Qualität von „Landesproducten“ überzeugen will, lässt Schmidt sich vom Zeichenlehrer Friedeberg bestätigen, dass die im Mittelpunkt seines Abendessens stehenden Krebse als „streng lokale Produktion“ und „echteste Ware“ angesehen werden können. Und so wie Rumohr schließlich die mit einer „Volks- und Landes-Art“ korrespondierenden „National- und Provincial-Gerichte“ durch die von neueren Kochbüchern verbreiteten „Nachäffungen“ französischer Gerichte bedroht sieht, verteidigt Schmidt nicht nur den preußischen Krebs gegenüber dem mit Kaiser Wilhelm und dem Deutschen Reich assoziierten Hummer, sondern auch die von Friedrich Wilhelm I. geliebten Gerichte gegenüber dem am Treibel'schen Besitzbürgertum orientierten „Vornehmthun“ seiner Tochter Corinna, das im Roman ja auch in der Vorliebe für Ragout fin und Panaché Ausdruck findet. Deutlich geworden ist damit auch, dass diese bildungsbürgerliche Gastrosophie Schmidts nicht ohne ein Gedächtnis auskommt. Damit sind weniger individuelle Erinnerungen gemeint, wie sie den Oberst a.D. St. Arnaud in der *Cécile* beim Genuss der Kerbelsuppe in seine Jugend zurückversetzen oder wie sie Dubslav, der Protagonist des 1897/98 publizierten *Stechlin*, gerade zu tilgen sucht, als er nach einer Wahlniederlage gegen den Kandidaten der Sozialdemokraten zu Tisch geht:

> Alles sehnte sich danach, bei Forellen und einem Chablis die langweilige Prozedur zu vergessen. Und war man erst mit den Forellen fertig, und dämmerte der Rehrücken am Horizont herauf, so war auch der Sekt in Sicht.[49]

Statt solcher individueller Erinnerungen steht im Zentrum von Schmidts Gastrosophie vielmehr die Vorstellung eines durch eine bestimmte Küche und durch spezifische Gerichte tradierten kulturellen Gedächtnisses, das hier vor allem durch die Imagination eines Preußens des 18. Jahrhunderts geprägt ist: Das zeigt sich im Gespräch über die Oderkrebse, die es, nach Friedebergs Bericht, zu dieser Zeit

49 Theodor Fontane: *Der Stechlin*, hrsg. v. Helmuth Nürnberger. München: dtv 1995, S. 191.

noch im Überfluss gegeben habe und die Schmidt den mit Kaiser Wilhelm assoziierten Hummern vorzieht; und das manifestiert sich auch im Lob von Weißkohl mit Hammelfleisch und Schlei mit Dill, jenen von Friedrich Wilhelm I. angeblich geliebten „Naturgerichten", die Schmidt durch keine neueren Gerichte übertroffen sieht. Zu betonen ist, dass dieses kulturelle Gedächtnis von Gerichten und Erzählungen über diese Gerichte auch sozial geformt ist, da es sich um kein neutrales Gedächtnis handelt, sondern um das Gedächtnis einer bildungsbürgerlichen und nicht etwa einer proletarischen, besitzbürgerlichen oder aristokratischen Schicht. Die Räsonnements des Gymnasialprofessors Wilibald Schmidt, so umwegig und nebensächlich sie erscheinen mögen, rufen somit nicht zuletzt in Erinnerung, dass jede Gastrosophie – von Rumohr bis hin zu den jüngeren, wieder entscheidend von der Regionalküche bestimmten Food-Trends – politisch ist, dass sie also immer auch eine politische Gastrosophie ist.
Die mit diesem Schlagwort der politischen Gastrosophie benannte Besinnung auf die politischen Aspekte des Essens kann ganz verschieden ausfallen. Ins Bewusstsein rückt sie jedoch, wie sehr jede Gastrosophie, aber auch jede andere Auseinandersetzung mit Essen – etwa das Einkaufen, das Kochen, das Tischgespräch – mit kulturellen Entscheidungen und Wertungen einhergeht, zu denen beispielweise die Bevorzugung des ‚Natürlichen' gegenüber dem gehört, was als ‚künstlich' verstanden wird. Darüber hinaus kann sie verdeutlichen, wie sehr Auseinandersetzungen mit Essen sich über historische und soziale Imaginationen legitimieren, die etwa offenkundig werden, wenn das Preußen von Friedrich Wilhelm I. gegenüber dem Deutschen Reich von Kaiser Wilhelm oder auch wenn Deutschland von Frankreich abgesetzt wird; wie sehr sie mit einer bestimmten Räumlichkeit korrespondieren, was sich auch in so vagen Reden wie etwa von „Landesproducten" oder „einheimischen Gerichten" äußert; und wie sehr sie schließlich jeweils von einer sozialen Gruppe oder Schicht getragen werden, die sich in ihren kulinarischen Vorlieben implizit oder explizit von anderen sozialen Gruppen oder Schichten abgrenzt. An diese politischen Aspekte des Essens zu erinnern, mag trivial sein. Fontanes Romane, allen voran *Frau Jenny Treibel*, zeigen aber auch, dass es sich lohnt, sie zu bedenken. Schließlich könnten sie uns etwas über die Voraussetzungen unserer eigenen Vorlieben verraten – und uns dabei auch immer wieder mit der ‚Poesie' des Essens konfrontieren.

Svetlana Efimova

Geschmack als Medium der Autobiographie

Ivan Šmelëvs *Das Jahr des Herrn* (1948)

> Man wird Kompott kochen, Kartoffelpuffer mit gedörrten Pflaumen und Pfirsichen zubereiten, Erbsen, Mohnbrot, das mit Zucker und Mohn bestreut ist, auf den Tisch bringen, dann auch noch rosa Kringel, „Kreuze" in der Woche der Kreuzanbetung ... gefrorene Moosbeeren mit Zucker, Nüsse in Honig, überzuckerte Mandeln, Erbsen in Essig, runde Kringel und Semmeln, eingemachte Rosinen, Ebereschen-Pastila, Fastenzucker mit Orangenschalen vermischt, voll Zitronen- und Himbeergeschmack, ferner Chalwa ... Dann noch gebratene Buchweizengrütze mit Zwiebeln – dazu trinkt man Kwaß. Und Fastenpiroggen, mit Milchlingen gefüllt, und Buchweizenbliny mit Zwiebeln – man ißt sie an den Samstagen. Dann Kutja mit Marmelade für den ersten Samstag – man nennt diese Speise „Koliwo". Und Mandelmilch mit weißem Kisselj und Moosbeeren-Kisselj mit Vanille und ... Kulebjaka, große gefüllte Piroggen zu Mariä Verkündigung, mit gedörrten Störsehnen gefüllt, mit Störfleisch. Und die Kalja, die außergewöhnliche Kalja – mit Stückchen des hellblauen Kaviars und marinierten Gurken ... dann auch noch eingeweichte Äpfel an den Sonntagen, zuckersüße Paradiesäpfel, Sorte „Rjasanj" ... und Buchweizenpfannkuchen mit Hanföl – sie haben eine knusprige Schale und sind innen hohl und warm ... Aber wird es denn auch *dort* drüben, wohin wir alle nach diesem irdischen Leben gelangen werden, solche Fastenspeisen geben?
> (Iwan Schmeljow: *Wanja im Heiligen Moskau. Der Roman meiner Jugend*)[1]

1 Iwan Schmeljow: *Wanja im Heiligen Moskau. Der Roman meiner Jugend*, aus d. Russ. v. Rudolf Karmann. Freiburg i. Br.: Herder 1958, S. 15–16. Hier und weiter wird diese Übersetzung mit ihrer alten Orthographie und Transliteration

Diese Passage ist dem ersten Kapitel des autobiographischen Romans *Das Jahr des Herrn* (*Leto Gospodne*, 1948) von Ivan Šmelëv entnommen. Durch eine Poetik des Aufzählens stimmt diese bunte Speisenlandschaft die Leser*innen auf eine ganze Reihe an bildhaften Speisendarstellungen ein, mit denen das Buch überfüllt ist. Das Essen ist ein zentrales Thema, das in diesen Erinnerungen an die Kindheit in einer gläubigen Moskauer Kaufmannsfamilie am Ende des 19. Jahrhunderts zunächst überraschen mag. Ebenso auffallend ist die religiöse Motivation der zitierten Essphantasien: Die Handlung beginnt am „Reinen Montag", dem ersten Tag der 48-tägigen „Großen Fastenzeit" vor Ostern. Der sechsjährige Vanja (Ivan) ist von der Vorfreude auf die Fastenspeisen erfüllt, wobei diese Essensvitalität in

übernommen; einige Formulierungen sind von mir angepasst. Im Aufsatztext verwende ich allerdings die wissenschaftliche Transliteration, vgl.: Šmelëv / Schmeljow – S.E. Kommentar zu den einzelnen Wörtern: „Kreuze" – Gebäck in Kreuzesform, mit Mandelgeschmack und eingesteckten Himbeeren (ebd., S. 15, Anm. d. Übers.). Aus den „Worterklärungen" am Ende der deutschen Ausgabe (ebd., S. 533–543): Pastila – „Obstpaste, mit Honig oder Zucker dick eingekochter, auf Tafelform gegossener, leicht getrockneter Obstsaft". Chalwa – „Aus Honig, Mehl und zerstoßenen Walnüssen zubereitete Konfitüre bei den Türken, Tataren und Kaukasiern". Gebratene Buchweizengrütze – „Der Brei wird erst gekocht, dann auf der Pfanne in Öl gebraten". Kwaß – „säuerliches Getränk aus Roggenmehl und Malz oder Kleie und Mehl oder Schwarzbrot und Äpfeln, die man im Winter gären läßt". Kutja – „Gericht aus Graupen oder Reis, in Honig und Milch eingekocht und mit Rosinen gemengt, das zur Gedächtnisfeier eines Verstorbenen in die Kirche gebracht wird". Kisselj – „säuerlicher Mehlbrei". Kalja – „eine Suppe mit Fisch, Kaviar und Salzgurken". Eingeweichte Äpfel – „Die Äpfel werden in eine aus Essig und verschiedenen Gewürzen bestehende Brühe gelegt und müssen darin so lange liegen, bis sie ganz durchsetzt sind; dann werden sie als ‚Salat' gegessen".
Original: „Будут варить компот, делать картофельные котлеты с черносливом и шепталой, горох, маковый хлеб с красивыми завитушками из сахарного мака, розовые баранки, ‚кресты' на Крестопоклонной … мороженая клюква с сахаром, заливные орехи, засахаренный миндаль, горох моченый, бублики и сайки, изюм кувшинный, пастила рябиновая, постный сахар – лимонный, малиновый, с апельсинчиками внутри, халва … А жареная гречневая каша с луком, запить кваском! А постные пирожки с груздями, а гречневые блины с луком по субботам … а кутья с мармеладом в первую субботу, какое-то ‚коливо'! А миндальное молоко с белым киселем, а киселек клюквенный с ванилью, а …великая кулебяка на Благовещение, с вязигой, с осетринкой! А калья, необыкновенная калья, с кусочками голубой икры, с маринованными огурчиками … а моченые яблоки по воскресеньям, а талая, сладкая-сладкая ‚рязань' … а ‚грешники', с конопляным маслом, с хрустящей корочкой, с теплою пустотой внутри!.. Неужели и там, куда все уходят из этой жизни, будет такое постное!" (Ivan Šmelëv: *Leto Gospodne*. Moskva: AST / Olimp 1996, S. 18–19.)

einem mehrdeutigen Verhältnis zur frommen Askese steht, die man vom Fasten kennt. Insgesamt dienen die Speisen als Angelpunkt der autobiographischen Erinnerungen: Ihr Aussehen, Geschmack und Duft werden zum Mittelpunkt der Kindeswahrnehmung, sei es in der Küche, auf dem Markt oder bei einem Fest- oder Gedenkmahl. *Das Jahr des Herrn* entstand während Šmelëvs Emigration nach Frankreich, und die russische Erstausgabe erschien in Paris; in Deutschland wurde das Buch 1958 unter dem Titel *Wanja im heiligen Moskau. Der Roman meiner Jugend* publiziert. In der Ich-Erzählung des Romans dominiert die Perspektive des kleinen Vanja; an einigen Stellen dringt jedoch die Stimme seines erwachsenen Selbst durch, die das Narrativ in einen Erinnerungsmodus überführt. Besonders ersichtlich wird es in der folgenden Darstellung des Glockengeläuts in der Moskauer Stadtmitte; das religiös gefärbte Lautbild des Klangs „Ge-den-ke" („po-mni") wandelt sich im letzten Satz in ein Andenken an das vorrevolutionäre Russland. Mit der geänderten Perspektive wird das Erzählte auch in einen neuen historischen Kontext gestellt; ins Auge fällt etwa die erwähnte Christ-Erlöser-Kathedrale, die 1931 auf Befehl der sowjetischen Regierung gesprengt wurde. Der letzte Satz besteht im Original nur aus einem Wort („Pomnju"), er bildet einen eigenständigen Absatz und schließt ein ganzes Kapitel ab:

> Ich lausche dem mahnenden Ge-den-ke ... Ge-den-ke ... Es klingt wie eine Klage [...] Vom Kreml schallt ungleichmäßiges Gebetsläuten – die andern Glocken fallen ein. Auch von dem rosafarbenen Kirchlein mit den feinen Kuppeln auf dünnen Hälsen, vor der Christ-Erlöser-Kathedrale, und am Flusse und weiter weg [...] – läuten die Glocken zur Abendandacht: sie rufen alle. Ich schaue zum Kreml hinüber: golden leuchtet der Glockenturm Iwans des Großen, sein Sockel ist schon in Dunkel gehüllt, und eine dumpfe Glocke – vielleicht seine – dröhnt unermüdlich – Ge-den-ke! ...
> [...]
> Ich denke daran.[2]

2 Schmeljow: Wanja im Heiligen Moskau, S. 53–54. Original: „Слышится мне призывно – по-мни ... по-мни ... и жалуется как будто. [...] От Кремля благовест, вперебой, – другие колокола вступают. И с розоватой церковки, с мелкими главками на тонких шейках, у Храма Христа Спасителя, и по реке,

Als Schlüssel zur Erinnerungsmotivik und autobiographischen Poetik des Romans wird im Folgenden die Essensdarstellung analysiert. Essensbräuche sind mit unterschiedlichen Kirchenfesten verknüpft, deren zyklische Abfolge *Das Jahr des Herrn* als eine temporale Komposition prägt und die autobiographische Narration vorantreibt. Erzählt wird von der Welterkenntnis eines Kindes, die sich unter anderem durch das sinnliche Wahrnehmen und Erleben vollzieht. Die christliche Semantik des Essens wird dabei mit heidnischen Elementen verflochten, die den volksreligiösen Traditionen inhärent sind. Erinnerungen daran, wie die (Familien-)Welt in der Kindheit geschmeckt hat, oszillieren mit Elementen einer Nostalgie nach dem durch Revolution und Exil verlorenen Russland. Dieses Russlandbild ist zugleich ein verschwundenes und wieder imaginiertes Kindheitsland, ein märchenhaft-idyllischer Motivkomplex der verlorenen Harmonie, der mit der Darstellung des frühen Tods des Vaters seinen Höhepunkt erreicht. Das performative Wiedererleben durch autobiographisches Schreiben geht mit einer Reflexion des unumkehrbaren Verlusts einher; Šmelëvs Schilderung der profanen Essensvorgänge wird dabei zum Schauplatz der Erinnerung, eines Glücksgefühls und zugleich einer idyllenbrechenden Ironie.

Emigration und Erinnerung

1922 wanderte Ivan Šmelëv (1873–1950) aus dem revolutionären Russland nach Berlin aus und wohnte ab 1923 bis zu seinem Tod in Paris. Er gehörte zu der ‚ersten Welle' der russischen Emigration im 20. Jahrhundert: Nach der Oktoberrevolution von 1917 und im Laufe des unmittelbar folgenden Bürgerkriegs verließen ca. 1–2 Millionen Einwohner*innen Russland. Im Zuge dessen bildeten sich mehrere (Kultur-)Zentren der russischen Diaspora mit eigenen russischsprachigen Verlagen, Printmedien und Literaturkreisen: Berlin, Paris, Prag, Warschau, Belgrad und Harbin (China).[3]

подальше [...] – благовест: все зовут. Я оглядываюсь на Кремль; золотится Иван Великий, внизу темнее, и глухой – не его ли – колокол томительно позывает – по-мни!.. [...] Помню" (Šmelëv: *Leto Gospodne*, S. 45).

3 Als Einführung in die russische Emigrationsliteratur vgl. Wolfgang Kasack: *Die russische Schriftsteller-Emigration im 20. Jahrhundert. Beiträge zur Geschichte, den Autoren und ihren Werken*. München: Sagner 1996.

In den 1920er Jahren wurden in der sogenannten Emigrationsliteratur zunächst die traumatischen Erfahrungen verarbeitet: So veröffentlichte der Nobelpreisträger Ivan Bunin sein Revolutionstagebuch unter dem Titel *Verfluchte Tage* (*Okajannye dni*) mit Aufzeichnungen aus den Jahren 1918–1919. Die Publikation erfolgte 1925–1927 zunächst auszugsweise in der russischen Emigrationszeitung *Vozroždenie* (*Renaissance*) in Paris. 1923 erschien Ivan Šmelëvs Erzählung *Solnce mërtvych*, die bereits 1925 als *Die Sonne der Toten* ins Deutsche übersetzt wurde. In apokalyptischen Zügen ist dort der Bürgerkrieg auf der Krim dargestellt: unmenschliche Gewalt, Hunger, Repressionen und Gotteszweifel unter der gleichgültig scheinenden Sonne, wo das Diesseits beinahe zum Totenreich wird. Die in diese Prosa eingeschriebene Verzweiflung hatte auch einen zutiefst persönlichen Hintergrund: 1921 wurde Šmelëvs einziger Sohn Sergej, Offizier der antirevolutionären Weißen Armee, auf der Krim erschossen.

Die Sonne der Toten machte den russischen Schriftsteller dem westlichen Lesepublikum bekannt. Als Wolfgang Grözinger 1958 Šmelëvs Roman *Das Jahr des Herrn* in einer Sammelrezension der katholischen Zeitschrift *Hochland* besprach, erwähnte er, dass der Autor zuvor bereits „die Hölle der Revolution kommenden Zeiten überliefert[]“ hatte.[4] *Das Jahr des Herrn* entstand aus einem in die tiefere Vergangenheit gehenden Erinnerungsmodus, der gemeinsam mit einer erneuten Hinwendung zur Religion ein Gegengewicht zum Revolutionstrauma bildete: das narrative Wiedererleben der Kindheit mit einer sensorischen Intensität.

Am 7. Januar 1928, zum Weihnachtsfest der orthodoxen Kirche, veröffentlichte Šmelëv in der oben erwähnten Emigrationszeitung *Vozroždenie* die Skizze *Unsere Weihnachten. Für russische Kinder* (*Naše Roždestvo. Russkim detjam*), die gleichzeitig der Beginn der Arbeit am zukünftigen Buch war. Wie der Titel andeutet, sollte diese Skizze Kindern der russischen Auswanderer russische Weihnachtstraditionen schildern und damit auch ein Identitätsnarrativ („unsere

4 Wolfgang Grözinger: Erzähler des Gemeinsamen. In: Ders.: *Panorama des internationalen Gegenwartsromans. Gesammelte „Hochland“-Kritiken 1952–1965*, hrsg. u. eingel. v. Erwin Rotermund / Heidrun Ehrke-Rotermund. Paderborn: Schöningh 2004, S. 223–231, hier S. 224.

Weihnachten") vermitteln.[5] 1928–1930 folgten die ähnlich ausgerichteten Zeitungsskizzen zu den weiteren Festen des orthodoxen Kirchenjahrs, veröffentlicht an entsprechenden Kalendertagen: *Unsere Maslenica* (*Naša Maslenica*, „Butterwoche" am Ende des Winters), *Das Apfelfest* (*Jabločnyj spas*, Tag der Verklärung des Herrn), *Mariä Verkündigung* (*Blagoveščenie*), *Osterschmaus* (*Rozgoviny*), *Pfingsten* (*Troicyn den'*) und andere. Diese Skizzen aus der Kindheit des Ich-Erzählers Ivan bildeten einen Zyklus; dabei bezog sich Šmelëv direkt auf die eigene Kindheit und Familiengeschichte, übernahm reale Namen und zentrale Fakten. 1933 wurden sechzehn Skizzen neu geordnet und als Sammlung unter dem Titel *Das Jahr des Herrn. Feiertage* (*Leto Gospodne. Prazdniki*) in Belgrad veröffentlicht. Da es sich dabei nicht nur um ethnographische Skizzen, sondern vor allem um Erinnerungsprosa handelt, adressierte der Zyklus nicht nur Kinder, sondern die breite Leser*innenschaft in der russischen Emigration. Impliziert war auch eine potenzielle Selbstidentifikation der Leser*innen mit der geschilderten orthodoxen Kultur des vorrevolutionären Russlands.

Ab 1934 setzte Šmelëv diese Skizzenreihe fort, wobei er Episoden aus der Familiengeschichte und aus dem Bauhandwerksbetrieb des Vaters ins Zentrum rückte sowie den Schwerpunkt auf die Handlungslinie verlagerte. Zeitungstexte und das weiterlaufende literarische Projekt *Das Jahr des Herrn* wurden stärker voneinander getrennt: Nach dem ersten Teil „Feiertage" nahm Šmelëv weniger Skizzen in den Roman auf und überarbeitete diese dafür. Bis zur Erstausgabe des vollständigen Romans (1948) entstanden der zweite und der dritte Teil, „Freuden" („Radosti") und „Leiden" („Skorbi"). Die Handlung erstreckt sich in der Endfassung über drei Jahre und endet mit der Krankheit und dem anschließenden Tod des Vaters des Erzählers.

Autobiographisch geprägte Prosa spielte eine besondere Rolle für die erste Emigrationswelle: Auch in Ivan Bunins Roman *Das Leben*

5 So weist Vjačeslav Pozdeev darauf hin, dass Šmelëv unter anderem durch den Essenscode die russische kulturelle Identität betont, die man in der Emigration zu verlieren begann. Vgl. Vjačeslav Pozdeev: Funkcija edy v romane I.S. Šmelëva „Leto Gospodne" (vosprijatie detskim soznaniem) [Die Funktion des Essens in I.S. Šmelëvs Roman „Das Jahr des Herrn" (Wahrnehmung durch das Kindbewusstsein)]. In: Norbert Franz (Hrsg.): *Russische Küche und kulturelle Identität*. Potsdam: Universitätsverlag 2013, S. 189–201, hier S. 192.

Arsen'evs (*Žizn' Arsenjeva*, 1927–1933) erinnert sich der in Frankreich lebende fünfzigjährige Erzähler namens Aleksej Arsen'ev an seine Kindheit und Jugend, wobei Bunins Zeitgenossen viele Elemente seiner eigenen Biographie darin erkannten. In den ersten Kapiteln dieses Romans steht ebenfalls das Essensmotiv im Mittelpunkt. Auf einem Landgut in Mittelrussland lernt das Kind den *Geschmack* aller möglichen Beeren und Pflanzen kennen: „Und wieviel eßbare Wurzeln, wieviel süß schmeckende Halme und Körner wir [...] fanden", „all das hatte sein besonderes Aussehen, seine Farbe, seinen Geruch und Geschmack".[6] Wie bei Šmelёv vollzieht sich dadurch eine sinnliche Erkundung und Einverleibung der (Natur-)Welt. Diese „Fülle an Eßbarem" wurde nicht etwa wegen Hunger wahrgenommen: „wir [...] nahmen an all dem Sinnenbestimmten und Greifbaren teil, aus dem die Welt nun einmal besteht".[7] Die nostalgischen Kindheits- und Jugendbilder sind mit einer Selbstreflexion, mit einer verlorenen und verschwundenen Heimat sowie mit einer persönlichen Verlusterfahrung verbunden. Die beiden Romane enden nämlich mit einem Tod: bei Šmelёv stirbt der Vater, und Aleksej Arsen'ev verliert seine junge Geliebte. Der Tod steht symbolisch für die Unmöglichkeit einer Wiederkehr und hängt mit demjenigen Gefühl zusammen, das Svetlana Boym als „reflexive Nostalgie" bezeichnet: „reflective nostalgia cherishes fragments of memory and temporalizes space".[8]

Neben solchen unumkehrbaren Verlusten kennt die russische Emigrationsliteratur auch Willensgesten einer entschlossenen Abkehr von der Vergangenheit. So steht Erinnerung auch im Mittelpunkt des ersten Romans *Mašen'ka* von Vladimir Nabokov, den er 1926 in Berlin

6 Iwan Bunin: *Das Leben Arsenjews*, aus d. Russ. v. Georg Schwarz. Berlin / Weimar: Aufbau 1979, S. 19. Original: „А сколько мы открыли съедобных кореньев, сколько всяких сладких стеблей и зерен", „и все это имело свой особый вид, цвет, запах и вкус" (Ivan Bunin: *Žizn' Arsen'eva. Sobranie sočinenij v devjati tomach*. Bd. 6, hrsg. v. Alexandr S. Mjasnikov / Boris S. Rjurikov / Aleksandr T. Tvardovskij. Moskva: Chudožestvennaja literatura 1966, S. 17).

7 Bunin: *Das Leben Arsenjews*, S. 20. Original: „мы [...]приобщались [...] всего того чувственного, вещественного, из чего создан мир" (Bunin: *Žizn' Arsen'eva*, S. 18).

8 Svetlana Boym: *The Future of Nostalgia*. New York: Basic Books 2001, S. 49. Allerdings fokussiert der vorliegende Beitrag keine Nostalgie als „mourning of displacement and temporal irreversibility" (ebd., S. XVI), sondern Vorgänge des autobiographischen Schreibens und des Erinnerns, die mitunter nostalgische Züge annehmen können.

noch auf Russisch verfasste. „Mašen'ka" ist ein Kosename von Maria, Mascha: Erinnerungen an seine Liebesgeschichte mit ihr, die sich auch auf einem mittelrussischen Landgut abspielte, ergreifen 1924 den in Berlin lebenden Protagonisten Lev Ganin. Er hat Marias Spuren während des Bürgerkriegs nach der Oktoberrevolution verloren und erfährt zufällig, dass sie nun verheiratet ist und bald mit dem Zug zu ihrem Mann nach Berlin kommen wird. Es gelingt Ganin, Marias Mann an dem Ankunftstag aufzuhalten; er selbst fährt nach zahlreichen Phantasien zum Bahnhof, um sie abzuholen … und entscheidet sich auf der letzten Romanseite gegen dieses Treffen, gegen die eigene Vergangenheit zugunsten einer unbekannten Zukunft: „Aber jetzt hatte er seine Erinnerung bis zur Neige ausgeschöpft", „[a]ußer diesem Bild gab es keine andere Maschenka; konnte es keine geben".[9] Der alternde Ivan Šmelëv sah dagegen nach all den Verlusten kaum eine Zukunft für sich und fand einen geistigen Zufluchtsort in der vergangenen Kindheit.[10] Das autobiographische Erinnern scheint bei Šmelëv vielmehr mit einem erneuten persönlichen *Glückserleben* als mit einer nostalgischen Trauer verbunden zu sein. Durch das Essensthema erhielt sein autobiographisches Schreiben eine zusätzliche

9 Vladimir Nabokov: Maschenka, aus d. Eng. v. Klaus Birkenhauer. In: Ders.: *Gesammelte Werke*, hrsg. v. Dieter E. Zimmer. Bd. 1: Frühe Romane I. Reinbek: Rowohlt 1991, S. 5–172, hier S. 172. Original: „Но теперь он до конца исчерпал свое воспоминанье", „И кроме этого образа, другой Машеньки нет, и быть не может" (Vladimir Nabokov: Mašen'ka. In: Ders.: *Sobranie sočinenij v četyrëch tomach*. Bd. 1, hrsg v. Viktor V. Erofeev. Moskva: Pravda 1990, S. 35–112, hier S. 111–112). Zu diesem Roman im Kontext der Nostalgie vgl. Boym: *The Future of Nostalgia*, S. 267–269. Boym verbindet das Thema der „Nicht-Rückkehr" in diesem Roman auch mit Nabokovs Übergang von Versen zur Prosa, weil seine Gedichte davor von einem Traum der Rückkehr nach Russland dominiert worden seien.

10 1936 ist auch Šmelëvs Frau verstorben; 1939 begann sein Briefwechsel mit Olga Bredius-Subbotina, die viel jünger war und in Holland lebte. Ab 1941 avancierten diese Briefe zu einem halb-literarischen Briefroman, der die späte Arbeitsphase an *Das Jahr des Herrn* begleitete. Natalja Bliščhat daraus einen psychoanalytischen Ansatz entwickelt, indem sie einige Essensdarstellungen im Roman aus erotischen Brieffragmenten ableitet. Allerdings gilt das nur für einige Passagen im Roman, der die Kindheit darstellt, und lässt sich nur bei einer Parallellektüre mit den Briefen erkennen. Blišč betont auch Šmelëvs neurotischen Zustand wegen eines Magengeschwürs und seine (auch sozial bedingte) Unterernährung als Faktoren der Werkgenese. Vgl. Natalja Blišč: Ėpistoljarnye razgadki stilevogo dvoerečija I.S. Šmelëva [Briefliche Enträtselungen der stilistischen Dualität bei I.S. Šmelëv]. In: *Vesnik Grodzenskaga dzjaržaŷnaga ŷniversitėta imja Janki Kupaly*, Seryja 3,1 (2011), S. 5–10.

Dimension: Es konnte bei den Leser*innen der russischen Diaspora potenziell eine Erinnerung an die russische Küche aus Kindheitstagen auslösen.

Fasten: Zwischen Askese und Volksfest

Die Romanhandlung spielt zum großen Teil im Haus einer Moskauer Kaufmannsfamilie mit ihren patriarchalen Bräuchen und orthodoxen Festen. Während die Mutter und Geschwister eher Randfiguren sind, steht Vanjas geliebter Vater, Sergej Šmelëv, im Mittelpunkt der Erzählung. Er besitzt eine Reihe von Moskauer Badehäusern und ein Unternehmen mit zahlreichen Bauhandwerkern, das unterschiedliche Arbeitsaufträge übernimmt, darunter die Flößerei von Holz, den Bau von Rodelbahnen und die Illumination der Stadt an Feiertagen. Die Familie ist zwar reich, aber wenig gebildet und hält sich an die überlieferten Sitten; der kleine Ivan verbringt viel Zeit unter Arbeitern und Hausdienern. Sein Erzieher ist der alte Zimmermann und Haushalter Gorkin, der für das Kind die Frömmigkeit verkörpert und ihm den Volksglauben nahebringt.[11]

Der Familienalltag folgt im Roman dem kirchlichen Jahreszyklus mit seinen Festen und Fastenzeiten; im Haus herrschen Traditionen, die einst von der Urgroßmutter Ustinja eingeführt wurden. Feste und Fasten sind von Essensvorschriften und symbolisch codierten Speisen geprägt; mit den Augen eines Kindes gesehen, tritt die kulinarische Dimension des orthodoxen Kirchenkalenders noch mehr in den Vordergrund.

Mit dem Gebot der Enthaltsamkeit sind vier Fastenzeiten im Jahr verbunden: die Große Fastenzeit (48 Tage vor Ostern), das Petri-Fasten (dieses beginnt eine Woche nach Pfingsten und endet am 12. Juli, am Fest der Apostel Petrus und Paulus), die Fastenzeit vor Mariä Himmelfahrt (14.–27. August) und die Weihnachtsfastenzeit

11 Unter Volksreligion wird „eine eigentümliche Mischung christlicher Formen und Gedanken mit urväterlichen, heidnischen" verstanden. (Wilhelm Lettenbauer: Volksreligiöse Motive bei Dostoevskij. In: Hans Rothe (Hrsg.): *Dostoevskij und die Literatur. Vorträge zum 100. Todesjahr des Dichters*. Köln / Wien: Böhlau 1983, S. 82–100, hier S. 83.) Zu den volksreligiösen Elementen in Šmelëvs Werk vgl. Wolfgang Schriek: *Ivan Šmelëv. Die religiöse Weltsicht und ihre dichterische Umsetzung*. München: Sagner 1987, S. 245–251.

(28. November – 6. Januar). Grundsätzlich handelt es sich dabei um den Verzicht auf Fleisch, Eier, Milchprodukte, Fisch und Öl; an einigen Tagen sind jedoch Öl und Fisch erlaubt. *Das Jahr des Herrn* beginnt am ersten Tag der Großen Fastenzeit; durch die naive Wahrnehmung des Kindes wird jedoch der Eindruck einer lebensfreudigen Fülle der Fastengerichte vermittelt: „Warum sollte ich auch solche verbotenen Speisen essen, die nur meine Seele zugrunde richten würden, wenn alles ohnedies lecker ist?“[12]

Das dritte Kapitel heißt „Der Fastenmarkt“ („Postnyj rynok“): Vanja, Gorkin und der Arbeiter Anton kaufen ein; auf dem Markt werden Beeren, Pilze, Gemüse, Eingemachtes, Honig, fastengerechte Gebäcksorten und Imbissspeisen verkauft. Anton nimmt das Kind auf den Arm, damit es alles sehen kann und von der Menschenmenge nicht erdrückt wird. Die folgende Darstellung wird durch Vanjas intensive sensorische Wahrnehmung, durch Töne, Farben und Gerüche, durch seine Tastempfindung und seinen Geschmack geprägt. Man hört das Geschrei der Verkäufer: „Erstklassige Moosbeeren!“, „Fa-stenbliny mit Zwiebel!“, „Große Fa-sten-... Zucker-Kräppelkuchen!“.[13] Das Kind nimmt die bunten Farben wahr: dunkelblaue Beeren, rosa und gelbe Erbsen, goldener Kohl und goldene Salzgurken, rote Rüben, „blutrote Preiselbeeren“, getrocknete weiße Pilze, buntes Dörrobst und Fastenzucker, der „wie grünes, rosafarbenes, rotes und zitronengelbes Eis“ schimmert.[14] In der Luft mischen sich allerlei Gerüche und überall hängen an Stangen Ketten aus heißen Kringeln, die in der Sonne glänzen und locken. Es wird nicht nur gekauft, sondern auch alles gekostet; probiert werden etwa alle Honigsorten: „Antons Bart ist schon ganz klebrig, von seinem Schnurrbart tropft Honig“.[15]

12 Schmeljow: *Wanja im Heiligen Moskau*, S. 15. Original: „Зачем скоромное, которое губит душу, если и без того все вкусно?“ (Šmelëv: *Leto Gospodne*, S. 18.)

13 Schmeljow: *Wanja im Heiligen Moskau*, S. 48, 50. Original: „Самопервеющая клюква!“, „По-стные блинки, с лучком!“, „Великопостные самые... сахарные пышки, пышки!...“ (Šmelëv: *Leto Gospodne*, S. 42–43).

14 Schmeljow: *Wanja im Heiligen Moskau*, S. 49–52.

15 Ebd., S. 51. Original: „На бороде Антона липко, с усов стекает“ (Šmelëv: *Leto Gospodne*, S. 43–44).

Der Arbeiter Murascha schreit fröhlich: „Fastenzeit ist's jetzt! Da ißt man Kringel!", „Iß nur, Moskau!".[16] Die mit allen Sinnen empfundene und in allen Details geschilderte Atmosphäre eines Volksfests wird von Anton zusammengefasst, der dem Kind sagt: „Gelt, lustig ist's bei uns in der Fastenzeit? Wie auf dem Jahresmarkt. Man braucht sich also nicht zu grämen. Nicht wahr?"[17]
Essensgenuss steht für Vitalität und Lebensfreude, die dem kleinen Ivan näher sind als die Fastengedanken von Sünde und Reue. Dieser Widerspruch wird durch die Bewusstseinslage des Kindes im Gottesdienst am ersten Tag der Großen Fastenzeit veranschaulicht. An den ersten vier Fastentagen wird der Große Reuekanon des heiligen Andreas von Kreta in der Kirche vorgelesen. Im Kinderkopf mischen sich Gedanken über Sünde und Tod mit der Vorfreude auf das Abendessen:

> Ich vernehme die trostlosen Worte: „Wehe mir, verdammt ist meine Seele", „das Ende naht heran", „oh, meine verirrte, meine verdammte Seele … von Sünden belastet … laß mich Verdammten in der Finsternis! …"
> „Erbarme dich meiner, o Gott … erbar-me dich! …"
> Ich höre, wie es in Väterchens [Priester; S.E.] Bauch knurrt, und denke an die Bliny, an die fette Fischsuppe […]. „O Gott, reinige mich von meinen Sünden!" Ich denke an die Erbsen, die ich ins Wasser gelegt habe, damit sie weich werden … zum Abendessen wird's gedämpften Kohlkopf mit Zwiebelgrütze und Pilzen geben, wie immer am Passionsmontag, aber bei Murawljatnikow heiße Kringel …[18]

16 Schmeljow: *Wanja im Heiligen Moskau,* S. 51. Original: „Во, пост-то!.. […] пошла бараночка", „Ешь, Москва, не жалко! …" (Šmelëv: *Leto Gospodne*, S. 43).
17 Schmeljow: *Wanja im Heiligen Moskau,* S. 50. Original: „– Весело у нас, по-стом-то? а? Как ярмонка. Значит, чтобы не грустили. Так, что ль?" (Šmelëv: *Leto Gospodne*, S. 42.)
18 Schmeljow: *Wanja im Heiligen Moskau*, S. 33. Original: „Я слушаю страшные слова: – ‚увы, окаянная моя душе', ‚конец приближается', ‚скверная моя, окаянная моя … душе-блудница … во тьме остави мя, окаянного!..' ‚Помилуй мя, Бо-же … поми-луй мя!..' Я слышу, как у батюшки в животе урчит, думаю о блинах, о головизне […] ‚Боже, очисти мя, грешного!' Вспоминаю, что у меня мокнет горох в чашке, размок пожалуй… что на ужин будет пареный кочан капусты с луковой кашей и грибами, как всегда в Чистый Понедельник, а у Муравлятникова горячие баранки …" (Šmelëv: *Leto Gospodne*, S. 29).

Im zweiten Teil „Freuden" wird die Große Fastenzeit des nächsten Jahres dargestellt, ein Kapitel ist dabei dem Fest der Kreuzanbetung (Sonntag in der dritten Fastenwoche) gewidmet. Am Samstag backt man „Kreuze" („kresty"), süße Kekse in Kreuzform, die das Heilige Kreuz symbolisieren; eingemachte Himbeeren oder Rosinen werden als „Nagel" hineingesteckt. Das Backen und der Verzehr dieser Kekse oszillieren zwischen einem profanen und einem rituellen Vorgang. Das fällt bei der Beschreibung der Köchin Marjuschka auf, deren Rede und die liebevolle Dekoration der Kekse auseinandergehen:

> Marjuschka formt diese „Kreuze" immer mit einem Gebet auf den Lippen; ganz in sich versunken, plaudert sie vor sich hin: „Und das sind die Nägelchen, mit denen die Bösewichter und Folterknechte unsern Herrn Christus ans Kreuz schlugen … hierher kommt ein Nägelchen, hierher wieder eins und …" und sie knetet die fröhlichen Himbeeren in den Teig.[19]

Zudem wird Vanja von Gorkin belehrt, dass man beim Essen dieser Kekse an die Kreuzanbetung denken soll: „ein jeglicher hat sein Kreuz zu tragen, um ein vorbildliches Leben zu führen".[20] Gleichzeitig wird das süße Gebäck als „Trost für die lange Fastenzeit" empfunden, und Gorkin spricht vom „freudvollen Glauben": „Unsere russische Rechtgläubigkeit ist doch der schönste Glaube, mein Liebling! Er ist so freudvoll, stärkt die Schwachen und Verzagten und spendet Trost und Freude allen Menschen".[21] Die Freude wird im Roman nicht zuletzt durch die farbenfrohen Speise- und Marktdarstellungen vermittelt, die einerseits mit einem besonderen historisch-sozialen Milieu zusammenhängen und andererseits aus einer Idealisierung der Kindheitserinnerungen und der Kinderwelt hervorgehen. Dadurch wird die orthodoxe Fastenaskese mit der Essensvitalität und dem Genuss der Naturkost verflochten.

19 Schmeljow: *Wanja im Heiligen Moskau*, S. 333. Original: „‚Кресты' делает Марьюшка с молитвой, ласково приговаривает – ‚а это гвоздики, как прибивали Христа мучители-злодеи … сюда гвоздик, и сюда гвоздик, и …' – и вминает веселые малинки" (Šmelëv: *Leto Gospodne*, S. 276).

20 Ebd. Original: „[К]аждому, мол, дается крест, чтобы примерно жить" (Šmelëv: *Leto Gospodne*, S. 276).

21 Schmeljow: *Wanja im Heiligen Moskau*, S. 332. Original: „– Православная наша вера, ру-сская … она, милок, самая хорошая, веселая! и слабого облегчает, уныние просветляет, и малым радость" (Šmelëv: *Leto Gospodne*, S. 275).

Orthodoxe Feste und volksreligiöse Bräuche

Essen gehört zur kulturellen Bestimmung der (Kirchen-)Feste: „Das besondere Essen macht (neben dem Gottesdienst, der Festtagskleidung und dem Nicht-Arbeiten) den Feiertag als solchen sinnlich erlebbar".[22] So wird Weihnachten, dem in der orthodoxen Kirche eine mehrwöchige Fastenzeit vorausgeht, im Roman direkt mit dem Fleischverzehr assoziiert: „Unser Weihnachten naht aus weiter Ferne, auf leisen Sohlen. Hoher Schnee, schneidender Frost. Wenn du siehst, daß man gefrorene Schweine herbeifährt, dann kommt Weihnachten bald".[23] Wieder wird ein Markt besucht, diesmal der Moskauer Pferdemarkt, auf dem vor Weihnachten Bauern und Metzger handeln. Zum Gedenktag der Vierzig Märtyrer von Sebaste (22. März) backt man „Lerchen" („žavoronki"). Diese Tradition geht auf das Heidentum und den Frühlingsbeginn zurück, wurde aber von der orthodoxen Kirche aufgenommen: „da lugen aus der Gebäckdose spitzschnäblige Köpfchen mit Rosinen in den Augen hervor, aber die rötlichen Flügelchen sind auf dem Rücken übereinandergelegt".[24] Zu den kulinarischen Attributen des orthodoxen Ostern gehören neben bunten Eiern auch Kulitsch (Osterkuchen aus Hefeteig mit Rosinen) und Pascha (Süßspeise aus Quark in Form einer abgestumpften Pyramide). Am Karsamstag werden bunte Eier, Kulitsch und Pascha in die Kirche gebracht und von einem Priester mit Weihwasser besprengt. Der kleine Ivan hilft bei der Zubereitung von Pascha: Er darf Quark durchs Sieb reiben. In seinem Bewusstsein mischen sich die fröhlichen Vorbereitungen auf das Fest mit der Passionsgeschichte. Verflochten sind wiederum Sinnliches (Eierfarben, Speisenduft) und Geistliches, Gedanken über Essen und religiöses Leiden:

22 Norbert Franz: Russische Küche und kulturelle Identität. Umrisse eines Forschungsprogramms. In: Ders. (Hrsg.): *Russische Küche und kulturelle Identität*, S. 9–29, hier S. 19.

23 Schmeljow: *Wanja im Heiligen Moskau*, S. 147. Original: „Наше Рождество подходит издалека, тихо. Глубокие снега, морозы крепче. Увидишь, что мороженых свиней подвозят, – скоро и Рождество" (Šmelëv: *Leto Gospodne*, S. 106).

24 Schmeljow: *Wanja im Heiligen Moskau*, S. 69–70. Original: „[Г]лядят из сухарницы востроносые головки с изюминками в глазках, а румяные крылышки заплетены на спинке" (Šmelëv: *Leto Gospodne*, S. 57).

> Kummer und Freude gehen in mir durcheinander: der Heiland wird jetzt sterben … und die fröhlichen Lämpchen, und die Mandeln in meiner Tasche, das Eierfärben … und Düfte der Vanille und des Schinkens, den man heute in den Teig eingebacken hat, und ein trauriges Gebet […].[25]

Die orthodoxe Kultur hat viele heidnische Elemente aufgenommen, die oft gerade mit Essenstraditionen verbunden sind. So gehen drei Erlöserfeste im August auf die Erntefeste für Honig, Äpfel und Nüsse zurück. Zum Apfelfest (Verklärung Christi) wird die Apfelernte in der Kirche mit Weihwasser besprengt. Wenn Gorkin dem Kind davon erzählt, fließt in die Kirchentraditionen auch der Aberglaube ein: „Wer Äpfel vor dem Besprengen genießt, dessen Leib wird von Gewürm zerfressen – und er kann die Cholera bekommen".[26] Am Tag der Verklärung Christi erinnert die mit Äpfeln gefüllte Kirche an den fröhlichen Fastenmarkt: „Die Subdiakone und Gorkin reichen jedem einen oder auch zwei Äpfel, wie es sich eben trifft", „Alles ißt Äpfel, daß es ringsum nur so knirscht. Gar lustig geht's zu wie bei einem Festmahl. Sogar die Sänger auf dem Kliros[27] kauen ebenfalls".[28]
Der kleine Ivan überträgt den sakralen Begriff der „Verklärung" auf die sinnlichen Äpfel: „es sind keine gekauften mehr, sondern Kirchenäpfel, heilige Äpfel".[29] In den Volksbräuchen lässt sich insgesamt eine Tendenz zur kulinarischen Versinnlichung des Sakralen beobachten: Nicht nur „Kreuze", sondern auch „Christusleitern" („Christovy lesenki") wurden an Christi Himmelfahrt aus Teig gebacken. Dabei

25 Schmeljow: *Wanja im Heiligen Moskau*, S. 78. Original: „Путается во мне и грусть, и радость: Спаситель сейчас умрет … и веселые стаканчики, и миндаль в кармашке, и яйца красить … и запахи ванили и ветчины, которую нынче запекли, и грустная молитва […]" (Šmelëv: *Leto Gospodne*, S. 62).

26 Schmeljow: *Wanja im Heiligen Moskau*, S. 133. Original: „А который до окропенья поест, у того в животе червь заведется, и холера бывает" (Šmelëv: *Leto Gospodne*, S. 97).

27 Aus den „Worterklärungen": Kliros – „die um einige Stufen erhöhten Chorstallen vor der Ikonostasis (Altarbilderwand) in der griechisch-orthodoxen Kirche, auf denen sich die Sängerchöre befinden" (Schmeljow: *Wanja im Heiligen Moskau*, S. 537).

28 Ebd., S. 145. Original: „Дьячки и Горкин суют всем в руки по яблочку и по два, как придется", „Все едят яблоки, такой хруст. Весело, как в гостях. Певчие даже жуют на клиросе" (Šmelëv: *Leto Gospodne*, S. 105).

29 Schmeljow: *Wanja im Heiligen Moskau,* S. 144. Original: „[С]овсем другие, не покупные, а церковные яблоки, святые" (Šmelëv: *Leto Gospodne*, S. 105).

war wiederum der Aberglaube mit am Werk: „Wer eine solche Leiter zerbricht, wird nicht ins Paradies gelangen, denn seine Sünden wiegen zu schwer".[30] Ein merkwürdiges Essverbot galt in der Volkskultur am Gedenktag der Enthauptung Johannes' des Täufers und wird im Roman geschildert: Man durfte nichts Rundes (Kartoffeln, Äpfel, Melonen, Nüsse) essen, „denn man soll an diesem Tage an das ‚Haupt' des Täufers denken".[31]

Beim Apfelfest entstand in der zitierten Episode eine symbolische Gemeinschaft der Kirchengemeinde, nicht zuletzt durch das gemeinsame Apfelessen. Die scheinbar ‚biologische' Nahrungsaufnahme besitzt in diesem Fall nicht nur eine zusätzliche sakrale, sondern auch eine soziale Dimension. Eine solche soziale Komponente des Essens wurde von Mary Douglas als ein Code hervorgehoben, der mit sozialen Beziehungen einhergeht. In den durch die Nahrung „codierten Botschaften" dechiffriert Douglas Vorstellungen von Intimität und Distanz: So implizieren gemeinsame Mahlzeiten eine engere Beziehung zwischen Menschen als nur die geteilten Getränke. Neben dieser „Abgrenzung von Getränken und Mahlzeiten" gibt es laut Douglas „noch kleinere Abstufungen und Zwischenpositionen" bei der Gemeinschaftsstiftung durch das Essen.[32] In *Das Jahr des Herrn* erlebt Vanja ein Gemeinschaftsgefühl auch bei Mahlzeiten in der Familie und durch die Gastfreundschaft seiner Eltern.

Fest – Gastfreundschaft – Gemeinschaft

Die festlichen Speisen sind von der soziokulturellen Form eines Gastmahls nicht zu trennen. Bei einer reichen Kaufmannsfamilie denkt man in erster Linie an prunkvolle Bankette, die im Roman auch geschildert werden. Besonders hervorgehoben wird aber eine andere

30 Schmeljow: *Wanja im Heiligen Moskau*, S. 114. Original: „Кто лесенку сломает – в рай и не вознесется, грехи тяжелые" (Šmelёv: *Leto Gospodne*, S. 86).

31 Schmeljow: *Wanja im Heiligen Moskau*, S. 264. Original: „[...] а сладкого не будет, и круглого ничего не будет, ‚из уважения': ни картошки, ни яблочка, ни арбуза, и даже нельзя орешков: напоминают ‚Главку'" (Šmelёv: *Leto Gospodne*, S. 197).

32 Vgl. Mary Douglas: Das Entziffern einer Mahlzeit [1972]. In: Kikuko Kashiwagi-Wetzel / Anne-Rose Meyer (Hrsg.): *Theorien des Essens*. Berlin: Suhrkamp 2017, S. 91–122, hier S. 91, 100.

Familientradition: Gastmahle für die Arbeiter des Familienunternehmens und für die Armen.

Ein Ostermahl für alle Bauhandwerker unter einem Schutzdach auf dem großen Hof gehört zu den Traditionen des Unternehmens. Der Vater als Hausherr, seine Verwalter und Vanja müssen sich auch zu Tisch setzen: „Wir werden uns alle mit dem Volk zu Tische setzen, unterm Schutzdach – so ist's alter Brauch, vom Großväterchen her, wie Gorkin mir erklärte". Der Vater betritt den Hof mit dem Ruf „Christus ist auferstanden, Brüderchen!"; er und der kleine Ivan geben allen Arbeitern persönlich den Osterkuss.[33] Durch gemeinsames Feiern und Essen entsteht ein korporatives Gemeinschaftsgefühl; das ist diejenige „sozialisierende Kraft des Essens", die von Georg Simmel und später auch von Mary Douglas analysiert wurde.[34] Gorkin erklärt an einer Stelle im Roman, dass solche Feste einen Vorteil für das Unternehmen haben: „Zu uns kommen die Leute deshalb sehr gern als Arbeiter, lauter auserwähltes, tüchtiges Volk!"[35]

Am zweiten Weihnachtsfeiertag wird ein Tisch für die Armen in einem Dienerzimmer gedeckt; der Hausherr erklärt seinem Verwalter: „Nein, wie es schon mein Vater bestimmt hat, so wollen wir's auch weiterhin halten".[36] Bevor Vanjas Vater das Haus für ein Gastmahl beim Stadtoberhaupt verlässt, stößt er mit den Armen und den Narren in Christo (*jurodivye*) mit einem Glas Wein an.[37]

33 Schmeljow: *Wanja im Heiligen Moskau*, S. 95–97. Original: „Все сядем за столы с народом, под навесом, так повелось от ‚древности', объяснил мне Горкин, – от дедушки" (Šmelëv: *Leto Gospodne*, S. 74).

34 Georg Simmel: Soziologie der Mahlzeit [1910]. In: Ders.: *Aufsätze und Abhandlungen 1909–1918*. Bd. 1, hrsg. v. Rüdiger Kramme / Angela Rammstedt. Frankfurt am Main: Suhrkamp 2001, S. 140–147, hier S. 141. Vgl. auch Douglas: Das Entziffern einer Mahlzeit.

35 Schmeljow: *Wanja im Heiligen Moskau*, S. 91. Original: „К нам и народ потому ходко идет, в отбор" (Šmelëv: *Leto Gospodne*, S. 71). In Bezug auf die soziale Thematik scheint diese gemeinschaftsstiftende Rolle des Essens wichtiger als der von Vjačeslav Pozdeev betonte logische Unterschied in den Speisen für die Arbeiter und für die Familiengäste. Pozdeev: Funkcija edy v romane I.S. Šmelëva „Leto Gospodne", S. 195–197.

36 Schmeljow: *Wanja im Heiligen Moskau*, S. 168–169. Original: „Нет уж, как отцом положено" (Šmelëv: *Leto Gospodne*, S. 121).

37 *Jurodivye* sind eine besondere Art von Armen in der orthodoxen Kultur. Neben einer asketischen Lebensweise sind sie durch eine (scheinbare) Geistesschwäche gekennzeichnet, die sich doch als Teilhabe an einer höheren Wahrheit entpuppt.

Bei der Darstellung dieser christlich-patriarchalen Traditionen schimmert im Roman auch ein phantasiertes Ideal der Kaufmannsschicht durch, eine soziale Idylle der Kindheitserinnerungen. Kaufleute sind im Roman nicht nur durch gesunden Unternehmergeist und kapitalistischen Erfolg, sondern auch durch ihre (historische) Verbindung mit niedrigen Volksschichten und mit der traditionellen orthodoxen Kultur gekennzeichnet. Auf ein städtisches Unternehmen wird das Vorbild einer Bauerngemeinde projiziert, die im slawophilen Denken seit dem 19. Jahrhundert das Konzept der sozial-religiösen Gemeinschaft als einer kollektiv-christlichen Konstante der russischen Kultur stiftete.[38] Als Vanjas Familie ein berühmtes Restaurant des Kaufmanns Krynkin zum Teetrinken besucht, erscheint der Besitzer in Weste und Bauernhemd vor den Gästen. Auf die Bemerkung, er sei nun Kapitalist und solle einen Rock tragen, erwidert Krynkin, dass er immer ein „Bauer von den Sperlingbergen"[39] bleibe. Eine Spezialität seines Restaurants sind „Krynkiner" Treibhauserdbeeren, die auch Vanjas Familie kostet.

Auch bei Namenstagen, die in der orthodoxen Kultur wichtiger als Geburtstage waren, sollten die Armen zum Essen eingeladen werden. Gorkin, der mit Vornamen Michail heißt, erzählt dem kleinen Ivan von den Vorbereitungen auf den Michailstag und bezieht sich wieder auf die alten Überlieferungen:

> So ist es Brauch seit Urgroßmutters Zeit: am Namenstag muß man den Armen eine Freude bereiten. Papachen hat kürzlich an seinem Namenstag, dem Sergius-Bacchus-Tag, mehr als ein halbes Hundert abgefüttert. Na, zu mir werden höchstens zwanzig kommen, weil ich ja ein armer Schlucker bin; und da wird es Pökelfleisch mit Brühe geben, wie wenn mein Schutzengel sie bewirtete.[40]

38 Vgl. Jekatherina Lebedewa: *Russische Träume: die Slawophilen – ein Kulturphänomen*. Berlin: Frank & Timme 2008, Kap. „Der poetische Mythos der ‚община' (russische Dorfgemeinde)", S. 225–242.

39 Schmeljow: *Wanja im Heiligen Moskau*, S. 434.

40 Ebd., S. 282. Original: „– Повелось от прабабушки твоей, на именины убогих радовать. Папашенька намедни, на Сергия-Вакха, больше полста кормил. Ну, ко мне, бедно-бедно, а десятка два притекут, с солонинкой похлебка будет, будто мой Ангел угощает" (Šmelëv: *Leto Gospodne*, S. 236).

Alle Gäste, die dem Vater zum Namenstag gratulieren, schenken ihm einen Kuchen oder eine Torte; die Arbeiter und die Armen bringen nur kleine Prosphoren (Kirchenbrot für Liturgie und Eucharistie) als Geschenk mit. Die geschenkten Kuchen und Torten werden von einem Hausdiener gezählt: im Vorjahr waren es insgesamt neunzig. Einige sind haltbar, die anderen werden unter Verwandten, Mitarbeitern und Armen verteilt. Der Haushalter Gorkin und der Verwalter Vasil' Vasilič haben im Namen aller Arbeiter des Unternehmens in der besten Moskauer Bäckerei ein Geschenk bestellt: einen riesengroßen verzierten Kringel mit Grußworten aus Zuckerguss. Am Namenstag des Vaters wird der Kringel, den fünf Männer auf einem geschmückten Brett tragen, zum symbolischen Höhepunkt des Fests.
Dutzende überflüssige Kuchen mögen im Roman absurd wirken, stehen aber symbolisch nicht für die Völlerei, sondern für den Wohlstand, für eine Kultur der Gemeinschaft, der Gabe und des geteilten Essens. Auf eine ähnliche Weise funktionieren bis heute vor allem Brot und Salz als symbolhaftes Geschenk, aber auch die gesamte Tradition der Essensgeschenke und der Speisen, die bei einem Besuch als Beitrag zum Festmahl mitgebracht werden.

Völlerei und Satire

Das Jahr des Herrn ist zwar durch eine nostalgisch geschilderte religiöse Atmosphäre geprägt,[41] die Essensthematik bringt aber auch satirische Elemente mit sich, anhand derer die Harmonie gebrochen wird. Wenn die Völlerei im *Jahr des Herrn* zum Thema wird, dann betrifft sie in erster Linie die Geistlichen. So fällt dem Kind der Bauch des Diakons auf: „sein ungeheurer Bauch scheint noch mehr aufgequollen zu sein“[42]. Als sich der kleine Ivan durch das strenge Fasten auf das Heilige Abendmahl vorbereitet, sieht er im Badehaus den bekannten Protodiakon (ein geistliches Amt), der nach dem Bad eingemachte Äpfel aus einem Kübel isst: „Nun ist die Woche der

41 Eine Publikation dieses Romans in Russland ist erst 1988 im Zuge der Perestrojka möglich geworden. Im Zusammenhang mit der postsowjetischen ‚Rückkehr‘ zur Religion hat *Das Jahr des Herrn* an Beliebtheit gewonnen.

42 Schmeljow: *Wanja im Heiligen Moskau*, S. 33. Original: „[И] огромный его живот, кажется, еще раздулся“ (Šmelëv: *Leto Gospodne*, S. 29–30).

Kreuzanbetung da – und er frißt eingemachte Äpfel ... und hat einen Bauch wie ein Faß!"[43]

Die Unersättlichkeit ist im Roman in der Figur des Protodiakons verkörpert, den Vanja bei unterschiedlichen Gastmahlen beobachtet. Während der Maslenica („Butterwoche", russischer Karneval) werden russische Pfannkuchen, Bliny, mit unterschiedlichen Füllungen gegessen. Die groteske Darstellung des Protodiakons erinnert an François Rabelais' Riesen Gargantua und Pantagruel:

> Der Protodiakon [...] wirkt ungeheuer und schrecklich. Vom Eck aus kann ich beobachten, wie sich sein Mund bis zum Rachen öffnet und wie die vom Kaviar grauen Bliny haufenweise in seinen Schlund hinunterfließen.[44]

Ähnlich verhält er sich beim Festessen am Vortag des Weihnachtsfastens: „Der Protodiakon steckt eine ganze Gänsekeule in den Mund", „Vom Eis tun ihm die Zähne weh – zur Beruhigung setzt man ihm den süßen Kuchen vor".[45] Nach jedem Gastmahl erhält der Protodiakon außerdem einen Korb mit Speisen – für seine neun Kinder. Am Ende des Romans versammeln sich alle nach dem Tod des Vaters, die Geistlichen trinken Tee vor dem Beginn der Totengedächtnisandacht: „Der Protodiakon verschlingt eine ganze Pirogge mit Marmelade und besudelt sich das Meßgewand mit Creme".[46] Er vergisst auch nicht darum zu bitten, etwas Torte für seine Kinder einzupacken. Šmelëvs Kirchensatire wird im Kapitel über die Weihnachtsfastenzeit besonders deutlich. Am Vortag jener Fastenzeit bedauert nämlich der zum Festessen eingeladene Priester, dass er selbst kaum richtig fasten

43 Schmeljow: *Wanja im Heiligen Moskau*, S. 349. Original: „‚Крестопоклонная', а он моченые яблоки мякает ... и живот у него какой, мамона! ..." (Šmelëv: *Leto Gospodne*, S. 290).

44 Schmeljow: *Wanja im Heiligen Moskau*, S. 215. Original: „Протодьякон [...] громаден, страшен. Я вижу с уголка, как раскрывается его рот до зева, и наваленные блины, серые от икры текучей, льются в протодьякона стопами" (Šmelëv: *Leto Gospodne*, S. 154).

45 Schmeljow: *Wanja im Heiligen Moskau*, S. 297–298. Original: „Протодьякон – цельную лапку в рот", „От пломбира зубы у него что-то понывают, и ему, для успокоения накладывают сладкого пирога" (Šmelëv: *Leto Gospodne*, S. 248–249).

46 Schmeljow: *Wanja im Heiligen Moskau*, S. 511. Original: „Протодьякон глотает пирог с вареньем, рясу замазал кремом" (Šmelëv: *Leto Gospodne*, S. 424).

kann, weil er stets zu Taufen, Namenstagen und Gedenkfeiern eingeladen wird – und der Protodiakon fügt hinzu: „Unser Amt ist reich an Verführung durch Bauchdienerei“.[47]

Diese satirischen Züge können wiederum mit Svetlana Boyms Begriff der reflexiven Nostalgie in Verbindung gebracht werden, die eine ironische Dimension neben der Sehnsucht zulässt: „It reveals that longing and critical thinking are not opposed to one another“.[48]

Verlorene Idylle und Ende der Kindheit

Die ersten zwei Teile des Romans „Feiertage“ und „Freuden“ versammeln Momente der Lebensfülle und Feierlichkeit im Kreise geliebter Menschen und bekannter Gesichter. Nur kurze Einschübe wie „Sie sind nun alle verschieden“ lassen die Leser*innen nicht vergessen, dass es sich um Erinnerungen im Zeitalter der Trauer, Kriege und Emigration handelt. Auch Momente besonderer innerer Harmonie werden durch das Erinnern wiedererlebt: Das Kind empfängt zusammen mit Gorkin sein erstes Heiliges Abendmahl, bekommt von den Eltern Geschenke und trinkt Tee mit Mandelmilch und rosafarbenen süßen Kringeln. Dann sitzt er neben Gorkin draußen in der warmen Frühlingssonne und spricht mit dem Alten über das Paradies: „Jetzt habe ich keine Bange mehr vor dem Tod – mir ist, als seien wir nun Heilige geworden. Wir sprechen über das Paradies, wo die Engel fliegen – die Seraphim und Cherubim, wo die Gerechten und Heiligen lustwandeln …“[49]

Im Kapitel „Eishaus“ („Ledjanoj dom“) wird erzählt, wie Vanja dank seines Vaters ein Märchen miterlebt: Im letzten Winter vor seinem Tod nahm sich der Kaufmann vor, auf eigene Kosten einen Palast aus Eis im Moskauer Zoologischen Garten für die Bevölkerung zu bauen. In der Familie wurde viel darüber geredet, die feierliche Eröffnung des zauberhaften Eishauses war aber eine wundervolle Überraschung. Der

47 Schmeljow: *Wanja im Heiligen Moskau*, S. 298. Original: „[С]лужение наше чревато соблазном чревоугодия“ (Šmelëv: *Leto Gospodne*, S. 249).

48 Boym: *The Future of Nostalgia*, S. 49–50.

49 Schmeljow: *Wanja im Heiligen Moskau*, S. 356. Original: „Теперь и помирать не страшно, будто святые стали. Говорим о рае, как летают там ангелы – серафимы-херувимы, гуляют угодники и святые …“ (Šmelëv: *Leto Gospodne*, S. 295).

Palast erstrahlte im Dunkeln beim Licht eines Feuerwerks am Abend des zweiten Weihnachtstages:

> Ich entsinne mich noch der flimmernden spiralförmigen Säulen, die wie Brillanten glitzerten … […] Die Mauern des Palastes leuchten durchsichtig in kristallenem Glanze, in Grün, Hellblau und Rosa … […] Ich finde nur schwache Worte. Nur undeutlich vermag ich aus der Ferne das entweichende Licht zu erhaschen … das kristallene eisige … Aber damals … war es ein *lebendiges* Licht, kristallklar – das Licht einer freudvollen Kindheit.[50]

Gorkin vergleicht den Bau des Eishauses mit einem Märchen: „Wassilissa die Allweise hat in einer einzigen Nacht einen Kristallpalast gebaut".[51] Der Eispalast steht sowohl für ein Wunder als auch für eine leuchtende Chimäre, für etwas Vergängliches wie das tauende Eis, für eine Utopie des wunderschönen Winterhauses, in dem aber niemand wohnen kann. So ist der von Sorgen und Freude erschöpfte Verwalter Vasil' Vasilič am Ende des Tages im Eispalast auf einer Bank eingeschlafen, wurde aber zum Glück gefunden – sonst wäre er erfroren. Der erwachsene Ich-Erzähler fasst die Geschichte des Eishauses zusammen: „Ich habe den Traum in Eis und Kristall gesehen".[52]
Der Erinnerungsvorgang färbt die Kindheitswelt im *Jahr des Herrn* in besonders fröhliche Töne und entspricht dem russischen Ideal des Wohlergehens und der Gastlichkeit mit reichlichem, auch überflüssigem Festessen. Šmelëvs Poesie des Essens lässt sich auf einen der Schlüsseltexte der russischen Kultur zurückführen, nämlich auf „Oblomovs Traum" aus Ivan Gončarovs Roman *Oblomov* (1859). Die Titelfigur Ilja Oblomov ist begabt, idealistisch, aber faul und führt als

50 Schmeljow: *Wanja im Heiligen Moskau*, S. 329–330. Original: „Помню – струящиеся столбы, витые, сверкающие, как бриллианты … […] Стены Дворца, прозрачные, светят хрустальным блеском, зеленым, и голубым, и розовым … […] Нахожу слабые слова, смутно ловлю из далей ускользающий свет … – хрустальный, льдистый … А тогда … – это был свет живой, кристально-чистый – свет радостного детства" (Šmelëv: *Leto Gospodne*, S. 274).

51 Schmeljow: *Wanja im Heiligen Moskau*, S. 330. Original: „Василиса-Премудрая за одну ночь хрустальный дворец построила" (Šmelëv: *Leto Gospodne*, S. 274).

52 Ebd. Original: „Видел я сон хрустальный и ледяной" (Šmelëv: *Leto Gospodne*, S. 274).

Adliger ein passives Leben, ohne irgendeine Tätigkeit aufzunehmen. In seinem Traum sieht er die eigene Kindheit auf dem Familiengut Oblomovka auf dem Lande, wo Ruhe, Müßiggang und Schläfrigkeit mitten in der Natur Mittelrusslands herrschen. Die Hauptinteressen des Lebens sind Essen, Feiertage (Taufen, Namenstage, Hochzeiten), das Erzählen von Märchen und Aberglauben:

> Die Sorge um das Essen ist die vorrangigste und wichtigste Lebenssorge in Oblomowka. Was dort für Kälber für die alljährlichen Feiertage gemästet werden! Was für Geflügel aufgezogen! [...] Welche Vorräte an Konfitüren, Gesäuertem und Gebackenem es dort gibt! Was für Honigwein, was für Kwas gebraut wird, was für Piroggen in Oblomowka gebacken werden! [...] Eine Riesenpirogge wird gebacken, von der selbst die Herrschaft noch am nächsten Tag isst; am dritten und vierten Tag wandern die Reste in die Mägdestube [...].[53]

Die liebevolle Darstellung der patriarchalen Familienwelt ist einerseits idyllisch; zugleich sind im Bild eines russischen Schlaraffenlands satirische Züge präsent, wie sie auch bei Šmelëv zutage treten.[54] Šmelëvs autobiographische Erinnerungen kommen der Idylle besonders nah, auch in ihrer Verbindung mit der idyllentypischen „Dialektik von Verlust und Utopie".[55] Nach einer, wenn auch nicht ungestörten Utopie der ersten zwei Teile folgt der dritte Teil „Leiden" über Krankheit und Tod des geliebten Vaters als Folge eines Reitunfalls.

53 Iwan Gontscharow: *Oblomow. Roman in vier Teilen*, hrsg. u. aus d. Russ. v. Vera Bischitzky. München: Hanser 2012, S. 165. Original: „Забота о пище была первая и главная жизненная забота в Обломовке. Какие телята утучнялись там к годовым праздникам! Какая птица воспитывалась! [...] Какие запасы были там варений, солений, печений! Какие меды, какие квасы варились, какие пироги пеклись в Обломовке! [...] Пекли исполинский пирог, который сами господа ели еще на другой день; на третий и четвертый день остатки поступали в девичью [...]" (Ivan Gončarov: *Oblomov. Roman v četyrëch častjach. Polnoe sobranie sočinenij i pisem v dvadcati tomach*. Bd. 4, hrsg. von Vladimir A. Tunimanov. Sankt-Peterburg: Nauka 1998, S. 110–111).

54 Zum Essensthema im *Oblomov* vgl. Ronald D. Leblanc: Oblomov's Consuming Passion: Food, Eating, and the Search for Communion. In: Galya Diment (Hrsg.): *Goncharov's Oblomov: A Critical Companion*. Evanston: Northwestern UP 1998, S. 110–135.

55 York-Gothart Mix: Idylle. In: Dieter Lamping in Zusammenarbeit mit Sandra Poppe / Sascha Seiler / Frank Zipfel (Hrsg.): *Handbuch der literarischen Gattungen*. Stuttgart: Kröner 2009, S. 393–402, hier S. 397.

Im Kapitel „Lebenswasser" („Živaja voda") wird erzählt, wie das Kind auf die Heilung des Vaters durch die wohltuenden Wasserprozeduren im Badehaus hofft. Vanja hofft auf ein Wunder wie bei dem märchenhaften „Lebenswasser", das die Toten auferstehen lässt. Es kommt tatsächlich eine Besserung, die sich später aber nur als Schein entpuppt. Die Schlüsselszene des Romans ist der idyllische Traum des kleinen Ivan, in dem Gorkin und er auf einer Wallfahrt sind und über eine wunderschöne Wiese mit riesengroßen Blumen gehen. Auch das Essensthema steht wieder im Vordergrund: Inmitten dieser Blumen findet das Kind große saftige Erdbeeren, vermischt mit Kirschen und Johannisbeeren – plötzlich werden daraus Dörrpflaumen und Vanja sieht, wie sein gesunder Vater auf seiner Stute zu ihnen reitet. Voller Freude ruft er ihm zu, dass es hier Dörrpflaumen gibt – dann wird es dunkel und kalt; Vanja wird geweckt: „Steh auf, bet für Papachen … das Himmelreich sei ihm beschieden! … er hat ausgelitten, ist verschieden …"[56] Hiermit ist die Idylle endgültig verloren, und der Tod symbolisiert das Ende der Kindheit.

Danach folgt noch ein prunkvolles Gastmahl, wie diejenigen, die in den ersten Romanteilen farbenfroh dargestellt werden. Gerade in dieser Ähnlichkeit liegt eine neue traurige Erkenntnis für das Kind: Das ist eine Gedenkfeier für den Vater. Nach dem Tod des Vaters mehren sich im Roman Szenen mit einem neuen Essensmotiv: Vanja und seine Geschwister *lehnen* wegen der Trauer das Essen *ab*.[57] Auch der gewohnte Zyklus der Familienfeiertage wird unterbrochen: Der Vater verstirbt am Tag nach seinem Namenstag, an dem ihm noch förmlich ‚gratuliert' wurde; seine Beerdigung fällt mit dem Namenstag der Mutter zusammen. Der kleine Ivan hat Fieber und darf nicht mit allen zum Friedhof fahren; durch das Fenster sieht er den Sarg unter dem Regen, umgeben von Priestern und einer Menschenmenge, und hört den Gesang *Ewiges Gedenken*. Er denkt über den „letzten Abschied" des Vaters von seinem Heim nach, und in dieser Schlussszene wird auch der symbolische Abschied des Erzählers von seiner

56 Schmeljow: *Wanja im Heiligen Moskau*, S. 505. Original: „Вставай, помяни папеньку … царство ему небесное … отмучился, отошел" (Šmelëv: *Leto Gospodne*, S. 421).

57 Vgl. Pozdeev: Funkcija edy v romane I.S. Šmelëva „Leto Gospodne", S. 198–199.

Kindheit und von seiner Heimat angedeutet. Am Ende des Romans stehen Zeilen des traurigen Gesangs, der letzte Satz ist ein Gebet für die vaterlose und heimatlose Welt: „… Hei-li-ger … Un-sterb-li-cher … Er-bar-----me … Dich …u-un---ser …“[58]

Schluss: „Das Herz zieht draus der Nahrung Keime“

Als Motto sind dem Roman *Das Jahr des Herrn* vier Verszeilen von Alexandr Puškin vorangestellt:

> Nie welken zwei Gefühle ab –
> Das Herz zieht draus der Nahrung Keime –
> Die Liebe zum ererbten Heime,
> Die Liebe zu der Väter Grab.[59]

In dem Gedicht werden die Nahrung als Metapher der Lebenserhaltung und die autobiographische Erinnerung gemeinsam in den Vordergrund gerückt. Das Essen ist nicht nur ein Teil der Erinnerung und ein Leitfaden der autobiographischen Narration; im Kapitel „Das Apfelfest“ („Jabločnyj Spas“) wird beschrieben, wie ein Apfelduft zahlreiche Erinnerungen im erwachsenen Erzähler auslösen kann. Dadurch entsteht eine eigenartige Variation der berühmten Madeleine-Episode von Marcel Proust[60]: Hier steht kein Geschmack, sondern der Duft im Mittelpunkt. Vom „Birnapfelbaum“ werden Äpfel geschüttelt und gesammelt, wobei sich im Garten der süße Apfelduft verbreitet; das ist ein Duft des russischen Spätsommers, des Familiengartens und der Kindheit. Ein ähnlicher Apfelduft ruft nach vielen Jahrzehnten all diese Erinnerungen im Erzähler hervor:

58 Schmeljow: *Wanja im Heiligen Moskau*, S. 519. Original: „…Свя-ты-ый … Без-сме-э-эртный … / По-ми----и--луй … / на-----а---ас …“ (Šmelëv: *Leto Gospodne*, S. 430).

59 Schmeljow: *Wanja im Heiligen Moskau*, S. 7. Original: „Два чувства дивно близки нам – / В них обретает сердце пищу – / Любовь к родному пепелищу, / Любовь к отеческим гробам“ (Šmelëv: *Leto Gospodne*, S. 15).

60 Vgl. Christine Ott: Prousts Madeleine und ihr Nachgeschmack, in diesem Band.

> Auch jetzt noch, wenn du fern der Heimat einen unansehnlichen Apfel findest, der wie diese Birnäpfel duftet, und ihn mit der Hand drückst und dabei die Augen schließt – erinnert dich sein süßlicher saftiger Duft recht lebhaft an jenen kleinen Garten, der dir einstmals so groß erschienen war, an den schönsten Garten auf der Welt, der nun spurlos verschwunden ist …[61]

Durch die sinnlichen Essensbilder schreibt sich der erlebte Alltag stärker ins Gedächtnis; eine ähnliche sensorische Wahrnehmung wirkt auch als Katalysator für das Erinnern. Diese Erinnerung an das Essen ist stark mit Emotionen aufgeladen: So denkt Šmelëvs Erzähler an sein „Apfelglück“ und sein „Mandelglück“, als er sich an das Einmachen von Äpfeln oder an die Zubereitung der Mandelmilch erinnert.[62] Sein Kinderglück riecht und schmeckt nach Äpfeln und nach Mandeln, die gemeinsam mit lieben Menschen gekostet wurden, z. B. wenn er dem Vater ein paar Mandeln aus der Küche ins Arbeitszimmer mitbringt: „Er nimmt sie mit den Lippen aus meiner Hand und knuspert so lustig“, „ich schmiege mich fest an sein Gesicht und verspüre den Mandelduft …“.[63]

Das, was uns in der Kindheit schmeckt, bleibt lebenslang im Gedächtnis; nicht nur Essgewohnheiten, sondern auch autobiographische Erinnerungen an das vergangene Essen stiften unsere Identität. Deswegen konnte Ivan Šmelëv trotz der Besonderheit des geschilderten sozialen Milieus darauf hoffen, dass sich viele Leser*innen gerade in seinen Essensdarstellungen wiedererkennen werden. Es wäre jedoch eine Vereinfachung zu behaupten, dass Šmelëv nur eine auf die russische Diaspora beschränkte Leser*innenschaft im Blick hatte. Das Autobiographische, das Kindheitsthema, der sinnliche Weltkontakt durch das Essen und Spielräume der Erinnerung haben eine allgemein menschliche Relevanz und wirken auch insofern interaktiv, als

61 Schmeljow: *Wanja im Heiligen Moskau*, S. 136. Original: „И теперь еще, не в родной стране, когда встретишь невидное яблочко, похожее на грушовку запахом, зажмешь в ладони, зажмуришься, – и в сладковатом и сочном духе вспомнится, как живое, – маленький сад, когда-то казавшийся огромным, лучший из всех садов, какие ни есть на свете, теперь без следа пропавший …“ (Šmelëv: *Leto Gospodne*, S. 99).

62 Schmeljow: *Wanja im Heiligen Moskau*, S. 273, 304–305.

63 Schmeljow: *Wanja im Heiligen Moskau*, S. 305. Original: „Он вбирает губами с моей ладошки, весело так похрупывает“, „я прижимаюсь к его лицу, слышу миндальный запах …“ (Šmelëv: *Leto Gospodne*, S. 254).

sie *jeweils persönliche* Erinnerungsvorgänge bei unterschiedlichen Lesenden auslösen können. Das Essensthema wird dadurch zu einem Medium des Autobiographischen und Šmelëvs Speisendarstellungen befördern auch sensorische Imagination und lebendige Erinnerung seiner Leser*innen.

André Otto

Die Rezeptur des Elementaren

Dichtung, Essen und kulturelle Identität in Pablo Nerudas *Odas elementales*

Ein Rezept steht in einem spannungsvollen Verhältnis zum Essen. Es ist sowohl vorgreifend als auch bewahrend. Es geht dem Essen voraus, indem es die Vorgabe zum Kochen liefert, und ist dem Essen doch nachträglich, insofern es eine Zubereitungsweise verzeichnet und wiederholbar macht. Es ist damit Ausdruck einer Problematik der Zeitlichkeit, der Erinnerung ebenso wie des kulturellen Gedächtnisses. Ein Rezept kann aber auch gar nichts unmittelbar mit dem Essen zu tun haben, oder nicht mehr. Es bleibt dann theoretisch, reine Lektüre. Man kennt dies etwa aus Kochbüchern und Zeitschriften, die mit ihren Rezepten eher das Versprechen eines bestimmten Lebensgefühls und eines Reichtums präsentieren als mit dem tatsächlichen Nachvollzug im Kochen rechnen, sei dies wegen der Komplexität der Zubereitung, der Unverfügbarkeit der Zutaten oder schlichtweg kultureller Alterität. Damit verweist das Rezept aber zum einen auf die Frage, was mit dem Essen gemeint ist. Bezeichnet es ein bestimmtes Gericht, eine bestimmte Mahlzeit oder den Prozess des Essens selbst? Dabei geht das Rezept immer schon über die schiere Notwendigkeit der Nahrungsaufnahme hinaus. Es bezeugt die Kulturleistung einer Zubereitung sowie die Errungenschaften einer Kultur im Umgang mit ihren mehr oder weniger reichhaltigen natürlichen Ressourcen, die in einer territorial bestimmten Küche ihren Ausdruck finden. Darüber hinaus manifestiert es die kulturellen Codes, die die Etikette des Essens als Handlung, seine Ritualität, vor allem aber seine Gesellschaftlichkeit betreffen. Zum anderen betrifft die Kodifizierung des Rezepts aber auch ganz grundlegend das Verhältnis von Sprache und Erfahrung. Das Rezept ist *eine* Antwort auf die Frage, wie man Essen als sinnliche Erfahrung versprachlichen kann. Dies hat einen doppelten temporalen Vektor. So liefert das Rezept eine rekonstruierende Analyse, die das Gegessene zurückführt auf seine Zusammensetzung. Dies meint sowohl die analytische Zerlegung der Mahlzeit in ihre Grundbestandteile als auch den Prozess der Zubereitung, also der Bearbeitung der einzelnen Zutaten und die Art und Weise ihrer verbindenden Zusammenführung.[1] Dies wird komplementiert von dem Versprechen, den Genuss eines Gerichts wieder verfügbar zu machen, indem es Reproduzierbarkeit suggeriert. Somit ist das Rezept möglicher Träger einer persönlichen Erinnerung an ein Essen sowie Medium einer Tradierung, die auch den ursprünglichen kulturellen Kontext überschreiten und zu interkulturellem Kontakt führen kann.

Jedoch bleibt dem Rezept konstitutiv die Differenz von Erfahrung und Versprachlichung, von Kochen, Essen und medialer Weitergabe eingeschrieben, die Gilles Deleuze anhand von Lewis Carrolls *Alice*-Büchern in der anthropologischen „Alternative [...]: essen oder reden“[2] kondensiert. Beides ist nie gleichzeitig möglich. Weil Essen und Reden jedoch einerseits die anthropologische Verstrickung in materielle Notwendigkeiten und andererseits die kulturell-symbolische Entbindung von der Unmittelbarkeit schlechthin symbolisieren, ist ihre Verbindung auch, „was am schwierigsten ist: über Nahrung sprechen oder Wörter essen.“[3] Zwar käme wohl niemand ohne Weiteres auf die Idee, die Wörter eines Rezepts zu essen, so

1 Jacques Derrida: Widerstände. In: Ders.: *Vergessen wir nicht – die Psychoanalyse!*, aus d. Franz. v. Hans–Dieter Gondek. Frankfurt am Main: Suhrkamp 1998, S. 128–178, hier S. 131, beschreibt diese Dialektik der Analyse von Zerlegung und Bindung, von der Rückführung auf das Kleinste und Elementarste und der Überführung in eine Lösung, die das Einzelne wieder aufhebt und gleichsam von seiner Vereinzelung zu entbinden verspricht.

2 Gilles Deleuze: *Logik des Sinns*, aus d. Franz. v. Bernhard Diekmann. Frankfurt am Main: Suhrkamp 1993, S. 43. Anthropologisch ist dies bezogen auf den Mund, der zugleich Ort der Nahrungsaufnahme und der Artikulation ist und während er Öffnung und Schließung reguliert, entweder etwas aufnehmen oder abgeben kann. Vgl. dazu auch die Beiträge von Kai Wiegandt: „Beef, Biceps and Bhagvadgita“? Fleischverzehr und Vegetarismus in postkolonialen indischen Romanen, und Lena Henningsen: Erinnerungen an den Kannibalismus und die Genese der modernen chinesischen Literatur, in diesem Band.

3 Deleuze: *Logik des Sinns*, S. 43.

verlockend das Rezept auch medial präsentiert sein mag, doch drückt das Rezept das Verlangen aus, sich dem anderen Teil des Schwierigsten zu stellen und Anleitung bzw. Hinführung zu einer Erfahrung zu sein, die der Sprache extern bleiben muss. Das heißt aber auch, dass das Rezept als Vorgabe und nachträgliche Kodifizierung entschieden an die Konstruktion kultureller Autorität und Autorschaft, die Etablierung von Normativität oder kulturellen Gewohnheiten gekoppelt ist. Darüber hinaus verbindet es diese kultur- und erinnerungspolitischen Aspekte mit der Medialität der Tradierung und der Frage, in welchem Grad die Mündlichkeit und Schriftlichkeit eines Rezepts andere Legitimationsweisen und Formen des mehr oder weniger freien Umgangs mit der Autorität des Rezepts (und der Tradition) sowie, daran anschließend, der Partizipation an kulturellen Prozessen bedingt. Das Rezept wird daher hier nicht nur grundlegend als Medium des kulturellen Gedächtnisses verstanden, sondern auch als eine Form der Textualität, durch welche die Medialität der Kultur und des kulturellen Gedächtnisses in besonderer Weise sichtbar wird.

Anlass und Gegenstand dieser Überlegungen ist aber nicht etwa eine Kulturpoetik des Rezepts, sondern ein Gedicht, die *Oda al caldillo de congrio* (*Ode auf die Seeaalsuppe*) des chilenischen Dichters, Nobelpreisträgers und Diplomaten Pablo Neruda (1904–1973). Diese besingt nicht nur die chilenische Seeaalsuppe, sondern feiert die Suppe, indem sie ihr Rezept liefert. Selbst wenn man nicht überrascht wäre, dass ein Gedicht überhaupt einer simplen Fischsuppe gewidmet ist, könnte man doch verwundert sein, dass die klassische literarische Gattung der Ode sich hier mit der Textsorte des Rezepts verbindet. Ausgehend von meiner eigenen Verwunderung möchte ich im Folgenden nicht nur die Frage zu beantworten versuchen, warum ein Gedicht ein Rezept beinhaltet, sondern was Gedicht und Rezept bei Neruda miteinander zu tun haben. Über die Funktion des Rezepts *im* Gedicht und das Problem der poetischen Dimension eines Rezepts hinaus geht es mir daher darum, Nerudas Dichtung vom Rezept her zu denken. Ich möchte zeigen, dass Nerudas Rezept-Gedicht eine zentrale poetologische Rolle zukommt, weil und indem er darin eine spezifische Poetik für einen poetischen Weltzugang entwickelt.

I

Erschienen ist die *Oda al caldillo de congrio* 1954 als Teil der *Odas elementales*. Wie der Titel bereits suggeriert, basiert der Band insgesamt auf einem dichterischen Rückgriff auf das Elementare. Allerdings kann und soll dies nie nur ein Rückgriff bleiben. Vielmehr will ich unter dem Titel der ‚Rezeptur des Elementaren' eine Paradoxalität fassen, die über die zeitliche Dimension des Rückgriffs hinausgeht und die Spannung zwischen der wiederentdeckenden Wiedergabe und der kreativen (Re-)Konstituierung von Welt beschreibt. Denn die Rezeptur des Elementaren spielt mit dem zentralen Widerspruch, dass das Elementare just das wäre, wofür es keine Rezeptur bräuchte. Im kontrastiven Spiel mit einem Verständnis des Elementaren als dem Unzusammengesetzten, dem Originären oder den natürlich gegebenen Grundbausteinen entwickelt Neruda eine Poetik, die das Elementare dichtend wieder freilegen muss. Dies entspricht der analytischen Dimension des Rezepts. Andererseits ist diese freilegende Wiederentdeckung des Elementaren abhängig von einem textuellen Prozess, der die Elemente erst in ihrem kombinierenden Zusammenspiel in ihrer Bedeutsamkeit erkennbar und wiedererlebbar macht. Das Erleben des Elementaren wird somit in die Zukunft des kulturell verarbeitenden Nachvollzugs verlegt. Das Rezept als Medium des kulturellen Gedächtnisses leistet diese Transformation des Elementaren, indem es das Elementare zur Grundlage und zum Erkenntnisziel einer Tradierung macht. Diese stiftet kulturelle Identität als eine Kontinuität des Elementaren und der erkennenden Teilhabe am Elementaren.

Für die Form der Teilhabe und Nerudas Vorstellung elementar gedachter kultureller Identität spielt Essen in vielerlei Hinsicht eine zentrale Rolle. Es ist Ausdruck eines grundlegenden Zugangs zur Beschaffenheit der Welt ebenso wie einer Beschäftigung mit den existenziellen Grundbedingungen des Über- und Weiterlebens. Gleichzeitig lässt sich am Umgang mit dem Essen exemplarisch beobachten, wie Neruda versucht, ein Problem zu lösen, das sich aus der politischen Neuausrichtung seiner Dichtung und der Verschränkung von Dichtung und Politik ergibt. Denn Neruda war nicht nur bekannt für seine Leidenschaft für Essen und Trinken, die auch in andere Texte Eingang fand. So veröffentlichte er etwa 1969 zusammen mit Miguel Ángel Asturias eine Art poetisch-kulinarischen Reiseführer durch Ungarn, *Comiendo en Hungría*. Seine Feier des Sinnlichen stand auch in einem spannungsreichen Verhältnis zu seinem kommunistischen Engagement. In *Comiendo en Hungría* wird der Konflikt ‚gelöst', indem Asturias und Neruda die Erfahrung alimentärer Fülle in den Dienst einer Propaganda stellen, welche die Errungenschaften des Sozialismus am Beispiel Ungarns feiert. Allerding müssen dafür die tatsächliche Knappheit und der Hunger verschleiert oder radikal ausgeblendet werden.[4]

Die *Odas elementales* jedoch sind Teil einer weiter greifenden Neuorientierung von Nerudas Dichtung, die der Dichtung eine politisch und ethisch motivierte Rolle zuweist und sie zum Medium kultureller Teilhabe macht. Gemeinsam mit einer anderen Bestimmung der Dichtung und ihrer kulturellen Funktion bedingt sie dabei auch eine Neukonzeptualisierung des Dichters und seiner Autorität. Die *Odas elementales* tragen diesbezüglich bereits im Titel ein neues poetisches Programm, das Nerudas Übergang im Laufe der 1950er Jahre kennzeichnet. Sie setzt sich einerseits von der avantgardistischen Poetik der beiden ersten Bände der *Residencia en la tierra* (1925–1931) ab, in denen der Fokus auf der irdischen Situierung des Dichters und seinem existenziellen Kampf lag. Andererseits entfernt sie sich vom epischen Großprojekt des *Canto general* (1950), in dem Neruda eine Kosmogonie bzw. Mytho-Historiographie Lateinamerikas entwarf. Stattdessen nutzt er nun die traditionsreiche Gattung der Ode für eine Feier des Elementaren.

4 Zur „difícil relación que los poetas comunistas oficiales tienen con la gastronomía, sobre todo con la alta gastronomía" („schwierigen Verhältnis der offiziellen kommunistischen Dichter zur Gastronomie und insbesondere zur gehobenen Küche") vgl. Matías Barchino: Comida y propaganda política en la poesía hispanoamericana. Nicolás Guillén y Pablo Neruda. In: Eva Valcárcel (Hrsg.): *La literatura hispanoamericana con los cinco sentidos. V Congreso internacional de la AEELH*. La Coruña: Universidade da Coruña 2005, S. 93–102, hier S. 98 (Übers. A.O.): „A un revolucionario se le exige cierto estoicismo sano, lejano de los excesos de la burguesía. Pablo Neruda, sin embargo, logra hacer compatibles esas dos tendencias. Es capaz de dedicar odas al vino, al caldillo de congrio, al mercado de abastos y a todos y cada uno de los alimentos y líquidos que le han dado placer sin entrar en contradicciones ideológicas aparentemente, mediante la construcción de una teoría poética de lo elemental." („Von einem Revolutionär wird ein gesunder Stoizismus verlangt, der sich von bürgerlichen Exzessen fernhält. Pablo Neruda gelingt es jedoch, diese beiden Tendenzen zu vereinen. Er vermag, dem Wein, der Seeaalsuppe, dem Großmarkt und jedwedem Nahrungsmittel und Getränk, das er genossen hat, Oden zu widmen, und dabei mittels der Kreation einer poetischen Theorie des Elementaren die offensichtlichen ideologischen Widersprüche zu vermeiden.")

Wie Jaime Alazraki gezeigt hat, deutet sich Nerudas Faszination für das Elementare bereits in den erwähnten früheren Bänden an, doch steht sie dort in einem anderen poetologischen Kontext:

> Nerudas Faszination für das Elementare zeigt sich bereits im zweiten Band der *Residenz auf Erden*. [...] Aber Holz, Fenchel und Wein stellen noch einen Zugang zu jener ‚Welle an Geheimnissen' dar, die durch die Dichtung der *Residenz* tobt: Das Elementare ist verinnerlicht und in ein Medium für Visionen und Andeutungen einer Welt verwandelt, deren Zentrum der Dichter ist. Das Vergnügen an elementaren Gegenständen als Früchten der Erde und die Feier dieser Früchte als einer Realität, die sich selbst hervorbringt, erscheint in embryonaler Form im letzten Teil des *Großen Gesangs*.[5]

Erst in den *Odas elementales* verwirklicht sich, was sich am Ende des *Canto general* in embryonaler Form andeutet. Die spätromantische Internalisierung und Zentrierung im Dichter geht über zur Feier[6] der Dinge und Personen als eigenständige Manifestationen einer irdischen Realität und deren beständiger Selbsthervorbringung.
Poetologisch hat dies zunächst zwei Konsequenzen. Zum einen geht es darum, eine möglichst schlichte Sprache zu finden, die auf die essenzielle Einfachheit der Dinge in ihrer offensichtlichen Existenz, in ihrem Dasein und ihren regenerativen Zyklen antwortet und sie dichterisch entbirgt. Deutlichster Ausdruck dieser Anforderung ist die Form der Benennung und Auflistung, die nicht zuletzt die Makrostruktur des Buches (bzw. der schließlich drei Bände) charakterisiert. Jeder Titel kommt dabei einem Eintrag in einem alphabetisch geordneten Verzeichnis des Irdischen gleich und leitet die definitorisch-beschreibende

5 Jaime Alazraki: La estructura de la oda elemental. In: Ángel Flores (Hrsg.): *Nuevas aproximaciones a Pablo Neruda*. Mexiko: Fondo de Cultura Económica 1987, S. 223–238, hier S. 223 (Übers. A.O.): „El regusto de Neruda por lo elemental asoma ya en el segundo volumen de *Residencia en la tierra*. [...] Pero madera, apio y vino son todavía una forma de acceso a esa 'ola de misterios' que se agita tempestuosa en la poesía de *Residencia*: lo elemental está internalizado y convertido en vehículo de visiones y entrevisiones de un mundo cuyo centro es el poeta. El regodeo por las cosas elementales como fruto de tierra y la celebración de esos frutos como realidad que se debe a sí misma aparece en forma embrionaria en la última parte de *Canto general*."

6 Allerdings weist David G. Anderson: *On Elevating the Commonplace. A Structuralist Analysis of the "Odas" of Pablo Neruda*. Valencia: Albatros Hispanófila 1987, S. 34–37, zurecht darauf hin, dass nicht alle Oden Nerudas eine Feier darstellen.

Arbeit des Gedichts ein. Zum anderen ändert sich mit dem Bezug des Sprechers zur Welt auch die Konzeptualisierung des Dichters, der nicht mehr voller Existenzangst durch die Nacht schweift, sondern nun in größtmöglicher Klarheit die Dinge seiner Umgebung benennt und dabei das Verhältnis zwischen Außen- und Innenwelt zugunsten der äußerlichen Dinge umwertet:

> Vom beklommenen Nachtschwärmer ist der Dichter nun zum transparenten Namensgeber der ihn umgebenden Dinge geworden, wobei er diesen äußerlichen Objekten im Verhältnis zu seiner persönlichen Innenwelt eine neue Bedeutung verleiht.[7]

Forderten im zentralen poetologischen Gedicht *Arte poética* der *Residencia* die Dinge der Welt noch das Prophetische vom Dichter („*me piden lo profético que hay en mi*")[8] und gaben einer melancholisch fundierten und auf eine unbestimmte Zukunft ausgerichteten *poetics of prophecy*[9] Ausdruck, wird der Dichter in *El hombre invisible* (*Der unsichtbare Mensch*), das den *Odas elementales* als ein metapoetischer Prolog vorangestellt ist, zu einer ganz anderen Art Medium. Nun sind es die Dinge und Personen des alltäglichen Lebens, die zu einem Dichter sprechen, der sich nicht mehr selbst Mitte ist, sondern sich unweigerlich in deren Mitte befindet. In dem Maße, in dem er sich unter ihnen bewegt, drängen sie ihm gleichsam ihre Geschichten auf, erzählen sie ihm von ihrem Leben. Indem sich der Dichter mehr und mehr unsichtbar macht und sein eigenes Selbst zurückstellt, kann er ihre Geschichten als Gesang zur Erscheinung bringen. Die Dinge, die Personen und das Leben verlangen nicht mehr nach dem Prophetischen im Dichter, sondern sprechen selbst zum Dichter, erzählen ihm von ihren Belangen. Der Dichter wird so zum Medium eines kulturellen

7 Jorge Arbeleche: La poesía del objeto en Neruda. In: *Texto Crítico* 22,23 (1981), S. 194–208, hier S. 203 (Übers. A.O.): „Del angustiado noctámbulo ha llegado el poeta a ser ahora el diáfano nombrador de las cosas que lo circundan, revalorizando la importancia de esos elementos exteriores en relación con el mundo interior personal."

8 Pablo Neruda: *Residencia en la tierra*, hrsg. v. Hernán Loyola. Madrid: Cátedra ^{5}1999, S. 135.

9 Siehe dazu die zentrale Studie von Enrico Mario Santí: *Pablo Neruda: The Poetics of Prophecy*. Ithaca / London: Cornell UP 1982.

Gedächtnisses, das in sich den Gesang und die Leben der anderen aufnimmt und fortleben lässt:[10]

que todos vivan	dass alle lebten
en mi vida	in meinem Leben
y canten en mi canto,	und sängen in meinem Gesang,
yo no tengo importancia,	ich bin nicht wichtig,
[…]	[…]
debo anotar lo que pasa,	ich muss niederschreiben, was geschieht,
y no olvidar a nadie.	und darf keinen vergessen.
(Z. 160–168)[11]	

Jedoch ist der Dichter mehr denn bloßer Chronist, mehr denn passives Medium. Er nimmt die Welt nicht einfach auf und gibt sie wieder. Sie erscheinen zu lassen, bedeutet vielmehr eine Transformation, welche die Dinge und Personen zu lebendigen Trägern der Hoffnung macht, indem sie die Welt für eine „imaginative re-creation“[12] öffnet. Narrativer Rückbezug auf das Bestehende und prophetische Projektion treffen sich in der Überlagerung des dichterischen Lebens/Sprechens mit „todas las vidas“ und formieren die Gemeinschaft allen Lebens.

Dadme para mi vida	Gebt mir für mein Leben
todas las vidas,	alle Leben,
dadme todo el dolor	gebt mir allen Schmerz
de todo el mundo,	der ganzen Welt,
yo voy a transformarlo	ich werde ihn in Hoffnung
en esperanza. (Z. 224–229)	verwandeln.

10 Vgl. dazu Santí: *Pablo Neruda*, S. 210: „Neruda's prophet wishes to empty himself on behalf of the object's boundless presence.“

11 Pablo Neruda: El hombre invisible. In: *Odas elementales*, hrsg. v. Jaime Concha. Madrid: Cátedra ^{8}1999, S. 59–65. Die deutschen Übersetzungen sind mit Abänderungen übernommen aus Pablo Neruda: *Elementare Oden – Neue elementare Oden – Drittes Buch der Oden*, hrsg. v. Karsten Garscha, aus d. Span. v. Erich Arendt. Darmstadt: Luchterhand 1985, hier S. 7–13.

12 Santí: *Poetics of Prophecy*, S. 210.

Neruda vollzieht damit eine entscheidende Veränderung des Gattungsmusters der Ode. Er nutzt die gattungstypische Entpersönlichung des Sprechers[13] und lässt diesen hinter den Gegenstand und den Anlass seines öffentlichen Sprechens zurücktreten. Jedoch bezieht er dieses Sprechen auf Gegenstände, die traditionell nicht den Erwartungen an eine Ode entsprechen.[14] Zwar stellt er sich mit der Verhandlung einfacher Gegenstände in eine lateinamerikanische Odentradition, die besonders auf Andrés Bello und Leopoldo Lugones zurückgeht, Neruda widmet seine vergleichsweise kurzen Oden aber jeweils nur *einem* Objekt oder *einer* Person und insistiert mit dieser Singularisierung auf deren existenzieller Bedeutsamkeit.[15] Vor dem Hintergrund der lateinamerikanischen Odentradition, die das Medium der Dichtung für politische Unabhängigkeitsbestrebungen nutzte und sich auf die natürlichen Gegebenheiten des Kontinents als Garanten einer eigenen kulturellen Identität bezieht, gewinnt Nerudas Elementarpoetik daher eine entscheidende politische Dimension. Die entsubjektivierte Sprecherhaltung, welche die Gegenstände zur Sprache kommen lässt, liefert darin die Grundlage für eine „experiencia de la solidaridad".[16] Diese „Erfahrung der Solidarität" etabliert eine Gemeinschaft, die durch den Gesang verbunden ist und in ihm seinen Ausdruck findet. Wie bei Bello und Lugones steht diese poetische Gemeinschaft unter dem Zeichen eines spezifisch lateinamerikanischen Projekts der Identitätsstiftung.

Das Modell für diese Gemeinschaft ist die Teilhabe am Elementaren, die der poetische Text ermöglichen soll. Dadurch wird die Gemeinschaft zugleich regional spezifisch und universell – und wie ich in der folgenden Lektüre zeigen will, erscheint dies in der paradoxalen Rezeptur des Elementaren poetisch auf besondere Weise umgesetzt. Denn indem die Poesie das Elementare erinnernd freilegt und es dabei transformiert, stellt sie es für das kulturelle Gedächtnis und eine

13 Vgl. Anderson: *Elevating the Commonplace*, S. 31.

14 Vgl. Santí: *Poetics of Prophecy*, S. 210: „The poetics of the 'elementary ode' implies a poetic self whose suppression allows for the transvaluation of common objects – air, onions, artichokes, thread, and bread – which normally would not form part of a poetic 'experience,' or at least that experience as defined by classical tradition."

15 Vgl. Anderson: *Elevating the Commonplace*, S. 34.

16 Arbeleche: La poesía del objeto, S. 195.

identitätsstiftende Tradierung bereit. Die Poetik der Rezeptur drückt somit eine Zeitlichkeit aus, die im Entbergen der Grundbestandteile der Welt und ihrer Transformation in Hoffnung zugleich zurück *und* nach vorn gerichtet ist. Darüber hinaus reflektiert sie diese Zeitlichkeit aber bewusst in der Medialität des poetischen Sprechens/Schreibens, dessen eigene Temporalität in der Sprechweise und im sprachlichen Verhältnis zu den Gegenständen und ihrer poetischen Belebung und Bewahrung ausgestellt wird. Es geht dabei wesentlich um die Frage, wie die elementare Materialität und Sinnlichkeit der Welt poetisch präsentiert werden können und die Dichtung darin der ihr zugemessenen kulturellen und politischen Funktion[17] nachkommt.

II

Gerade weil sich Nerudas Oden auf die Grundbedingungen des menschlichen Daseins richten, spielt das Essen als Weltzugang und existenzielle Erfordernis eine wichtige Rolle. In ihm konkretisiert sich eine materielle Welterfahrung, die Nerudas Form, die Teilhabe zu denken, verdeutlicht und gleichsam greifbar macht. Denn für Neruda kommt der Mensch über die Nahrung nicht nur in Kontakt mit der aktuell bestehenden Welt, er tritt auch in den Kreislauf ihrer beständigen Erneuerung ein. Das Essen lässt den Menschen teilhaben an der regenerativen Kraft der natürlichen Zyklen, in denen die Erde sich und ihre Früchte beständig selbst hervorbringt. Nicht zuletzt vor dem Hintergrund von tatsächlicher Knappheit und Hunger[18] birgt der regenerative Rhythmus des Elementaren daher auch ein auf die

17 Arbeleche: La poesía del objeto, S. 194, sieht in dieser Offenbarung der Welt zudem die „eminent didaktische“ Funktion von Nerudas Oden, denn sie erst zeige die Welt in ihrer Einfachheit in einem Akt der Entmystifizierung. Wie ich zeigen werde, betreibt aber vor allem die pathetische Anthropomorphisierung durchaus auch eine rhetorisch hervorgehobene Überschreibung, welche die Welt nicht nur in wiederholten Momenten einfacher Schönheit („sucesivos instantes sencillos y hermosos“) zeigt, sondern die poetische Transformationsarbeit als Hoffnungsarbeit ausstellt, die auf einer Erinnerung eines so wohl nie dagewesenen Zustands der Einfachheit und Schönheit basiert.

18 Zur konstitutiven Rolle des Hungers in der lateinamerikanischen literarischen Auseinandersetzung mit dem Essen vgl. Santiago Daydí-Tolson: Hunger and Satiety in Latin American Literature. In: Lawrence C. Rubin (Hrsg.): *Food for Thought. Essays on Eating and Culture.* Jefferson / London: McFarland 2008, S. 139–151.

Zukunft gerichtetes Versprechen, in dem sich die Transformation in Hoffnung vollzieht.

Diese politische Dimension des Elementaren dürfte ein wesentlicher Grund dafür sein, dass sich die *Odas* vor allem auf Grundbestandteile des Essens konzentrieren. Es geht Neruda nicht um komplizierte Gerichte oder um das Ausstellen kulinarischer Fülle. Dies schlägt sich womöglich bereits in der Anzahl der Texte über Nahrungsmittel nieder. Denn wenngleich die dem Essen gewidmeten Oden zu den wichtigsten und meist rezipierten Texten der Sammlung gehören, nehmen sie rein zahlenmäßig keinen großen Raum ein. Von den insgesamt 68 Oden des ersten Bandes von 1954 sind nur sechs dem Essen gewidmet. Darunter haben wiederum drei von der Natur gegebene Nahrungsmittel zum Gegenstand: die Artischocke, die Zwiebel und die Tomate. Zwei weitere greifen grundlegende Bestandteile des rituell-gemeinschaftlichen Lebens auf und feiern darin zugleich essenzielle Kulturleistungen der menschlichen Weiterverarbeitung: das Brot und den Wein. Dabei ist der Wein noch einmal besonders hervorgehoben, da ihm die letzte Ode des Bandes gilt. Wenngleich dies zunächst lediglich der alphabetischen Anordnung der Gedichte geschuldet ist, kann diese Positionierung dennoch nicht nur auf Nerudas eigene, hinlänglich bekannte Vorlieben verweisen, sondern bezeugt trotz aller Kontingenz der Anordnung, wie stark sich Nerudas Poetik auf das irdische Dasein und die Umstände einer menschlichen Gemeinschaft richtet. Denn angesichts der Geschichte eines christlich kolonialisierten Kontinents fällt an den Oden auf Brot und Wein auf, dass sie religiöse Konnotationen geradezu unterdrücken. Stattdessen zeigt sich in ihnen die poetische Arbeit an einer anderen Form der Kommunion, die gleichermaßen die Oden auf die Artischocke, die Zwiebel und die Tomate charakterisiert.

Trotz ihrer lockeren Verteilung über den ganzen Band sind die Texte zum Essen eng miteinander verbunden. Sie bilden ein Verweisungsnetzwerk, das sich unter anderem aus Motivwiederholungen sowie der Wiederkehr einzelner Nahrungsmittel in den anderen Oden speist, entwickeln aber vor allem eine Semantik und Pragmatik innerweltlichen Engagements, die die Rolle der Nahrungsmittel für die Gemeinschaft in den Mittelpunkt stellt. Dabei sind es die poetischen Verfahren selbst, die in aller Schlichtheit die irdisch-elementare Teilhabe zunächst als Verbundenheit und wechselseitige Durchdringung nicht nur entwerfen, sondern sprachlich vollführen. Hierfür ist das feierliche Pathos von entscheidender Bedeutung. In seiner doppelten Ausprägung als Anthropomorphisierung und kosmologische Projektion leistet es die zentrale Überhöhung des Elementaren, in der die Nahrungsmittel als Mikrokosmen erscheinen, welche die Welt und den Kosmos in sich bündeln. Das Scharnier hierfür ist die Teilhabe an den Elementen. So wird etwa die Zwiebel in den wohl berühmtesten Versen der Oden als „redonda rosa de agua" („runde Rose von Wasser", Z. 26)[19] beschrieben, die „eterna, intacta, pura / como semilla de astro" („ewig, vollkommen und rein / wie Samenkorn der Gestirne", Z. 56–57) als „Estrella de los pobres" („Stern der Armen", Z. 51) aus den Tiefen der Erde erwächst und in ihren Schichten wie Schuppen und Blütenblättern Licht und Wasser in kristalline Verbindung bringt:

pétalo a pétalo	Blütenblatt um Blütenblatt
se formó tu hermosura	formte deine Schönheit sich,
escamas de cristal te acrecentaron	kristallene Schuppen ließen dich schwellen,
y en el secreto de la tierra oscura,	und im Verborgenen der dunklen Erde
se redondeó tu vientre de rocío. (Z. 3–7)	rundete sich dein Leib aus Tau.

In gleicher Weise wird das Brot als Vereinigung des Meeres und der Erde präsentiert („del mar y de la tierra / haremos pan", Z. 58–59)[20], die unter der Kraft des Feuers heranwächst („con harina, / agua / y fuego / te levantas", Z. 2–5 [„aus Mehl, / Wasser / und Feuer / treibst du in die Höhe"]), und ist die Tomate ein terrestrischer Stern („astro de tierra", Z. 71)[21] und „un sol / fresco" („eine frische / Sonne", Z. 35–36). Sie lässt sich daher nicht nur in zwei Hemisphären teilen und offenbart auf dem Tisch freigiebig „la insigne plenitud / y abundancia" („die gefeierte Fülle / und den Überfluss", Z. 78–79) der Erde sowie

19 Pablo Neruda: Oda a la cebolla. In: *Odas elementales*, S. 92–94 (deutsche Ausgabe: S. 42–44).

20 Pablo Neruda: Oda al pan. In: *Odas elementales*, S. 200–203 (deutsche Ausgabe: S. 156–160).

21 Pablo Neruda: Oda al tomate. In: *Odas elementales*, S. 246–248 (deutsche Ausgabe: S. 205–207).

die „totalidad de su frescura“ („Gesamtheit ihrer Frische“, Z. 86), sondern ergießt ihren Kraft spendenden Saft auch durch die Straßen der Menschen („corre / por las calles / el jugo“, Z. 20–22 [„rinnt / der Saft / durch die Straßen“]), erobert ihre Küchen („invade / las cocinas“, Z. 16–17) und stiftet so eine übergreifende Verbindung von Natur, Kosmos, Zivilisation und Gesellschaft.

Komplementiert wird diese Projektion ins Makrokosmische, die das Einfache als Ausdruck des Kosmologischen überhöht, durch das Pathos der Anthropomorphisierung. Hier kehrt sich gleichsam die Richtung der Verschränkung um. Hat im ersten Sinn der Mensch über die Zwiebel, Tomate und Brot Teil an universalen Prozessen, leistet die Vermenschlichung eine Verbindung, die das Menschliche als das Universell-Elementare und dieses wiederum reziprok in menschlichen Prozessen verständlich macht. Besonders ausgeprägt ist dies in den Oden auf die Artischocke und den Wein. So wird der Wein nicht nur zum Inbegriff einer überbordenden Sinnlichkeit, die sich nicht einhegen lässt und noch nie in nur ein Glas, einen Gesang, einen Menschen passte („nunca has cabido en una copa, / un canto, en un hombre“, 16–17)[22]. Vielmehr zeigt sich an ihm das Überbordende und Verbindende der Sinnlichkeit schlechthin. Dies äußert sich zunächst in der personifizierenden Überblendung des Körpers der Geliebten mit dem Wein und seinen Metonymien (Glas, Traubendolde, Traube, Krug), in der die Allegorese über die Übertragung der Körperlichkeit explizit ausgestellt wird:

Amor mío, de pronto	Geliebte du, auf einmal
tu cadera	ist deine Hüfte
es la curva colmada	die vollendete Rundung
de la copa,	des Glases,
tu pecho es el racimo,	deine Brust die Traubendolde,
la luz del alcohol tu cabellera,	das Licht des Alkohols dein Haar,
las uvas tus pezones,	die Trauben deine Brustspitzen,
tu ombligo sello puro	dein Nabel makelloses Siegel,
estampado en tu vientre de vasija,	geprägt auf dein Leibesgefäß,
y tu amor la cascada	und deine Liebe die Kaskade
de vino inextinguible (Z. 48–58)	unerschöpflichen Weines

22 Pablo Neruda: Oda al vino. In: *Odas elementales*, S. 269–271 (deutsche Ausgabe: S. 231–233).

Über die (körperlich-sinnliche) Liebe zweier Menschen hinaus wird der Wein aber auch zum Symbol jedweder Verbundenheit: „amistad de los seres, transparencia, / coro de disciplina, / abundancia de flores" („Freundschaft aller Wesen, Transparenz, / Chorgesang der Gesittung, / Fülle der Blüten", Z. 66–68).

Damit erscheint in der Ode auf den Wein etwas angedeutet, was die Oden auf die Artischocke und das Brot für das Verfahren der Anthropomorphisierung und seine Funktion explizit machen. Denn hier wird die Anthropomorphisierung an eine markant kämpferische Metaphorik gekoppelt. Diese bleibt jedoch nicht Selbstzweck, sondern dient einer Konzeptualisierung kommunaler Teilhabe als politischer Militanz und Parteinahme.

Gemäß der von Alazraki herausgearbeiteten Aktualisierung der klassischen dreigliedrigen Odenstruktur durch Neruda[23] wird in der Ode auf die Artischocke die Distelfrucht zunächst nach ihrem Äußeren beschrieben: Trotz oder wegen ihres sanften Herzens trägt die Artischocke wie ein Krieger eine Schuppenrüstung, während ihre Form an eine Granate erinnert. Über die Schutzfunktion hinaus, die die Artischocke von den sie umgebenden Pflanzen absetzt, kommt in diesem äußeren Anschein jedoch der tief gehegte Traum der Artischocke zum Ausdruck: die Militanz. Im politischen Kampf wird das kriegerische Äußere dem Herzen untergeordnet. Verwirklichen kann sich dieses Ziel jedoch erst im Kontakt mit dem Menschen, wie der zweite Teil verdeutlicht. Zwischen all dem anderen Gemüse auf dem Markt wartend, ist die Artischocke auf die unerschrockene María angewiesen, die sich nicht von ihrem abweisenden Äußeren abschrecken lässt und ihr Potenzial erkennt. Die das Gedicht abschließende Mahlzeit entkleidet die Artischocke „Schuppe um Schuppe" (Z. 80)[24] ihrer Rüstung und legt jenes friedfertige Herz frei, mit dessen Verzehr sich die kämpferische Bestimmung der Artischocke erfüllt: Indem sie die „pacífica pasta" („friedliche Fleisch", Z. 84) ihres grünen Herzens darbietet, endet die Artischocke nicht nur in Frieden, sondern stiftet ihn auch.

23 Vgl. Alazraki: La estructura de la oda elemental, S. 228–229.

24 Pablo Neruda: Oda a la alcachofa. In: *Odas elementales*, S. 69–71 (deutsche Ausgabe: S. 17–20).

Wichtig ist, dass der Verzehr der Artischocke eine Gemeinschaft begründet, die auf einem regenerativen Miteinander beruht. Das kämpferische Äußere gilt es dabei nur als erste Stufe zu sehen bzw. in einer Weise für eine friedliche Gemeinschaft zu funktionalisieren, wie dies in aller Deutlichkeit die *Ode auf das Brot* vorführt. Das Brot wird darin zum wahrhaften Grundnahrungsmittel. Denn in dieser Ode kondensieren sich die hier aufgefächerten Dimensionen kommunaler Teilhabe. Sie beginnt mit der Feier des Brotes als Verkörperung der Fruchtbarkeit schlechthin. Es empfindet nicht nur „el vientre / de la madre" („den Leib / der Mutter", Z. 9–10) nach, sondern vereint in sich die elementare Fruchtbarkeit der ganzen Erde und bringt das „milagro repetido" („wiederholte Wunder", Z. 48) einer ewigen Wiedergeburt zum Ausdruck. Entscheidend ist jedoch, dass dieses Wunder der „acción de hombre" („Menschenwerk", Z. 47) geschuldet ist. Menschliche und irdische Zyklen überlagern sich also nicht von allein, sie bedürfen einer „voluntad de vida" („Lebenswillen", Z. 49), die sich im menschlichen Handeln äußert. Und dieses Handeln zielt auf die Grundbedingung der menschlichen Existenz: Die Nahrung konfiguriert in Gestalt des Brotes eine universale menschliche Gemeinsamkeit, aus welcher der Text schließlich eine umfassende Gemeinschaft im weltumspannenden Kampf um die Existenz entwirft:

del mar y de la tierra	aus Meer und Erde
haremos pan,	werden wir Brot bereiten,
[...]	[...]
el pan de cada boca,	Brot für jeden Mund,
de cada hombre,	jedweden Menschen,
en cada día	jeden Tag
[...]	[...]
no para un hombre sino	nicht für einen Menschen nur,
para todos (Z. 48–58)	für alle

Diese Gemeinschaft basiert auf dem gemeinsamen Kampf um die beständige Neuschöpfung des Brotes. Weil das Brot zugleich Teilhabe an den Elementen impliziert, leitet Neruda aus dem Wunder des Lebenswillens zugleich das gemeinsame Recht auf die Erde ab. Das aus dem religiösen Kontext der Kommunion entbundene Brot wird stattdessen heilig und geheiligt („sagrado, / consagrado", Z. 125–126), weil es „el producto / de la más larga y dura / lucha humana" („die Frucht / des längsten und erbittertsten / Kampfes des Menschen", Z. 127–129) um die Freiheit ist. Diese drückt sich im täglichen „pan de cada boca" („Brot jedes Mundes", Z. 50, 62, 124) aus. Sie erscheint als die Freiheit, an der regenerativen Existenz der Erde und an der Gemeinschaft der Menschen teilzuhaben.

Das Grundnahrungsmittel Brot wird nicht einfach vorausgesetzt, noch soll um es gebetet oder gebettelt werden. Insistent wird das Brot zum Refrain eines irdischen, gemeinsamen Kampfes um die Verteilung der Erde und um das Leben:

pan,	Brot
no rezaremos,	wir werden nicht beten,
pan,	Brot,
no medigamos,	wir werden nicht betteln,
lucharemos por ti con otros hombres,	wir werden um dich kämpfen mit anderen Menschen
con todos los hambrientos,	mit allen Hungernden,
[…]	[…]
toda la tierra la repartiremo	die ganze Erde werden wir verteilen
para que tú germines,	auf dass du keimest,
[…]	[…]
conquistando	und erobern
tierra y pan para todos,	Erde und Brot für alle,
y entonces	und dann
también la vida	wird auch das Leben
tendrá forma de pan (Z. 97–117)	die Form des Brotes haben

Nerudas Oden auf Essen und Trinken zielen also auf eine doppelt ausgerichtete Teilhabe, die nicht nur die Menschengemeinschaft verbinden soll, sondern das Menschliche und das Irdisch-Elementare miteinander in Resonanz bringt. Dieser doppelten Ausrichtung entspricht zugleich eine doppelte Zeitlichkeit, die sich in einem Verständnis der Existenz als Militanz, als Kampf um Teilhabe und Gemeinschaft offenbart. Aufgrund dessen sind die Oden keine Feier vergangener Leistungen oder des bloß Existierenden. Vielmehr zeigt sich unter anderem in der zuletzt zitierten Passage die Verschränkung aus Feier und Zukunftsprojektion an, welche die letzten Verse des Bandes im Schluss der *Oda al vino* als Ethos dieser Dichtung bündeln:

y aprenda el hombre oscuro,	und es lerne der dumpfe Mensch
en el ceremonial de su negocio,	bei der Verrichtung jeglichen Tuns
a recordar la tierra y sus deberes,	sich der Erde zu erinnern und seiner Pflichten,
a propagar el cántico del fruto. (Z. 80–83)	und zu verbreiten den Lobgesang der Frucht.

Der Kampf bedeutet eine Ausrichtung auf die Zukunft, deren Erfüllung jedoch in der Erinnerung der elementaren Pflicht der Teilhabe besteht. Erst darin zeigt sich das gebührende Ge- und Bedenken des Elementaren.

III

Aus dieser dialektischen Verschränkung resultiert nun auch die spezifische Funktion und Funktionsweise der Dichtung. Sie ist aufs Engste gebunden an das Problem der Zeitlichkeit. Entgegen allzu simpler Vorstellungen, dass die Dichtung entweder das Vorhandene einfach abbildend feiern könnte oder sie durch ihren Aufruf zum Kampf die Welt ändern könnte, findet Neruda in der *Ode auf die Seeaalsuppe* einen Modus der impliziten Selbstreflexion seiner Elementarpoetik. Dieser besteht in der Überblendung von Rezept und Gedicht. Im Unterschied etwa zum kämpferischen Appell der *Ode auf das Brot* und seiner Zukunftsausrichtung stellt das Rezept als bestimmte Form der Tradierung auf einer höheren Ebene nochmals das Problem der Erinnerung und deren Medialität aus. Darüber hinaus ist es aber nicht nur die Form des Rezepts, die die Sonderstellung der *Oda al caldillo de congrio* innerhalb der Oden auf Nahrungsmittel ausmacht. An das Rezept und seine implizite Thematisierung des dichterischen Sprechens knüpft sich zudem, dass das Gedicht einem komplexeren kulinarischen Gegenstand gewidmet ist und dass dieser nicht nur ein bestimmtes Gericht ausmacht, sondern dieses Gericht für eine spezifische territoriale, kulturelle und nationale Lokalisierung steht. Im Unterschied zum Universalismus der anderen Nahrungsmittel und deren Ausrichtung auf eine größtmögliche Gemeinschaft verbindet das Rezept also Tradierung und das Problem des kulturellen Gedächtnisses mit einem verortenden Identitätsdiskurs, wie er für die lateinamerikanische Odentradition charakteristisch ist. Die durch die Form des Rezepts hervorgehobene Zeitlichkeit des poetischen Sprechens wird somit zum Problem einer kulturellen Tradierung und einer Identitätsstiftung, die auf eine besondere, lokale Konfiguration der universalen Elemente zielt.

Der Text besteht aus 73 Zeilen von unterschiedlicher Länge und variiert von 2-Silbern bis hin zum klassischen spanischen 7- und 11-Silber, deren Alternanz typisch ist für die Versformen der Ode. Inhaltlich lässt er sich mehr oder weniger deutlich in drei Teile unterteilen, die dem traditionellen Odenschema entsprechen, wie es Alazraki für Nerudas Anwendung der Struktur von Strophe, Antistrophe und Epode gezeigt hat.[25] Diese Struktur koinzidiert mit den Wechseln in der Pragmatik des Gedichts, also dem sich ändernden Verhältnis zwischen Sprecher, Gegenstand und Sprechweise. In diesen Änderungen manifestiert sich zugleich die besondere Zeitlichkeit der Rezeptur des Elementaren.

Der Text beginnt mit einem Beschreibungsteil, der in sich bereits dreigegliedert ist. Dieser Gliederung entsprechen die syntaktischen Einheiten der drei Auftaktsätze. Der erste Satz führt die Hauptzutat des Gedicht-Rezepts ein und situiert den Seeaal in seiner natürlichen Umgebung.

En el mar	Im sturmdurchwühlten
tormentoso	Meer
de Chile	von Chile
vive el rosado congrio,	lebt der rosenfarbene Seeaal,
gigante anguila	der Aalgigant
de nevada carne. (Z. 1–6)[26]	mit schneeigem Fleisch.

In einem stürmischen Beginn betont der Text vor allem die Elemente und ihr meteorologisches Zusammenspiel. Dabei steht das

25 Vgl. Alazraki: La estructura de la oda elemental, S. 228.

26 Pablo Neruda: Oda al caldillo de congrio. In: *Odas elementales*, S. 88–90 (deutsche Ausgabe: S. 38–40).

aufgewühlte Meer des ersten Verses einer anderen, metaphorisch-metonymisch aufgerufenen Rauheit am Satzende gegenüber, und es ist der Fisch, der diesen Kontrast vermittelt und motiviert. In seinem Fleisch zeigt sich nicht nur seine eigene oxymorale Bestimmtheit aus rosig-weißer Zartheit und der Kraft des Giganten, im Schnee seines Fleisches verschränken sich überdies die Kälte des wilden Meeres und der Verweis auf die schneebedeckten Giganten der Anden. So vollzieht die Beschreibung des Fisches und seines Umfelds eine erste Versammlung der Elemente: Meer, Sturm und Schnee verkörpern Wasser, Luft und Erde. Doch bleibt es nicht bei dieser geographisch-elementaren Beschreibung. Zweimal ist innerhalb der beiden Auftaktsätze diese Geographie national verortet und eröffnet damit einen Identitätsdiskurs, der über den Seeaal die elementaren Gegebenheiten als „Essenzen Chiles" (Z. 67) entwirft. Wenn man so will, kann man daher in den Farben des Seeaals auch bereits das Rot und Weiß der chilenischen Fahne erkennen, doch benötigt es das Gedicht, um die nationale Bedeutsamkeit der Elemente und des Fisches sinnlich und sinnhaft erlebbar zu machen. Erst in seiner Tradierung eines urtümlichen Rezepts wird das Gedicht an die kulturelle Bedeutung der chilenischen Geographie erinnern und dabei deren Elemente als identitätsstiftende Essenzen destillieren, die Vergangenheit, Gegenwart und Zukunft vereinen sollen.

Den entscheidenden Übergang, der die natürlichen wilden Elemente in die Sphäre des Kulturellen überträgt, leistet der Beginn des zweiten Satzes in einem Sprachspiel, das durch die Wiederholung der nationalen Identität umso stärker betont ist. Ihm unterliegt eine Verschiebung, die, wie bereits für die Anthropomorphisierung gezeigt, in ihrer Rhetorizität die Transformation der natürlichen Umgebung des Seeaals in ein kulturelles Umfeld zugleich vollzieht und den Fisch dabei zur Zutat macht. In einem markierten syntaktischen Parallelismus wird nämlich das Habitat des Seeaals vom Meer zu Beginn des zweiten Satzes in die chilenischen Töpfe verlegt. Die Transformation im Spanischen ist minimal, bedarf sie doch lediglich einer metonymischen Verschiebung und eines zusätzlichen Buchstabens, der aus den Meereswellen, den *olas*, „ollas", Kochtöpfe, macht.

Y en las ollas chilenas, en la costa, nació el caldillo grávido y suculento, provechoso. (Z. 7–12)	Und in den chilenischen Kochtöpfen an der Küste kam die Suppe zur Welt, kräftig, köstlich und reichhaltig.

Doch die Implikationen sind weitreichend für Nerudas Elementarpoetik. Der Parallelismus führt anhand des Umgangs mit dem Seeaal, der in den folgenden Versen näher dargelegt wird, eine gleichsam naturgewachsene Parallelität von Natur und Kultur vor. In dieser bedingen und verstärken sich chilenische Geographie und chilenische Kultur, für die die Seeaalsuppe zum exemplarischen Ausdruck des urwüchsigen Umgangs mit den natürlichen Ressourcen wird. Dies zeigt sich unmittelbar in der Naturalisierung der Suppe. Nicht nur ist diese spezifisch an der chilenischen Küste, jenem Treffpunkt des stürmischen Meeres und der schneebedeckten Anden, verortet, über diese Herkunft als Geburtsstätte wird die Suppe zudem neuerlich anthropomorphisiert. *Olas* und *ollas* bilden dadurch einen doppelten Uterus, in dem sich Natur und Kultur poetisch überblenden. Verstärkt wird die Kraft der Analogie durch die Trias der Adjektive *grávido*, *suculento* und *provechoso*, die den *caldillo* charakterisieren und allesamt eine Reichhaltigkeit betonen, die sich aus dieser Verbindung ergibt.
Darüber hinaus bedingt die Naturalisierung aber auch einen Wechsel der Sprechweise. Die Beschreibung des ersten Satzes geht über in eine Narration, die ausgehend von der Geburtsmetapher eine kurze Genealogie der Suppe liefert. Nach dem überzeitlich zu verstehenden Präsens des Auftakts entwirft der Sprecher hier in aller Kürze eine mythische Vergangenheit, die immer schon mit der chilenischen Identität gekoppelt ist und diese anhand des Gerichts zugleich mitbegründet.
Von dieser Kürzestgenealogie geht der dritte Satz über zu den Vorbereitungen des Gerichts in der eigenartigen Zeitlichkeit des Rezeptimperativs, die zwischen der Gegenwärtigkeit der Zubereitung und der Vor-Gabe der Zukunft changiert. Tatsächlich vollzogen wird dieser Wechsel erst im zweiten Teil und durch die zeitliche Situierung im Jetzt ab Zeile 25. Der dritte Satz bleibt hingegen in einem Zwischenmodus, durch den die Ausgangssituation für das Kochen erst geschaffen werden muss.

Lleven a la cocina	Man bringe den enthäuteten Aal
el congrio desollado,	in die Küche,
su piel manchada cede	seine gefleckte Haut weicht
como un guante	wie ein Handschuh
y al descubierto queda	und da liegt entblößt
entonces	nun
el racimo del mar,	der Traubenstand des Meeres,
el congrio tierno	der zarte Seeaal
reluce	schimmert
ya desnudo,	nackt schon,
preparado	bereit
para nuestro apetito. (Z. 13–24)	für unsre Begier.

Der Satz beginnt mit einem Imperativ, der den Transport des Fisches an Land und in die Küche anordnet und darin nun jenen Transfer aus dem ursprünglichen wilden Umfeld des Meeres ans Land und in die Kultur vollzieht. Diesem korrespondiert die Häutung des Fisches, die zugleich das Meer am Land erscheinen lässt. Erneut werden dabei das Menschliche („guante") mit dem Natürlichen, das Liquide mit dem Terrestrischen („racimo") überblendet. Dabei führt die erotisierte Offenbarung des Fisches in seiner Nacktheit zu einer Gemeinschaft, die mit dem Übergang in die zeitliche Situierung des „Ahora" und in der Erwartung der Zubereitung erstmals eine gemeinschaftliche Sprechinstanz des Wir („nuestro") manifestiert. Der entblößte Fisch zeigt sich dem Begehren als zukünftiges Versprechen und harrt küchenfertig unserer Fleisches- bzw. Fischeslust. Der Seeaal wird zum Objekt eines Begehrens und einer Sinnlichkeit, durch die die Begegnung mit dem Elementaren zwischen Kulinarischem und Erotik changiert und Grenzen sowie Aggregatzustände verflüssigt werden. Wie dies am deutlichsten die spektakuläre Metapher des marinen Traubenstands ausdrückt, leitet sie ein transgressives Gastmahl beständiger Metamorphosen ein, das im Folgenden den Kochvorgang zu einer Feier der Begegnung der Sinne macht.

Markiert wird der Beginn des zweiten Teils, der die eigentliche Kochanleitung ausmacht, mit drei Zeilen, die jeweils aus nur einem Wort bestehen, mit dem initialen „Ahora" aber vor allem auf der Gegenwärtigkeit der Zubereitung insistieren.

Ahora	Nun
recoges	nimm
ajos, (Z. 25–27)	den Knoblauch,

Zugleich wechselt die Adressierung. Aus dem vorangegangenen Wir wird nun ein Du, das durch die Zubereitung in direkten Kontakt mit den einfachen natürlichen Zutaten gebracht wird. Auch diese Direktheit wird zunächst über die Ein-Wort-Zeilen zum Ausdruck gebracht, dann in den Anweisungen, wie das Du dem Knoblauch begegnen soll, als erotische Annäherung kodiert, die mit dem Elfenbein eine auf klassische Topoi der Liebesdichtung zurückgreifende Überhöhung leistet und zugleich ein taktiles und olfaktorisches Erleben der Eigenarten des Knoblauchs ermöglicht.

acaricia primero	streichle zuerst
el marfil	dieses köstliche
precioso,	Elfenbein
huele	rieche
su fragancia iracunda, (Z. 28–32)	seinen aufbrausenden Geruch,

Erst dann soll der Knoblauch mit der Tomate und der goldenen Zwiebel, denen die bereits besprochenen eigenen Oden gewidmet sind, die Basis des Suds bilden, der diese Zutaten der Erde mit dem Meer verbindet. Diese Vereinigung gipfelt im langen zweiten Satz des zweiten Teiles in einer synästhetischen Metaphorik, welche die „salsa" als glorifizierend angereicherte und verdickte Flüssigkeit präsentiert, in die der Seeaal schließlich eintauchen kann.

Mientras tanto	Unterdessen
se cuecen	kochen
con el vapor	im Dampf
los regios	die königlichen
camarones marinos	Meereskrebse
y cuando ya llegaron	und wenn sie gerade
a su punto,	gar sind,
cuando cuajó el sabor	wenn der Geschmack geronnen ist
en una salsa	zu einer Brühe
formada por el jugo	aus dem Saft

del océano	des Ozeans
y por el agua clara	und dem klaren Wasser,
que desprendió la luz de la cebolla,	das das Licht der Zwiebel abgab,
entconces que entre el congrio	dann muss der Seeaal hinein
y se sumerja en gloria, (Z. 39–54)	und glorreich untertauchen,

Der Kochvorgang ist ein Zusammenspiel unterschiedlicher Aggregatszustände, von Verflüssigung und Verdickung, von Extraktion und neuer Bindung, das in den *ollas* die Früchte der Erde und der *olas* zu einem neuen, licht- und feuerdurchtränkten Milieu für den Seeaal gerinnen lässt. Dafür werden den Krebsen im Dampf die Aromen entlockt. Sie gehen wiederum in eine *salsa* ein, die zwei Flüssigkeiten vereint: die des Meeres und die der Erde. Die terrestrische Flüssigkeit ist jedoch ein ganz besonderes, synästhetisches Destillat: das Wasser gewordene Licht der Zwiebel. Die Suppe verbindet damit nicht nur unterschiedliche irdische und marine Zutaten, sie offenbart in diesen Zutaten auch eine analogische Verbindung, indem sie ihnen ihre Säfte, ihr Licht und ihren Geschmack entlockt.

In diesem kondensierten Umfeld wird der Aal gleichsam einbalsamiert, verdichtet er sich und reichert sich an („se aceite, / se contraiga y se impregne", Z. 56–57), während er so jenen „Schatz" komplettiert, den der letzte Teil des Gedichts als konkludierende Synthese zum Gegenstand hat. Dafür ist neben einem Schuss Sahne als dekorativer „rosa espesa" („sämige Rose", Z. 61) nur noch die Kraft des Feuers vonnöten, um die Suppe auf die gewünschte Temperatur zu erhitzen. Darin erreichen das Rezept und der Text seine Finalität, die abschließend mit einem entsprechenden „hasta que" explizit markiert wird. Dieses leitet den letzten Teilsatz ein, der in seiner Dreigliedrigkeit für die Programmatik des Rezepts und der Elementarpoetik entscheidend ist. Denn auf diese Weise wird nicht nur die Vereinigung der Elemente in der Suppe betont, die der Kochvorgang selbst leistet und die Suppe zu jenem Schatz werden lässt, der die Essenzen Chiles in sich birgt. Diese Vereinigung erfüllt sich vielmehr erst im Moment der gemeinsamen Mahlzeit, die das Elementare aufnimmt und aufgehen lässt in einer chilenischen Essensgemeinschaft. Das Chilenische wird dabei zugleich Voraussetzung als auch Resultat der säkularen Tischkommunion, die das Elementare über das Kulinarische und seine Geschmäcker mit dem Menschlichen vermählt und zur erhebenden Synthese der Erkenntnis führt. Die Erkenntnis des (irdisch-marinen) Himmels ist die Kulmination des Gedicht-Rezepts.

hasta que en el caldillo	bis in der Suppe
se calienten	erwärmt sind
las esencias de Chile	die Essenzen Chiles
y a la mesa	und frisch vermählt
lleguen recién casados	auf den Tisch kommen
los sabores	die Geschmäcker
del mar y de la tierra	des Meeres und der Erde
para que en ese plato	auf daß du in diesem Gericht
tú conozcas el cielo. (Z. 65–73)	den Himmel erkennst.

Diese abschließende Synthese bedeutet aber nicht nur eine nochmalige Zusammenführung der vom Gedicht entborgenen elementaren Reichtümer, die auf eine chilenische Identität bezogen wird. In ihr wird vor allem das Vorgehen des Gedichts als Rezept in seiner eigenen Zeitlichkeit und seiner Erinnerungspolitik reflektiert. Diese Erinnerungspolitik steht im Zeichen einer nationalen Identitätsstiftung. Sie beruft sich auf das Elementare und die geographische Lokalisierung, um sie für eine Identität zu mobilisieren, die entdeckt und (wieder-) erkannt werden muss, zugleich aber als immer schon gegeben präsentiert wird.

Hierfür ist besonders die Manipulation der Sprechweisen und Zeitformen im letzten Satz aufschlussreich. Mit dem vorgängigen Rezept hat der Text zusammengetragen, was nun als „tesoro" („Schatz", Z. 64), und als „Essenzen Chiles" bezeichnet wird. Dabei werden sowohl der Schatz als auch die Essenzen als gegeben präsentiert. Doch handelt es sich dabei um mehr als ein Zusammentragen des vermeintlich Gegebenen. Erst die Fügung des Gedichts, die in der Form des Rezepts und seiner Anleitung zur Kombination der Grundbestandteile thematisch wird, ermöglicht, etwas als elementare, essenzielle Bestandteile einer chilenischen Identität zu erkennen. Vom schlichten Konstatieren der Notwendigkeit, den Schatz jetzt nur noch erwärmen zu müssen – „Ya sólo es necesario / [...] / [...] al fuego / lentamente / entregar el tesoro" („Jetzt ist nur noch vonnöten, / [...] / dem langsamem / Feuer / zu übergeben den Schatz", 58–64) –, wechselt der Text entsprechend in einen (im Spanischen notwendigen) Modus, der sich aus der sowohl zeitlichen als auch zielgerichteten Finalität des ‚bis' und ‚auf dass' ergibt. Dieser Modus des *subjuntivo* ist zentral für die Pragmatik des Rezepts, denn er signalisiert etwas Unerfülltes bzw. Noch-nicht-Erfülltes. Zugleich eignet die daraus resultierende Zeitlichkeit grundsätzlich der Ethik von Nerudas elementarer Poetik, wie sie sich in seinen Essenstexten zeigt, hier jedoch medial über die Form des Rezepts reflektiert wird. Der Text vollzieht im Zusammentragen seiner Zutaten eine Rückbesinnung, in der das Elementare nicht einfach gegeben ist, sondern vom Text analytisch erst herausgearbeitet und dann mit einer Semantik versehen wird, die nicht nur seinen Wert offenlegt, sondern es darin für eine Synthese und ein synästhetisches textuelles Erleben bereitstellt. Nerudas Texte betreiben darin eine poetische Offenbarung, die das Elementare und seinen Wert feiert. Dies erfolgt aber spezifisch als eine Rückbesinnung, als eine Erinnerung an das, was die menschliche Kultur im Zusammenleben mit der elementaren Natur ausmacht.

Im Text-Rezept der *Oda al caldillo de congrio* wird diese anthropologische Memorialpoetik nun überlagert mit der politischen Dimension nationaler Identitätsstiftung. Die Anleitung legt darin einerseits das elementare Chilenische offen und macht es für eine nationalidentitäre Tradierung verfügbar. Idealerweise – und so könnte man die Ideologie des Rezept-Texts verstehen – würde darin just die historische Zeitlichkeit in ihrer auch medialen Problematik vergessen: Die Erinnerung beträfe dann keine historische, sondern eine mythische Vergangenheit, das Zukunftsversprechen eine fortwährende chilenische Identität und ein fortwährendes chilenisches Territorium. Beides würde über die Teilhabe am Elementaren und seiner kosmologischen Einbindung garantiert. Doch Nerudas Text insistiert in all seiner Feier zugleich auf der Prekarität eines solchen Zugangs und auf der Notwendigkeit der Historizität für eine menschliche Ethik.

Paradoxerweise geschieht dies just durch die Betonung der transformatorischen Kraft des Poetischen. Denn das Gedicht vollführt nicht nur eine Transformation des womöglich allzu Bekannten, der alltäglich-schlichten Nahrung, sondern verweist über seine ausgestellte Metaphorik und Anthropomorphisierung auf die zeitliche und sprachliche Prozessualität des Textes und thematisiert damit jene Dimension der Rezeptur des Elementaren, die der Abschluss der Ode mit seiner Wendung an ein Du als Adressateninstanz hervorhebt. Das Text-Rezept kann Identität nicht einfach abbilden oder Erinnerung verzeichnen. Die elementare Memorialpoetik Nerudas projiziert die Erinnerung vielmehr in eine notwendige Zukunft des Nachvollzugs, der in der Tradierung ein kulturelles Gedächtnis je neu perpetuiert. Damit wird der Text als Medium selbst zum Ort einer gemeinschaftsstiftenden Zusammenkunft. Der Unterschied ist eklatant. Statt nur eine Erinnerung (ans Essen und seine elementare Beschaffenheit) zu verzeichnen, präsentiert sich der Text über das Rezept als Anleitung zu einer Teilhabe, die sich auf die Sinnlichkeit des Einfachen einlässt und dabei in eine identitäre und elementar lokalisierte Gemeinschaft eingeht. Die sinnliche Geschmackserfahrung dieser Vereinigung, mit der das Nationale zugleich eine kosmologische Einbindung erfährt, kann im Gedicht selbst aber nicht repräsentiert werden. Dies ist die Besonderheit des Rezept-Texts: Der vereinigende Nachvollzug ist auf das Du angewiesen, an das sich der Text am Ende in aller Offenheit wendet.

Hier verbindet sich die interne Pragmatik des Gedichts mit seiner externen Pragmatik der Gemeinschaftsstiftung. Das Rezept ist ein Erinnerungsträger, der eine spezifische kulturelle Praxis tradiert, dabei aber sowohl selbst auf seine eigene mediale Tradierung einer entweder mündlichen oder schriftlichen Weitergabe angewiesen ist als auch des rezipierenden und handelnden Nachvollzugs bedarf. So ruft Nerudas Poetik des Rezepts in einem Akt poetischer Offenlegung nicht nur die Grundbestandteile eines menschlichen Seins in der Welt in Erinnerung. Durch deren feierliche poetische Transformation und kosmologische Einbettung erfahren sie eine Überhöhung und sollen zu einer Gemeinschaft der Teilhabe motivieren. Diese muss sich in einer Zukunft etablieren und bewähren, in der die Erinnerung an das Elementare aktiv und gemeinschaftsstiftend wachgehalten wird. Der poetische Text ist das Rezept und Medium für diese zwischenmenschliche Gemeinschaft ebenso wie die Teilhabe am Elementaren. In seiner elementaren Schlichtheit überformt er den Hunger und die alimentäre Knappheit in die Möglichkeit eines kosmologisch ratifizierten Modells eines menschlichen Seins in der Welt, das sich aus der regenerativen Hoffnung auf die Lebendigkeit der Erinnerung an das Elementare speist. Die Gefahr des Rezepts bleibt dabei, dass man auch in Zukunft nur Worte isst.

Caspar Battegay

Fressen

Gericht und Gedächtnis bei Friedrich Dürrenmatt

Der Urwald des Fraßes: Vorbemerkung mit Walter Benjamin

> Ich konnte jetzt mit Essen nicht aufhören, musste versuchen, so schnell wie möglich der Masse von drallen Früchten, die mich befallen hatten, mich zu erwehren. Aber das war kein Essen mehr, eher ein Bad, so drang das harzige Aroma durch meine Sachen, so haftete es an meinen Händen, so schwängerte es die Luft, durch die ich meine Last vor mich hintrug. Und dann kam die Passhöhe des Geschmacks, auf der, wenn Überdruss und Ekel, die letzten Kehren, bezwungen sind, der Ausblick in eine ungeheure Gaumenlandschaft sich öffnet: eine fade, schwellenlose, grünliche Flut der Gier, die von nichts mehr weiß als vom strähnigen, faserigen Wogen des offenen Fruchtfleisches, die restlose Verwandlung von Genuss in Gewohnheit, von Gewohnheit in Laster. Hass gegen diese Feigen stieg in mir auf, ich hatte es eilig aufzuräumen, frei zu werden, all dies Strotzende, Platzende von mir abzutun, ich aß, um es zu vernichten. Der Biss hatte seinen ältesten Willen wiedergefunden. Als ich die letzte Feige vom Grund meiner Tasche losriss, klebte an ihr der Brief. Sein Schicksal war besiegelt, auch er musste der großen Reinigung zum Opfer fallen; ich nahm ihn und zerriss ihn in tausend Stücke.
> (Walter Benjamin: *Denkbilder*)[1]

1 Walter Benjamin: Denkbilder. In: Ders.: *Gesammelte Schriften*, Bd. IV.1, hrsg. v. Tillmann Rexroth. Frankfurt am Main: Suhrkamp 1991, S. 305–438, hier S. 374–375.

Der Ich-Erzähler dieser Geschichte Walter Benjamins aus einer Serie von Prosaminiaturen zum Thema Essen berichtet zuerst von der quälenden Frage, ob er einen Brief abschicken oder zerreißen soll. Er befindet sich in Neapel und kauft sich bei einer Frau am Straßenrand ein halbes Pfund Feigen. Da die Verkäuferin keine Tüten oder Verpackungen hat, stopft der Reisende sich die reifen Früchte in alle Taschen – und in den Mund. Damit führt dieses Kapitel auf die schiefe Bahn, nämlich auf den „Abweg von der ebenen Straße des Appetits, der in den Urwald des Fraßes führt."[2] Die Formulierung Benjamins meint eine Erfahrung, die das zivilisierte Maßhalten hinter sich lässt und zu einer Unmittelbarkeit von Esser und Essware führt:

> Kein Zweifel, dass es [das Fressen] tiefer ins Vertilgte hineinlangt als der Genuß. So wenn man in die Mortadella hineinbeißt wie in ein Brot, in die Melone sich hineinwühlt wie in ein Kissen, Kaviar aus knisterndem Papier schleckt und über einer Kugel von Edamer Käse alles, was sonst auf Erden eßbar ist, einfach vergisst.[3]

Benjamins Apologie der Maßlosigkeit steht einerseits konträr zu jeglicher bürgerlichen Moral des Ausgleichs, andererseits spottet sie auch der von der Wirtschaftskrise und dem Aufstieg des Faschismus geprägten deutschen Realität der Zeit. Mortadella und Kaviar waren für die meisten Leser*innen der *Frankfurter Zeitung*, in der Benjamins Text 1930 erschien,[4] wohl kaum alltäglich, und schon gar nicht in riesigen Mengen vorhanden. Sein Text zielt denn auch nicht auf

2 Benjamin: Denkbilder, S. 374.

3 Ebd.

4 Die sechs Texte mit den Titeln „Frische Feigen", „Café Crème", „Falerner und Stockfisch", „Borscht", „Pranzo Caprese" sowie „Maulbeeromelette" erschienen am 29. Mai 1930 in der *Frankfurter Zeitung*, vgl. Benjamin: *Gesammelte Schriften*, Bd. IV.2, hrsg. v. Tillmann Rexroth. Frankfurt am Main: Suhrkamp 1991, S. 996. Die ersten fünf Miniaturen schildern Momente auf Reisen in Frankreich, Italien und Russland, auffallend oft behandeln sie das Thema eines mit dem Geschmack verbundenen Gedächtnisses. Der letzte Text ist eine kurze Erzählung, die dieses Thema in allegorischer Form aufnimmt, indem ein König unbedingt den Geschmack eines Kindheitsessens wiederfinden möchte (die Maulbeeromelette), aber schließlich einsehen muss, dass dieser Geschmack und damit die Zeit der Kindheit nur noch in seiner Erinnerung weiterleben und nicht mehr vergegenwärtigt werden können.

eine Feier des Luxus. Vielmehr geht es um eine kathartische Erfahrung, die im Durchgang durch ein völliges Selbstvergessen zu einer neuen Erkenntnis führt.

Die vieldeutige Symbolik der Feigen kulminiert im Bild des „offenen Fruchtfleisches“, in das der Erzähler zu versinken scheint. Der Text beschreibt einen Weg, der über eine „Passhöhe des Geschmacks“ und „Kehren“ in ein vollkommen entgrenztes Fressen führt. Dieses entledigt den Erzähler zwar seiner „Last“, führt ihn aber auch zu einem „Laster“ – in ein Jenseits des Genusses. Die Gier schlägt in Vernichtungswut um. Indem das Ich mit dem „ältesten Willen“ des Beißens wieder zum ungezügelt schlingenden Urmenschen wird, eignet es sich die Welt an und macht sie zu seiner eigenen, um damit „frei zu werden“. Am Ende taucht nicht nur der Erzähler selbst gereinigt aus dem „Bad“ in den Früchten auf und ist wieder zum modernen Subjekt geworden, am tiefen „Grund“ seiner Tasche findet sich auch der zeitweilig vergessene Brief: Die Entscheidung über dessen Schicksal fällt nun leicht.

Benjamins kurze Erzählung weist auf den Konnex von (Selbst-) Verlust und Wiederfinden, von Fressen und Speise, von Vergessen und bewusstem Gedächtnis hin. Implizit stellt das überbordende Feigen-Gericht auch ein Gericht-Halten über den Brief dar: Er wird zerrissen. Im Folgenden möchte ich dem Doppelsinn des Wortes *Gericht* genauer nachgehen, und zwar im Werk des Schweizer Autors Friedrich Dürrenmatt, der immer wieder mit diesem Doppelsinn spielt, wobei gerade die von Benjamin drastisch geschilderte Dialektik von Vergessen und Erinnern im Fressen stets eine zentrale Rolle spielt. Noch stärker als Benjamin gibt Dürrenmatt der Provokation Raum, die das maßlose Fressen für die bürgerliche Gesellschaft und ihre öffentliche Moral darstellt. Die Lust am Grotesken wäre ohne die wohlgeordnete Biederkeit der Schweizer Gesellschaft nach 1945 nicht denkbar. Darüber hinaus fragen Dürrenmatts Gerichtsszenen nach dem Zusammenhang von individueller Schuld, Moral und Gesellschaftsordnung. Der Durchgang durch den „Urwald des Fraßes“ ist ein Prozess, der das Vergessene auf kollektiver und individueller Ebene wieder zum Bewusstsein und ins Gedächtnis holt.

Genese des Autors im Kotzen

Friedrich Dürrenmatt (1921–1990) kam als Dramatiker relativ jung zu großer Popularität und gehört bis heute zu den meistgespielten deutschsprachigen Autoren. Daneben sind auch seine (Anti-) Kriminalromane seit Generationen Schullektüre. Davon etwas verschattet steht ein literarisch avanciertes Spätwerk, das aus dem wenig gewürdigten Roman *Durcheinandertal* und vor allem aus den *Stoffen* besteht, autobiographischen Notizen, Erzählungen, politischen und poetologischen Reflexionen. Bei der Mehrheit der professionellen Leser*innen, der Kritik und der akademischen Literaturwissenschaft stand Dürrenmatt lange im Ruf eines verstaubten ‚Klassikers': „Dürrenmatt zählt nicht zu den Favoriten der Forschung."[5] Seit einiger Zeit lässt sich allerdings ein erwachendes Interesse an Dürrenmatts Werk konstatieren, das sich auf die unterschätzte Komplexität seiner Texte einlässt und die formalen Herausforderungen gerade des Spätwerks ernst nimmt.[6] Das hier verfolgte Motiv des Fressens mit seinen grotesken Implikationen ist zentral für Dürrenmatts Poetik, d. h., es hat Verbindungen zu den auto- und metafiktionalen Ebenen des Werks sowie zu dessen wichtigen Themen wie der Reflexion über Moral in der unübersichtlichen und kontingenten modernen Welt.

In den *Stoffen* folgt der zu Berühmtheit und Wohlstand gelangte Schriftsteller „der Entwicklung meines Denkens zurück wie einer Spur".[7] Der Autor skizziert die Entstehung wichtiger Motive seines Werks, er erzählt von unausgeführten Ansätzen zu Romanen oder Dramen und verknüpft sie mit autobiographischen Gedächtnisbildern. Ein solches Gedächtnisbild kreist um das maßlose Fressen, es bildet in Dürrenmatts Werk chronologisch gesehen eine

5 Ulrich Weber / Peter Schnyder / Peter Gasser / Peter Rusterholz: Einleitung. In: Dies. (Hrsg.): *Dramaturgien der Phantasie. Dürrenmatt intertextuell und intermedial.* Göttingen: Wallstein 2014, S. 7–18, hier S. 11.

6 Ausdruck davon ist zum einen Peter Rüedis ebenso umfassende wie subtile Biographie *Dürrenmatt oder Die Ahnung vom Ganzen.* Zürich: Diogenes 2011, zum anderen literaturwissenschaftliche Publikationen, etwa die Einrichtung der Reihe *Dürrenmatt Studien* seit 2014 durch das Schweizerische Literaturarchiv und das Centre Dürrenmatt Neuchâtel.

7 Friedrich Dürrenmatt: Labyrinth. Stoffe I–III. In: Ders.: *Gesammelte Werke in sieben Bänden.* Zürich: Diogenes 1996, Bd. IV, S. 13–317, hier S. 13. Im Folgenden mit dem Kurztitel „Stoffe" im Text zitiert.

der letzten Essenspassagen, biographisch aber schildert es ein Initiationserlebnis.

Der junge Dürrenmatt leistet im Winter 1944 Militärdienst in einem Dorf bei Genf, nahe der französischen Grenze. Die Neutralität der Schweiz während des Krieges wird als ambivalent beschrieben, als abgekapseltes Dasein „außerhalb der Katastrophe", aber auch als „Gefängnis". (Stoffe, S. 63) Dürrenmatt beschreibt, wie die Soldaten sich langweilen, trinken und die Bekanntschaft von benachbarten Bauern schließen. An seinem 24. Geburtstag wird der Ich-Erzähler zu einem Fondue eingeladen, wozu „Unmengen von Weißwein" (Stoffe, S. 65) getrunken werden. Danach gibt es auf einem Bauernhof Luzerner Kaffee (also mit „sehr viel Schnaps"; Stoffe, S. 65), ein weiterer Bauer lädt die Truppe zu Rotwein ein, ein dritter will nicht ungastlich erscheinen und lädt alle auf seinen Hof ein: „Zur Ernüchterung gab es Spiegeleier mit Kirschen in Schnaps [...]." (Stoffe, S. 65). Doch diese nächtliche Orgie rächt sich:

> Ich schlief sofort ein, doch dann brach es aus mir: die Fondue, die Spiegeleier, der Luzerner Kaffee, die eingelegten Kirschen, es schleuderte sich hinaus mit Riesengewalt, bekleisterte die Decke, das ganze Zimmer gleichsam tapezierend [...]. Aber gleichzeitig brach noch etwas anderes aus mir heraus: eine ungewöhnliche Heiterkeit; zwar war mir übel wie noch nie, doch die Lächerlichkeit meiner Kotzerei angesichts des ungeheuren Sich-Übergebens, das die Menschheit außerhalb dieses Landes befallen hatte, diese Groteske des Verschontseins [...] stellte mich endlich vor eine Aufgabe: Die Welt, die ich nicht zu erleben vermochte, wenigstens zu erdenken, der Welt Welten entgegenzusetzen, die Stoffe, die mich nicht fanden, zu erfinden. (Stoffe, S. 66)

Vielleicht hat kein anderer Schriftsteller seine Geburt als Autor mit weniger feierlichen Worten beschrieben. Denn die Passage stellt nichts anderes dar als die Gründungsgeschichte eines Geschichtenerzählers, eine Urszene des Schreibens. Der Rausch ist zuerst ein Vergessen: „wir wussten nicht genau, wo wir waren" (Stoffe, S. 66); der Schlaf kommt „sofort". Doch aus diesem Vergessen meldet sich eine „Riesengewalt", die durch einen der bewusstlosen Völlerei entgegengesetzten Akt des Ausspeiens zum Bewusstsein einer „Aufgabe" führt: Hoch kommt auch das Bewusstsein, ein Schriftsteller zu sein. Der Erzählakt in den *Stoffen* macht aus diesem Erlebnis eine autobiographisch bedeutsame Episode: Der Mangel an Welthaltigkeit in der Situation der eingeschlossenen Schweiz, der mit „Unmengen" von Alkohol und Fressorgien bewältigt werden sollte, entlädt sich nun in eine Erkenntnis: Kommt die Welt nicht zum Autor, dann muss der Autor die Welt erfinden. D. h., dass Fiktion die Welt transformieren kann, ohne sie sich physisch einzuverleiben. Diese Erkenntnis beinhaltet auch, dass nicht festgestellt werden kann, wie groß die Anteile von Wahrheit (biographischen Fakten) und Erfindung (nachträglicher Fiktionalisierung) dieser Episode sind, ja dass die Frage danach überhaupt sinnlos ist. Jenseits der Frage nach wahr oder erfunden beleuchtet Dürrenmatts Text die Dialektik von Fressen, Kotzen und Selbsterkenntnis. Zudem hat die Anekdote einen weiteren Aspekt: Sie erzählt die Geburt eines *Schweizer* Schriftstellers. Denn sie findet in einer welthistorisch spezifischen Situation statt, die Dürrenmatt als „Groteske des Verschontseins" beschreibt. Das offizielle Erinnern an den bloß als Zuschauer erlebten Zweiten Weltkrieg umfasste in der Schweiz lange nur die Heroisierung und den Stolz auf eine zweifelhafte kollektive Leistung. Dies wurde in der breiten Öffentlichkeit erst in den 1990er Jahren von einem differenzierten Bewusstsein abgelöst. Eine wichtige Rolle in dieser Umarbeitung des historischen Bewusstseins spielte sicher auch Dürrenmatt selbst, der beispielsweise 1990 kurz vor seinem Tod mit seiner Rede „Die Schweiz – ein Gefängnis" einen Skandal auslöste, aber schon viel früher auf die ökonomischen und politischen Verstrickungen der Schweiz in das Kriegsgeschehen und den Holocaust aufmerksam gemacht hatte, etwa in seinem Kriminalroman *Der Verdacht* (1951/52), was allerdings zu dieser Zeit kaum beachtet wurde.[8] In seinen *Stoffen* fand der Autor ein besonders sarkastisches Bild für den unkritischen Patriotismus seiner Generation: Ein Soldat, der Fondue kotzt.

8 Vgl. Reto Sorg: Von Konolfingen nach Auschwitz. Topographie und Poetologie in den Stoffen Friedrich Dürrenmatts. In: *Text + Kritik* 50/51 (2003): Friedrich Dürrenmatt. 3. Aufl.: Neufassung, S. 36–46.

Jüngste Gerichte

Der Literaturwissenschaftler Martin Stingelin hat darauf hingewiesen, dass in der hier angesprochenen autobiographischen Anekdote aus den *Stoffen* auch die Brüchigkeit der Differenz von Innen und Außen vorgeführt wird. Mit dieser „grundsätzlichen Unterscheidung, durch die sich unsere Gesellschaft ihrer ‚Identität' versichert"[9], spielt Dürrenmatt auch in anderen Essenspassagen: Essen bedeutet Einverleibung. In seinem ersten Theaterstück *Es steht geschrieben*, 1947 in Zürich uraufgeführt, stellt sich der selbst ernannte ‚König' des Täuferreichs von Münster Johann Bockelson (= Jan van Leiden) deshalb auch als unmäßiger Esser dar: Seine Aufzählung aller Speisen eines einzelnen Mahls nimmt fast enzyklopädische Ausmaße an, sie zeigt einen Heißhunger auf die ganze Welt, eine monströse Aufhebung des Außen durch eine an Narzissmus nicht mehr zu überbietende Er-Innerung im Essen. Bockelsons „bescheidenes Mahl" umfasst unter anderem „Muränensuppe", „Meerschnecken", einen „Riesenhecht", der „in rotem Landwein gekocht und mit Forellen gefüllt" wurde.[10] Dann:

> Gepriesen sei auch der Schweinebauch in Gelee und Kaviar, Austern mit Champagner, am Spieß gebratenes Osterlamm, gefüllt mit kleinen Straßburgerwürstchen, gebackenen Lerchen und dem Bries vorzeitig geborener Kälber […]. (Es steht, S. 99).

Die umfassende Aufzählung wird endgültig grotesk, wenn Bockelson nicht nur das „Glas Stutenmilch mit Schwarzbrot" beschwört, sondern auch noch den „Haferbrei mit Lindenblütentee" oder den „Emmentaler" (Es steht, S. 199). Zudem ist das Gedächtnis an all das Gegessene eine Parodie auf das biblische Hohelied: „Liegt mir nicht der Geschmack der Erdbeeren wie Frauenkuss auf den Lippen? […] Laßt mich weinen im Andenken der Coupe Christiane mit Cherry-Brandy!" (Es steht, S. 100). Im Hohelied heißt es etwa: „Deine Lippen,

9 Martin Stingelin: Gericht(e) bei Friedrich Dürrenmatt. In: *Sciene Lunch*, 07.01.2005, S. 3. http://docplayer.org/20970719-Gericht-e-bei-friedrich-duerrenmatt.html (Zugriff 29.04.2019).

10 Friedrich Dürrenmatt: Es steht geschrieben. Ein Drama. In: Ders.: *Gesammelte Werke in sieben Bänden*, Bd. I, S. 9–148, hier S. 99. Im Folgenden mit dem Kurztitel „Es steht" im Text zitiert.

meine Braut, sind wie triefender Honigseim; Honig und Milch ist unter deiner Zunge, und deiner Kleider Geruch ist wie der Geruch des Libanon."[11]
Die Geschichte der Widertäufer aus dem 16. Jahrhundert erscheint bei Dürrenmatt nicht nur komisch, sondern auch aufgeladen mit den eben vergangenen Schrecken des Zweiten Weltkriegs. So ist Bockelson ein Diktator, der nach dem Zusammenbruch seines Terrorregimes als nackte Leiche davongekarrt wird. Bei ihm kommt nicht zuerst das Fressen und dann die Moral, wie es in Bertolt Brechts berühmter Ballade *Wovon lebt der Mensch?* aus der *Dreigroschenoper* heißt, vielmehr verbildlicht Bockelsons Fressorgie, dass es in seiner Welt gar keine Moral im Sinn einer Autorität über ihm mehr gibt.[12] Seine einsame Fresserei ist ein Ausdruck der Hybris, das himmlische Zion zur Erde zu holen und sich als gottgleicher Herrscher einzusetzen. Die groteske Speisenfolge hat also apokalyptische Ausmaße, ist deutlich auch eine Art jüngstes *Gericht*. In einem berühmteren Text Dürrenmatts, seinem zwischen 1950 und 1951 in Serie erschienenen ersten Kriminalroman *Der Richter und sein Henker*, findet sich eine Passage, die diese Doppeldeutigkeit des Gerichts noch prägnanter ausspielt. Der Roman handelt vom Kriminalfall um den ermordeten Polizisten Ulrich Schmied von der Berner Kantonspolizei. Dieser hat im Auftrag seines Vorgesetzten, des alten und an Magenkrebs erkrankten Kommissärs Hans Bärlach, gegen den Großverbrecher Gastmann ermittelt. Bärlach hatte fast sein ganzes Leben lang versucht, Gastmann mit legalen Mitteln zu überführen, als ihm der eifersüchtige Tschanz in die Quere kommt, der den Vorzeigepolizisten Schmied erschießt. Bärlach durchschaut die Sachlage und beginnt, Tschanz auf subtile Weise zu instrumentalisieren, er agiert in Selbstjustiz als Gastmanns „Richter", allerdings nicht aufgrund eines Verbrechens, das dieser tatsächlich begangen hat. Denn Tschanz wird von Bärlach in die Rolle des „Henkers" gedrängt, indem er (um sich selbst zu schützen) Gastmann des Mordes an Schmied beschuldigt und ihn ebenfalls erschießt.

11 Hld 4,11.

12 „Erst kommt das Fressen, dann kommt die Moral." (Bertolt Brecht: *Die Dreigroschenoper: Der Erstdruck 1928*, mit einem Kommentar hrsg. v. Joachim Lucchesi. Frankfurt am Main: Suhrkamp 2004, S. 67.)

Im vorletzten Kapitel besucht der ahnungslose Henker (Tschanz) den Richter (Kommissär Bärlach) und nimmt erstaunt zur Kenntnis, dass ein opulentes Abendessen serviert wird.

> Das Mädchen öffnete ihm die Türe zum Esszimmer, und erstarrt blieb Tschanz stehen: der Tisch war feierlich für zwei Personen gedeckt. In einem Leuchter brannten Kerzen, und an einem Ende des Tisches saß Bärlach in einem Lehnstuhl, von den stillen Flammen rot beschienen, ein unerschütterliches Bild der Ruhe.[13]

In seinem Buch *Vom Essen in der deutschen Literatur* stellt Alois Wierlacher fest, dass Dürrenmatt in dieser Passage „das Kulturphänomen der Mahlzeit zur Speisenfalle verkehrt".[14] Tatsächlich wird Bärlachs Einladung im Roman als „eine heimtückische Falle" (Richter, S. 111) bezeichnet, denn was nun folgt, ist keine Feier, sondern ein „grauenhaftes Mahl" (Richter, S. 113–114). Es ist eine doppelte Henkersmahlzeit: Erstens für Tschanz, der sich vom Kommissär durchschaut findet, aber zweitens auch für den todkranken Kommissär, der sich noch einmal gegen alle biologischen (er ignoriert sein Magengeschwür) und juristischen Schranken aufbäumt. Seine Souveränität, seine Ruhe und Stärke sind nur gespielt, inszeniert in einer Orgie der Einverleibung. Zu beachten ist, dass die aufgetragenen Speisen wohl sehr deutlich die mitteleuropäischen Vorstellungen eines luxuriösen Essens der 1950er Jahre spiegeln. Und angesichts der ‚brotlosen' Kunst des jungen Dürrenmatt, mit der er seine fünfköpfige Familie zunächst mehr schlecht als recht durchbrachte, mag die „halluzinatorische Kraft" des Menus erklärbar sein.[15]
Nach einer immensen Vorspeise, bestehend aus „Sardinen, Krebsen, Salaten von Gurken, Tomaten, Erbsen, besetzt mit Bergen von Mayonnaise und Eiern, dazwischen kalter Aufschnitt, Hühnerfleisch und Lachs" (Richter, S. 109), begleitet von weißem „Ligerzer", gibt es

13 Friedrich Dürrenmatt: Der Richter und sein Henker. Ein Kriminalroman. In: Ders.: *Gesammelte Werke in sieben Bänden*, Bd. IV, S. 9–117, hier S. 109. Im Folgenden mit dem Kurztitel „Richter" im Text zitiert.

14 Alois Wierlacher: *Vom Essen in der deutschen Literatur. Mahlzeiten in Erzähltexten von Goethe bis Grass*. Stuttgart: Kohlhammer 1987, S. 222.

15 Stingelin: Gericht(e) bei Friedrich Dürrenmatt, S. 4.

Pasteten „gefüllt mit Gänseleber, Schweinefleisch und Trüffeln“ und einen „roten Neuenburger“ (Richter, S. 110).[16] Der Kommissär

> trank das zweite Glas Roten aus und fing die dritte Pastete an, pausenlos essend, gierig die Speisen dieser Welt ins sich hineinschlingend, zwischen den Kiefern zermalmend, ein Dämon, der einen unendlichen Hunger stillte. (Richter, S. 110)

Der zum „Dämon“ gewordene Bärlach erinnert an die „Figur des meistessenden Königs“, die Elias Canetti in *Masse und Macht* als Inbegriff des Souveräns beschreibt.[17] Bärlach ist ein unheimlicher Herrscher, der „einen unendlichen Hunger“ hat und demonstriert, dass er sich potentiell die ganze Welt einverleiben kann. Damit macht er seine (vermeintliche) Gesundheit und seine Unverletzbarkeit performativ deutlich. Er erinnert daran, dass Essen „nicht nur sich nähren“ bedeutet, wie Benjamin in seinen *Kommentaren zu Gedichten von Brecht* notiert: „[...] es heißt auch zubeißen und zerstören. Die Welt vereinfacht sich ungeheuer, wenn sie nicht so sehr auf ihre Genießbarkeit, als auf ihre Zerstörungswürdigkeit geprüft wird.“[18] Durch die Demonstration dieser Zerstörungspotenz im Fressen wird Bärlach erst ganz zum Richter über den unglücklichen Tschanz. „Während er [Bärlach] sich zum dritten Gang auch noch Kalbskoteletten, Reis, Pommes Frites und grünen Salat“ (Richter, S. 110) bringen lässt und schließlich zur Käseplatte schreitet, bringt Tschanz kaum einen Bissen herunter. Dies zeigt, dass der untergebene Polizist eine ohnmächtige Schachfigur geworden ist, „ein Mensch, den man jagen wird.“ (Richter, S. 115) Bärlach dagegen stellt das Gegenbild dar: Er ist kein Polizist mehr, der sich in einer bürgerlichen Rechtsordnung befindet, sondern ein absoluter Herrscher, der willkürlich mit dem Leben anderer

16 Ligerz und Neuenburg (=Neuchâtel) sind Ortschaften in der Gegend, in der die Handlung von *Der Richter und sein Henker* angesiedelt ist und die für ihre Weißweine bekannt ist. Später wohnte Dürrenmatt auch oberhalb von Neuchâtel und ließ sich eine Villa bauen. Die Schweizer Weine beschreiben also hier eine Art erinnernde Geographie, die für die Protagonisten wie den Autor identifikatorische Bedeutung hat.

17 Elias Canetti: *Masse und Macht*. Frankfurt am Main: Fischer 2001, S. 258.

18 Walter Benjamin: Kommentare zu Gedichten von Brecht. In: Ders.: *Gesammelte Schriften*, Bd. II.2, hrsg. v. Tillmann Rexroth. Frankfurt am Main: Suhrkamp, S. 539–571, hier S. 553–554.

spielen kann. So fügt sich das maßlose Fressen zum „Bild einer übermenschlichen Überlegenheit, ein Tiger, der mit seinem Opfer spielt [...]." (Richter, S. 112)
Das letzte Gericht in *Der Richter und sein Henker* erzählt als Finale des Romans, wie das Verfolgen absoluter Gerechtigkeit nicht nur Gesetzlichkeit und Moral auflösen, sondern in das Gegenteil einer absoluten Willkür zwischen Jäger und Gejagtem umschlagen kann. Am Schluss löst das Fressen allerdings bei den Figuren keinerlei Erkenntnis aus, sondern wird bloß den Leser*innen als Bild einer fragwürdigen Überschreitung angeboten. Tschanz flieht aus Bärlachs Haus und wird „unter seinem vom Zug erfaßten Wagen tot aufgefunden". (Richter, S. 116).
In der Erzählung *Die Panne. Eine noch mögliche Geschichte* (1956) greift Dürrenmatt die Motive des Fressens als Gerichthalten und der tödlichen „Speisenfalle" sowie das Motiv des Spielens als einem Außerhalb der bürgerlichen Ordnung auf. Während eines siebengängigen Mahls mit Weinbegleitung wird der zufällig von einer Panne in einem Dorf festgehaltene „Textilreisende"[19] Alfredo Traps von drei pensionierten Juristen und einem ehemaligen Scharfrichter dazu verleitet, seine Lebensgeschichte zu erzählen und dabei seine womöglich begangenen Verbrechen zu erinnern. Traps gesteht nicht nur seine moralisch nicht korrekten, aber legalen Tricks zum sozialen und beruflichen Aufstieg. Er erzählt auch von der kurzen Affäre mit der Frau seines Chefs, der darauf an einem Herzinfarkt verstorben sei. Traps tritt in die Falle, die in seinem sprechenden Namen bereits angelegt ist, und wird nach einer langwierigen Verhandlung auf dem „Höhepunkt des Abends" unter dem Jubel der greisen Zecher vom „schwer betrunkene[n] Richter" (Panne, S. 321) in einer gewundenen Rede „zum Tode verurteilt" (Panne, S. 324). Es ist unklar, ob ihn dieses archaische Urteil oder seine zu Tage geförderte und bewusst gemachte Schuld dazu bringen, sich am Ende der Erzählung in seiner Kammer zu erhängen. In der nach der Erzählung entstandenen

19 Friedrich Dürrenmatt: Die Panne. Eine noch mögliche Geschichte. In: Ders.: *Gesammelte Werke in sieben Bänden*, Bd. V, S. 267–326, hier S. 274. Im Folgenden mit dem Kurztitel „Panne" im Text zitiert.

Hörspielfassung[20] setzt Traps jedoch am Morgen seine Reise fort, als wäre nichts geschehen. Diese beiden sich widersprechenden Schlüsse weisen womöglich bereits darauf hin, „dass es sich bei Traps' Verurteilung und seiner Selbsthinrichtung nur um kontingente Ereignisse handelt", die sich „nicht aus notwendiger Folgerichtigkeit" aus der Geschichte ergeben, wie Peter Schnyder festhält.[21]

Der Titel *Die Panne* impliziert den Zufall, der für Dürrenmatt zur Verfassung der modernen Welt gehört. Der Untertitel *Eine noch mögliche Geschichte* fragt nach den Bedingungen des Erzählens in einer solchen Welt, in der kausale Zusammenhänge nicht mehr die entscheidende Rolle spielen: Was geschieht mit der Moral in einer „Welt der Pannen" (Panne, S. 271)? Doch wie Schnyder schreibt, geht es in Dürrenmatts Erzählung bloß sekundär um die Möglichkeit von Gerechtigkeit. Primär sei es „eine Geschichte, in der vom Rekonstruieren einer Lebensgeschichte die Rede ist und diese Rekonstruktionsarbeit zugleich kritisch perspektiviert wird."[22] Wenn der Staatsanwalt nämlich aus den Angaben Traps' eine stringente Lebens- und Schuldgeschichte konstruiert und diese Geschichte von Traps selbst sogar begeistert akzeptiert wird – denn endlich ergibt sein zufälliges Leben einen höheren Sinn –, dann kann dies kaum verdecken, was der Verteidiger zu Bedenken gibt:

> [...] unzusammenhängende Tatsachen seien zusammengeknüpft, ein logischer Plan ins Ganze geschmuggelt, Vorfälle als Ursachen von Handlungen dargestellt worden, die auch gut hätten anders geschehen können, Zufall hätte man in Absicht [...] verdreht [...]. (Panne, S. 319–320)

Dieser Plan zu einer „noch möglichen" und das heißt also zusammenhängenden Geschichte wird erheblich vom Zusammenhang der Menu-Folge unterstützt, wenn nicht sogar bestimmt. Einerseits findet sich in der Erzählung dasselbe Motiv, das bereits den Schluss von *Der*

20 Die Angaben zur Reihenfolge und zur Entstehungsgeschichte divergieren. Ich stütze mich auf die Recherchen bei Peter Schnyder: Pannenpoetik. Dürrenmatt als Nachfahr Schillers? In: Ders. / Weber / Gasser / Rusterholz (Hrsg.): *Dramaturgien der Phantasie*, S. 61–76.

21 Ebd., S. 75.

22 Ebd., S. 72.

Richter und sein Henker dominiert, nämlich die Inszenierung unmittelbarer und absoluter Herrschaft durch das unmäßige Essen.

> Er [Traps] war satt. Doch von den vier Greisen wollte er sich nicht ausstechen lassen, wenn er sich auch gestand, daß der Riesenappetit der Alten und deren Riesendurst ihm zu schaffen machten. Er war ein wackerer Esser, doch eine solche Vitalität und Gefräßigkeit war ihm noch nie vorgekommen. (Panne, S. 304)

Durch diesen „Riesenappetit" und den „Riesendurst" wird andererseits das bürgerliche Menu ebenfalls ins Riesenhafte gesteigert. Es sei „ein Menu wie aus dem vorigen Jahrhundert, da die Menschen noch zu essen wagten" (Panne, S. 287), wie der pensionierte Staatsanwalt meint. Auch hier spielt der Doppelsinn von Gericht eine Rolle: Denn angesprochen sind damit auch die juristischen Praktiken der vier Greise, etwa das Todesurteil, die ebenfalls aus dem 19. Jahrhundert stammen und zur Handlungszeit Mitte des 20. Jahrhunderts atavistisch erscheinen.

Es werden sieben Gänge aufgetragen und verzehrt, die sich zwar an der klassischen französischen Küche orientieren, aber insgesamt eher eine Karikatur davon abgeben: Zuerst gibt es „verschiedene Vorspeisen wie Aufschnitt, russische Eier, Schnecken, Schildkrötensuppe" (Panne, S. 282) sowie Forelle. Danach: Beefsteak Tatar, eine „dampfende Riesenschüssel" mit Champignons à la Crème (Panne, S. 285), Kalbsnierenbraten, Hähnchen nach einem Geheimrezept der Köchin, Unmengen von Käse (Camembert, Brie, Emmentaler, Gruyère, Tète de Moine, Vacherin, Limburger, Gorgonzola; Panne, S. 299) sowie eine Torte. Diese Gerichte begleiten nun das Gericht. Ihr Verschlingen und Verdauen verläuft parallel zum Prozess der sich einstellenden Erinnerung an das Leben Alfredo Traps'.[23] Das Menu stellt den Prozess eines sich bildenden Gedächtnisses nach, wobei die Protagonisten ironischerweise immer mehr das Bewusstsein verlieren. Denn zum Menu wird eine große Menge Wein getrunken, jene uralte,

23 Die mögliche Symbolik bzw. die Funktion der Gerichte im narrativen Prozess hat bereits Wierlacher: *Vom Essen in der deutschen Literatur*, S. 223, erörtert und soll hier nicht noch einmal zur Diskussion stehen.

mythenüberlagerte Substanz, die immer schon als Medium des Gedächtnisses *sowie* des Vergessens galt.[24]
Auffallend ist, dass die Weine im Fortgang des Menus immer älter werden. Zum Fisch reicht man passenderweise „leichten spritzigen Neuchâteller“ (Panne, S. 283), auf den ein nicht weiter bezeichneter „Réserve des Maréchaux“ (Panne, S. 285) folgt. Darauf schreitet man zu berühmten Bordeaux-Weinen. Es wird ein „Pichon-Longueville 1933“ (Panne, S. 289) entkorkt (der gemäß Traps „riesig“ schmeckt!), dann kommt ein „Château Pavie 1921“ in die Gläser, wovon Traps sogar eine „Extraflasche“ (Panne, S. 298) zur Seite gestellt wird. Schließlich wendet sich die Gesellschaft einem „Château Margaux“ mit „Jahrgang 1914“ (Panne, S. 300) zu. Das mühselige Entkorken schildert Dürrenmatt fast über eine halbe Seite, was die biographisch verbürgte Faszination für Wein anschaulich zur Geltung bringt. Zum Kaffee trinken die Herren einen „Kognak aus dem Jahr 1893, Roffignac, aus großen bauchigen Gläsern.“ (Panne, S. 316) Es handelt sich also nicht bloß um ein Menu „wie aus dem vorigen Jahrhundert“, vielmehr kommen die Protagonisten im Prozess des Essens und Trinkens *tatsächlich* im 19. Jahrhundert an. Der Reifungsprozess von Wein und Cognac – die allmähliche Veränderung des Geschmacks durch ein Zusammenspiel von Säure, Zucker und Aromastoffen – stellt in seiner Materialität ein Gedächtnis dar, das sich nicht in Worten, sondern im Geschmackssinn äußert.[25] Das Gedächtnis des Weins ist ein ambivalentes Gedächtnis. Davon zeugen etwa die Jahreszahlen 1933 und 1914, die für ein Versagen der zivilisatorischen Leistung der menschlichen Kultur und für die Abgründe dieser Kultur stehen, sozusagen für die ‚Pannen‘ der Weltgeschichte (doch ist diese Lesart unsicher, denn die anderen Jahreszahlen sind weniger aufgeladen). Davon zeugt aber auch die Tatsache, dass der Ochsenwirt Pilet, der für die Lieferung der Weine verantwortlich ist, als junger Mann einst auch das Amt des Scharfrichters innegehabt hat.
Das übermäßige Trinken und allmähliche Auslöschen des alltäglichen Bewusstseins führt – als zunächst ordnendes und er-innerndes

24 Vgl. bspw. John Varriano: *Wine. A Cultural History*. London: Reaktion 2012.
25 In Dürrenmatts Erzählung verschieben sich die Ebenen von Geschichte(n), Sprache und Geschmack allerdings ständig. So fordern die Juristen Traps dazu auf, „Weibergeschichten“ zu erzählen: „wenn möglich gesalzen und gepfeffert.“ (Panne, S. 284.)

Narrativ des Weins – in ein Jenseits des Zufalls. Noch deutlicher wird dieses Wein-Narrativ in der nach der Vorlage der Erzählung 1979 entstandenen „Komödie" *Die Panne*. Im Theatertext wird das Entkorken, Verkosten und wortwörtliche „Saufen"[26] des Weins in seiner ganzen Theatralik ausgespielt. Dabei tauchen Kulturreferenzen auf, so erinnert der Jahrgang 1891 etwa daran, dass in diesem Jahr Johannes Brahms ein bestimmtes Klarinettenquintett komponierte, aber es werden auch Katastrophen erinnert, etwa ein Erdbeben in Japan mit tausenden von Toten.[27] Der Wein erneuert in seiner Materialität also das historische Bewusstsein, er bildet ein zwiespältiges Gedächtnis an Kultur *und* Unkultur und hat deshalb für das Narrativ des Textes eine zunächst ordnende und vorantreibende Funktion, doch im Einholen der Katastrophen macht er auch die Sicht auf eine totale Kontingenz frei, in der diese vermeintliche Ordnung steht und die diese Ordnung auch wieder durchstreichen kann.

Das Bankett in *Die Panne* ist, wie öfter wiederholt wird, ein „Spiel" oder sogar ein „Spielchen" (Panne, S. 277): Ein Gerichtsspiel, ein Trink- und Essspiel, aber auch ein Erinnerungs- und Erzählspiel, dessen Regeln allen klar sind außer Traps, der sich zufällig in der Rolle des Angeklagten zum „lebenden Material" (Panne, S. 278) eignet und unwissend zur Spielfigur wird. Somit aber wird er auch selbst zum „Leckerbissen" (Panne, S. 285) für ein alles verschlingendes groteskes Gericht, er selbst wird von den Essern vertilgt, seine Geschichte wird ‚durchgekaut' – um schließlich wieder ausgespuckt zu werden.

Das große Fressen schafft mit seiner Menu-Folge zunächst jene Formel von „kosmischer Harmonie" (Panne, S. 285), welche die ländliche Gegend des Handlungsortes suggeriert. Das Gericht kreiert im

26 Friedrich Dürrenmatt: Die Panne. Eine Komödie. In: Ders.: *Gesammelte Werke in sieben Bänden*, Bd. III, S. 217–333, hier 292. Im Folgenden mit dem Kurztitel „Komödie" zitiert.

27 So werden u. a. zwei Magnumflaschen Château Cheval Blanc 1899, premier crus classé, aus dem traditionell hochgeschätzten Bordeaux-Gebiet St. Emilion aufgefahren: „WUCHT: Trinken. / ZORN: Echtes neunzehntes Jahrhundert. / TRAPS: Ein historischer Duft. / KUMMER: Ich tauche in die gute alte Zeit hinab. *Verschwindet unter dem Tisch.*" (Komödie, S. 293) Bei einer Magnumflasche Château Margaux von 1891 lassen die Juristen die historischen Ereignisse dieses Jahres Revue passieren, etwa: „Bismarck wurde entlassen." Oder: „Brahms komponierte das Klarinettenquintett opus 115." Aber auch: „In Japan bebte die Erde." Wobei der Scharfrichter Pilet die Anmerkung macht: „7500 Tote." (Komödie, S. 300.)

Erzählen Traps (und Dürrenmatts) eine kohärente Lebensgeschichte (die mit einer durch die Weinjahrgänge angedeuteten kohärenten Weltgeschichte zusammenfällt) und somit ein zusammenhängendes Gedächtnis. Doch mit der stetigen Steigerung und Wucherung des Mahls in ein Fressen kommt wiederum jenes chaotische und zufällige Moment zur Geltung, das von Anfang an mit der Autopanne angelegt war (und in den Jahrgängen 1914 und 1933 lauerte). Das monströse Festessen führt dazu, dass Traps nur den Tod als Konsequenz des im Narrativ des Gerichts erzeugten Gedächtnisses akzeptiert. Dieser Tod allerdings ist keineswegs die logische Folge, sondern muss ebenfalls als Panne begriffen werden. Traps' Ende ist die zufällige Panne in einem Gerichtsspiel, dessen physische *und* metaphysische Dimensionen Kontingenz immer schon voraussetzen.

Süßer Tod: Exzess und Exitus

Im kurzen ersten Teil von *Die Panne* wird die Möglichkeit erläutert, Geschichten im 20. Jahrhundert zu erzählen. „Gericht und Gerechtigkeit" seien bloß noch in zufälligen Momenten sichtbar, nur in abseitigen, kontingenten Details der Geschichte zeige sich „vielleicht auch Gnade" (Panne, S. 271). Der theologische Begriff der Gnade ist es, zu dem auch der Prediger Moses Melker in Dürrenmatts letztem Roman *Durcheinandertal* (1989) ein „fünfhundertseitiges Manuskript"[28] vorlegt. Der Prediger erscheint namentlich als Mischung eines neuen *Moses* und eines *Melkers*, der nämlich mit seiner Theologie der Seligkeit der Armut die Reichen melkt, die er um ihre Vermögen erleichtert. Melker bringt auch seine drei Ehefrauen ums Leben. Der Mord an der dritten, der grotesk adipösen Cäcilie, ist mit einem letzten Gericht verbunden. Dieses changiert zwischen sexuell konnotiertem Füttern und umgedrehtem Gnadenakt:

> Am Abend des letzten Adventssonntags vollendete Moses Melker sein über fünfhundertseitiges Manuskript ‚Preis der Gnade'. [...] Er stieg ins Schlafzimmer. Cäcilie Melker-Räuchlin lag im Ehebett, las einen Roman,

28 Friedrich Dürrenmatt: Durcheinandertal. Roman. In: Ders.: *Gesammelte Werke in sieben Bänden*, Bd. IV, S. 803–929, hier S. 900. Im Folgenden mit dem Kurztitel „Durcheinandertal" im Text zitiert.

> rauchte eine Zigarre und aß Pralinen, kugelförmige Truffes, die sie einer Tüte entnahm, schwarze, braune, weiße, glatte und stachlige. Zwei weitere solcher Tüten lagen auf dem Nachttisch. Moses Melker setzte sich zu ihr ans Bett und stopfte ihr eine Truffe in den Mund, bei der zweiten legte sie die Zigarre in den Aschenbecher und den Roman auf die Bettdecke, öffnete den Mund gieriger, er stopfte eine weitere Truffe hinein. Sie sah ihn an. Der Blick war hart und voll Spott, grausam und erbarmungslos, und er wußte, daß sie wußte, was er vorhatte. Sie wehrte sich nicht. Er brauchte keine Gewalt anzuwenden. Er stopfte Truffes in sie hinein, er stopfte und stopfte, und als er auch die Truffes der dritten Tüte in sie hineingestopft hatte, merkte er, daß sie tot war. Moses Melker ging in sein Arbeitszimmer hinunter, widmete das Manuskript Cäcilie und setzte das Datum darunter. (Durcheinandertal, S. 900–901)

Der „Preis der Gnade" ist der Verlust des materiellen Reichtums – und, so könnte man zynisch sagen, auch des so genannten ‚irdischen Lebens', dem die Heilige Cäcilie als Namenspatronin von Cäcilie Melker unter großen Qualen entsagte. Doch Dürrenmatts Cäcilie stirbt nicht für einen Glauben oder eine potentielle Erlösung, vielmehr ist ihr Tod die ultimative Sensation eines auf das Fressen fixierten Lebens. In ihrer Dissertation zur *Poetik der Mahlzeit* bei Dürrenmatt nennt Barbara Neidhart Cäcilies Leben im Bett ein „Tableau der Saturiertheit"[29], ein Bild des vollkommen Gesättigten und deshalb außer dem Tod nichts mehr Erwartenden. Neidhart assoziiert Cäcilies Tod deshalb auch mit Marco Ferreris Film *La grande bouffe* (*Das große Fressen*, F/I 1973), der erzählt, wie sich vier wohlhabende Freunde in einem Landhaus zu Tode fressen. Gegenüber den männlichen Protagonisten dieses Films, die ihre Fressgier auch mit sexuellen Exzessen verbinden, sei die Figur der Cäcilie in Dürrenmatts *Durcheinandertal* eine misogyne Projektionsfläche. In ihr kristallisierten sich verschiedene weibliche Stereotype wie die ungeformte Körperlichkeit, die allesverschlingende Frau und die (Kastrations-)Angst des Mannes oder die Abdrängung der weiblichen Lust in die harmlos erscheinende Welt der Süßigkeiten. (Dieser Harmlosigkeit widersprechen allerdings die

29 Barbara Neidhart: *Poetik der Mahlzeit. Verzehr und Einverleibung in Friedrich Dürrenmatts Werk*. Unveröffentlichte Dissertation, Universität Basel 2004, S. 144.

phallisch konnotierten „Zigarren", die sie nur weglegt, um sich in den Tod zu fressen.)

Die Verschiebung der Libido wird anschaulich, indem Cäcilie „im Ehebett" liegt, wo eine (fetischisierte) Ersatzbefriedigung als zynischer Gnadenakt stattfindet: Ihr Ehemann „stopfte" ihr Pralinen in den Mund. In diesem formelhaften, im Text sechs Mal wiederholten Stopfen spiegelt sich Cäcilies stereotype Passivität und ihre mutmaßliche Einwilligung in ihren eigenen Tod durch das übermäßige Gefüttert-Werden. Dabei ist sie aber genau wie der die ganze Welt verschlingende souveräne (und männliche) Esser „grausam und erbarmungslos", sie scheint von einer Gier getrieben, die nicht unbedingt mit Lust, sondern mit „Spott" und Vernichtungswillen verbunden ist, allerdings einem suizidalen Vernichtungswillen gegen sich selbst, der spiegelbildlich mit dem männlichen Fetischismus verbunden ist. So erinnert die Passage an Praktiken des *Feedings*, bei dem ein zumeist männlicher *Feeder* eine/n *Feedee* füttert – eine Beziehung, aus der beide Partner sexuelle Erregung zu ziehen vermögen.

Im Verschlingen der reingestopften Pralinen findet nicht nur der Selbstverlust, sondern auch eine ungeheuerliche Selbstbehauptung gegen sich selbst statt, eine letzte maßlose Autonomie, für die der Ehemann bloß ein Instrument darstellt. Doch der Exzess führt zum Exitus: Wie beim kranken Bärlach führt auch Cäcilies Orgie der Einverleibung an eine leibliche Grenze. Für Moses Melker muss die Konsequenz der Überschreitung dieser Grenze das materialisierte (und leibhaftige) Gedächtnis sein, das von diesem letzten Gericht zeugt: „Moses Melker ging in sein Arbeitszimmer hinunter, widmete das Manuskript Cäcilie und setzte das Datum darunter." Der Satz lässt sich als Beschreibung der Tätigkeit des Schriftstellers lesen, der sich inmitten moralischer Ambiguitäten und kontingenter Lebenssituationen, nach dem durchgemachten Rausch und dem Vergessen zum Schreiben hinsetzt und sich erinnert. Erst kommt das Fressen, dann kommt die Literatur.

Christopher Scholz

Mondschau-Udon und Marderhund-Soba

Comfort Food in Yoshimoto Bananas *Kitchin*

> Der liebste Platz auf dieser Welt ist mir die Küche. Ganz gleich, was sonst geschieht – in einer Küche, an einem Ort, an dem man kochen kann, da geht's mir gut.
> (Banana Yoshimoto: *Kitchin*)[1]

Mit diesen Sätzen beginnt Yoshimoto Bananas[2] Debütroman *Kitchin* (キッチン, 1988), der ihr in Japan und auch weltweit zu Ruhm verhalf und schon gleich zu Beginn einen Bezug zum Essen herstellt. Millionenfach verkauft, in zahlreiche Sprachen übersetzt, mit Preisen ausgezeichnet und mehrfach verfilmt, führte *Kitchin* gemeinsam mit den Romanen Murakami Harukis zu Beginn der Neunzigerjahre zu einer neuen Beliebtheitswelle zeitgenössischer japanischer Literatur. Die beiden Schriftsteller*innen avancierten zu literarischen Popstars, sogar von dem „Banana-Phänomen" (*banana genshō*), von „Banana-Mania" oder „Murakami-Madness" wurde gesprochen. Yoshimoto schien frischen Wind auf die literarische Bühne zu bringen, die lange Zeit hauptsächlich von älteren Herren und ihren ernsten Texten regiert wurde. In jugendlicher, zugänglicher Sprache und mit offensichtlichen

1 Banana Yoshimoto: *Kitchin* キッチン [Kitchen]. Tokio: Fukutake 1988. Dt. Übersetzung: *Kitchen*, aus d. Japan. v. Wolfgang E. Schlecht, mit einem Essay v. Giorgio Amitrano. Zürich: Diogenes 1992, S. 9.

2 Für die Transliteration japanischer Wörter wird das revidierte Hepburn-System verwendet. Japanische Eigennamen werden in der im Japanischen üblichen Reihenfolge, Familienname und dann der persönliche Name, notiert.

Bezügen zu popkulturellen Phänomenen, wie z. B. den hauptsächlich von Frauen gelesenen *shōjo manga*[3] mit ihren adoleszenten Heldinnen oder amerikanischen Fernsehserien, gelang es der Schriftstellerin, eine breite Leser*innenschaft anzusprechen und sie mit ihrer leicht verdaulichen Literatur zu begeistern.

Heutzutage ist Yoshimoto, die damals die literarische Welt in Aufregung versetzte, fest als eine der erfolgreichsten Autorinnen Japans etabliert. *Kitchin*, das allein schon durch die Wahl eines ins Japanische übertragenen englischen Titels statt des japanischen Worts für Küche (*daidokoro*) einen Bruch mit der Tradition darstellte, enthält bereits die Elemente, die ihr Schreiben bis heute bestimmen. Über Küchen und Essen entsteht in dem Roman eine Form von Nostalgie, die der Protagonistin hilft, Verbindungen zu Menschen aufzubauen und ihre Trauer zu überwinden. Yoshimotos Heldinnen befinden sich fast immer in einem Prozess der Selbstsuche (*jibun-sagashi*). Als junge Frauen stehen sie angesichts von Verlusterfahrungen orientierungslos einer von der Loslösung traditioneller Muster geprägten Gegenwart gegenüber, haben Angst vor einer unklaren Zukunft und sehnen sich nach der Nähe anderer Menschen. Indem es ihnen gelingt, ihre Krisen zu überwinden und Kraft und Potentiale in sich zu entdecken sowie durch zum Teil phantastisch-esoterische Fügungen neue Verbindungen aufzubauen, können sie eine nostalgisch-sentimentale Entwicklung durchlaufen, die es ihnen erlaubt, erwachsen zu werden. Sie finden so in sich selbst eine Form der „Heilung" (*iyashi*). Vor diesem Hintergrund entwickelt die Autorin in *Kitchin* ein Spiel mit kulinarischen Referenzen, die Erinnerungsprozesse in Gang setzen und es den Figuren ermöglichen, einander näherzukommen.

Yoshimotos Erzählerin, Sakurai Mikage, als Vollwaise bei ihrer Großmutter aufgewachsen, hat nach deren Tod nun auch den letzten Menschen ihrer Familie verloren und steht orientierungslos mit einem Gefühl der Entwurzelung in der leeren Wohnung, in der sie aufgewachsen ist. Der einzige Ort, an dem sie Schlaf finden kann,

3 *shōjo* bedeutet wörtlich „Mädchen" und bezeichnet eine bestimmte Phase weiblicher Adoleszenz, der Begriff ist aber in Japan mit einer spezifischen Kultur, die ihren Ursprung in der Meiji-Zeit hat, verbunden. Zur *shōjo*-Kultur und ihrem Einfluss auf Yoshimotos Schreiben vgl. John Whittier Treat: Yoshimoto Banana Writes Home. Shōjo Culture and the Nostalgic Subject. In: *Journal of Japanese Studies* 19,2 (1993), S. 353–387.

ist die Küche. Unterbrochen wird ihre Einsamkeit von Tanabe Yūichi, einem ihr flüchtig aus der Universität bekannten jungen Mann, der durch seine Arbeit bei einem Blumenhändler eine Verbindung zu ihrer Großmutter aufgebaut hatte und der nun überraschend in ihrem Leben auftaucht, um sie einzuladen, bei ihm und seiner Mutter zu wohnen. Bei Yūichi und seiner Mutter Eriko, die sich als eine trans Frau mit einer fast magischen Ausstrahlung herausstellt, findet Mikage eine neue Familie und kann sich von ihrer Trauer erholen. Während es ihr über die Gastfreundschaft der Familie Tanabe, in der sie sich durch ihre Kochkunst als geschätztes Mitglied erfährt, gelingt, ins Leben zurückzufinden, entwickeln sich zwischen Yūichi und ihr Gefühle, die sie zunächst nicht einordnen kann. Da sie wie Geschwister in einer Wohnung zusammenleben, verwirrt sie ihre gegenseitige Zuneigung. Im zweiten Teil des Romans kehrt Mikage, die in der Zwischenzeit ausgezogen war, zurück in die Wohnung der Tanabes, als sie erfährt, dass Eriko, die im Nachtgewerbe tätig war, ermordet wurde. Mit Yūichi, der nun ebenfalls als Vollwaise allein in der Welt steht, teilt sie nicht nur ihre Einsamkeit, sondern auch in magisch-realistischen Momenten Träume über Küchen. Da die beiden nicht als Paar zusammenleben, erzeugen sie gesellschaftliche Irritationen und Eifersucht bei ihren Ex-Partnern, finden aber über gemeinsame Mahlzeiten mehr und mehr zueinander. Die unklare Spannung zwischen ihnen kann erst auf einer Reise gelöst werden, die sie unabhängig voneinander unternehmen, als Mikage durch ein besonders gutes Essen angeregt entscheidet, dieses mit ihm zu teilen, und ihn nachts in seiner Pension besucht. Obwohl *Kitchin* endet, ohne dass aufgelöst wird, welche Art von Beziehung die beiden eingehen, so entscheiden sie sich doch dafür, beieinander zu bleiben.

Die Veröffentlichung des Romans im Jahr 1988 fiel mit einigen wichtigen Ereignissen und Faktoren zusammen, die seinen Erfolg begünstigten. Japan erlebte in den Achtzigerjahren einen „Gourmet Boom" (*gurume būmu*), mit dem sich zeitgleich mit der ökonomischen Blütezeit des Landes noch lange vor der amerikanischen „Foodie"-Kultur ein großes Interesse an internationalen Küchen, Koch- und Kulinariksendungen im Fernsehen sowie Essensthemen in Filmen und Literatur eingestellt hatte. Ein Roman, in dem das Essen eine so zentrale Rolle spielt, konnte folglich an dieses Interesse anknüpfen und auch über literarische Kreise hinaus Aufmerksamkeit erregen. Gleichzeitig neigte sich der wirtschaftliche Aufschwung mit dem Platzen der Spekulationsblase der *bubble economy* dem Ende zu. Mit der Krise, in die Japan gegen Ende der Achtziger geriet, ergaben sich auch zahlreiche gesellschaftliche Veränderungen, die viele sehnsüchtig in die guten alten Zeiten sozialer und ökonomischer Sicherheit zurückblicken ließen. Der nostalgische Grundton des Romans mag zu dieser Zeit daher ebenfalls einen Nerv getroffen haben, und die Nostalgie ist seitdem ein definierendes Element in Yoshimotos Schreiben geblieben. *Kitchin* kann aus diesem Grund als richtungsweisend für das Schaffen der Autorin gelesen werden. In Bezug auf das japanische Konzept der Nostalgie (*natsukashisa*) schreibt Michiko Mae:

> *Natsukashisa*, das von vielen Kritikern als Nostalgie verstanden wird, ist das Gefühl, etwas bereits zu kennen, dahin zurückzukommen, wo man einmal war, wieder in der Heimat (zu Hause) zu sein, wieder zu sich zurückzukommen. In *Kitchen* wird dies an einer Stelle mit dem Wort *déjà vu* ausgedrückt: wieder erkennen, wieder da sein, wo man schon einmal war. Aber dass man nun die Augenblicke in ihrem Wert erkennen kann, das ist der Unterschied zum ersten unmittelbaren Erleben.[4]

In *Kitchin* ist diese Form der Nostalgie dabei nicht zwingend mit der Erinnerung an reale Ereignisse oder der Rückbesinnung auf gewohnte Strukturen verbunden, sie stellt sich oft eher als das Gefühl dar, einer Person schon einmal begegnet zu sein, oder als ein Schwelgen in der Vorstellung von Intimität angesichts einer unbekannten Zukunft. Essen und der damit verbundene Raum, die Küche, fungieren als Katalysator für diese Art der Nostalgie und ermöglichen die Akzeptanz einer unklaren Gegenwart. Als Platz der Zubereitung von Speisen und ihres Verzehrs stellt die Küche einen Raum der Begegnung und des familiären Beisammenseins dar. In ihm findet eine soziale Anbindung und über das gemeinsame Essen eine Erinnerung an die eigene Identität statt. Die Geräusche und Gerüche in einer Küche erzeugen daher bei Mikage ein Gefühl der heimischen Aufgehobenheit, das

4 Michiko Mae: Yoshimoto Banana. Postmodernes Kulturphänomen oder eine ‚neue Literatur'? In: *Asiatische Studien / Études Asiatiques* 61,2 (2007), S. 607–641, hier S. 625–626.

Summen des Kühlschranks hält „alle Gedanken der Einsamkeit von [ihr] fern“[5] und sie kann sich nicht nur für saubere Küchen begeistern, sondern auch für schmutzige, da diese auch in Abwesenheit von Menschen durch die sichtbare Benutzung des Raums deren Anwesenheit verheißen. Dass die Küche der einzige Ort ist, an dem sie Ruhe findet, hängt direkt mit der Erinnerung an soziale Situationen, an die Zubereitung und den gemeinsamen Verzehr von Essen zusammen. In Mikages Einsamkeit suggeriert die Küche als Metonymie für die Familie ein Gefühl von Normalität und Alltag.[6] Sie tritt als Platzhalter an die Stelle der verlorenen Großmutter: „Übriggeblieben bin dann ich und die Küche. Ein tröstlicher Gedanke, wenn ich mir vorstelle, nur ich allein wäre noch da.“[7]
Als Mikage nach Erikos Tod nach längerer Zeit wieder in der Küche der Tanabes steht und beginnt, diese zu putzen, denkt sie:

> Warum nur liebte ich alles so sehr, was mit Küchen zu tun hatte? Es war wirklich seltsam. Ich liebte Küchen, als wäre diese Liebe im Gedächtnisspeicher meiner Seele als ferne Sehnsucht einprogrammiert. Stand ich in einer Küche, dann kehrte alles in mir zu diesem Ausgangspunkt zurück.[8]

Mae weist darauf hin, dass Menschen in Yoshimotos Werken selten über „die direkte Konfrontation eines Subjekts mit einem Anderen“[9] oder über Beziehungen, die auf konkreter Liebe oder Sexualität basieren, zueinander finden. Sie sind stattdessen über ihre geteilte Nostalgie verbunden, suchen Geborgenheit beieinander, haben dadurch das Gefühl, sich gegenseitig schon zu kennen und Erinnerungen zu teilen. Oft treffen die Leser*innen auf ungewöhnliche oder unkonventionelle Familienkonstellationen, so auch in *Kitchin*. Dadurch, dass Mikage nach dem Verlust der letzten Person aus ihrer Familie von Yūichi und Eriko aufgenommen wird, findet sie in ihnen eine neue Struktur in ihrem Leben. Dass diese neue Familie völlig unabhängig von Verwandtschaftsverhältnissen entsteht und durch

5 Yoshimoto: *Kitchen*, S. 11.
6 Vgl. Mae: Yoshimoto, S. 623.
7 Yoshimoto: *Kitchen*, S. 9.
8 Ebd., S. 74.
9 Mae: Yoshimoto, S. 622.

den Rollentausch des Vaters zur Mutter durchaus unkonventionell erscheint, zeigt wiederum, dass bei Yoshimoto Zusammengehörigkeit nicht auf Blutsbanden beruht, sondern durch geteilte Nostalgie entstehen kann. Wie Mae beobachtet, bricht Yoshimoto in ihren Erzählungen die binäre Opposition von Homogenität und Heterogenität bei der Abgrenzung einer familiären Gemeinschaft auf, indem sie die traditionelle Struktur der Kernfamilie zugunsten neuer Konstellationen aufgibt.[10] Gemeinschaften entstehen immer durch Abgrenzungsmechanismen. Indem jemand ausgeschlossen wird, kann eine Gruppe sich als Gemeinschaft begreifen und über Gemeinsamkeiten eine Sphäre der Homogenität erzeugen, während andere als heterogen ausgeschlossen werden.[11] Auch in *Kitchin* wird die traditionelle Familie als Ort der Gemeinschaft unterlaufen und Mikage, die als Vollwaise ohnehin unabhängig von diesen Strukturen aufgewachsen ist, kann mit Eriko und Yūichi eine neue Gemeinschaft bilden, die in einer „postmodernen Familienstruktur, die nicht mehr auf patriarchalem Matchverhältnis beruht“[12], und in der Auflösung einer Opposition von Heterogenität und Homogenität auch ein pseudo-inzestuöses Begehren ermöglicht. Yūichi und Mikage sind nicht verwandt und trotzdem fühlt sich ihr gegenseitiges Begehren für sie falsch an, da sie sich als Geschwister begreifen. In Bezug auf Yoshimotos Protagonistinnen schreibt Mae:

> Sie können sich selbst nicht als Teil eines genealogischen Zusammenhangs, einer Familiengeschichte sehen, sondern gewinnen ihre Erfahrungen und ihre eigene Vergangenheit aus den Produkten und Bildern der Populärkultur; weder die Familie und ihr Alltagsleben noch die so genannte ‚hohe‘ Kultur ist ihr authentisches Zuhause.[13]

Wenn wir Essen als ein ebensolches Produkt, das eine Vergangenheit begründen kann, begreifen, so lässt es sich als verbindendes Element lesen, das in *Kitchin* Mikage mit Menschen, mit denen sie

10 Vgl. Mae: Yoshimoto, S. 621.

11 Ein berühmtes literarisches Beispiel für diese Mechanismen ist Franz Kafkas Parabel *Gemeinschaft* (1920). In: Ders.: *Die Erzählungen und andere ausgewählte Prosa*. Frankfurt am Main: Fischer 1996, S. 373.

12 Mae: Yoshimoto, S. 621.

13 Ebd., S. 619.

nicht verwandt ist, zusammenführt und ihr durch die Bildung einer Gemeinschaft ein neues Zuhause ermöglicht. Die bedingungslose Gastfreundschaft der Tanabes löst die klaren Rollen von Gast und Gastgeber auf und bietet Mikage nach dem Verlust ihres eigenen Zuhauses einen neuen Ort, an dem sie sich heimisch fühlen kann. Schon als sie nach der ersten Nacht Eriko zum Dank anbietet, ihr ein Frühstück zuzubereiten, hat sie sofort das Gefühl, auf eine entsprechende Erinnerung zurückgreifen zu können, die sie nicht haben kann:

> Als ich kurz darauf mit vor Begeisterung leuchtenden Augen in der Küche stand, wurde mir plötzlich wieder bewußt, daß Eriko eigentlich ein Mann war.
> Unwillkürlich richtete sich mein Blick auf sie. Eine Art Sinnestäuschung, das Gefühl, Ähnliches schon erlebt zu haben, überwältigte mich.
> Diese Frau, die da in dem durch das Fenster hereinfließenden Morgenlicht, in dem nach Holz duftenden, etwas staubigen Zimmer auf ihrem großen Kissen am Boden lag und fernsah, erschien mir plötzlich wahnsinnig vertraut.[14]

Begeistert von Mikages Kochkünsten schlägt Eriko ihr vor, sie solle, statt etwas zur Miete beizusteuern, von Zeit zu Zeit einfach etwas für sie kochen. Mikage entsinnt sich angesichts ihrer neuen Familie, die sie vorbehaltlos aufnimmt, der ständigen Gefahr des Verlusts geliebter Menschen. Sie erkennt, dass die Menschen meist einsam durch die Welt gehen und die Verbindung zu ihnen immer vergänglich sein wird. Ihre Schlussfolgerung, dass sie in ihrer Losgelöstheit ihren Lebenswillen und einen Sinn nur in sich selbst finden kann, scheint nicht nur im Einklang mit der zuvor erwähnten Selbstsuche (*jibun-sagashi*) der Protagonistinnen in Yoshimotos Werken und der Suche nach

14 Yoshimoto: *Kitchen*, S. 26. Die Behandlung von Eriko als trans Frau erscheint nach heutigen Maßstäben zumindest teilweise problematisch, da immer wieder darauf hingewiesen wird, dass sie eigentlich ein Mann sei, obwohl sie zugleich als reale und vollständige Frau wahrgenommen wird. Als geschlechtlich-sexuell uneindeutige Figur steht sie in der Tradition der *shōjo manga*, auf die sich Yoshimoto thematisch immer wieder bezieht. Vgl. dazu den Essay in *Kitchen*, in dem Amitrano auf eine mögliche Vorlage für diese Figur hinweist, vgl. Giorgio Amitrano: Das Phänomen Banana Yoshimoto. In: Yoshimoto: *Kitchen*, S. 191–203, hier S. 198–199.

Möglichkeiten einer Heilung (*iyashi*) zu stehen, sondern ruft auch die traditionelle Ästhetik des *mono no aware* auf, der melancholisch-nostalgischen Akzeptanz angesichts der Vergänglichkeit aller Dinge. Mikage denkt:

> Wie alt war ich wohl, als mir klar wurde, daß ich diesen finsteren und einsamen Bergpfad nur mit dem Licht erhellen konnte, das aus mir selbst kam? Obwohl ich mit viel Liebe aufgezogen worden war, fühlte ich mich immer einsam.[15]

Immer wieder wird in *Kitchin* die Nostalgie durch Essen aktiviert. Wie Marcel Prousts Madeleines fungiert es als Türöffner für die Erinnerung an Erlebtes und an bereits als erlebt Empfundenes. Hier steht nicht die Entdeckung unbekannter Spezialitäten und damit neuer Lebenswelten oder eines zuvor nie erlebten Geschmacks im Vordergrund, sondern die Verbindung von Essen mit Gewohntem und einem Gefühl von Verbundenheit. Wenn eine außerordentliche Mahlzeit eingenommen wird, so ist die Entdeckung nicht die von etwas völlig Fremdem, es ist die einer möglichst ursprünglichen und damit echten Version von etwas Bekanntem und zumeist Bodenständigem. Wie bei den Figuren, die sich begegnen, sich sofort vertraut fühlen und zusammenfinden, ist das Heterogene auch in Bezug auf das Essen schon immer homogen. Gutes Essen bedeutet bei Yoshimoto daher nicht das Erschließen von Neuem, es erzeugt stattdessen Sentimentalität und führt zur tieferen Verbindung von Menschen.

Japanisches Essen ist über die jeweiligen Namen der Gerichte, Bezüge zu Festen oder Jahreszeiten, die regionale Herkunft oder das Aussehen mit verschiedensten Bedeutungen aufgeladen. Immer wieder gelingt Yoshimoto dadurch ein Spiel mit Referenzen. Als Mikage im zweiten Teil von *Kitchin*, der den Titel „Vollmond" trägt, von Erikos Tod erfährt und in die Wohnung der Tanabes zurückkehrt, um Yūichi beizustehen, beschließt sie, nachdem sie beide – nun gemeinsam einsam – auf dem Sofa an einem einzelnen Stück Brot kauen, ihm zum Trost ein großes Abendessen zuzubereiten. Sie schickt ihn mit einer langen Liste von Zutaten zum Einkaufen. Während Yūichi fort ist, erfahren die Leser*innen nicht nur, dass Mikage im Sommer zwischen dem ersten und zweiten Teil des Romans ihr Studium abgebrochen

15 Yoshimoto: *Kitchen*, S. 30.

und angefangen hat, als Assistentin einer bekannten Fernsehköchin zu arbeiten, sondern dass sie über die intensive Beschäftigung mit dem Kochen auch einen neuen Sinn in ihrem Leben gefunden hat. Das Bild, das Mikage hier aufruft, ist das eines hell leuchtenden Mondes, der ihr angesichts des Bewusstseins der Vergänglichkeit aller Dinge in der Dunkelheit den Weg erhellt und Hoffnung gibt. Als sie schließlich Yūichi beim Tragen der schweren Einkäufe hilft, betrachten beide den Vollmond und sprechen darüber, ob dieser Einfluss auf das Kochen habe:

> „Wenn man einen so schönen Mond gesehen hat, muß sich das doch auf das Kochen auswirken. Was aber nicht heißt, daß du jetzt *tsukimi-udon* machen sollst."
> Ein Klingeln, der Aufzug hielt an, und ich hatte eine Sekunde das Gefühl, als bliebe mir das Herz stehen.[16]

Das Nudelgericht, auf das sich Yūichi hier bezieht, verweist bereits durch seinen Namen gleichzeitig auf das soeben Gesehene, den Titel des zweiten Teils und das Mondlicht, das Mikage mit Momenten des Glücks in einer dunklen Welt verbindet. *Tsukimi udon*, zu Deutsch „Mondschau"-Udon, wurde traditionell oft im Herbst zur Erntezeit und dem Fest zur Beobachtung des Vollmonds (*tsukimi*) im September gegessen. Das Ei in der Mitte der Schüssel symbolisiert dabei den Vollmond, der durch die Udon-Nudeln wie von Wolken umgeben ist. Auch hier fungiert das Essen als verbindendes Element, denn indem Yūichi Mikage auf den Vollmond hinweist, wird ihr die enge Verbindung zu ihm bewusst und sie realisiert zum ersten Mal die starken Gefühle, die sie für ihn hat. Sie kann diese allerdings nicht klar einordnen:

> Im selben Moment formten sich aus dem Gefühl von eben, als mir das Herz stehenzubleiben drohte, Worte, und es schoß mir durch den Kopf: „Solange Yūichi da ist, brauchst du nichts anderes." Es waren nur Sekunden, doch ich war völlig durcheinander. Es war, als würden meine Augen von einem starken Licht geblendet. Und dieses Licht hatte mein ganzes Herz erfüllt.[17]

16 Ebd., S. 79.
17 Ebd., S. 80.

Das Licht des Vollmonds, das Mikage mit einem Hoffnungsschimmer in ihrem Leben verbindet und das sie folglich gemeinsam mit Yūichi erblickt, überträgt sich über die Erinnerung an ein Nudelgericht wiederum auf ein Gefühl der Nähe zu ihm.

Eine weitere Referenz entsteht, als sich Mikage mit einer ehemaligen Kollegin von Yūichis Mutter trifft, die ihr klar macht, dass dieser nicht nur als Bruder ihre Nähe sucht, sondern mehr für sie empfindet. Chika, die neue Besitzerin des Nachtlokals von Eriko, eine *drag queen*, isst *tanuki soba*, ein Nudelgericht, das nach den japanischen Marderhunden benannt ist, die in der japanischen Folklore als *yōkai*, geisterartige Wesen, mit magischen Kräften ausgestattet sind und oft als Gestaltwandler auftreten. Als ungefährliche Tiere haben sie in der Regel eine eher humoristische Funktion. Der Name des Gerichts rückt die lebenslustige und aufgeweckte Chika, die im Gegensatz zu Eriko nur die Rolle einer Frau spielt, folglich in die Nähe dieser bekannten Figur, die in verschiedene Formen und sogar Objekte schlüpft und Menschen Streiche spielt. Die oftmals humorvolle Illusion und Parodie von Weiblichkeit durch die *drag queen* wird hier mit dem *tanuki* als gewitztem Trickster verbunden. Die ungefüllten *tempura*-Stücke auf der Oberfläche der nach ihm benannten Nudelsuppe suggerieren ein reichhaltiges Mahl, lösen sich aber beim Kauen schnell auf und symbolisieren so die Streiche des *tanuki*.

Als Mikage schließlich mit ihrer neuen Chefin und einigen Angestellten für eine Reportage auf die Halbinsel Izu fährt und dies als Möglichkeit sieht, sich für eine Zeit nicht mit ihrer Trauer und ihren unklaren Gefühlen in Bezug auf Yūichi beschäftigen zu müssen, streift sie nach einem unbefriedigenden Essen in ihrer Herberge alleine und hungrig durch die nächtlichen Straßen. Hier wird sie sich ihrer Einsamkeit und der Unmöglichkeit der Rückkehr zu einer Familie bewusst und findet zufällig ein kleines Restaurant, das eine bekannte Mahlzeit verspricht. Sie bestellt ein *katsudon*, ein herzhaftes Reisgericht mit einem panierten Schnitzel und einem halbgaren Ei, erinnert sich, während sie auf ihr Essen wartet, an Yūichi, der sich ebenfalls auf eine Reise begeben hat, um auf andere Gedanken zu kommen, und ruft ihn über das Gästetelefon in seiner Pension an. Ihr Gespräch, das sich hauptsächlich um die auf geschmacklosem Tofu basierende Mönchskost an Yūichis Aufenthaltsort dreht, baut wieder eine Verbindung zwischen ihnen auf. „Wirklich komisch, daß wir zwei unter demselben Himmel sitzen und Hunger haben“[18], sagt Yūichi, und während Mikage es nicht übers Herz bringt, ihm zu erzählen, dass sie gerade auf ein reichhaltiges Fleischgericht wartet, wird ihr plötzlich klar:

> In dem von Tod umgebenen Dunkel waren unsere Gefühle dabei, in einer sanften Kurve aufeinander zuzustreben. Wenn sie sich jetzt verfehlten, würden sich unsere Wege wieder trennen, würden wir für alle Zeit nicht mehr als gute Freunde sein.[19]

Beim Genuss des *katsudon* entwickelt Mikage eine bereits verloren geglaubte neue Energie. Sie erinnert sich nicht nur daran, dass ihre Chefin ihr bereits von genau diesem Restaurant erzählt hatte – wiederum ein Gefühl, etwas Unbekanntes schon zu kennen –, sondern fasst auch den spontanen Entschluss, Yūichi an ihrem Erlebnis teilhaben zu lassen. Sie bestellt kurzentschlossen eine weitere Portion des Gerichts zum Mitnehmen, hält ein Taxi an und fährt in der Nacht den weiten Weg zu dem Ort, an dem sich Yūichis Pension befindet. Der durch das Essen ausgelöste Aktionismus findet seinen wiederum fast magisch-realistischen Höhepunkt, als Mikage plötzlich durch reine Intuition weiß, welches der dunklen Fenster an der Rückseite der Herberge zu Yūichis Zimmer gehört, und in einem ungewohnten Kraftakt zu diesem hinaufklettert. Die merkwürdige Situation wird schließlich durch das Essen gelockert und führt zurück zu einer ehemals geteilten Nähe, die nun durch die Überwindung der Entfernung und die geteilte Speise wieder möglich wird:

> Während ich ihm beim Essen zusah, merkte ich, wie erleichtert ich plötzlich war. Ich hatte das Gefühl, daß ich alles getan hatte, was ich konnte.
> Jene Zeit, in der wir glücklich waren, glich einem leuchtenden Kristall, der plötzlich tief in meiner Erinnerung aus seinem Schlaf erwacht war und uns vorantrieb. Wie durch einen frischen Windstoß war der Duft jener Tage in mein Herz zurückgekehrt.
> Szenen von früher fielen mir plötzlich wieder ein. [...]

18 Yoshimoto: *Kitchen*, S. 115.
19 Ebd., S. 116.

> Und dann der Duft eines frischen Omelettes an einem heiteren Sonntagmorgen. Das herrliche Gefühl, wenn sich sacht eine Wolldecke über mich legte, da ich auf dem Boden eingeschlafen war. [...]
> Die wirklich schönen Erinnerungen bleiben lebendig und haben einen unauslöschlichen Glanz. Sie pulsieren schmerzlich im Fluß der Zeit.[20]

Der nostalgische, durch das Essen erzeugte Aufruf von schönen Erinnerungen ermöglicht hier die Akzeptanz negativer Erfahrungen, die wie die positiven Erinnerungen als Teil des Lebens wahrgenommen werden. Ebenfalls scheint sich die pseudo-inzestuöse Spannung zwischen Yūichi und Mikage zu lösen und eine neue Verbindung zu erlauben, die möglicherweise zu einer Beziehung und einer neuen Form von Gemeinschaft führt:

> Wie viele Tage, wie viele Nächte haben wir am Tisch gesessen und zusammen gegessen?
> Einmal hatte mich Yūichi gefragt:
> „Woher kommt es nur, daß alles so gut schmeckt, wenn ich mit dir esse?"
> „Das kommt daher", antwortete ich lachend, „daß beim Essen deine Eßlust und dein Geschlechtstrieb gleichzeitig befriedigt werden."
> „Nein, nein, nein!", sagte Yūichi und fing wie wild an zu lachen. „Wahrscheinlich, weil wir eine Familie sind."[21]

Über Essen findet in *Kitchin* ein Prozess der Heilung (*iyashi*) statt. Es wird zur Lebensgrundlage, da es Mikage die Möglichkeit bietet, ihr Hobby zum Beruf zu machen und Sinn in einer Beschäftigung zu finden. In Zeiten der Trauer spendet es ihr und Yūichi Trost und ist im wahrsten Sinne des Wortes *comfort food*: „food prepared in a traditional style having a usually nostalgic or sentimental appeal."[22]
Durch die über Essen erzeugte Erfahrung der Nostalgie können die Figuren im Roman den Verlust geliebter Menschen als Teil des Lebens akzeptieren. Erst im Rückblick erkennen sie den Wert ihrer eigenen Vergangenheit und können nach vorne in die Zukunft blicken. Dies

20 Yoshimoto: *Kitchen*, S. 126–127.

21 Ebd., S. 127.

22 Comfort Food. In: *Merriam-Webster*, 2011. https://www.merriam-webster.com/dictionary/comfort%20food (Zugriff am 26.09.2018).

mag zumindest auch ein Grund für Yoshimotos weltweite Beliebtheit sein: In Zeiten einer postmodernen Loslösung von traditionellen Strukturen und einem damit einhergehenden Gefühl von Sinnleere suchen ihre Protagonistinnen, die sich als *shōjo* in einer adoleszenten Übergangsphase zwischen Kindheit und dem Erwachsensein befinden, nach einem Lebenssinn angesichts des Verlusts geliebter Menschen und sehnen sich nach einer heilen Welt in der Vergangenheit, die es in dieser Form vielleicht niemals gegeben hat. Indem es ihnen gelingt, ihre existenzielle Krise zu bewältigen und den Verlust als einen Teil des Lebens zu begreifen, können sie ihren Schmerz akzeptieren und bieten für die Lesenden wiederum eine Form von *iyashi* – „Heilung" oder zumindest „Linderung". Sie geben damit eine Antwort auf die Frage, wie man der Welt angesichts von negativen Erfahrungen, Leid, Einsamkeit und Trauer auch weiterhin positiv begegnen kann. Die Tendenz, Yoshimotos Werke aus diesem Grund im Rahmen des *iyashi*-Booms der Neunzigerjahre zu lesen, der mit einer großen Beliebtheit von *Wellness*-Produkten, therapeutischen Verfahren und der Suche nach weiteren Möglichkeiten der Selbstfürsorge (*self-care*) einherging, ist offensichtlich. Wenn man aber ihre Literatur aus diesem Grund ausschließlich als eine oberflächliche Form von *Wellness* oder literarischem *comfort food* ohne weiteren Nährwert begriffe, täte man ihr sicherlich Unrecht, da sie traditionelle Topoi der japanischen Literatur aufgreift, diese mit für ihre Zeit ungewöhnlichen Motiven und Stoffen verbindet und so die klare Trennung zwischen einer Hoch- und einer Massenliteratur aufbricht. Auch über Japan hinaus gelingt es ihr, ihre Leser*innenschaft mit ihren sentimentalen Geschichten anzusprechen. Paul Roquet schlägt für diese Art einer ruhigen und beruhigenden Literatur im Zeichen der heilsamen Selbstfürsorge den Begriff „Ambient Literature" vor.[23] Kritisch zu sehen sei an dieser Art Literatur allerdings, dass sie sich, statt sich mit politischen Themen zu befassen, ausschließlich auf das Wohlbefinden des Individuums beziehe und damit zwar ein wohliges Gefühl erzeuge, jedoch keine größere gesellschaftliche Funktion übernehme.[24]

23 Paul Roquet: Ambient Literature and the Aesthetics of Calm. Mood Regulation in Contemporary Japanese Fiction. In: *Journal of Japanese Studies* 35,1 (2009), S. 87–111.

24 Ebd., S. 107.

John Whittier Treat weist zudem auf die Inhaltsleere einer Nostalgie ohne Bezugspunkt hin. Indem Yoshimoto in den Nachworten ihrer Romane die Leser*innen direkt anspreche und den Schreibprozess in Bezug auf ihr eigenes Leben reflektiere, würden diese zwar in ihre Nostalgie einbezogen, die Lektüre der Texte ohne die Möglichkeit der Erinnerung an das entsprechende Leben aber selbst zur nostalgischen Praxis.[25] Nostalgie nur um der Nostalgie willen werde ohne einen Punkt, auf den sie sich richten könne, nur zu einem Verlangen ohne Objekt und dadurch zu einem ebenso leeren Zeichen einer postmodernen Kultur.[26]

Unabhängig davon, ob man in Yoshimotos Schreiben eine postmoderne Leere entdeckt oder auch im individuellen Wohlbefinden einen gesellschaftlichen Wert erkennen mag, hat sie seit *Kitchin* nicht nur stetig zum weltweiten Erfolg der japanischen Literatur, sondern auch zur größeren Bekanntheit japanischen Essens in der Welt beigetragen. Die Udon- und Soba-Nudeln, die die Figuren in *Kitchin* verspeisen, waren zur Zeit der Veröffentlichung wohl nur wenigen Menschen außerhalb Japans vertraut, während sie heutzutage in größeren Städten leicht zu finden sind. In Yoshimotos Fußstapfen sind inzwischen auch andere japanische Autor*innen wie Kawakami Hiromi oder Ogawa Ito getreten, die in ihren Romanen ebenfalls kulinarische Erlebnisse mit Nostalgie verbinden – ein Rezept, das Erfolg verspricht.

Kitchin wiederum endet mit dem Versprechen eines Wiedersehens, indem Yūichi ankündigt, Mikage vom Bahnsteig abzuholen, damit sie ihm frischen Hummer und *sashimi* mitbringen könne. Womöglich hatten die nichtjapanischen Leser*innen, als die deutsche Übersetzung erschien, vor der Lektüre dieses Romans noch nie von *sashimi* gehört und konnten durch das Glossar erfahren, was es damit auf sich hat. Die Erinnerung daran, wo man diesem Gericht zum ersten Mal begegnete, mag heute, dreißig Jahre nach der Erstveröffentlichung von *Kitchin*, zumindest etwas nostalgisch stimmen.

25 Treat: Shōjo Culture and the Nostalgic Subject, S. 380.
26 Ebd., S. 383.

Christoph Ribbat

Kurzgeschichten mit Essstörung

Raymond Carver und der Hemingway-Test

> "Just quit eating," Earl said. "For a few days, anyway."
> "All right," she said. "I'll try. For a few days I'll try."
> (Raymond Carver: *They're Not Your Husband*)[1]

In einer Küche in Albuquerque, New Mexico, USA, sitzen vier Menschen um einen Tisch herum. Keiner von ihnen stammt aus der Stadt. Sie verbringen den Abend miteinander. Haben offensichtlich Zeit. Was könnte ein Autor nicht alles aus dieser Situation machen? Er könnte diese Figuren zusammen kochen lassen, oder einen oder zwei von ihnen für die Gruppe, und die Sinnlichkeit wie die Distinktionsprozesse beschreiben. Anhand des Eingekauften und der Zubereitung könnte die ethnische, soziale und kulturelle Situierung der Gastgeber und der Gäste offengelegt werden. Wie Essen und Gedächtnis zusammenhängen: Welche Rezepte die Protagonist*innen kennen, welche Kochtechniken sie beherrschen, welche Speisevorschriften sie befolgen, und was all das über die Traditionen aussagt, die ihnen wichtig oder unwichtig sind. Er könnte persönliche Erinnerungen reflektieren, ausgelöst von Rezepten, Gerüchen, Geschmack. Wie die Figuren Materie in Nahrung verwandeln, wie sie dabei miteinander körperlich und emotional umgehen. Wie ihre Hände in Bewegung kommen, wie die Hitze in der Küche steigt, wie die Körper sich erwärmen – und

1 Raymond Carver: They're Not Your Husband. In: Ders.: *The Stories of Raymond Carver*. London: Picador 1983, S. 27–32.

vielleicht auch, wie sich die Stimmung abkühlt, wenn ein Habitus nicht passt? Er könnte sie dann beim Essen zeigen, beim Teilen, Servieren, Kauen, Schmecken, Schlucken, anschließendem Verdauen, und wieder alle möglichen individuellen und sozialen Nuancen beleuchten, die das gemeinsame Essen aufruft: Tischsitten, Genuss, Ekel. Die Sinne seiner Leser*innen könnte der Autor beschäftigen, mit den spezifischen Details von Nahrungsmitteln, ihrer Zubereitung, ihres Konsums.[2] Die Darstellung des Essens, so etwa Fred L. Gardaphé und Wenying Xu, bietet literarischen Texten die Möglichkeit, familiäre Traditionen zu feiern, Identitätskrisen zu beschreiben, die Ideologie der Assimilation und die Mechanismen des globalen Kapitalismus zu kritisieren.[3] Nach Sandra Gilbert begegnen Leser*innen dem „komplizierten Buffet von Ich, Familie, Kultur", wenn sich Erzählwerke mit dem Essen auseinandersetzen.[4]

All das könnte zum Thema werden, aber in Raymond Carvers Kurzgeschichte *What We Talk About When We Talk About Love*[5] steht nur eine Flasche Gin auf dem Tisch, eine Flasche Tonic Water, ein Kübel mit Eiswürfeln und eine Untertasse mit aufgeschnittenen Limetten (die nur für den Gin da sind, nicht, um verspeist zu werden). Der Abend ist eine spartanisch organisierte Gelegenheit, sich miteinander zu betrinken. Sie wird konsequent wahrgenommen. Die Frauen und Männer fangen an, über die Liebe zu reden. Carvers Geschichte besteht fast nur aus ihrem Dialog. Die Trinkenden sprechen darüber, was Liebe sei, was nicht Liebe sei und was für eine Sorte Liebe sie überhaupt nicht gebrauchen könnten. Die Körper der Figuren kommen nur durch knappe, reduzierte Gesten ins Spiel. Diese sagen nichts über sie als Individuen aus. Jemand berührt sein Glas, ein anderer hebt es zum Mund, einer bewegt die Eiswürfel, eine hält das Glas in beiden Händen und beugt sich vor, einer reicht eine Flasche weiter, schüttet

2 Brad Kessler: One Reader's Digest: Toward a Gastronomic Theory of Literature. In: *Kenyon Review* 27,2 (2005), S. 148–165; Wenying Xu: *Eating Identities: Reading Food in Asian American Literature*. Honolulu: U of Hawaii P 2007.

3 Fred L. Gardaphé / Wenying Xu: Food in Multi-Ethnic Literatures. In: *MELUS* 32,4 (2007), S. 5–10, hier S. 5.

4 Sandra Gilbert: *The Culinary Imagination: From Myth to Modernity*. New York: Norton 2014, S. 8.

5 Raymond Carver: What We Talk About When We Talk About Love. In: Ders.: *The Stories of Raymond Carver*, S. 270–281.

nach, holt die nächste Flasche Gin. Die vier werden immer betrunkener, die Küche immer dunkler, ihre Gesprächsbeiträge immer wilder. Dass er Essen möge, sagt einer von ihnen, als es um ein Restaurant geht, in dem er noch nicht war. Er teilt mit, dass er Koch werden würde, wenn er sein Leben noch einmal leben könnte. Aber dass er sich dann gleich korrigiert und verkündet, dass er doch noch lieber als mittelalterlicher Ritter leben würde, komplett mit Rüstung und Lanze, zeigt, wie sekundär feste Nahrung für diese Figuren ist. Hunger haben die vier Betrunkenen schon. Ganz am Ende überlegen sie, vielleicht essen zu gehen, und die Gastgeberin sinniert darüber, jetzt doch Käse und Cracker auf den Tisch zu stellen, aber obwohl sie das sagt, bleibt sie einfach sitzen und tut gar nichts, so dass die Geschichte ohne jede Speise zu Ende geht. Es sind alle Wortbeiträge über die Liebe gemacht und der Ich-Erzähler hört nur noch sein Herz schlagen. Wie er meint, hört er auch die Herzen der anderen: die menschlichen Geräusche, die sie so machen. Das Buffet von Ich, Familie, Kultur bleibt geschlossen. Es wird nicht gegessen.
Das ist Raymond Carvers Minimalismus. Eigentlich kann es niemanden überraschen, dass hier keine Gans gefüllt, nicht die Nudelmaschine gekurbelt, keine Zabaione aufgeschäumt, kein weiches Herz des Camemberts entdeckt wird. Carvers Texte sind auf Diät. Die Sätze sind schlicht, die Wortwahl simpel. Dass diese Prosa ohne kulinarisches Register auskommt, ist eine Frage der literarischen Ökonomie. Detailbeschreibungen passen schlicht nicht in die knappen Geschichten. Und der Inhalt entspricht der Form. Die einfache Sprache evoziert eine vermeintlich simple Welt. Bei Carver geht es um Leben, die nicht heldenhaft sind, nicht dramatisch, nicht besonders sinnlich. Keine*r seiner Protagonist*innen könnte ein Restaurant nur annähernd wie Marcel Prousts Erzähler wahrnehmen, als atemberaubenden und doch geordneten Kosmos, niemand so wie dieser über ein Stück Gebäck sinnieren. Erinnerungen – ob an Geschmäcker, ob an Gerüche – spielen in Carvers Prosa kaum eine Rolle. Seine Menschen leben in der Gegenwart, ob sie es wollen oder nicht. Sie sind keine Gourmets, keine Kenner, keine Genießer.
Es ist nicht so, dass in Carvers Kurzgeschichten nie gegessen würde. Gelegentlich lassen sie die Nahrungsaufnahme zu. Aber diese ruft fast immer ein Gefühl der Überraschung hervor, manchmal sogar des Ekels davor, dass manche Menschen offensichtlich gar nicht so ungern

den Mund öffnen, schmecken, schlucken und kauen. In der Kurzgeschichte *Fat*[6] erzählt eine Kellnerin ihrer Freundin (nur bei Kaffee und Zigaretten, bei sonst nichts, natürlich) von diesem unfassbaren Ereignis neulich bei der Arbeit: Als jener adipöse Mann ein ziemlich umfangreiches Menü bei ihr bestellt habe (einen Salat, eine Suppe, viel Brot mit Butter, Lammkoteletts mit Ofenkartoffeln und „Sour Cream", noch mehr Brot mit Butter, dann ein Stück Puddingtorte sowie ein großes Vanilleeis mit Schokoladensirup) und sie dann so viel über diesen Mann nachgedacht habe, dass sie sich später beim Sex mit Rudy selbst adipös gefühlt habe und Rudy ihr im Kontrast richtig winzig vorgekommen sei. In *Preservation*[7] streikt bei einem ohnehin problembeladenen Paar der Kühlschrank: Die Eiscreme im Tiefkühlfach ist geschmolzen, ist dann über die Fischstäbchen und den Cole Slaw und in eine Schüssel mit „Spanish Rice" geflossen. Die eingefrorenen Schweinekoteletts sind aufgetaut, ebenso eine Packung „Steakums" und zwei TV-Dinner chinesischer Art sowie die Hot Dogs und die Nudelsauce. Der Joghurt ist schlecht. Die Protagonistin brät die Schweinekoteletts an, die sie sonst wegwerfen müsste und legt eines nach dem Braten auf den Teller, wo es eigentlich nicht wie Fleisch aussieht. Aber weil sie ja weiß, dass es sich um ein Schweinekotelett handelt, legt sie das zweite dubios aussehende Stück Fleisch neben das erste und ruft zum Essen. (Bevor das Paar mit dem Kauen der verdächtigen Mahlzeit beginnen kann, endet die Erzählung, weil Wasser auf den Küchenboden tropft.) Und in *They're Not Your Husband* setzt ein Mann seine Frau unter Druck, eine Diät anzufangen, ‚erwischt' sie dann, wie sie Rührei mit Speck isst, wird zornig. Sie spuckt das schon zerkaute Essen auf eine Serviette.[8] Eine Essstörung durchzieht Carvers Prosa.

Dies hätte keine größere Bedeutung, wenn Raymond Carver nur einer unter vielen Kurzgeschichtenautoren der Spätmoderne wäre. Aber er spielt eine Hauptrolle in der Entwicklung der amerikanischen – wie auch der deutschen – Gegenwartsliteratur. Carvers Erzählungen gehören zu den wichtigsten Texten einer Epoche, unserer Epoche, die der

6 Raymond Carver: Fat. In: Ders.: *The Stories of Raymond Carver*, S. 13–16.
7 Raymond Carver: Preservation. In: Ebd., S. 313–321.
8 Raymond Carver: They're Not Your Husband. In: Ebd., S. 27–32.

Literaturwissenschaftler Mark McGurl als „Program Era“[9] bezeichnet. In dieser Zeit lässt sich literarisches Schaffen nicht mehr nur als ein Feld von Individuen, Szenen, Subkulturen begreifen, sondern als eine Kunstform, die von universitären „programs“ – den in den USA omnipräsenten Studiengängen für Kreatives Schreiben – entscheidend geprägt ist. Im späten 20. Jahrhundert öffneten sich die amerikanischen Universitäten für neue Bevölkerungsschichten. Sie machten Wissen, Kunst und Literatur zugänglicher und demokratisierten so auch die Schriftstellerausbildung, trotz der stets auch wahrgenommenen fundamentalen Unmöglichkeit dieses Konzepts. Carvers kurze, scheinbar schlichte Erzählungen spielten in dieser Transformation eine modellhafte Rolle: zum einen aufgrund ihres zugänglichen, vermeintlich leicht zu unterrichtenden Stils, zum anderen weil ihre Protagonist*innen mehrheitlich der unteren Mittelschicht entstammen. Genau diese Akteure nahmen im späten 20. Jahrhundert oft erstmals am akademischen, am literarischen Leben teil. Auf sie zielten „creative writing programs“ ab.

An einem Prozess, der zu einer Demokratisierung des literarischen Felds führt, ist im Grunde nichts zu kritisieren – außer vielleicht das Detail, dass der in der „Program Era“ so dominante Minimalismus zu einer gewissen Standardisierung literarischen Ausdrucks führen könnte. Dieser Aspekt aber erscheint dann doch bedeutend, weil zeitgleich mit der Ausbreitung der „creative writing programs“ ein ganz anderer, viel umfassenderer gesellschaftlicher Prozess verlief: der Aufstieg des standardisierten Fast Foods, der zu einer Uniformierung nicht nur der Ernährung, sondern auch der Arbeitswelt, der Architektur, der Urbanität, der Konsumpraktiken insgesamt führte. Für den Geschmack der meisten amerikanischen Gerichte sind nun die stets gleichen Chemiewerke in New Jersey verantwortlich.[10] Und menschliche Arbeit selbst wird durch die Fast-Food-Revolution anonymisiert, standardisiert, entwertet. Carvers schlechtbezahlte Kellnerinnen in den 24-Stunden-Diners, imaginiert in den 1980er Jahren, haben noch Zeit, mit Gästen zu interagieren. Ihre Positionen aber

9 Mark McGurl: *The Program Era: Postwar Fiction and the Rise of Creative Writing.* Cambridge, MA / London: Harvard UP 2009.

10 Eric Schlosser: *Fast Food Nation: The Dark Side of the All-American Meal.* New York: Houghton Mifflin 2001, S. 5–7.

erscheinen privilegiert im Vergleich zu den sie nach und nach ersetzenden Fast-Food-Arbeiter*innen, deren Arbeitsabläufe in den Franchisebetrieben auf die Sekunde genau getaktet sind.[11] McDonaldisierung bringt Traditionen zum Verschwinden: ob in der Arbeitswelt, im sozialen Miteinander oder im kulinarischen Feld.

Die Kulturkritik der letzten Jahrzehnte hat sich intensiv gegen diese Standardisierung gewehrt: ob im literarischen oder im kulinarischen Feld. Man findet kaum enthusiastische Bekenntnisse zu neu entwickelten Fast-Food-Modulen und ebenso selten Hymnen auf Minimalismus-Dogmen in der Erzählliteratur. Der amerikanische Autor Gary Shteyngart beschreibt letztere als Disziplinierungswerkzeuge einer humorlosen, stets effizienten Quasi-Diktatur für Jungliteraten. Erst sich von den Leitlinien des Minimalismus zu befreien, so Shteyngart, habe ihm das Schreiben ermöglicht.[12] (Neben seinen Romanen verfasst er zudem, kein Zufall, für die Zeitschrift *Travel & Leisure* sinnlich-maximalistische Prosa über die kulinarischen Reichtümer und Traditionen Mittel- und Osteuropas.) Die amerikanische Schriftstellerin Elif Batuman sieht die Leitsätze des Creative-Writing-Minimalismus ebenfalls als puritanische Verbote: das „show don't tell"-Prinzip ebenso wie die Maßgabe, „needless words" wegzulassen und das Prinzip „kill your darlings" streng anzuwenden, um Prosa handwerklich sauberer erscheinen zu lassen.[13] Auch in Deutschland liest man, dass das reduzierte Erzählen, gelehrt in Literaturinstituten in Leipzig und Hildesheim, Autor*innen produziere, so Helmut Böttiger, die „keinen Stoff" ihr eigen nennen könnten, kein Risiko eingingen und den Carver'schen Minimalismus wie eine uniforme Masche verfolgten, die letztlich nur Leere kaschiere.[14] Die Argumente könnten sich so auch gegen die hyperkontrollierten Produkte der Fast-Food-Industrie oder die ihnen verwandten kommerziellen

11 George Ritzer: *The McDonaldization of Society*. Los Angeles: Pine Forge 2009; Katherine S. Newman: *No Shame in My Game: The Working Poor in the Inner City*. New York: Knopf 1999.

12 Gary Shteyngart: *Little Failure: A Memoir*. New York: Random House 2014, S. 278–279.

13 Elif Batuman: *The Possessed: Adventures with Russian Books and the People Who Read Them*. New York: Farrar 2011, S. 19.

14 Helmut Böttiger: Und immer wird gerade jemand anderes geküsst. In: *Süddeutsche Zeitung*, 13.12.2008. https://www.sueddeutsche.de/kultur/literatur-und-immer-wird-gerade-jemand-anderes-gekuesst-1.797780 (Zugriff am 05.09.2018);

Diätprogramme wenden. Die Entwicklungen scheinen tatsächlich miteinander verknüpft: Das limitierte Leben im Spätkapitalismus führt, so ist zu befürchten, zum Verschwinden wahrer, weil undisziplinierter Meisterschaft, zur Uniformierung von Ernährung wie von Literatur, zum Verschrumpeln von Koch-, Genuss-, Erinnerungs- und Erzählfähigkeiten. In diesem Kontext wird Carver gelesen.

Es lohnt sich, zurückzublicken und den Minimalismus nicht als eine Erfindung der „Program Era“ zu begreifen, sondern als Darstellungsform mit tiefen Wurzeln im Modernismus. So zumindest wollen es Carvers Verteidiger. Sie preisen sein Werk als Fortführung der sprachkritischen Ansätze Ezra Pounds und Samuel Becketts. Sie zeigen, dass knappe, wortkarge Kurzgeschichten nicht als Kursmaterialien für Creative-Writing-Studierende der postindustriellen Gesellschaft entwickelt wurden, sondern als zentrale Bestandteile der literarischen Avantgarde zu sehen sind. Sie argumentieren, dass Carver an eine längere Traditionslinie anschließe: eine stilistisch magere (und daher auch nie kulinarisch ausufernde) Form amerikanischer Prosa, die die Literaturgeschichte durchzieht.[15]
Dieser Argumentation sollte man prüfend nachgehen. Und Ernest Hemingways Kurzgeschichten, als Meisterwerke der Moderne gefeiert, könnten hier als Testfall dienen. Hat Hemingway, der einen ähnlich kargen Realismus pflegt wie Carver, ein ähnlich gestörtes Verhältnis zur Nahrungsaufnahme? Gibt es einen modernistischen Automatismus, im frühen wie im späten 20. Jahrhundert, nicht nur mit literarischen, ästhetischen Traditionen aufzuräumen, sondern gleichzeitig auch die reichen Zusammenhänge von Essen und Gedächtnis aus der Prosa zu entfernen? So ließe sich Carver doch auch beschreiben: als Avantgardist wie Hemingway, der auf dem Weg zur kompromisslosen literarischen Reduktion quasi erinnerungslose Protagonist*innen produziert, ja produzieren muss, die nicht mehr essen, nicht mehr

vgl. auch Thomas von Steinaecker: Raymond Carver? Literatur ist mehr als Verkürzung. In: *Die Zeit*, 25.05.2010. https://www.zeit.de/2010/21/Literaturklassiker/seite-7 (Zugriff am 05.09.2018).

15 Robert C. Clark: *American Literary Minimalism*. Tuscaloosa: U of Alabama P 2014, S. 14–15; Irving Howe: Stories of Our Loneliness. In: *New York Times*, 11.09.1983. https://archive.nytimes.com/www.nytimes.com/books/01/01/21/specials/carver-cathedral.html (Zugriff am 05.09.2018).

schmecken und schon gar nicht kochen können, weil sie in Welten ohne Traditionen leben, ohne kollektive Erinnerungen, ohne weitergegebene Kulturtechniken. Das ist, so könnte man argumentieren, der Preis der stilistischen und inhaltlichen Radikalität. Oder lässt sich, das würden die Carver-Gegner wohl vermuten, beim kanonisierten Modernisten Hemingway doch eine reichere, sinnlichere, tiefere Prosa finden, neben der sich Carvers Geschichten als limitierte, standardisierte Texte ausnehmen? Sind die Figuren Hemingways nicht doch kompletter, ihr Gedächtnis reicher, der Geschmack, die Gerüche, die Erinnerungen präsenter? Die Aromen der Literatur könnten als Beleg ihrer Welthaltigkeit dienen.

Zu Testbeginn scheint es, als würde Hemingways Werk ebenso deutlich wie Carvers durch die Essstörungsprüfung fallen. Auch bei ihm sitzen immer wieder Männer und Frauen an Tischen, in Lokalen, und könnten sich eigentlich der Nahrungsaufnahme widmen. Meist tun sie es nicht, weil sie auf das Trinken – und damit weniger auf das Aufrufen von Erinnerungen als auf das Abdriften von der Welt – fokussiert sind. In der klassischen Geschichte *A Clean, Well-Lighted Place* geht es nicht um ein überzeugend gestaltetes Restaurant, sondern darum, eine Bar für einsame Trinker philosophisch aufzuwerten.[16] In *Hills Like White Elephants* diskutiert ein junges Paar in einer spanischen Bahnhofsgaststätte interessante und uninteressante Drinks, obwohl es eigentlich eine Abtreibung besprechen sollte. Auch hier ist für Essen kein Platz.[17] *The Killers*, eine von Hemingways meist gepriesenen Geschichten,[18] spielt in einem Restaurant im amerikanischen Mittleren Westen. Aber wie das Essen hier schmeckt, wird man nie erfahren. Die Aufmerksamkeit liegt auf dem jungen Mann Nick Adams, der zwei dort mittagessende Gangster beobachtet: ihre Haltung, ihre Sprache und das Detail, dass sie beim Essen Handschuhe tragen.[19] Wieder kein Schmecken, Kauen, Schlucken, nur distanzierte Beobachtung, ähnlich wie in Carvers *Fat*.

16 Ernest Hemingway: A Clean, Well-Lighted Place. In: Ders.: *Winner Take Nothing*. New York: Scribner's 1933, S. 17–24.

17 Ernest Hemingway: Hills Like White Elephants. In: Ders.: *Men Without Women*. New York: Scribner's 1927, S. 69–77.

18 Oliver Harris: Ham and Eggs and Hermeneutics: Re-reading Hemingway's "The Killers". In: *Journal of Modern Literature* 40,2 (2017), S. 41–59.

19 Ernest Hemingway: The Killers. In: Ders.: *The Short Stories of Ernest Hemingway*. New York: Scribner's 1997, S. 129–152.

Und wie in Carvers Kühlschrank-Erzählung *Preservation* wird tatsächlich präsentes Essen bei Hemingway dann besonders auffällig, wenn es nicht konsumiert wird. In *Soldier's Home*[20] sitzt Krebs, Rückkehrer aus dem Ersten Weltkrieg, beim Frühstück im elterlichen Haushalt vor einem Teller mit zwei Spiegeleiern und kross gebratenem Speck, einem Stapel von Buchweizenpfannkuchen und einem Krug mit Ahornsirup. Es handelt sich um eine durchaus begehrenswerte Mahlzeit, die diverse Erinnerungen an eine amerikanische Kindheit aufrufen könnte, zu der Krebs' Mutter ihm allerdings eine Ansprache über seine Zukunft serviert. Sie sagt, dass es Zeit für ihn sei, wieder etwas zu tun, die Apathie zu beenden, ein sinnvolles, christliches Leben zu führen. Sie sagt, sie würde den ganzen Tag für ihn beten. Krebs isst nicht, sondern sieht dem aus dem Speck ausgetretenen Fett dabei zu, wie es auf seinem Teller härter wird. Es könne in Gottes Reich keine untätigen Hände geben, paraphrasiert die Mutter die Bibel. Krebs gibt zur Antwort, dass er sich nicht in Gottes Reich befände, steht aber hinter diesen Worten nicht, sondern schämt sich. Sie fragt, ob er denn nicht seine Mutter liebe. Er verneint, nimmt das aber gleich wieder zurück. Sie bittet ihn darum, mit ihr zu beten und er sagt, dass das nicht geht. Die amerikanische Kombination von Eiern, Speck, Pfannkuchen und Ahornsirup verschränkt sich mit Arbeitsethik und Religiosität. Was dem widerstrebt, ist die frustrierte Passivität des Harold Krebs, der nicht isst, nicht betet, nicht liebt, an nichts glaubt, dessen Geschichten aus dem Krieg niemand hören will, weil schon zu viele Geschichten vom Krieg erzählt wurden, und der deshalb ein würdiger Protagonist von Hemingways – und Carvers – Minimalismus ist, der sich ja auch dem Überkommenen, dem Emotionalen, dem allzu Dramatischen entledigen will. Das Misstrauen gegenüber klischeehafter Sprache und sinnlosen Ritualen findet seine Entsprechung im Speck, der vor Krebs' Augen ins Ekelhafte changiert.

Auf Diät scheint auch Hemingways viel diskutierte Kurzgeschichte *Big Two-Hearted River*[21] gesetzt. Sie ist einerseits eine Erzählung über

20 Ernest Hemingway: Soldier's Home. In: Ders.: *In Our Time*. New York: Scribner's 1970, S. 67–77.

21 Ernest Hemingway: Big Two-Hearted River, Pt. I and II. In: Ebd., S. 131–142, 145–156.

das Trauma des Kriegs, die den Krieg aber nie anspricht, sondern komplett unter der Oberfläche belässt. Sie ist zum anderen eine Angelgeschichte, in der der fischende Protagonist zwar lebendige, schwimmende Forellen sehr genau beobachtet, sie aber weder brät, grillt noch dünstet – und schon gar nicht isst. Der offensichtlich traumatisierte junge Mann, dessen Angeltour im amerikanischen Mittleren Westen die zweiteilige Geschichte verfolgt, tötet ganz am Ende zwei Fische, säubert sie, steckt sie ein. Aber die Geschichte hört an diesem Punkt auf. Die Forellen zu reinigen: Das scheint wichtiger als alles andere. Wie in Carvers um eiskalten Gin und Tonic herumgebauter Erzählung aus Albuquerque distanziert sich auch der frühe amerikanische Minimalist vom Zerkleinern, Kochen, Verspeisen, von jeglicher Auflösung klarer Struktur – und damit vielleicht auch von der Unordnung, die das Zusammenspiel von Essen und Gedächtnis produziert.

Aber dann gibt sich Hemingway doch anders, kompletter, sinnlicher als Carver. Und dies gilt ganz besonders für *Big Two-Hearted River*. Früh in der Geschichte, bevor es überhaupt ans Fischen geht, wird auf eine Weise gekocht und gegessen, die auch das maximalistische, carverkritische Lesepublikum befriedigen müsste. Nick hat offensichtlich einiges im Rucksack in die Wildnis geschleppt. Er macht ein Feuer und legt einen Grillrost darüber und stellt eine Bratpfanne darauf und öffnet eine Dose mit Schweinefleisch und Bohnen und eine weitere Dose mit Spaghetti. Er vermischt Fleisch, Bohnen und Nudeln, rührt um, erhitzt die Masse und schaut zu, wie Kochblasen an die Oberfläche steigen. Er riecht und ist zufrieden. Nick hat zudem eine Flasche mit Tomatenketchup dabei und ein Brot. Er isst eine erste Portion Schweinefleisch/Bohnen/Spaghetti-Mischung (mit Ketchup). Isst dann eine zweite Portion. Säubert den Teller mit den Brotscheiben. Hat nach wie vor Hunger. Greift für den Nachtisch zu einer Dose mit Aprikosen. Der Held öffne gern Dosen, informiert uns der Text. Er trinkt den Saft, isst die Aprikosen, findet, dass er Dosenobst frischen Früchten vorzieht.[22] Von modernistischer Hungerästhetik ist hier nichts zu spüren.

Das jedoch ist nur das Nachtmahl. Am nächsten Morgen bereitet sich Nick sein ebenso solides Frühstück zu. Dieser Protagonist, der

22 Hemingway: Big Two-Hearted River, S. 139.

schmerzhafte Erinnerungen angestrengt zu verdrängen scheint, hat diverse Rezepte im Gedächtnis und greift mit großer Sorgfalt auf sie zurück. Er hat sich Buchweizenmehl mitgebracht und eine Dose mit Bratfett, vermischt das Mehl mit Wasser zu Pfannkuchenteig, erhitzt das Fett, brät sich drei Pfannkuchen, beschmiert sie sich mit ebenfalls in die Wildnis geschleppter „apple butter", isst zwei, lässt sich einen Pfannkuchen übrig, schlägt ihn in Wachspapier ein, steckt ihn sich in seine Hemdtasche, macht sich dann noch ein Sandwich aus Brot und einer großen rohen Zwiebel, steckt sich das Zwiebelsandwich in seine andere Hemdtasche. Dann erst geht er angeln. So einsam und verletzt sein Protagonist sein mag und so wenig vertrauenserweckend ein nur mit roher Zwiebel belegtes Sandwich auch erscheint: Hemingway gesteht seinem Helden die Freiheit und die Souveränität zu, sich durch schlichte Akte der Nahrungszubereitung, des Essens auf verschiedenen Ebenen zu stärken. Nick Adams ist traumatisiert. Das macht die Erzählung immer wieder deutlich. Aber er verfügt auch über Techniken, gegen das Trauma anzukämpfen. Das Kochen und das Essen, vertraute Praktiken, zeigen ihm den Weg über sein Gedächtnis zurück in die Welt.

Die Techniken, die Ernest Hemingway so detailliert beschreibt, gesteht Raymond Carver seinen Protagonist*innen nicht zu. Diese Figuren erscheinen limitiert, spröde, einfallslos. Sie leben für den Moment, funktionieren ohne Zugang zum individuellen oder kollektiven Gedächtnis. Sie können weder kochen noch essen, sondern räumen allerhöchstens abgetaute Kühlschränke aus. Die Alltagswelt überfordert sie. Sie treffen kaum eigene Entscheidungen, beherrschen kein Handwerk, kennen keine Sinnlichkeit, nur Befremdung. Sie beobachten. Oder starren eher: etwa auf jenen beleibten, sich am Essen erfreuenden Gast im Restaurant, auf die ihrer Meinung nach übergewichtige Ehefrau, auf die Schweinekoteletts aus dem ekelerregenden Kühlschrank, die nicht wie Fleisch aussehen, dennoch Fleisch sind, die man vielleicht essen müsste, vielleicht nicht essen sollte. Man könnte einerseits annehmen, dass es sich hier nicht um eine Schwäche des Carver'schen Minimalismus handelt, sondern um eine Stärke seines Realismus. Er zeichnet das Leben im postindustriellen Kapitalismus in seiner ganzen Beschränktheit, Traditionslosigkeit und individuellen Unfokussiertheit. Man könnte andererseits behaupten, dass diese Prosa Standardisierung und Passivität nicht nur abbildet, sondern selbst erzeugt, indem sie auf die Reichhaltigkeit kulinarischer Symbolik verzichtet. In beiden Fällen zeigt die limitierte bis angeekelte Darstellung des Essens, wie eng die Grenzen sind, innerhalb derer Carvers Figuren leben.

Besonders intensiv, ja schmerzhaft wird dieser Eindruck, wenn man sich vergegenwärtigt, dass Carver selbst, als Autor, als Person, ständig auf Diät gesetzt wurde. So wie jener kontrollierende Ehemann in *They're Not Your Husband* seine Gattin dort, wo keiner zuschaut, bei ihnen zu Hause, diszipliniert, kontrolliert und auf Schlankheit trimmt, so wurden Carvers Kurzgeschichten hinter den Kulissen von seinem Lektor Gordon Lish zusammengekürzt. Es ist eines der faszinierendsten Kapitel der amerikanischen Literaturgeschichte: wie heftig Lish in Carvers Texte eingriff, immense Streichungen vornahm, den minimalistischen Stil Carvers quasi mit erfand – und wie der Autor, ähnlich wie jene leicht übergewichtige fiktive Ehefrau in seiner Erzählung, zuerst mit diesem Diätprogramm übereinstimmte, durch das radikal verschlankende Lektorat zu literarischem Ruhm gelangte, nach und nach aber, wie seine Protagonistin, die Geduld mit den Eingriffen verlor und sich befreien wollte von der Lish-Diät.[23]

Es ist nicht allzu produktiv, darüber zu spekulieren, wo sich der vermeintlich ‚echte' Carver finden lässt: ob in den von Gordon Lish redigierten Texten oder in den späteren Erzählungen. Der Carver, den wir kennen, ist nun einmal der von seinem Lektor überarbeitete Carver. Dennoch sollte man verfolgen, was mit der minimalistischen Essstörung geschah, als der Autor rebellierte und die Sinnlichkeit, die Befriedigung in seine Prosa zurückholte. Besonders anschaulich wird dies in *The Bath*[24] und *A Small, Good Thing*[25], jenen Geschichten über einen kleinen Jungen, der an seinem Geburtstag von einem Auto angefahren wird und ins Koma fällt. In *The Bath*, der minimalistischen Carver/Lish-Erzählung, taucht Backware nur als Simulacrum auf.

23 D.T. Max: The Carver Chronicles. In: *New York Times Magazine*, 09.08.1998. https://www.nytimes.com/1998/08/09/magazine/the-carver-chronicles.html (Zugriff am 05.09.2018).

24 Raymond Carver: The Bath. In: Ders.: *The Stories of Raymond Carver*, S. 214–220.

25 Raymond Carver: A Small, Good Thing. In: Ebd., S. 331–352.

Die Mutter sucht den Kuchen aus, im Einkaufszentrum, anhand von Fotografien, und entscheidet sich für das Produkt, das als Dekor ein Raumschiff auf seiner Startrampe zeigt. Essen ist eher Verpackung als sinnliche Substanz: Fast Food. Die Geburtstagstorte wird aufgrund des Unfalls nicht abgeholt und der Bäcker dringt mit mahnenden Telefonanrufen in das Leben der Eltern. Doch *The Bath* hat ein komplett offenes Ende, wird abgehackt, der Sohn noch im Koma, mitten im gruseligen Anruf des Bäckers.

Als Carver sich vom Diätprogramm befreit und *The Bath* als *A Small, Good Thing* veröffentlicht, wird die Geschichte länger, sinnlicher, komplexer, vielleicht befriedigender. Nun erfahren seine Leser*innen vom Tod des Kindes. Der Austausch mit dem Bäcker wird extensiv. Carver gönnt seinem Publikum die Konfrontation der traumatisierten Eltern mit dem Urheber der Anrufe und dann, nach feindseliger Diskussion, in der Backstube ein therapeutisches Mahl der drei so unterschiedlichen Figuren. „Cinnamon rolls" bekommen die beiden am Ort der handwerklichen Produktion, und Kaffee dazu. Es ist ein Mahl wie in *Big Two-Hearted River*: gegen das Trauma. Carvers Figuren lassen sogar Hemingways Dosennahrung hinter sich. Sie schmecken sinnliche, frische Kost. Der Bäcker hält Butter bereit und Messer, also schmieren die beiden Schockierten die Butter auf die ofenfrischen Zimtbrötchen und essen. Wie in den Manifesten der amerikanischen Foodie-Bewegung, die das handwerkliche Selbstmachen, das kulinarische Gedächtnis an traditionelle Produktion und die bewusste Ernährung gegen den standardisierten Fast-Food-Konsum stellen, scheint die Isolation und Passivität von Carvers Figuren überwunden. Das Backen und Essen verbindet die Kontrahenten, das Ehepaar, den Bäcker, verknüpft ihre Existenzen miteinander, lässt das Kulturelle und das Natürliche miteinander in Kontakt treten, hebt die Limitierungen der amerikanischen Gegenwart auf.[26] Damit das noch einmal deutlicher wird, zeigt der Bäcker dem Paar noch ein dunkles Brot, aus Melasse und Vollkorn, rustikal, traditionell und wie geschaffen, die Zusammenhänge von Essen und Gedächtnis aufzurufen. Dieses Brot essen sie auch noch und bleiben in der Backstube bei diesem

26 Vgl. als viel rezipiertes Manifest etwa Michael Pollan: *Cooked: A Natural History of Transformation*. London: Penguin 2013, S. 18.

Bäcker, wo es wirklich um Substanz geht und Welthaltigkeit und solides Handwerk und nicht um Verpackungen und Fast Food und minimalistische Uniformität. Aber ob diese befriedigende Mahlzeit zweier Menschen, die gerade erst ihr Kind verloren haben und nun Aromen und volles Korn goutieren, die Geschichte wirklich komplexer, reicher, plausibler macht und nicht nur kulinarisch attraktiver? Das ist eine äußerst schwierige Frage.[27]

27 Vgl. hierzu Leslie Jamisons Interpretation von *The Bath* und *A Small, Good Thing* im Kontext von Carvers Alkoholismus: Leslie Jamison: *The Recovering: Intoxication and Its Aftermath*. New York: Little Brown 2018, S. 356–358.

Kai Wiegandt

„Beef, Biceps and Bhagvadgita"?

Fleischverzehr und Vegetarismus in postkolonialen indischen Romanen

> A meat diet had been one of the revolutionary changes brought about in his life, and his brother's, by their education. Raised amongst traditional vegetarians, their eyes had been opened to the benefits of meat along with that of cricket and the English language: the three were linked inextricably in their minds. [...] Now his own son, his one son, displayed this completely baffling desire to return to the ways of his forefathers, meek and puny men who had got nowhere in life. Papa was deeply vexed.
> (Anita Desai: *Fasting, Feasting*)[1]

Die Romane *Fasting, Feasting* (1999) von Anita Desai und *Half a Life* (2001) von V. S. Naipaul sind vom selben Gegensatz geprägt: Essen und Appetit auf der einen Seite, Ernährungsvorschriften und Selbstbeschränkung auf der anderen. Beide Werke decken die komplexen Bedeutungen verschiedener Ernährungspraktiken in Indien und in der indischen Diaspora auf, und problematisieren die Motive hinter diesen Praktiken. Ich möchte in diesem Aufsatz zeigen, dass beide Romane in ihrer unterschiedlichen Auseinandersetzung mit der politischen Dimension von Essen und Appetit an die ernährungspolitischen Ansichten Mohandas („Mahatma") Gandhis erinnern. Gandhi hatte zunächst den Fleischkonsum, später aber Vegetarismus und Fasten zu Bestandteilen seines nationalen Befreiungskampfs gemacht. Obwohl indische Ernährungspraktiken für Desai stets mit dem Makel

1 Anita Desai: *Fasting, Feasting.* London: Vintage 2000, S. 32–33.

männlichen Eigennutzes behaftet sind, bringt sie Vegetarismus und Fasten als potenzielle Alternativen zu einem mit der westlich geprägten Moderne assoziierten unersättlichen Appetit ins Spiel. Im Gegensatz dazu werden bei Naipaul Ernährung und Sexualität betreffende Restriktionen als atavistisch und heuchlerisch dargestellt: Solche Formen des Verzichts, so legt sein Roman nahe, seien im Grunde nichts als opportunistische Strategien zur Bewahrung des eigenen Status unter den Bedingungen der Kolonialherrschaft; Strategien zudem, die letztlich trotz des vermeintlich egalitären Strebens nach nationaler Selbstbestimmung nur den Brahmanen – also der gesellschaftlichen Elite – offen stünden.

Anita Desai wurde 1937 im indischen Mussoorie geboren. Ihre Romane und Erzählungen wurden mit zahlreichen Preisen ausgezeichnet, drei ihrer Romane (*Clear Light of Day*, 1980; *In Custody*, 1984; *Fasting, Feasting*, 1999) standen auf der Shortlist des Booker Prize und machten sie auch außerhalb Indiens bekannt. In *Fasting, Feasting* erzählt Desai die Geschichte des brahmanischen Geschwisterpaars Uma und Arun. Im Roman sind Ernährungspraktiken ein materieller Nexus, in dem Klassenzugehörigkeit, Geschlechterrollen und politische Unterschiede zwischen den einzelnen Figuren, aber auch zwischen Indien und den Vereinigten Staaten von Amerika aufeinandertreffen. Der erste Abschnitt des Romans schildert die alltäglichen Verrichtungen in Umas indischem Alltag und macht dabei deutlich, dass Uma nicht nur im Schatten ihres kleinen Bruders lebt, sondern ihre dienstbare Unterwürfigkeit das Übermaß an Aufmerksamkeit, das Arun zuteilwird, erst ermöglicht. Für die körperlich wenig attraktive Uma findet sich kein Ehemann, und so obliegt ihr die Pflege und Ernährung ihres kleinen Bruders. Arun wird nicht nur bestmöglich ernährt, er kommt auch in den Genuss der bestmöglichen Ausbildung im englischen Stil – sein Vater hat ihm ein erfolgreiches Leben in der modernen Welt zugedacht, zu der, so lässt der Vater durchblicken, die Engländer die Tür weit aufgestoßen haben, als sie Indien kolonisierten. Uma dagegen mangelt es gleichermaßen an Nahrung und Bildung; von den Schulschwestern wird sie mit nichts als frommen – und in Anbetracht ihrer Situation ironischen – Sprüchen gefüttert: „The Lord is my Shepherd; I shall not want.“[2] Als endlich ein potentieller Bräutigam zu einem Besuch eingeladen wird, hält

2 Desai: *Fasting, Feasting*, S. 20.

dieser postwendend um die Hand ihrer erst dreizehnjährigen Schwester Aruna an. Uma wird also den Rest ihres Daseins hinter den Mauern des elterlichen Hauses fristen, während man Arun den Absichten seines Vaters gemäß zum Studium in die Vereinigten Staaten schickt. Uma begehrt nicht offen gegen ihre Unterdrückung auf, leidet aber schon während ihrer Schulzeit unter Ohnmachtsanfällen, die sie ihr ganzes Leben lang begleiten werden. Als sie im Familienkreis ein rituelles Bad in einem Fluss nimmt, führt ein solcher Anfall beinahe zum Ertrinken. Umas Widerstand gegen die Vernachlässigung durch ihre Familie, gegen ihre erzwungene Bewegungslosigkeit und geistige Unterernährung drückt sich unbewusst durch ihren Körper aus. Die regelmäßig wiederkehrenden Ohnmachtsanfälle versetzen sie sozusagen in andere Gefilde und stellen ihre spezifisch weibliche Form von Flucht dar,[3] eine Flucht, die Arun als Mann durch seinen Umzug nach Boston in einem wörtlichen Sinn gelingen kann.

Eine der vielen Ironien des Romans besteht darin, dass die Privilegien, mit denen Arun überhäuft wird, ihn gerade nicht stärken und glücklich machen, sondern ihn vielmehr einengen und belasten. Wie auch im Fall von Uma spielen sich die innerfamiliären Konflikte in erster Linie im Bereich von Essen und Konsum ab. Die ambitionierten Bildungsziele, die Arun gesetzt werden, spiegeln sich in einer buchstäblichen Zwangsernährung wieder: Arun muss sich seit seiner frühesten Kindheit sowohl das Essen als auch die Bücher einverleiben, die sein Vater ihm zu konsumieren befiehlt. Wie bei Uma wird der Körper zum Ort des Widerstands, und dieser Widerstand verschafft sich schon früh Geltung: Beim Versuch, Arun mit einem Ei zu füttern, dreht der sich brüsk zur Seite, und die Eltern des Kleinkindes müssen wohl oder übel zur Kenntnis nehmen, dass Arun Veganer ist. Der bestürzte Vater verordnet umgehend eine kräftige Dosis Lebertran, die Uma ihm verabreicht. Arun beißt ihr dabei so fest in den Finger, dass Blut fließt.

Die Szene bringt Umas und Aruns Dilemma auf den Punkt. Als männlicher Erbe der Familie wächst und gedeiht Arun dank Umas Zuwendung, aber auch dank der Nahrung, die sie *nicht* zu sich nimmt.

3 Vgl. Angelia Poon: In a Transnational World. Exploring Gendered Subjectivity, Mobility, and Consumption in Anita Desai's *Fasting, Feasting*. In: *Ariel* 37,2–3 (2006), S. 33–48, hier S. 36.

Aruns Biss übersetzt dieses parasitäre Verhältnis in einen symbolischen Kannibalismus, der ironischerweise Aruns *Widerstand* gegen den Verzehr von Fleisch und Tierprodukten wie Lebertran ausdrückt: Arun beißt zwar zu, nimmt aber nichts zu sich. Aruns Veganismus ließe sich als Form der Selbstbehauptung gegen den Vater interpretieren, der fest davon überzeugt ist, dass nur Fleisch seinem Sohn die erhofften Kräfte verleihen kann.[4] In dieser Lesart triumphiert Aruns frühreifer Veganismus über die kulinarische Pädagogik seines Vaters, wie um zu zeigen, dass sein kindlicher Körper von der Kultur vorgegebene Grenzen nicht akzeptiert. Übereinstimmend wird auch in den Food Studies bisweilen argumentiert, dass sich Körperlichkeit und die sie erhaltende Nahrungsaufnahme letztlich über kulturelle Fiktionen hinwegsetzten und dass stets ein Teil des Körpers verbliebe, der sich der Kulturalisierung widersetze.[5]

Die eigentliche Bedeutung der Szene erschließt sich aber erst, wenn wir – in der diesem Kapitel vorangestellten Passage – erfahren, welche Wirkung Aruns Veganismus auf seinen Vater hat. Aruns Veganismus weckt bei seinem Vater Erinnerungen an eine Vergangenheit, die dieser hinter sich gelassen zu haben hoffte. In Anbetracht des väterlichen Ärgers erscheint Aruns beharrliche Weigerung, Fleisch zu essen, also nicht als eine Laune der Natur, die den Widerstand des Körpers gegen seine Kulturalisierung ausdrückt, sondern vielmehr als eine unbewusste Rückkehr zu den Gepflogenheiten der brahmanischen Vorväter. Arun scheint ein Wiedererwachen traditioneller Bräuche zu verkörpern, die sein Vater einst zu Gunsten eines von ihm als modern und fortschrittlich empfundenen Verhaltens abgelegt hatte.

Hier verweist Desai deutlich auf Gandhi und somit auch auf die um die Mitte des 19. Jahrhunderts geführte Debatte um Ernährung und

4 Vgl. Poon: In a Transnational World, S. 35–37.

5 Vgl. Tobias Döring / Markus Heide / Susanne Mühleisen: Introduction: Writing/Eating Culture. In: Dies. (Hrsg.): *Eating Culture. The Poetics and Politics of Food*. Heidelberg: Winter 2003, S. 1–16, hier S. 3. Die Food Studies befassen sich mit Essen in seinem gesellschaftlichen Kontext, insbesondere mit den historisch und kulturell variablen und politisch gefärbten Bedeutungen von Essen. So bezeichnet Fabio Parasecoli ihren Gegenstand als „the fraught and complex connections between lived bodies, imagined realities, and structures of power built around food" (Fabio Parasecoli: Food, Cultural Studies, and Popular Culture. In: Ken Albala (Hrsg.): *Routledge International Handbook of Food Studies*. London / New York: Routledge 2013, S. 274–281, hier S. 275).

Nationalcharakter, auf die Gandhi sich seinerseits bezieht. In seiner Autobiographie widmet Gandhi der Zähmung des Appetits, dem Verzicht auf Salz und Gewürze und dem Fasten einen Grad an Aufmerksamkeit, der manchen Kommentatoren maßlos schien. Wie Parama Roy gezeigt hat, gehen diese Verhaltensregeln nicht nur auf althergebrachte Überzeugungen in Bezug auf Gewaltfreiheit und Konsum zurück, wie man sie in der alten indischen Religion des Jainismus findet. Neben den Bräuchen des Jainismus übte auch die von Swami Dayanand Saraswati und Swami Vivekananda vertretene explizit politisch motivierte Ideologie einen erheblichen Einfluss auf Gandhi aus. Den Hindus sei, so die beiden geistlichen Führer, ihre Männlichkeit abhandengekommen – um diese wiederherzustellen, müsse man sich eben jene Eigenschaften aneignen, denen die Briten ihre Überlegenheit verdankten; in einem denkwürdigen Ausspruch verordnete Vivekananda deshalb „beef, biceps, and Bhagvadgita" als probate Mittel gegen die Effeminiertheit indischer Männer.[6]

Überraschenderweise waren sich britische und einheimische Kommentatoren in Bezug auf die Diagnose körperlicher und moralischer Unzulänglichkeit der Inder weitgehend einig und machten auch übereinstimmend die fleischlose Ernährung als Ursache aus.[7] In seiner Autobiographie zitiert Gandhi den Vers des Gujarati-Dichters Narmad, der bei seinen Mitschülern beliebt war: „Schau dir den mächt'gen Briten an, / Der kleine Inder zwingen kann: / Mehr als fünf Ellen groß er ist, / Weil er beständig Fleischspeis' isst."[8] Nach anfänglichem Ekel befürwortet auch Gandhi den Fleischverzehr, den er als nationale Pflicht auffasst und in maskulinistischen Begrifflichkeiten beschreibt. Fleisch, so der frühe Gandhi, würde den indischen Widerstand gegen die britische Herrschaft nähren und die Inder in die Neuzeit katapultieren: „Der Gedanke keimte in mir, Fleischessen sei etwas Gutes, es werde mich stark und unternehmend machen, und wenn

6 Vgl. Parama Roy: *Alimentary Tracts: Appetites, Aversions, and the Postcolonial.* Durham / London: Duke UP 2010, S. 79; J. M. Coetzee: V. S. Naipaul, Half a Life. In: Ders.: *Inner Workings. Essays 2000–2005.* London: Vintage 2008, S. 272–291, hier S. 289–291.

7 Vgl. ebd., S. 80.

8 Mohandas Gandhi: *Autobiographie. Die Geschichte meiner Experimente mit der Wahrheit,* aus d. Engl. v. Fritz Kraus. Freiburg: Alber 1960, S. 37.

das ganze Land zum Fleischgenuss überginge, könnten die Engländer überwältigt werden."[9]
Erst später wendet sich Gandhi vom Fleischkonsum ab, und es ist sicher kein Zufall, dass er ausgerechnet während seines Aufenthalts im Herzen des Empire zu einer Wertschätzung des Vegetarismus zurückfindet. Gandhi war geachtetes Mitglied der vegetarischen Gesellschaften Londons, wo er als Repräsentant einer Kultur mit langer vegetarischer Tradition wahrgenommen wurde. Parama Roy zufolge half der ihm entgegengebrachte Respekt Gandhi dabei, seine frühere Auffassung von indischer Schwäche und Unterlegenheit durch eine Art affirmativen Orientalismus zu ersetzen und eine Ernährungspolitik zu entwickeln, die sich nicht nur auf die jainistische Philosophie der *ahimsa* oder Gewaltlosigkeit berief, sondern eine Vielzahl aktueller politischer und ethischer Belange zum Ausdruck brachte. Auf persönlicher Ebene ging Gandhi dazu über, sich einfach zu kleiden und seinen vegetarisch ernährten Körper offen zu zeigen; seine Kleidung und seine Ernährungsgewohnheiten wurden in London als ausgefallene und übertriebene Zurschaustellung von Bescheidenheit empfunden, und stellten letztlich eine Provokation dar – Gandhis Vegetarismus war ein bewusster Versuch, nicht nur seinen Körper, sondern auch das indische Staatswesen und sämtliche Formen nationalistischer Politik zu feminisieren.[10] Hierher gehört auch Gandhis Aneignung der traditionell weiblichen Arbeit am Spinnrad für den nationalen Befreiungskampf.[11] In seiner Autobiographie beschreibt Gandhi sein Ziel, Vegetarismus und Fasten als einstmalige Symbole der Erniedrigung in eine Ernährungsethik zu verwandeln, die er als zentrales Element des nationalen Befreiungskampfs begreift. Ohne Beherrschung des eigenen Köpers scheint ihm die Erringung nationaler Herrschaft aussichtlos.[12]
Das Wissen um die Ambivalenz des indischen Nationalismus mit Blick auf männlich konnotierten Fleischkonsum und weiblich stilisierten Vegetarismus erlaubt es, die Erschütterung von Aruns Vater

9 Gandhi: *Autobiographie,* S. 37.

10 Vgl. Roy: *Alimentary Tracts,* S. 85–92.

11 Vgl. Rebecca Brown: *Gandhi's Spinning Wheel and the Making of India.* London / New York: Routledge 2010, S. 88.

12 Vgl. Roy: *Alimentary Tracts,* S. 26.

einzuordnen: Aruns Verhalten stellt nicht nur einen Rückschritt in eine Zeit dar, in der eine vegetarische Kultur vielen Brahmanen buchstäblich in Fleisch und Blut übergegangen war; sein Veganismus bedroht auch die auf Männlichkeit, Fortschritt und „Englishness" gegründete Weltsicht seines Vaters. Der Vater muss fürchten, dass das vermeintliche Zeichen der Schwäche sich überdies als das genaue Gegenteil erweisen könnte, nämlich als Ausdruck passiven Widerstands gegen Fremdbestimmung, den Arun nun in skandalöser Analogie zu Gandhis berühmten Hungerstreiks seiner eigenen Familie entgegenbringt.

Aruns Ernährungsweise wird aber erst im Ausland ernsthaft auf die Probe gestellt, und erst dort zeigt sich auch ihre volle Bedeutung. Im zweiten Teil von *Fasting, Feasting* wechselt Desai die Erzählperspektive und schildert Aruns Aufenthalt bei einer Gastfamilie während seiner Studienzeit in Boston. Mrs Patton, Mutter eines Sohnes und einer Tochter, hegt heimliche Sympathien für eine vegetarische Lebensweise, wagt aber nicht, diese in ihrem Haushalt voller Fleischesser auszuleben. Aruns Vegetarismus ermutigt Mrs Patton, es ihm gleichzutun: sie macht ihn zu ihrem Mitverschwörer, zu ihrem privaten Gandhi, einem eingeborenen Meister des Vegetarismus und der Selbstbeherrschung inmitten einer Welt des Konsums. Die Passage, in der sich Aruns Vegetarismus der Gastfamilie enthüllt, ist dabei reich an religiösen Obertönen: Als der beschürzte Mr Patton an seinem weltlichen Altar das abendliche Grill-Ritual vollzieht, bietet er auch Arun ein Stück Fleisch an: „[i]nstinctively [...] Arun steps backwards and even puts his hands behind his back. Some stubborn adherence to his own tribe asserts itself and prevents him from converting."[13]

Die schockierte Reaktion von Mr Patton spiegelt die Bestürzung wieder, mit der Aruns Vater auf seinen Vegetarismus reagiert hatte. Obwohl die Pattons nicht ausdrücklich als Christen eingeführt werden und der Roman auch Arun nirgendwo explizit als Hindu darstellt, erschließt sich beiden Männern ihr von Arun als Stammeszugehörigkeit gedachter Status doch über religiös aufgeladene Konzepte: Der Verzehr von Fleisch gehört zum Christentum, der Vegetarismus zum Hinduismus. Desais religiöses Vokabular lässt denkbar erscheinen, dass Arun mit der Zurückweisung von Mr Pattons Fleisch den Leib Christi verweigert hat.

13 Desai: *Fasting, Feasting*, S. 166.

Im weiteren Erzählverlauf wird deutlich, dass die männlichen Mitglieder der Familie Patton Aruns Weigerung gleichermaßen als Resultat und Ursache seiner spirituellen und körperlichen Schwäche interpretieren. Selbst in Aruns eigener Wahrnehmung steht Fleischverzehr für Stärke und dient als Erklärung für die Tatsache, dass er Rod, dem athletischen Sohn der Pattons, beim Sport nicht das Wasser reichen kann. Die Trias aus Christentum, Fleischverzehr und Männlichkeit findet ihr Gegenstück im vegetarischen, feminisierten Hindu-Körper. Dies wiederum ist exakt die Situation, in der sich Gandhi unter britischer Herrschaft wiederfindet – eine Situation, die er zunächst voller Scham zur Kenntnis nimmt und mit seiner Bekehrung zum Fleischessen beantwortet, später aber in eine Position nationaler Identität verwandelt.

Statt Arun nun zu einer heroischen, an Gandhi gemahnenden Gestalt zu machen, zeigt Desais Darstellung ihrer Figur die Schwachstellen von Gandhis Position ebenso wie deren Potential. Während Gandhi einem britischen Weltreich gegenübersteht, dessen unersättlicher Appetit auf Kolonien sich in einem Appetit auf Fleisch zu spiegeln scheint, erlebt Arun den gegenwärtigen Hegemon der westlichen Moderne – die Vereinigten Staaten – als eine Kultur des Überflusses, die eine körperliche Ekelreaktion hervorruft und seinen Hunger nicht stillt. Die Gleichzeitigkeit von Nahrungsüberfluss und Mangelernährung wird von Melanie, der Tochter der Pattons, treffend personifiziert: Gefangen im Kreislauf der Bulimie, stopft sie sich mit Chips und Erdnüssen voll, um das Hinuntergewürgte heimlich wieder zu erbrechen. Bezeichnenderweise nimmt niemand in ihrer Familie dieses Drama wirklich wahr; erst Arun ist im Stande, Melanies Krankheit zu verstehen – Arun, der weiß, was es bedeutet, vollgestopft, ja sogar zwangsernährt zu werden und sich gleichzeitig vergeblich nach dem zu verzehren, was man eigentlich erhofft. Arun gewinnt den Eindruck, dass der unbändige Appetit, der ihn umgibt, letztlich auf Hunger gegründet ist.

Die Tatsache, dass Arun keine politische Agenda hat, dass er sich mithin nicht aus bewusst religiösen oder ethischen Motiven widersetzt, sondern von körperlichem Instinkt angetrieben wird, stellt keinen so großen Unterschied zu Gandhi dar, wie es scheinen mag. Auch Gandhi hat Schwierigkeiten, Logik und Wert des Fastens anders als im Sinne eines existentiellen Bedürfnisses zu erklären. So kann er z. B. nicht rational erklären, warum er seinem Sohn und seiner Ehefrau entgegen des ärztlichen Rates auch während einer schweren Erkrankung den Verzehr von Fleisch oder Fleischbrühe untersagt. Für Gandhi selbst, scheint es, ist Fasten eine Offenbarung: ein visionäres Erlebnis, das sich nicht auf Hygiene und etwaige Vorteile für das Gemeinwesen reduzieren lässt; eine Sehnsucht, die stark genug ist, um Gaumen und Libido gleichermaßen zu bezwingen.[14] Maud Ellmann zufolge geht es bei der Selbstauszehrung um deutlich mehr als eine Vorliebe für Schlankheit, ein Verlangen nach Selbstbeherrschung oder politische Motive. Es geht um etwas, das sie „eschatologisch" nennt, das also auf die letzten Dinge bezogen ist. Rationale Erklärungsversuche, so Ellmann, erklären das Befremdliche solcher Praktiken allzu einfach weg.[15]

Andererseits wirft Aruns Beispiel aber auch ein kritisches Licht auf Gandhis Haltung gegenüber Klassen und Geschlechterrollen. Während anhand von Uma aufgezeigt wird, dass die indische Ernährungspolitik Männer auf Kosten der Frauen bevorzugt, erinnert Arun daran, wie der Vegetarismus zusammen mit anderen Formen kulinarischer Selbstbeschränkung von Gandhis Nationalismus instrumentalisiert wurde, um Männer als nationale Identifikationsfiguren zu feminisieren. Die Position indischer Frauen ist also nicht nur immer schon eine unterprivilegierte – sie wird überdies auch noch von Männern beansprucht, die kulinarische Enthaltsamkeit zur Schau stellen. Zur Vernachlässigung tritt Vereinnahmung. Als wäre dies nicht genug, stärken Vegetarismus und Fasten tendenziell das Kastensystem, da sie als Rückkehr zu brahmanischen Speisegesetzen wahrgenommen werden, selbst wenn sie als Mittel passiven Widerstands gegen Fremdherrschaft und westliche Modernität im Allgemeinen dienen. Desais Kritik äußert sich dementsprechend nicht nur in ihrer ans Satirische grenzenden Darstellung der Pattons, sondern auch in der Figur Aruns, dessen privilegierte Kindheit als männlicher Brahmane sich während seines Aufenthalts in Amerika in mangelnden Kochkünsten manifestiert und dessen allgemeine Passivität und Hilflosigkeit daran erinnern, dass er sein Leben nie selbst in die Hand nehmen musste.

14 Vgl. Roy: *Alimentary Tracts*, S. 104–108.

15 Vgl. Maud Ellmann: *The Hunger Artists. Starving, Writing, and Imprisonment.* Cambridge, MA: Harvard UP 1993, S. 16.

Der Literaturnobelpreisträger V.S. Naipaul, 1932 als Nachkomme indischer Vertragsarbeiter in Chaguanas, Trinidad, geboren und 2018 gestorben, greift in *Half a Life* diesen Faden auf und webt daraus eine noch stärker von Ironie geprägte Erzählung. In seinem Roman entwickelt er gegenüber indischen Traditionen der Selbstentsagung eine kritische Haltung, die sich in ihrer ideologischen Motivation zwar von Desai unterscheidet, deshalb aber nicht weniger radikale Formen annimmt.
In einer Rückblende am Anfang des Romans schildert der brahmanische Vater des eigentlichen Protagonisten Willie Chandran die Umstände, die dazu führten, dass er als junger Mann nach einem Schweigegelübde als Asket und heiliger Mann verehrt wurde, den die Menschen aus Nah und Fern in seinem Tempel aufsuchten und dem sie Gaben darbrachten. Die pikareske Geschichte des älteren Chandran beginnt in den frühen 1930er Jahren. Er besucht eine indische Universität nach englischem Vorbild, wo man ihn mit englischer Literatur vollstopft, zu der er keinen rechten Zugang findet. Diese Art intellektueller Zwangsernährung erinnert zwar an Aruns Schicksal in *Fasting, Feasting*, ist hier jedoch deutlich stärker als spezifisch *koloniale* Form der Gewaltanwendung markiert – die zu verzehrende Substanz ist *englische* Sprache, *englische* Literatur, *englische* Kultur. Chandran vergöttert die Größen der Unabhängigkeitsbewegung, doch nicht aus politischen Überzeugungen, sondern weil ihr Beispiel einen Ausweg aus der Servilität verspricht, die ihm als Rolle auf Lebenszeit zugedacht ist: Sein Vater hat ihn dazu ausersehen, in die Dienste des Maharadscha zu treten und die Tochter eines Schuldirektors zu heiraten. Als ihm 1931 oder 1932 zu Ohren kommt, dass Gandhi zu einem Boykott der Universitäten aufgerufen hat, bringt dies Chandran auf die Idee, sich durch Selbstaufopferung gegen das Kastensystem aufzulehnen. Er plant, „to marry the lowest person I could find",[16] konkret: ein Mädchen aus der untersten der vier Kasten des Hinduismus, eine Sudra. Sein Vater ist von diesem Plan nicht begeistert, Chandran wird aber trotzdem Beamter in der Finanzverwaltung des Maharadscha, wo er Steuerhinterziehern behilflich ist, indem er belastendes Material vernichtet. Nichtsdestotrotz befördert man Chandran – zur Freude des nichtsahnenden Schuldirektors, der

16 V. S. Naipaul: *Half a Life*. Basingstoke / Oxford: Picador 2003, S. 11.

den zukünftigen Schwiegersohn vor der Heirat an möglichst günstiger Stelle in der bürokratischen Hierarchie platziert sehen will. Als Chandrans kriminelle Handlungen schließlich aufgedeckt werden, flieht er in den berühmten alten Tempel der Stadt, um einer Bestrafung zu entgehen: „At this moment of supreme sacrifice I fell, as if by instinct, into old ways."[17] Diese Szene erinnert an Aruns Rückkehr zur vegetarischen Lebensweise seiner Vorväter, und in der Tat übt sich auch Chandran in einer Form der Selbstbeschränkung:

> It occurred then to me to do as the mahatma had done at some stage: to take a vow of silence. It suited my temperament, and it also seemed the least complicated way out. The news of this vow of silence spread. [...] I became at once a holy man and, because of the firebrand and his niece outside [whom he must not marry according to caste law], a political cause.[18]

Hier wird deutlich, dass Chandran – dem Bewunderer der großen Freiheitskämpfer – im Grunde weder an der Befreiung vom britischen Joch noch an der Abschaffung des Kastensystems gelegen ist: Im Umfeld des Maharadscha nimmt man großen Anteil an den Auseinandersetzungen zwischen den Kasten, und so geriert sich Chandran eben als Opfer des Kastensystems, das es ihm verbietet, ein Mädchen aus einer untersten Kaste zu heiraten, wie er betont. Es kommt zu Protesten vor dem Tempel, die es der Polizei unmöglich machen, Chandran zu verhaften. Das Kastensystem kommt ihm also ironischerweise zu Hilfe – genauso wie das Britische Empire, und zwar in Form der Ankunft des Schriftstellers Somerset Maugham. Der berühmte Autor, der im Roman als Figur auftritt, brennt darauf, indische Spiritualität aus erster Hand kennenzulernen, und möchte mit eigenen Augen die Ehrerbietung sehen, die dem heiligen Mann ob seiner Selbstkasteiung entgegengebracht wird. Chandran bringt nur einige wenige Worte für Maugham zu Papier – „Within my silence I feel quite free. That is happiness"[19]; dies genügt, um Maugham nachhaltig zu beeindrucken. Maugham reiste 1938 tatsächlich nach Indien, besuchte aber einen anderen heiligen Mann, der Naipaul als Vorbild

17 Ebd., S. 26.
18 Ebd., S. 28.
19 Ebd., S. 31.

für Chandran diente. Nach seiner Rückkehr nach England veröffentlichte Maugham zunächst einen Reisebericht, in dem „Chandran" vorkam, um dann auf Basis dieses Ausgangsmaterials den Roman *The Razor's Edge* (1944) zu verfassen, der von der Dichotomie von Materialismus und Spiritualität handelt. Naipauls Roman erzählt davon, wie *The Razor's Edge* wiederum in Indien die Haltung der Menschen gegenüber Chandran verändert, der nun als ‚authentischer', will heißen einer hohen Kaste entstammender Diener aus freien Stücken verehrt wird. Die gegenseitigen Fehlannahmen über Chandran auf englischer und indischer Seite stärken somit das Kastensystem und festigen die Deutungshoheit der Kolonialherren über die indische Identität. Chandran hat dagegen nichts einzuwenden.

All dies könnte man als Eigenheiten eines opportunistischen Individuums auffassen, wäre da nicht die Tatsache, dass Naipaul eine Vielzahl von Erinnerungen an die Familiengeschichte der Chandrans einbaut und der Erzählung des Vaters reichlich Raum zur Entfaltung zugesteht, bevor er die Geschichte des eigentlichen Protagonisten Willie beginnen lässt. Dies sind eindeutige Signale dafür, dass der Roman hier ganz bewusst die sich über Generationen wiederholenden Verhaltensweisen einer brahmanischen Familie ins Zentrum stellt, und somit die brahmanische Identität selbst. Wenn Chandran von den Sitten der Alten spricht, auf die er sich während seiner Zuflucht im Tempel besann, dann bezieht er sich explizit auf seinen eigenen Großvater: Einer langen Familientradition folgend war dieser selbst Priester gewesen. Dem einstigen materiellen Wohlstand der Priesterfamilie machte die muslimische Eroberung ein Ende. Chandrans Großvater verließ schließlich in den 1890er Jahren seinen Tempel, als sich dessen Gönner den Unterhalt nicht mehr leisten konnten. Die Flucht aus der Tempelgemeinschaft bedeutete für den Großvater die Diaspora, ganz ähnlich wie für diejenigen Inder, die zu dieser Zeit in die Karibik auswanderten – darunter auch Naipauls eigene Vorfahren.[20] Nachdem er eine größere Ansiedlung erreicht hatte, suchte der Großvater wie später auch Chandran Zuflucht im örtlichen Tempel, wo er sich zunächst eine gewisse Zeit wie ein halbverhungertes Tier im Hof herumtrieb, bevor man ihn wie einen Bettelmönch behandelte und mit

20 Vgl. Bruce King: *V. S. Naipaul.* Houndsmills: Palgrave Macmillan 2003, S. 184.

Nahrung versorgte. Er lernte, sich seinen Lebensunterhalt als Schreiber von Briefen für Analphabeten zu verdienen, und wurde schließlich Beamter im Palast des Maharadscha.

Mit seiner Flucht in den Tempel wiederholt Chandran die Flucht seines Großvaters vor dem Hunger. Obwohl das Leben im Tempel beiden Männern eine Zügelung ihres irdischen Appetits abverlangt, ist es doch gerade dieses Leben, das sie ernährt. Naipaul liefert somit eine reichlich ehrfurchtslose Erklärung dafür, wie sich das brahmanische Ethos der Selbstbeschränkung, einschließlich Vegetarismus und Fasten, überhaupt erst entwickelte. Wenn Chandran auf Selbstbeschränkung zurückgreift, um sein Überleben zu sichern, so missbraucht er also gerade nicht traditionelle brahmanische Verhaltensweisen; er vollzieht vielmehr die Ursprünge dieser Praktiken nach. Naipauls eigene Lebensgeschichte ähnelt eher der des halb von Brahmanen und halb von Sudras abstammenden Willie als der seines Vaters Chandran: Er ist der Sohn hinduistischer Inder, die als Schuldknechte nach Trinidad auswanderten. In seinem Roman räumt Naipaul folgerichtig mit der weitverbreiteten Vorstellung auf, dass Vegetarismus und Fasten schon immer feste Bestandteile des brahmanischen Hinduismus gewesen seien: Eine solche Annahme erweist sich als Fiktion, die letztlich die Wahrung eigener materieller Interessen im Angesicht fremder Invasoren als selbstlosen Widerstand adelt – unabhängig davon, ob es sich bei diesen Invasoren nun um Moslems oder Briten handelt. Im Fall von Chandran hilft der Westen sogar unbewusst dabei, diese Fiktion in soziale Fakten zu verwandeln: Je radikaler die Selbstbeschränkung Chandrans, legt der Roman nahe, desto mehr wird Maugham über ihn schreiben und umso gesicherter Chandrans Stand in Indien. Wer will, kann Naipauls Geschichte die These entnehmen, dass sich die angeblich uralten Bräuche vieler sozialer Gruppen vor nicht allzu langer Zeit als Reaktionen auf Migrationsbewegungen oder fremde Eroberer entwickelten und dass diese Bräuche nichts anderem als dem materiellen Überleben dienten und weiter dienen.

Die unglückliche Lebensgeschichte des Sohns Willie Chandran zeigt derweil, dass *Half a Life* auch der westlichen Moderne nicht unkritisch gegenübersteht. In Willies Geschichte bleiben Appetit und Entsagung in einer Weise verbunden, die an Gandhis anfängliches Fleischessen und seinen späteren Vegetarismus und sein Fasten erinnern. Willie wandert nach London aus und wirft jegliche Entsagung über

Bord. Seine Feier des ungezähmten Appetits positioniert ihn im Lager jener Hindu-Nationalisten, die Fleischessen mit Männlichkeit und Modernität verbinden.[21] Der Roman unterstreicht, dass Willie sich damit Gandhis späterer Position ausdrücklich widersetzt, indem sein Appetit auf Fleisch in erster Linie als Heißhunger auf Frauen inszeniert wird. Sein Vater hatte diätetische und gemäßigte sexuelle Selbstbeherrschung wie Gandhi praktiziert, dem Essen und Sexualität als verwandt galten und der sich auf die brahmanische Ansicht berief, dass Sexualität die kräftezehrendste menschliche Aktivität sei. Fasten als eine Form der Selbstkontrolle war also auch ein Mittel, die eigene Libido einzudämmen.[22]

Willie hingegen meint, dass seine sexuelle Unersättlichkeit – und die affirmative Haltung des Westens gegenüber dem Appetit überhaupt – die Heilung der unglücklichen Lebensweise ist, die von Gandhi propagiert wurde. Doch verschafft ihm keines seiner erotischen Abenteuer die ersehnte Befriedigung. Willies gehetzte Jagd nach Frauen trotz häufiger Demütigungen legt vielmehr nahe, dass sein Widerstand gegen eine Kultur der Selbstverleugnung ein Zwang ist. Statt den Vater und dessen Imitation Gandhis zu vergessen, ist Willie die leidvolle Erinnerung an den Vater in Fleisch und Blut übergegangen. Seine Gier nach Fleisch steht damit ebenso wenig für einen bewusst von der westlichen Moderne inspirierten indischen Nationalismus wie Aruns Veganismus mit Gandhis Widerstand gegen diese Moderne vergleichbar ist. Es lässt sich nicht ausschließen, dass der Zwangscharakter von Willies nie zu befriedigender Fleischeslust auch dem exzessiven Konsum des Westens überhaupt zugrunde liegt. Das legt auch das Beispiel von Aruns Gastschwester Melanie Patton nahe.

Zusammenfassend lässt sich feststellen, dass die vielen Gelegenheiten zum exzessiven Verzehr in der westlichen Diaspora Willie und Arun dazu verleiten, ihre gegensätzlichen Appetitregimes auf die Spitze zu treiben. So verschieden diese Regimes auch sind, führen doch beide zu einer Erfahrung von Leere und unstillbarem Hunger. Naipauls und Desais Romane legen beide nahe, dass nicht nur die Brahmanen an ihrem unstillbaren Hunger schuld sind, sondern auch die koloniale Vergangenheit, die den Brahmanismus zu dem machte, was er

21 Vgl. Roy: *Alimentary Tracts*, S. 9.
22 Vgl. ebd., S. 94–98.

angeblich immer war. Ob Arun und Willie nun Fleisch verzehren oder vegetarisch leben, immer haben sie es mit einer semantischen Überdeterminiertheit von Appetit und Essen zu tun: Immer schwingt die Erinnerung an Gandhis umstrittene Ernährungslehre mit. Das Essen wird zur Arena, in der Väter und Söhne die Positionen der Kolonisatoren und des kolonialen Widerstands reproduzieren und so die Kolonialgeschichte wiederholen.

Rebecca Ehrenwirth

Nostalgische Gemeinschaft

Über die Bedeutungen von Essen in anglophoner und sinophoner Literatur in Südostasien

„Liebling, Yakun ist zurückgekommen! Schau, die Schwiegertochter, die Enkelsöhne, alle sind zurückgekommen!"
„Wirklich? Warum haben sie nicht vorher Bescheid gesagt?"
Yang Bozhong und seine Frau Zhong Sao sind überglücklich. Sie strahlen bis über beide Ohren als hätten sie im Lotto gewonnen.
Als sie das Haus betreten, eilt Zhong Sao hastig in die Küche. Sie sucht nach etwas Essbarem, mit dem sie ihre Bäuche füllen kann.
Es ist schon Nachmittag und bald wird es dunkel. Um ein Huhn zu schlachten, ist es jetzt schon zu spät, das muss ja dann erst kochen. Schlachten wir besser morgen das Huhn!
In der Gefriertruhe ist nur noch ein kleines Stück Fleisch. Zusammen mit ein wenig eingelegtem Gemüse kann man daraus eine Suppe für die Enkelsöhne machen. Aber was ist mit den Erwachsenen? Was sollen die essen? Zuhause gibt es nur ein wenig gesalzenen und getrockneten Fisch. Zusammen mit einem Ei und ein wenig Tofu könnte das ein leckeres Essen werden. Doch Zhong Sao hatte niemals gedacht, dass sie ihrem Sohn und ihrer Schwiegertochter jemals ein so einfaches Abendessen servieren müsste. Sie überlegt und überlegt. Wenn es doch nur irgendetwas gäbe, was sie ihnen kochen könnte. Das sind ja wirklich alles nur Dinge, die die beiden Alten andauernd essen – nichts Besonderes!
In dieser Nacht hat sie jenen immer wiederkehrenden Traum: Die Kinder und Enkel kommen plötzlich nach Hause … Sie stellt die gesamte Küche

auf den Kopf, aber es gibt nichts, was sie ihnen kochen könnte … Was tun? Was soll sie nur tun …

Sie kann nicht schlafen. Wie kann sie nur so einen Traum haben? In Wirklichkeit wünschen sich die beiden nichts sehnlicher, als alle zusammen an einem Tisch zu sitzen, die gesamte Familie. Vor reichlich Fisch und Fleisch. Und vor allem der Kapaun, den sie seit so langer Zeit heranzüchten und der nur darauf wartet, geschlachtet zu werden, sobald der Sohn mit seiner Familie heimkehrt!

Aber der Sohn ist so beschäftigt. Jedes Mal, wenn er sagt, dass er zum Essen nach Hause kommt, kommt irgendetwas anderes dazwischen. Es macht fast den Eindruck, als sei alles wichtiger als nach Hause zum Essen zu kommen … Aber auf diese Weise verlängert sich zumindest das Leben des Kapauns!

Viele Male hat Bozhong den Kapaun schon gepackt, nur um ihm dann enttäuscht zu sagen: „Du wirst doch noch eine Weile leben!“

Als Bozhong und Zhong Sao jung waren, standen auch andere Dinge und ihre Kinder an erster Stelle, aber ihre Eltern hatten sicherlich auch ihren Platz in ihren Herzen. Damals lebten noch alle drei Generationen unter einem Dach …

Zhong Sao erzählt ihrem Mann von ihrem Traum, die beiden fühlen sich sehr einsam …

(Zeng Pei: *Zum Essen nach Hause zurückkehren*)[1]

Essen spielt in der chinesischen Kultur eine zentrale Rolle. Dies spiegelt sich nicht zuletzt in der Sprache wider: *Ni chi le ma?* („Hast du schon gegessen?“) ist neben *Ni hao* („Hallo“) eine gängige Begrüßungsformel in China, die verdeutlicht, welchen Stellenwert Essen bei Treffen mit Freunden und Verwandten einnimmt. In ihrem Artikel „Deciphering a Meal“ (1972) vergleicht die britische Anthropologin Mary Douglas Essen mit Sprache und stellt fest:

1 Zeng Pei 曾沛: Hui laojia chifan 回老家吃饭 [Zum Essen nach Hause zurückkehren]. In: Zhu Wenbin 朱文斌 / Zeng Xin 曾心 (Hrsg.): *Xin shiji Dongnanya wenhua shan xiaoshuo jingxuan* 新世纪东南亚华文闪小说精选 [Sammlung sinophoner *flash fiction* im Südostasien des 21. Jahrhunderts]. Hangzhou: Hangzhou gongshan UP, S. 85–86.

> If food is treated as a code, the message it encodes will be found in the pattern of social relations being expressed. The message is about different degrees of hierarchy, inclusion and exclusion, boundaries and transactions across the boundaries.[2]

Diese soziale Komponente von Essen wird nicht nur durch die chinesische Ausdrucksweise deutlich, sondern auch in chinesischen Tischsitten: So ist es beispielsweise in China üblich, dass man sich mehrere Gerichte teilt, anstatt eines alleine zu essen. In Restaurants sitzt man gemeinsam um einen meist runden Tisch mit einer Drehplatte in der Mitte, auf die nacheinander die verschiedenen Speisen gestellt werden. Als Zeichen des Respekts werden Gästen nicht selten die besten Happen direkt auf den Teller gelegt.

Besonders sichtbar wird die Bedeutung von Essen in der chinesischen Kultur auch in Chinatowns, die von ausgewanderten Chinesen in verschiedenen Städten v. a. in Südostasien errichtet wurden und in deren Zentrum sich oftmals zahlreiche Restaurants befinden, die nicht nur einen wirtschaftlichen, sondern auch einen sozialen Zweck erfüllen: Zum einen bieten sie Arbeitsmöglichkeiten für chinesische Immigranten, die der lokalen Sprache noch nicht mächtig sind, zum anderen fungieren sie als Treffpunkte für ethnische Chinesen, seien es Touristen oder auch Einheimische, die auf der Suche nach ‚authentischem' chinesischen Essen in den Chinatowns meist eine große Auswahl vorfinden: „The Chinese take their cuisine with them wherever they go"[3]. Damit ist Essen auch immer unweigerlich mit der Heimat bzw. der Herkunft verbunden und die Chinatowns werden zu sog. *ethnic spaces*.[4] Die Verbindung zwischen dem Herkunftsland China und importierten lokalen Spezialitäten illustriert auch folgendes Gedicht des sinophonen Schriftstellers Zeng Xin[5] aus Thailand:

2 Mary Douglas: Deciphering a Meal. In: *Daedalus* 101,1 (1972), S. 61–81, hier S. 61.

3 Lynn Pan: *Sons of the Yellow Emperor: A History of the Chinese Diaspora*. New York: Kodansha 1994, S. 316.

4 Khun Eng Kuah-Pearce: *Social Cultural Engineering and the Singaporean State*. Singapur: Springer 2018, S. 5.

5 Zeng Xin wurde 1938 in Bangkok geboren. Seine Vorfahren stammen aus Puning in der chinesischen Provinz Guangdong. Neben Sima Gong gehört er zu den bekanntesten sinophonen Autor*innen in Südostasien. Vgl. auch Rebecca Ehrenwirth: *Zeitgenössische sinophone Literatur in Thailand*. Wiesbaden: Harrassowitz 2018.

Chinatown
Klassische Läden
Alte Straßen
Schilder mit chinesischen Schriftzeichen
Konversationen auf Chinesisch
Porzellan aus Jiangxi
Stickereien aus Hangzhou
Litschis aus Panyu
Tangerinen aus Chaozhou
Wolfsbeeren aus Ningxia
Gingko aus Hebei
VCDs aus China, Taiwan und Hongkong[6]

Auch außerhalb der Chinatowns ist der Einfluss der chinesischen Küche in den meisten südostasiatischen Ländern unübersehbar, was sicherlich damit zusammenhängt, dass Chinesen in vielen dieser Länder die größte Minderheit bilden. *Cantonese fried noodles* oder *chicken rice*, zwei Gerichte, die chinesische Immigranten aus Kanton bzw. Hainan mitgebracht haben, finden sich auf vielen Speisekarten in Malaysia, Singapur und Thailand. In diesem Kapitel soll es allerdings nicht um die Spuren chinesischer Küche in Südostasien gehen, vielmehr werde ich darstellen, inwiefern Essen als Memento (Erinnerungsstück) an die Heimat dient und inwieweit Speisen sowie Getränke für die Protagonist*innen ausgewählter Kurzgeschichten nostalgische Erinnerungen an Gemeinschaft auslösen. Hierfür vergleiche ich eine Auswahl von sieben anglophonen und sinophonen Kurzgeschichten aus Malaysia, Thailand und Singapur und analysiere diese unter literaturwissenschaftlichen Aspekten hinsichtlich der Figurencharakterisierung, der Erzählperspektive[7] sowie der Bewusstseinsdar-

6 Zeng Xin 曾心: *Liangting* 凉亭 [Pavillon]. Bangkok: Liuzhong daxue 2006, S. 52. Sofern nicht anders vermerkt, sind alle Übersetzungen, die in diesem Aufsatz vorkommen, meine eigenen. Ein Großteil der Primärtexte wird hier zum ersten Mal ins Deutsche übertragen.

7 Ich beziehe mich hier auf die Erzähltheorie von Franz K. Stanzel, der für sein als Typenkreis bezeichnetes Modell der Erzählsituation in den 1950er Jahren bekannt wurde. Stanzel unterscheidet dabei zwischen drei Erzählsituationen (ES): die Ich-ES, die auktoriale ES und die personale ES. Während es sich bei der Ich-ES um einen Erzähler der ersten Person handelt, der den Leser*innen nur Einblick in seine

stellung. Denn wenn Autor*innen sich auf Essen beziehen, dann verraten sie ihren Leser*innen in der Regel etwas Wichtiges über Erzählung, Handlung, Charakterisierung, Motive usw.[8]

Bei den Kurzgeschichten handelt es sich überwiegend um sogenannte Nischenliteratur, in der das urbane Leben dargestellt und ein Schwerpunkt auf Alltagssituationen gelegt wird. Die hier vorgestellten Autor*innen und ihre Werke sind größtenteils sowohl national als auch international kaum bekannt, dennoch sind ihre Geschichten in Anthologien erschienen, die weltweit vertrieben werden. Was die Erzählungen miteinander verbindet, ist aber nicht nur ihr relativ geringer Bekanntheitsgrad, sondern dass für die Protagonist*innen Essen zum verbindenden Element von Vergangenheit und Gegenwart wird. Der gemeinschaftliche Aspekt des Miteinander-Essens, des Teilens und Genießens steht dabei im Vordergrund.

Der Großteil der sinophonen Kurzgeschichten gehört zum Typ der *flash fiction* oder Kürzestgeschichten.[9] Obwohl es bereits mehrere Vorformen dieser Kürzestgeschichten auch in China gibt (bekanntestes Beispiel ist Guo Moruos *Er* (*Ta* 他) von 1920), ist *flash fiction* erst seit den 1990er Jahren als neues Genre bekannt.[10] Bereits in den frühen 1990er Jahren entdeckt man *flash fiction* (*shan xiaoshuo*) in China wieder,[11] und so gelangte das Genre in den 2000er Jahren auch in die Kreise sinophoner Schriftsteller in Südostasien. Einer der ersten sinophonen Schriftsteller, die dieses Genre nutzten und zu seiner

eigenen Gedanken und Gefühle gewähren kann, ist der Erzähler in der auktorialen ES allwissend und omnipräsent. In einer personalen ES gibt es hingegen keinen Erzähler, sondern nur eine sog. Reflektorfigur, die ihre Innenwelt wie einen Spiegel für die Leser*innen aus der dritten Person reflektiert. Vgl. Franz K. Stanzel: *Theorie des Erzählens*. Göttingen: Vandenhoeck & Ruprecht 2001.

8 Joan Fitzpatrick: Food and Literature: An Overview. In: Ken Albala (Hrsg.): *The Routledge International Handbook of Food Studies*. London: Routledge 2012, S. 122–134, hier S. 122.

9 Susanne Schubert: *Die Kürzestgeschichte: Struktur und Wirkung. Annäherung an die Short Story unter dissonanztheoretischen Gesichtspunkten*. Frankfurt am Main: Lang 1997.

10 James Thomas / Robert Shapard: *Sudden Fiction International: 60 Short-Short Stories*. New York: Norton 1989.

11 Vgl. Shouhua Qi (Hrsg.): *The Pearl Jacket and Other Stories: Flash Fiction from Contemporary China*. Berkeley: Stone Bridge 2008. Qi erwähnt auch diverse chinesische Ausdrücke für *flash fiction*, u. a. „one-minute story" (*yi fen zhong xiaoshuo*).

Verbreitung beitrugen, ist der aus Thailand stammende Autor Sima Gong.[12] In seiner *flash-fiction*-Sammlung von 2012 erklärt er in einem Nachwort:

> Vor über 20 Jahren habe ich damit begonnen, Kurzgeschichten zu schreiben. In diesen 20 Jahren sind meine Kurzgeschichten immer kürzer geworden, von über auf unter 1.000 Schriftzeichen. Nun bestehen meine Geschichten nur noch aus 700 bis 800 Zeichen.[13]

Flash fiction grenzt Sima Gong klar von diesen Kurzgeschichten ab, indem er schreibt: „Wenn es kein Zeichenlimit für *flash fiction* geben würde, wie ließe sie sich dann von Kurzgeschichten unterscheiden?"[14] Sima Gong begrenzt *flash fiction* auf zwischen 180 und 210 chinesische Schriftzeichen[15] und fügt hinzu: „*Flash fiction* hat eine schwere Existenz."[16] Dieser Satz weist eine gewisse Doppeldeutigkeit auf, da hiermit zum einen angedeutet wird, dass 180 bis 210 Schriftzeichen für eine verständliche und sinnvolle Geschichte wirklich wenig sind, und zum anderen, wie schwer es ist, eine derartige Kürzestgeschichte zu schreiben und als Autor davon zu leben. Daher wird das Limit üblicherweise nicht ganz so genau genommen und viele als *flash fiction* deklarierte Geschichten umfassen 450 bis 500 Schriftzeichen, wie auch das oben in Gänze übersetzte Beispiel des aus Malaysia stammenden Autors Zeng Pei. Das Genre erfreut sich insbesondere in der sinophonen Literatur außerhalb Chinas großer Beliebtheit, und so erschien 2017 erstmals eine Sammlung sinophoner *flash fiction* aus Südostasien in der Volksrepublik (*Xin shiji Dongnanya huawen shan xiaoshuo jingxuan*), herausgegeben von Zhu Wenbin und Zeng Xin, aus der auch die Mehrzahl der hier analysierten Geschichten stammen.

12 Sima Gong wurde 1933 in Bangkok geboren. Seine Vorfahren stammen aus Shantou in der chinesischen Provinz Guangdong.

13 Sima Gong 司马攻: *Xin you lingxi* 心有灵犀 [Herzen im Einklang]. Bangkok: Taihua wenxue 2012, S. 141.

14 Ebd.

15 In der Regel entspricht die Verbindung von zwei oder mehr Schriftzeichen einem Wort.

16 Sima: *Xin you lingxi*, S. 141.

Entfremdung und Einsamkeit am reich gedeckten Tisch

Fred Davis unterscheidet drei Arten von Nostalgie, die unterschiedlich stark von Emotionen geprägt sind, wodurch der Reflexionsgrad der Vergangenheit beeinflusst wird. Die sogenannte *first-order nostalgia* oder auch einfache bzw. unreflektierte Nostalgie beschreibt demnach den festen und ungeprüften Glauben, dass bestimmte Dinge in der Vergangenheit besser waren als heute. In der *second-order nostalgia* oder auch reflektierten Nostalgie setzt sich das Individuum kritisch mit der Vergangenheit auseinander; es stellt Fragen zu Wahrheit, Genauigkeit, Vollständigkeit oder Repräsentativität des nostalgischen Anspruchs, um idealisierte Ereignisse herauszufiltern. Die *third-order nostalgia* oder auch interpretierende Nostalgie geht nicht nur über Fragen der historischen Genauigkeit hinaus und setzt sich über den nostalgischen Anspruch auf die Vergangenheit hinweg, sondern problematisiert vielmehr die Handlung an sich.[17] In diesem Fall hinterfragt das Individuum nicht nur die Vergangenheit, sondern auch die nostalgische Reaktion selber – ihren Ursprung, ihre Funktion und ihren Nutzen.

Der wiederkehrende Albtraum der Mutter (Zhong Sao) in Zeng Peis Kurzgeschichte[18] illustriert die Sehnsucht nach familiärer Gemeinschaft, die die Protagonistin aus ihrer Kindheit und Jugend gewohnt ist; sie hat nostalgische Gefühle, die ihr Leben zunehmend bestimmen. In medias res steigen die Leser*innen in den Traum der Mutter ein, um im Anschluss daran die ungefilterte Nostalgie der Protagonistin durch den direkten Einblick in ihre Gedanken mitzubekommen. Die Gedanken der Mutter werden in erlebter Rede offenbart, so dass sie nicht nur an Expressivität gewinnen, sondern auch an Subjektivität. Dadurch erhält die Angst der Mutter, ihrem Sohn (Yakun) und dessen Familie mit ihrem Essen nicht gerecht zu werden, noch mehr an Gewicht, ebenso wie ihr Fazit, dass sie und ihr Mann einsam und alleine sind. Das gemeinsame Essen steht deutlich im Mittelpunkt der Geschichte, ebenso wie die Vorbereitungen dafür: Seit Jahren züchten sie einen Masthahn, dessen Leben immer wieder

17 Fred Davis: *Yearning for Yesterday: A Sociology of Nostalgia*. New York: Basic Books 1979, S. 18–24.

18 Zeng Pei wurde 1946 in Malaysia geboren. Seine Vorfahren stammen aus Panyu in der chinesischen Provinz Guangdong.

verlängert wird, da Yakun sein Versprechen, nach Hause zu kommen, nicht einhält. Das Herauszögern des Tods des immer älter werdenden Hahns wird gleichgesetzt mit dem einsamen Leben der Eltern, die nur darauf warten, dass ihr Sohn sie besuchen kommt: Jedes Mal, wenn Yakun das Versprechen bricht und nicht erscheint, geht Yang Bozhong zum Hahn und erklärt ihm, dass er noch ein bisschen weiterleben darf. Nicht nur das Schlachten des Hahns zögert sich dadurch hinaus, sondern auch das Leiden der Eltern, die so sehnlich auf ihren Sohn warten.

Das gemeinsame Essen mit der gesamten Familie findet nur im Traum der Mutter sowie in der Vorstellung des alten Ehepaars statt. In der Realität fühlen sich Yang Bozhong und Zhong Sao einsam und verlassen, während sie in ihrer Fantasie das gemeinsame Essen mit Gemeinschaft gleichsetzen. Elias Canetti beschreibt eindrücklich, was sich die Eltern in dieser Geschichte wünschen:

> Am innigsten ist das Leben der Familie dort, wo man am häufigsten zusammen ißt. Das Bild vor Augen, wenn man an sie denkt, ist das der um einen Tisch versammelten Eltern und Kinder. Alles erscheint als Vorbereitung auf diesen Augenblick; je öfter und gleichmäßiger er wiederkehrt, um so mehr fühlen sich die Zusammen-Essenden als Familie. Die Aufnahme an diesem Tisch kommt praktisch der Aufnahme in die Familie gleich.[19]

Doch genau diese Wunschvorstellung verweigert der Sohn seinen Eltern, denn nichts scheint ihn nach Hause zu bringen – nicht einmal die Aussicht auf einen reich gedeckten Tisch mit einem wohlgezüchteten Masthahn in der Mitte. Die Eltern hingegen müssen sich beim Anblick des Hahns jedes Mal daran erinnert fühlen, dass ihr Sohn keine Zeit findet, sie zu besuchen. Das nicht stattfindende gemeinsame Mahl steht in diesem Zusammenhang für die Distanz zwischen Eltern und Sohn, die mehr und mehr zunimmt, und die gleichzeitig wachsende Ferne zur Heimat. Durch die konstante Erzählperspektive mit der Mutter als Reflektorfigur erfahren die Leser*innen nichts

19 Elias Canetti: *Masse und Mensch: Wesentliche Zusammenhänge zum Verständnis unseres Zeitalters*. Berlin: Fischer 2001, S. 148–149. Canetti bezieht sich in seiner Analyse eher auf den europäischen Kontext und nicht auf den asiatischen. Dennoch lässt sich seine Beobachtung hinsichtlich des Familienlebens m.E. auf diesen Zusammenhang übertragen.

über die Motivation des Sohns. Es wird nicht beschrieben, wo sich das Elternhaus befindet und wie weit Yakun und seine Familie davon entfernt leben. Die einseitige Perspektive stellt das vom Sohn verlassene Elternhaus in den Mittelpunkt. Vergangenheit und Gegenwart werden einander diametral gegenübergestellt, wenn sich die Mutter an die Zeit mit ihren (Schwieger)Eltern erinnert und in einer verklärten Rückblende an früher denkt: Damals lebte man noch zusammen unter einem Dach. Indirekt wird hier die ‚neue Generation' an Kindern kritisiert, die nicht mehr mit ihren Eltern zusammenwohnen wollen und daher ihre Heimat bzw. ihre Herkunft mehr und mehr zu vergessen scheinen.
Das ersehnte gemeinsame Essen wird aber ebenso zur Belastung für die Mutter, da sie fürchtet, weder ihren eigenen Erwartungen noch denen ihres Sohnes und ihrer Schwiegertochter gerecht werden zu können. In ihrem Kopf findet eine Hierarchisierung von Nahrungsmitteln statt: Eingelegtes Gemüse, getrockneter Fisch und Tofu sind höchstens Zutaten, die für ein einfaches Essen reichen würden, keinesfalls hat Zhong Sao sich das für das gemeinsame Mahl anlässlich der Heimkehr ihres Sohnes mit seiner Familie vorgestellt. Canetti führt im Weiteren aus, dass die Mutter das „Kern- und Herzstück" familiären Essens sei:

> Mutter ist jene, die ihren eigenen Leib zu essen gibt. Sie hat das Kind in sich genährt und bietet ihm dann ihre Milch. Diese Tendenz setzt sich in abgemilderter Form während vieler Jahre fort; ihre Gedanken, soweit sie eben Mutter ist, kreisen um die Nahrung, deren das heranwachsende Kind bedarf. [...] Ihre Leidenschaft ist, zu essen zu geben; zu sehen, daß es ißt; zu sehen, daß das Essen bei ihm zu etwas wird.[20]

Daher kann auch nur das Schlachten und der gemeinsame Verzehr des Hahns dem Besuch gerecht werden; dies kommt der Aufopferung der Mutter gleich, da sie den Hahn für ihren Sohn unter größten Mühen genährt und gepflegt hat. Canetti führt dieses Benehmen der Mutter aber nicht allein auf Selbstlosigkeit zurück, sondern vielmehr auf das Verlangen nach Macht und Kontrolle. So lange die Mutter für die Ernährung des Kindes verantwortlich ist, ist es von ihr abhängig. Die Tatsache, dass Yakun nicht einmal für ein von der Mutter zubereitetes

20 Ebd., S. 149.

Essen nach Hause kommt, führt Zhong Sao vor Augen, dass sie an Kontrolle über ihren Sohn verloren hat. Der Vergleich mit ihrem eigenen Leben in der vorletzten Zeile, in der sie sich an früher erinnert, als noch alle unter einem Dach zusammenlebten, verdeutlicht diesen Kontrollverlust und die Entfremdung vom eigenen Sohn. Am Ende realisieren die Eltern, dass sie sich einsam und verlassen fühlen; sie reflektieren die Vergangenheit bzw. ihre nostalgischen Gefühle nicht, sie sind in ihrer Traurigkeit und Einsamkeit und damit in unreflektierter Nostalgie gefangen.

Einsamkeit durch Entfremdung steht auch im Mittelpunkt der Kurzgeschichte *Fotografieren* (*Pai zhao*) des sinophonen Schriftstellers Lin Jin aus Singapur.[21] Dies wird während eines ‚gemeinsamen' Essens deutlich: Die Geschichte handelt von drei jungen Mädchen, die zusammen zur Schule gehen und unzertrennlich sind. Sie verbringen jede freie Minute miteinander, um zu plaudern, Tee zu trinken und zu essen. Nachdem sie die Universität abgeschlossen haben, gehen sie verschiedenen Berufen nach: Meimei wird IT-Spezialistin, Lili arbeitet als Biotechnologin und Manman wird Schönheitsexpertin. Alle drei sind so beschäftigt, dass sie keine Zeit mehr haben, sich zu treffen. Eines Abends verabreden sie sich schließlich zum gemeinsamen Essen in einem Restaurant. Canetti beschreibt es als ein Bedürfnis des modernen Menschen, im Restaurant zu essen:

> Es ist dem modernen Menschen angenehm, in Restaurants zu speisen, an Tischen abgesondert, in seiner eigenen kleinen Gruppe, für die man dann zahlt. Da die anderen im Lokal dasselbe tun, gefällt man sich während der Mahlzeit in der Illusion, daß überhaupt alle zu essen haben.[22]

So auch die drei Freundinnen. Ein Gericht nach dem anderen kommt auf den Tisch. Während Meimei und Lili fleißig alles mit ihren Handys fotografieren, sitzt Manman nur unbeweglich da und sagt: „Mich interessieren nur kalte Gerichte."[23] Meimei und Lili versuchen, sie

21 Lin Jin wurde 1948 geboren. Seine Vorfahren stammen aus Quanzhou in der chinesischen Provinz Fujian. Lin Jin 林锦: Pai zhao 拍照 [Fotografieren]. In: Zhu / Zeng (Hrsg.): *Xin shiji Dongnanya wenhua shan xiaoshuo jingxuan*, S. 11–12.

22 Canetti: *Masse und Mensch*, S. 150.

23 Lin: Pai zhao, S. 12.

dazu zu animieren, die Gerichte zu fotografieren, den gedämpften Fisch und all die anderen Köstlichkeiten, die sich auf dem reichlich gedeckten Tisch befinden. Doch Manman wiederholt, dass sie nur an kalten Gerichten interessiert sei. Diese Aussage betont die skurrile Situation: Anstatt das warme Essen zu essen, fotografieren sie es nur. Genauso könnte Manmans Aussage als ironischer Kommentar zu der Fotoaktion ihrer Freundinnen angesehen werden: Während die warmen Gerichte abgelichtet werden, kühlen diese langsam ab, so dass am Ende nichts Warmes mehr auf dem Tisch steht. Auf den Fotos wiederum sind dann auch nur die (kalten) Gerichte zu sehen, nicht aber die Menschen, die zu dem Essen zusammengekommen sind.

Weder Essen an sich noch die Gemeinsamkeit scheinen von Bedeutung zu sein. Zwischen den Figuren findet deshalb auch keine wirkliche Unterhaltung statt. Das Interessanteste sind anscheinend die Gerichte, die sie eifrig mit ihren Telefonen fotografieren, während die Freundin schweigend daneben sitzt. Das Essen, das eigentlich dazu gedacht war, die drei wieder zusammenzubringen, hebt somit vielmehr die Entfremdung hervor.

Die ursprüngliche Idee, dass das Essen ein zusammenführendes Ereignis darstellen könnte, da es Erinnerungen an früher hervorruft, wird hier ins Gegenteil verkehrt: Während Meimei und Lili noch das gleiche Hobby (das Fotografieren des Essens) verbindet, so ist Manman davon völlig ausgeschlossen. Abermals werden Vergangenheit und Gegenwart einander gegenübergestellt, doch spiegelt sich der Bruch in diesem Beispiel auch eindeutig in der Struktur der Geschichte wider: Die zweite Hälfte, die in der Gegenwart spielt, ist durch parallele Satzstrukturen gekennzeichnet, die auch die Gegenüberstellung von Meimei/Lili und Manman hervorheben. So machen Meimei und Lili immer alles gleichzeitig, sie sprechen sogar gleichzeitig (*tongshi shuo*), während Manman immer alleine darauf reagiert. Manman ist auch die einzige der drei, die in der ersten Person sprechen darf: „Manman sagt, ich interessiere mich nur für kalte Gerichte."[24] Der Erzähler verschwindet zwar nie vollständig, wie dieses Beispiel zeigt, doch Manman bekommt zumindest eine eigene Stimme.

Doch welchen Zweck erfüllen das Fotografieren von Essen und das heutzutage damit verbundene Posten in diversen sozialen Medien?

24 Ebd.

Hierbei wird ja nicht der Akt an sich, das gemeinsame, fröhliche Zusammensein beim Essen mit Freund*innen und Verwandten gezeigt, sondern lediglich der Gegenstand – die Speisen – in den Fokus gerückt, die auf den ersten Blick völlig losgelöst vom Individuum und der Gesellschaft erscheinen. Die Nahrungsmittel erhalten dadurch einen höheren Symbolwert als die Menschen, die an der Mahlzeit beteiligt sind. Die Bilder dienen sicherlich einerseits als Erinnerungsstütze, als Memento an einen bestimmten Moment im Leben. Andererseits bezeugen sie auch unseren Wohlstand – all die verschiedenen Gerichte auf unserem Tisch stehen für „Prahlerei"[25], wie Canetti schreibt, und diese können nun mit noch mehr Menschen ‚geteilt' werden. Für die Erinnerung ist es nun also nicht mehr primär wichtig, mit wem man isst, sondern nur was aufgetischt wird. Ob überhaupt gegessen wird, spielt letztendlich keine Rolle mehr.

Während im ersten Teil der Geschichte, der in der Vergangenheit spielt, noch ein harmonisches Beisammensein beim Essen und Trinken im Mittelpunkt steht und der gemeinschaftliche Aspekt betont wird, charakterisieren sich Meimei und Lili im zweiten Teil implizit selbst als oberflächlich, da es ihnen nur um das Aussehen der Gerichte, nicht aber um deren Geschmack geht. Dies spiegelt sich auch in der Beziehung zu Manman wider, denn auch hier scheinen sie nur daran interessiert, dass sie es ihnen gleichtut und Fotos vom Essen macht, anstatt zu essen. Obwohl Manman die Schönheitsexpertin ist, scheint sie am Aussehen des Essens weniger interessiert zu sein als ihre Freundinnen. Die enge Verbindung von Meimei und Lili zeigt sich auch in ihren sprechenden Namen: Setzt man jeweils die ersten Silben zusammen, so wird daraus *meili*, was übersetzt so viel wie „schön" bedeutet. Manmans Name hingegen kann als Adjektiv *man* mit „voll" oder auch „zufrieden" übersetzt werden.

Die Geschichte endet schließlich damit, dass Meimei und Lili bereit sind, den Fisch zu essen, der zuvor dampfend auf den Tisch gestellt wurde. Doch Manman hält sie davon ab: Sie bedeckt die Augen des Fischs mit Koriander und sagt, dass der Arme erst wieder warm gemacht werden müsse. „Meimei und Lili kommen gleichzeitig wieder zu Sinnen, während Manman ihren Beruf gewechselt hat und

25 Canetti: *Masse und Mensch*, S. 150.

nun Bestatterin ist“[26], konkludiert der Erzähler. Die Feststellung über Manman unterstreicht auf sarkastische Weise ihre vorher wiederholte Aussage, sie interessiere sich nur für kalte Dinge: Hatte sie sich davor als Schönheitsexpertin noch um die Verschönerung lebender Menschen gekümmert (warm), so geht es nun um die Toten (kalt). Indem sie die Augen des toten Fischs bedeckt, unterstreicht Manman ihre Fürsorge für das tote Tier und imitiert damit die Bestattung.
Das offene Ende der Geschichte suggeriert, dass die drei Freundinnen wieder zusammenfinden könnten, da Meimei und Lili „sich besinnen“ und der Fisch noch einmal aufgewärmt werden soll, bevor sie ihn essen. Dennoch bleibt fraglich, ob das Essen bzw. Nichtessen die drei Freundinnen einander wieder nähergebracht hat und ob sie den aufgewärmten Fisch schließlich verspeisen oder nicht. Es findet hier nämlich weniger eine Rückwendung zur Vergangenheit in Form von Nostalgie statt (keine der drei Freundinnen erwähnt die Vergangenheit mit einem Wort), sondern eher eine Hinwendung zur Zukunft. Manman geht den ersten Schritt, indem sie „ihren Beruf wechselt“, wie es im letzten Satz heißt, und damit eine Tätigkeit findet, die vielleicht besser zu ihr passt. Gleichzeitig sind Bestatter*innen auch für die hygienische Totenversorgung sowie die kosmetische Behandlung und Herrichtung des Leichnams zuständig, damit man die Verstorbenen in schöner Erinnerung behalten kann. Das Ende der Geschichte könnte damit auch das Ende der Freundschaft einleiten – ein letztes Treffen, bei dem alles schön hergerichtet wird, im Andenken an die gemeinsame Vergangenheit.

Sehnsucht ohne Heimkehr

Zeng Peis und Lin Jins Kurzgeschichten betonen beide die Entfremdung innerhalb des Familien- bzw. Freundeskreises. Während sich in Zeng Peis Geschichte allerdings noch nostalgische Gefühle insbesondere auf Seiten der Mutter hineinmischen, so scheinen sich die drei Freundinnen nicht an früher erinnern zu wollen. Der für die Leser*innen stummbleibende Sohn in *Zum Essen nach Hause zurückkehren* wird implizit als pietätloses Kind beschrieben, das immer wieder

26 Lin: Pai zhao, S. 12.

Gründe findet, nicht nach Hause zu kommen, wodurch sich die Eltern einsam fühlen, insbesondere, wenn sie an früher denken. In der Kurzgeschichte *Ich habe eine kleine Teekanne* (*Wo you yi ba xiao chahu*) von Sima Gong[27] wird Nostalgie noch deutlicher in den Vordergrund gerückt, diesmal durch den Konsum von Tee: Es geht darin um einen Mann, der mit seinem Sohn den in Chaozhou[28] angebauten Gongfu-Tee aus einer kleinen Teekanne trinkt, die er einst von seinem Vater geschenkt bekommen hatte, bevor der Protagonist nach Thailand ausgewandert ist. Sein Sohn findet den Tee zu heiß und zu bitter, und der Protagonist erinnert sich daran, wie er als kleiner Junge zusammen mit seinem Vater aus eben jener Kanne Gongfu-Tee trank und ihn ebenfalls viel zu heiß und zu bitter fand. Am Boden der Kanne befindet sich zudem eine Inschrift, die auf ein Gedicht des berühmten Tang-zeitlichen Dichters Li Bo (701–762) verweist: „Das Mondlicht spiegelt sich im Wasser" (*mingyue shui zhong lai*). In seinem Gedicht *Stille Nachtgedanken* (*Jingye si* 静夜思) verbindet Li Bo das Mondlicht mit der Sehnsucht nach der Heimat. Diese Sehnsucht wird in der Geschichte einerseits durch das Erinnern des Protagonisten an seinen Vater und die Teekanne als Geschenk deutlich, andererseits durch den Tee, der als Synonym für die Heimat gesehen werden kann. Der Protagonist möchte die Teekanne eines Tages an seinen Sohn weitergeben, damit dieser ein Memento hat, das ihn nicht nur an ihn und seinen Großvater erinnert, sondern auch an seine Herkunft.

In Anlehnung an Davis unterscheidet Svetlana Boym zwei Formen von Nostalgie: Die stärkende Nostalgie (*restorative nostalgia*) nimmt sich selbst zwar nicht als solche wahr, sondern als Wahrheit bzw. Tradition und bezieht sich auf die Heimat (*nostos*) sowie deren Rekonstruktion.[29] Demgegenüber steht die reflektierende Nostalgie, die durch Sehnsucht (*algia*) gedeiht und so ironischerweise die ersehnte Heimkehr verzögert.[30] Hier geht es um die Ambivalenz von menschlicher Sehnsucht und Zugehörigkeit,[31] die aber wie Davis'

27 Sima Gong 司马攻: Wo you yi ba xiao chahu 我有一把小茶壶 [Ich habe eine kleine Teekanne]. In: Fang Siruo 放思若 (Hrsg.): *Taihua sanwen ji* 泰华散文集 [Sammlung sinophoner Prosa]. Bangkok: Taihua wenxue 1989. S. 257–259.

28 Chaozhou befindet sich in der südchinesischen Provinz Guangdong.

29 Svetlana Boym: *The Future of Nostalgia*. New York: Basic Books 2001, S. xviii.

30 Ebd.

31 Ebd.

reflektierte Nostalgie die Erinnerung hinterfragt. Während der Vater in der Geschichte von Sima Gong reflektiert nostalgisch ist, ist die Mutter in Zeng Peis Geschichte eher ein Beispiel für stärkende Nostalgie: Die Mutter erkennt nicht, dass sie das Heim/die Heimat in ihrer Erinnerung idealisiert. Der Vater in Sima Gongs Geschichte hingegen rekonstruiert China nicht als Heimat für seinen Sohn, er möchte seinen Sohn vielmehr an seine Herkunft erinnern. Die Teekanne mit der Inschrift ist etwas Materielles, etwas Beständiges, wohingegen der Tee flüchtig und vergänglich ist, ebenso wie die Erinnerung an die Herkunft. Der Vater hofft mit diesem Geschenk und der dahinterstehenden Geschichte, die er an seinen Sohn weitergibt, diese Flüchtigkeit aufzuhalten.
Gongfu-Tee kommt des Öfteren in sinophoner Literatur in Thailand vor, da die Mehrzahl der ethnischen Chinesen in Thailand aus Chaozhou stammt. Der Tee symbolisiert dabei meist den nostalgischen Gedanken an die Heimat bzw. das Herkunftsland China. Abermals findet sich die Idee des „Mitnehmens der Heimat" in Form von Speisen und Getränken, wie Lynn Pan sie beschreibt,[32] die auch in der Geschichte *A Street Food Seller* des anglophonen Schriftstellers Pira Sudham aus Thailand deutlich wird.[33] Da der Autor in Isan im Nordosten Thailands geboren wurde, steht dieser Ort neben Bangkok oft im Mittelpunkt seiner Geschichten, so auch in dieser: Die Ich-Erzählerin geht darin von Isan nach Bangkok, um ihren Mann zu suchen, der sie und ihren Sohn vor einiger Zeit allein mit der harten Feldarbeit zurückgelassen hatte. Nun verlässt sie ihren Sohn und ihre Eltern, um in Bangkok ihr Glück zu versuchen. Sie beginnt bei einem als hart arbeitend und geizig charakterisierten chinesischen Ehepaar in deren Straßenimbiss zu arbeiten. Die Arbeit ist anstrengend und das Geld reicht gerade so zum Überleben: „For almost a year I slaved in that cockroach-ridden noodle shop till I got to know a taxi driver who often came in for fast food."[34] Es stellt sich heraus, dass dieser Kunde auch aus Isan kommt. Die beiden fühlen sich aufgrund ihrer Herkunft miteinander verbunden und der Taxifahrer bietet ihr an,

32 Vgl. Pan: *Sons of the Yellow Emperor*, S. 316.

33 Pira Sudham: A Street Food Seller. In: Ders.: *It Is the People of Thailand and Other Countries*. Bangkok: Asiashire 2014 (E-Book).

34 Ebd.

sie nach Hause zurückzubringen, obwohl sie nicht genügend Geld für eine Fahrt dorthin hat. Als sie auf der Reise anhalten, um zu tanken, kommen sofort einige Jungen auf das Auto zu gerannt, die ihnen „gegrilltes Hähnchen“ verkaufen wollen: „One puny hawker managed to raise his voice above the rest. ‚*Kaiyangkongkoisaepeeleeday*!‘ (My grilled chicken is truly delicious!)“[35] Die Ich-Erzählerin kauft ein Stück, nicht, weil sie hungrig ist, sondern eher, weil sie in Isan sind und sie die Sprache (die Jungs sprechen Lao) an Zuhause erinnert.
Die Verbindung von Essen und Heimat wird noch deutlicher, als sie später erneut anhalten, damit ihr Freund, der Taxifahrer, „a dish of spicy, herb chooped beef called *laobnua* and a dish of *somtam* and a helping of *kaoniew*“ essen kann:

> We silently shared the Isan meal on Isan soil. It appeared that he was ravenously hungry. I surmised that he also harboured a desire for typical Isan dishes in the motherland with the mother tongue spoken by the cook and the waitress.[36]

Heimat wird hier nicht nur mit dem Essen, sondern auch mit Sprache verbunden. Sudham verwendet in diesem Zusammenhang die Begriffe „motherland“ und „mother tongue“ und stellt damit die enge Verbindung zwischen der Mutter als Ernährerin und als Heimat in den Vordergrund. Das Wort Zunge in „mother tongue“, das hier einerseits auf das Hervorbringen von Sprache verweist und auf der anderen Seite auf das Schmecken von Essen, wird delikat mit dem heimischen „Koch“ verbunden.
Nachdem sie nach stundenlanger Fahrt in ihrem Heimatdorf ankommen, wird der Ich-Erzählerin jedoch klar, dass sie hier nicht bleiben kann und wieder zurück nach Bangkok muss. Hier wäre sie nur eine Bürde, „ein weiteres Maul zu stopfen“ – das möchte sie ihren Eltern nicht antun: „It was then that the idea of selling grilled chicken and concocting green papaya salad entered my head.“[37] So köstlich das Essen aus ihrem Heimatdorf auch ist, so schwer ist es, genügend davon für alle zu haben. Essen ist somit nicht nur eine Freude, sondern wird

35 Sudham: A Street Food Seller.
36 Ebd.
37 Ebd.

in der Heimat auch schnell zur Last: Mit dem wenigen, was es auf dem Land gibt, ist es schwierig, alle satt zu bekommen. Daher entscheidet sie sich, das Essen ihrer Heimat mit nach Bangkok zu nehmen und es dort auf der Straße zu verkaufen, damit andere Isaner ein Gefühl von Zuhause beim Essen in ihrem Straßenimbiss verspüren.

Essen wird hier einerseits direkt mit der Erinnerung an die Heimat in Verbindung gebracht, denn, wie Naturwissenschaftler feststellten, allein „unsere Riecherfahrung hinterlässt tiefe Spuren in unserem Gedächtnis, und wir können Orte anhand ihres Geruchs wiedererkennen."[38] So ist es auch nicht verwunderlich, dass die Ich-Erzählerin und ihr Fahrer ein zweites Mal anhalten müssen, als er das Essen riecht, das ihn an seine Heimat erinnert. Andererseits wird durch das Ende der Geschichte die Heimat auch in Form von Essen, das man an ihrem Straßenimbiss kaufen kann, kommerziell verfügbar gemacht. Es lässt sich ebenso argumentieren, dass die Ich-Erzählerin mit ihrer Idee eines Straßenimbisses gegen das Vergessen an die Herkunft ankämpft und gleichzeitig darauf hinarbeitet, sich eine dauerhafte Rückkehr dorthin finanziell zu ermöglichen. Die Kommerzialisierung des heimatlichen Essens erfüllt damit eine Doppelfunktion: Sie hält Erinnerungen an die Heimat aufrecht, während sie zu einer eventuellen Rückkehr in diese beiträgt.

Gegen das Vergessen

Gegen das Vergessen kämpfen auch die Figuren in *Mrs. Chandra's War Against Dust* des malayischen Autors Zedeck Siew[39] an. Die Geschichte beginnt damit, dass die Protagonistin Mrs. Chandra sich nicht mehr daran erinnert, dass sie bereits am Tag zuvor geputzt und den Marmor mit ihrem Finger vom Staub befreit hat. Gleichzeitig steht der Staub auch für das Verrinnen von Zeit, das Mrs. Chandra nicht mehr wahrnehmen kann.

Doch die Leser*innen verfolgen Mrs. Chandra nicht auf jeder Seite beim Putzen, vielmehr verschiebt sich der Fokus auf ihren Sohn, der

38 Stephan Frings / Frank Müller: *Biologie der Sinne: Vom Molekül zur Wahrnehmung.* Berlin: Springer 2014, S. 104.

39 Zedeck Siew lebt und arbeitet in Malaysia. Zedeck Siew: Mrs. Chandra's War Against Dust. In: Dean Francis Alfar / Marc de Faoite (Hrsg.): *TRASH: A Southeast Asian Urban Anthology.* Petaling Jaya (Malaysia): Fixi Novo 2016, S. 13–21.

kurze Zeit später mit seiner neuen Freundin auftaucht – „a Chinese girl“[40] – und schon im nächsten Absatz mit der nächsten Freundin – „she is a white girl.“[41] An jenem Abend bittet Mrs. Chandra daher ihren Sohn, ihr in der Küche beim Vorbereiten des Desserts zu helfen:

> „Abhi, come help me with the dessert, please?“
> Her son slouches into her kitchen. He is not smiling. He knows what helping with the dessert means.[42]

Selbstverständlich ist dies für Mrs. Chandra lediglich ein Vorwand, um ihren Sohn in die Küche zu locken. Sie mag diese neue Freundin nicht und fragt ihn, was mit der alten, der chinesischen, passiert sei. Die Leser*innen wissen an dieser Stelle noch nicht, dass Mrs. Chandra Alzheimer hat und verbinden das Vergessen des Namens der Freundin eher mit dem häufigen Wechsel der Freundinnen als mit der Krankheit. Dadurch sympathisieren die Leser*innen zunächst mit der Mutter, die sich um ihren Sohn Sorgen zu machen scheint. Als Mrs. Chandras Sohn sichtlich verärgert kurze Zeit später mit seiner Freundin auch noch das Haus verlässt und seine Mutter bei der Verabschiedung ignoriert, charakterisiert sich der junge Mann implizit selbst als verständnisloser und undankbarer Sohn.
Da Mrs. Chandra als Reflektorfigur fungiert, bekommen die Leser*innen direkten Einblick in ihre Gedanken und damit weiterhin nur Zugang zu ihrer Perspektive: „Why does her son bring home girls like this?“[43] Nach der Nachspeisen-Episode ist Mrs. Chandra verwundert über die Reaktion ihres Sohnes, hatte sie ihm doch nur einen „gentle, mother-to-son advice“[44] gegeben: „Why did her son suddenly get angry?“[45] Vater und Sohn sind hingegen erstaunt darüber, dass sie sich absolut nicht daran erinnern kann, was mit Sandy passiert ist. Sandy, „die chinesische Freundin ihres Sohnes“, die perfekte Frau in

40 Siew: Mrs. Chandra’s War Against Dust, S. 15.
41 Ebd.
42 Ebd., S. 16.
43 Ebd., S. 15.
44 Ebd., S. 17.
45 Ebd.

Mrs. Chandras Augen, hatte ihren Sohn mit anderen Männern betrogen und ihn in ein tiefes Loch stürzen lassen, erfahren die Leser*innen schließlich durch einen Erzählerkommentar. Doch sie erinnert sich nicht daran. Das ist der Moment, an dem der Vater feststellt, dass seine Frau senil wird. Die Erzählperspektive wechselt hier von Mrs. Chandra als Reflektorfigur zu einem auktorialen Erzähler. Die dramatische Ironie wird weiter aufrechterhalten, indem Mrs. Chandra aufgrund ihrer Krankheit in einem Wissensrückstand sowohl gegenüber den Figuren in der Geschichte als auch gegenüber den Leser*innen bleibt. Sie weiß weiterhin nicht, was vor sich geht, während die anderen Figuren und die Leser*innen bereits ahnen, dass Mrs. Chandra krank ist. Sie selbst schiebt es auf ihr Alter und versucht damit, ihren Mann und ihren Sohn zu beruhigen, insgeheim wundert sie sich jedoch: „Why is it so bad, her memory? How can it be? She is just sixty-plus.“[46]
Das Vergessen der Geschehnisse erlaubt Mrs. Chandra eine Idealisierung der chinesischen Freundin. Sie vergleicht Sandy mit allen anderen Freundinnen, die ihr Sohn nach Hause bringt. In nostalgischer Erinnerung an Sandy lehnt Mrs. Chandra jede neue ab. Für die Leser*innen bleibt unklar, ob Vater und Sohn Mrs. Chandra jemals über die Geschehnisse aufklären. Sie versuchen sie zwar dazu zu bewegen, sich zu erinnern, indem sie ihr beschreiben, wie ihr Sohn zwei Wochen lang sein Zimmer nicht verließ und wie besorgt sie damals war. Nun aber sind Vater und Sohn beunruhigt:

> „You wouldn't Stop nagging me,“ her son says. He puts his arm around her, smiling; kissing her on the cheek.
> „Mom,“ he says. „You really can't remember? It might be serious. Seriously. You should go for a check-up.“[47]

Das Einzige, woran Mrs. Chandra sich immer erinnert, ist das Lieblingsessen ihres Sohnes – „mutton curry, spiced potatoes.“[48] Essen fungiert somit als Verbindungsglied zwischen Mutter und Sohn, nicht nur in Form des Lieblingsgerichts, sondern auch des Desserts,

46 Ebd., S. 19.
47 Ebd., S. 18.
48 Ebd., S. 19.

dessen Vorbereitung der Mutter einen Vorwand für ein Vier-Augen-Gespräch gibt. Es ist schließlich aber auch dieses Gespräch, das den Sohn wütend werden lässt, so dass es zum Essen des Desserts nicht mehr kommt. Das gemeinsame Essen wird unvollendet abgebrochen, da der Sohn vorher das Haus seiner Eltern verlässt. In Mrs. Chandras Augen verweigert der Sohn in diesem Moment aber nicht nur den Abschluss eines von ihr mühevoll zubereiteten Essens, sondern auch eine Erklärung auf ihre Frage, was sie aufgrund ihrer Krankheit nicht nachvollziehen kann.

Die Geschichte macht einen zeitlichen Sprung in die Zukunft. Dies wird deutlich an der Preiserhöhung für das „Big Boss Burger Breakfast", die auf einem Werbeplakat vor Mr. und Mrs. Chandras Haus zu sehen ist: Das Preis des Frühstücks steigt von RM 5.99 auf RM 8.99.[49] Der Fokus liegt auf Mrs. Chandras Gedanken: Als sie aus dem Fenster auf das Plakat blickt, wundert sie sich kurz über die verschwundenen kleinen Läden und überlegt, warum diese wohl abgerissen wurden, doch ihr fällt schließlich ein, dass sie stattdessen einen Supermarkt dorthin gebaut haben. Seither muss sie jeden Tag putzen, aufgrund des vielen Staubs. So auch an diesem Tag, denn sie erwartet ihren Sohn, der inzwischen mit seiner Verlobten im Ausland lebt. Auch als ein Mann das Haus betritt, wird dies weiterhin aus Mrs. Chandras Perspektive erzählt:

> At first, Mrs. Chandra is angry: this man wanders in, reading his newspaper, still wearing his dirty sandals, stepping everywhere – so inconsiderate! But then she sees that this man is a stranger.[50]

Sie gerät in Panik und rennt nach oben. Als das Telefon klingelt und ihr Mann am Apparat ist, fleht sie ihn an, nach Hause zu kommen, da sie befürchtet, dass ein Einbrecher im Haus ist. Der Mann, den sie als Einbrecher bezeichnet, ist selbstverständlich ihr Mann, der nicht versteht, warum sie gerade unvermittelt vor ihm davongerannt ist. Sowohl die Leser*innen als auch Mrs. Chandra selbst werden immer wieder darauf aufmerksam gemacht, dass etwas mit ihrem

49 Siew: Mrs. Chandra's War Against Dust, S. 20. Umgerechnet etwa 1,30 € bzw. 1,90 €.

50 Ebd., S. 21.

Erinnerungsvermögen nicht stimmt. So befindet sich ein weiteres Werbeplakat für Hühneressenz, die das Gedächtnis fördern soll, direkt vor ihrem Fenster: „Fortify your brainpower – drink Essence of Chicken, with added Ginseng!“[51] Auch die Struktur der Geschichte mit der Wiederholung einzelner Tätigkeiten und Sätze bewahrt die Leser*innen vor dem Vergessen. Am Ende siegt jedoch die Krankheit: Weder Wiederholungen noch Hühneressenz helfen Mrs. Chandra, sich zu erinnern. Am Ende erkennt sie nicht einmal ihren eigenen Mann wieder.

Über das gemeinsame Essen versucht die Mutter am Anfang der Geschichte, Nähe zu ihrem Sohn herzustellen. Indem sie sich sein Lieblingsgericht ins Gedächtnis ruft, versucht sie sich davon zu überzeugen, dass die Probleme mit ihrem Gedächtnis gar nicht so schlimm seien. Doch ihr Sohn lehnt die Nähe ab. Er verlobt sich und geht schließlich ins Ausland – weit weg von seiner Mutter und seiner Heimat. Ähnlich wie in *Zum Essen nach Hause zurückkehren* realisiert die Mutter nach und nach, dass sie, wie Canetti es nennt, die Kontrolle über ihr Kind verloren hat, und versucht, diese durch das Herrichten des Hauses und das Kochen einer Mahlzeit wiederherzustellen. In beiden Geschichten bleibt die Mutter zurück, während das Kind sich distanziert. In der Kurzgeschichte *Trash Talk* von Lyana Shah[52] hingegen ‚geht' die Mutter, während das Kind zurückbleibt.[53] Die Ich-Erzählerin, ein junges Mädchen namens Mel, beschreibt in der Geschichte, wie sie eines Tages aufhörte zu sprechen. Sie kommuniziert nur noch mit Zettel und Stift. Dies führt unweigerlich zu Besorgnis, insbesondere seitens der Lehrer und auch der Freund*innen, die denken, dass Mel damit zu weit gehe, da kein physischer Grund für ihr Schweigen vorzuliegen scheint und es somit zu einem freiwilligen Akt wird.

Mels Vater wird von der Ich-Erzählerin indirekt als fürsorglicher Elternteil beschrieben: „On Saturday night, Papa took me out to dinner at a Japanese restaurant so we could spend some time together.“[54]

51 Ebd., S. 20.

52 Lyana Shah wurde in Malaysia geboren und wuchs in Brunei auf.

53 Lyana Shah: Trash Talk. In: Alfar / de Faoite (Hrsg.): *TRASH*, S. 31–41.

54 Ebd., S. 35.

Der Kellner nimmt an, dass Mel taubstumm ist, da sie nur nickt, aber nicht antwortet, als er sie etwas fragt. Dies scheint die erste Situation zu sein, in der der Vater merkt, dass etwas mit seiner Tochter nicht stimmt. Er entschuldigt sich bei dem Kellner für Mels Ungezogenheit und fragt seine Tochter, warum sie nicht spreche. Doch auch auf sein Nachfragen reagiert Mel nicht mit Worten. Stattdessen sucht sie nach der Nähe zu ihrem Vater, indem sie ihre Hand auf die seine legt: „He looked down sadly at my hand, then said: ‚I'm hoping … that if we do happy things, maybe we can remember how. To be happy again, I mean.'"[55] Das gemeinsame Essen in dem japanischen Restaurant wird dadurch vom Vater direkt mit der Erinnerung ans Glücklichsein verknüpft. Es ist zum einen das Zusammensein, was die beiden fröhlich stimmen soll, zum anderen das japanische Essen, das sie anscheinend beide einst genossen haben.
An dieser Stelle erfahren die Leser*innen jedoch aus den Gedanken der Ich-Erzählerin, warum sich die beiden erst ans Glücklichsein erinnern müssen: Die Mutter von Mel liegt im Krankenhaus im Koma – „Almost four months of not moving or eating or talking, just lying there, living through machines."[56] Alles erinnert Mel in dieser Zeit an ihre im Koma liegende Mutter – vom Liegen übers Sprechen bis hin zum Essen. Da sie liegen muss, um zu schlafen, und essen, um zu überleben, entscheidet sie sich dafür, das Sprechen aufzugeben.
Kurze Zeit später lässt der Vater die Maschinen, die die Mutter am Leben gehalten hatten, abschalten. Der Verlust ihrer Mutter ruft Erinnerungen in der Tochter wach, Gewohnheiten und Traditionen, die die beiden verbinden und die von da an nur noch in Mels Erinnerung existieren: „No more rushing home to have dinner with her in front of our favorite TV serial."[57] Immer wieder versuchen die Personen, die ihr nahestehen, daher eine Verbindung zu Mel über Essen herzustellen, denn auch ohne direkte verbale Kommunikation schafft ein gemeinsames Essen Nähe zwischen den Beteiligten, wie die Abende mit ihrer Mutter vor dem Fernseher zeigten. Zuerst versucht es der Vater mit dem japanischen Restaurant, dann Joe, Mels Freund, der sie,

55 Shah: Trash Talk, S. 35.
56 Ebd., S. 36.
57 Ebd., S. 39.

nachdem ihre Mutter gestorben ist, zu McDonald's bringen will, um das Ende der Klausuren zu feiern.

> „If you want, we can even Whatsapp at McDonald's. How?"
> I thought a long time about that. You often see people sitting together in silence at restaurants because they're too busy texting. At least Joe and I would be texting each other.[58]

Auch wenn es sich hierbei nicht um verbale Kommunikation handelt, so ‚sprechen' die beiden dennoch miteinander über ihre Telefone und erzeugen dadurch mehr Nähe zueinander als die meisten anderen, wie Mel feststellt, oder auch als Meimei, Lili und Manman in *Fotografieren*. Dies gibt schließlich auch den Anstoß dazu, dass Mel am nächsten Tag den ersten Schritt auf ihren Vater zugeht, indem sie früher als er aufsteht, sich ihr eigenes Frühstück macht und ihm ein Post-It hinterlässt: „Good morning, Pa. – Love, Mel"[59]. Ein direktes Gedankenzitat gibt den Leser*innen Einblick in Mels Gefühlswelt, wodurch einmal mehr betont wird, dass sie sich nach Nähe zu ihrem Vater sehnt: „Hopefully, it will be the first of many notes between us. Little notes, little pieces of trash to someone else, entire conversations to me."[60] Sowohl das japanische Restaurant als auch McDonald's dienen als Kommunikationsraum: Der Vater realisiert im Restaurant durch das Schweigen seiner Tochter, dass etwas nicht stimmt; der Freund nutzt McDonald's, um in einer lebhaften Umgebung mit Mel über Whatsapp in Kontakt zu bleiben. In dieser Geschichte ist es gerade die gemeinsame Nahrungsaufnahme, die auch ohne Gespräch Gemeinschaft und Nähe ermöglichen soll. Für Mel bedeutet Essen gleichzeitig jedoch auch die Erinnerung an die verstorbene Mutter, war das gemeinsame Abendessen vor dem Fernseher doch immer der Tageshöhepunkt für sie. Sie lässt sich auf die gemeinsamen Essen mit den Personen, die ihr nahestehen, vermutlich genau aus jenem Grund ein: In deren Nähe kann und möchte sie sich an ihre Mutter erinnern. Mel lässt damit zu, dass nun an die Stelle der Mutter als Versorgerin ihr Vater bzw. ihr Freund treten. Nicht zuletzt läutet schließlich

58 Ebd., S. 41.
59 Ebd.
60 Ebd.

das Frühstück am Ende der Geschichte eine Wende ein, zum einen, da Mel es sich selbst zubereitet, zum anderen, da sie zum ersten Mal wieder mit ihrem Vater kommuniziert und Nähe zu ihm erzeugt.
Um Nähe und Kommunikation geht es auch in der Kurzgeschichte *Das letzte Abendmahl* (*Zuihou de wancan*) des bereits erwähnten Zeng Pei.[61] Die Protagonistin ist eine namenlose weibliche Figur, die sterben möchte, davor aber noch einmal ein richtig großes Essen genießen will, denn es ist ihrer Meinung nach besser ein „satter Geist" (*bao gui*) als ein „hungriger Geist" (*e gui*) zu werden. Sie geht in ein Restaurant und bestellt viele verschiedene Gerichte. Der Erzähler kommentiert: „Es sieht so aus, als sei sie die Einzige, die ihr ‚letztes Abendmahl' zu sich nimmt!"[62] Sie bestellt immer mehr Süßspeisen, denn diese scheinen sie besonders glücklich zu machen. Doch plötzlich fühlt sie sich an „ihn" erinnert und denkt darüber nach, warum sie sich selbst verletzen möchte. In Form einer indirekten Gedankenrede bekommen die Leser*innen Einblick in ihre Einstellung zu Essen:

> Sie liebt gutes Essen! Sie kann es lieben, so viel sie will, Essen kann sie nicht betrügen! Sie kann sich aussuchen, was sie will und so viel sie will; sie kann spezielle Vorlieben haben und gleichzeitig alles lieben, und sie kann niemanden damit verletzen. In gutes Essen verliebt zu sein, ist viel besser, da muss man sich nicht sorgen![63]

An dieser Stelle wird schließlich die Verbindung zu dem vorher erwähnten Mann deutlich: Dieser wird hier durch gutes Essen ersetzt.
Der Titel der Geschichte lässt eine Anlehnung an das Neue Testament erkennen, in dem das Abendmahl Jesu mit den zwölf Aposteln kurz vor seinem Tod beschrieben ist. Wie Katharina Heyden in ihrem Beitrag beschreibt, wurde das Abendmahl „in Erinnerung

61 Zeng Pei 曾沛: Zuihou de wancan 最后的晚餐 [Das letzte Abendmahl]. In: Zhu / Zeng (Hrsg.): *Xin shiji Dongnanya wenhua shan xiaoshuo jingxuan*, S. 87–88.
62 Ebd., S. 87.
63 Ebd.

an Jesu“ mindestens einmal die Woche gefeiert.[64] Es macht daher den Anschein, als würde die Protagonistin dieses Abendmahl zum Abschied eines Mannes abhalten und gleichzeitig damit ihren eigenen Abgang einleiten. Dabei handelt es sich anscheinend um einen Mann, der sie betrogen hat, von dem sie sich aber dennoch nur schwer trennen kann. Daher hat sie auch beschlossen, sich das Leben zu nehmen, da sie es ohne ihn nicht aushält. Die Erinnerung an ihn in Verbindung mit dem Essen löst allerdings aus, dass sie am Ende beschließt, nicht den Tod zu wählen, sondern einfach so viel zu essen, bis sie betäubt ist und alles vergessen kann. Übermäßiges „Fressen“ soll ihr also dabei helfen, Erinnerungen und Nostalgie auszulöschen. Denn, so stellt Canetti fest, die Völlerei ist auch ein Zeichen der Macht:

> Alles, was gegessen wird, ist Zeichen der Macht. Der Hungrige fühlt leeren Raum in sich. Das Unbehagen, das ihm diese Leere verursacht, überwindet er, indem er sie mit Speise füllt. Je voller er ist, um so besser ist ihm zumute.[65]

Das letzte Abendmahl findet in diesem Fall nicht im Hinblick auf seine Wiederauferstehung statt, sondern es stellt am Ende eher einen Schlussstrich dar, den sie nun unter die Beziehung mit dem Mann ziehen kann. Sie ist daher eine dynamische Figur, da sie ihre Meinung ändert und ihr Leben ohne die Hoffnung auf seine Rückkehr fortsetzt. Das Essen hat ihr schließlich dabei geholfen, sich an sich selbst zu erinnern und sich von seiner Kontrolle über ihre Gefühle loszusagen.

In Davis’ Sinn ist die Ich-Erzählerin damit ein Beispiel für *second-order nostalgia*, reflektierende Nostalgie. Die Verhaltensökonomin Tina Kießling erklärt dazu:

> Während die eher unreflektierte first-order Nostalgie stärker affektiv orientiert ist, beeinflusst das Analyseresultat bei Personen, bei denen die second- oder third-order Nostalgie auftritt, auch die zukünftige Einstellung

64 Vgl. Katharina Heyden: „Als er mit ihnen zu Tisch saß, wurden ihre Augen geöffnet und sie erkannten ihn.“ Essen, Erinnern und Erkennen in den Evangelien, in diesem Band.

65 Canetti: *Masse und Mensch*, S. 148.

> gegenüber der Vergangenheit und die Dauer und Stärke der nostalgischen Emotionen.[66]

Während die Protagonistin am Anfang noch stark emotionsgeleitet scheint, reflektiert sie im Verlauf des Essens ihre Einstellung zu „ihm". Sie erkennt dadurch, dass er es nicht wert ist, zu sterben, und sie realisiert, dass ihre Erinnerungen an ihn Idealisierung sind. Dadurch erhält sie wieder Kontrolle über ihre Emotionen und schöpft daraus am Ende Energie:

> Dort, wo man gestolpert ist, muss man wieder aufstehen und neu anfangen!
> Sie hat sich wieder einmal daran erinnert …
> Sie braucht noch etwas Zeit …[67]

Am Ende der Geschichte erkennt sie, dass das Herunterschlingen der Speisen sie nur dick macht, nicht aber glücklich und dass sie Liebe nicht durch Essen ersetzen kann. Sie beschließt, neu anzufangen, realisiert aber auch, dass es noch eine Weile dauern wird, bis sie vollkommen über ihn hinweg ist.

Resümee

Die Autor*innen von *The Sociology of Food* stellen im Westen einen Trend von gemeinsamem Essen („commensality") hin zu alleine Essen fest.[68] Dies hat sich durch die hier analysierten Texte für den südostasiatischen Kontext nicht bestätigt. In allen Fällen hat sich gezeigt, dass Essen als ein gemeinschaftlicher Akt wichtig für die Erzeugung von Nähe und Vertrautheit ist und dass die meisten Figuren ein gemeinsames Essen bevorzugen. Kann dieses gemeinschaftliche Essen nicht stattfinden (was es in der Mehrzahl der untersuchten Kurzgeschichten in der Tat nicht kann), dann verspüren die Figuren eine

66 Tina Kießling: *Nostalgie und Retro-Trends als Marketingchance: Eine Analyse der Ursachen für die Nachfrage nach vergangenheitsbezogenen Konsumangeboten*. Wiesbaden: Springer 2013, S. 31–32, Fn. 19.

67 Zeng: Zuihou de wancan, S. 88.

68 Stephen J. Mennell / Anne Murcott / Anneke H. von Otterloo: *The Sociology of Food: Eating, Diet and Culture*. London: Sage 1993, S. 116.

Leere, die u. a. aufgrund von nostalgischen Erinnerungen an frühere Zeiten auftritt. Der Akt des Teilens ist dabei ein wichtiger Bestandteil: Die Mutter möchte das mit Liebe zubereitete Mahl mit ihren Kindern teilen, die Straßenverkäuferin mit ihren „Landsleuten", der Vater den Tee mit seinem Sohn etc. Dadurch ruft man sich gemeinsam die Heimat/Herkunft und frühere Erlebnisse ins Gedächtnis; man teilt die Erinnerung sowie das Essen.

> Auf der einen Seite kann Nostalgie ähnlich wie andere positive Emotionen soziale Bindungen unterstützen, das Selbstwertgefühl des Individuums erhöhen und somit positive Stimmung und Wohlbefinden generieren.[69]

Dies lässt sich besonders gut in der Geschichte *Ich habe eine kleine Teekanne* von Sima Gong erkennen, in der der Vater seine Erinnerung bei einer Tasse Gongfu-Tee mit seinem Sohn teilt. Implizit wird dies auch in der Geschichte *Trash Talk* deutlich, in der die Figuren um Mel versuchen, glückliche Erinnerungen wachzurufen, indem sie gemeinsam essen. Auch Mrs. Chandra versucht, Nähe zu ihrem Sohn über die positive Erinnerung an seine chinesische Freundin herzustellen, allerdings zerstört der Sohn die nostalgischen Vorstellungen seiner Mutter, indem er ihr die Realität vor Augen führt, oder zumindest Teile davon. Auch die einsame Protagonistin in *Das letzte Abendmahl* sieht schließlich die Naivität ihrer Nostalgie an „ihn" ein und wandelt diese in positive Energie um.

> Auf der anderen Seite kann Nostalgie Traurigkeit verursachen, welche [...] vor allem durch das Bewusstsein der Aussichtslosigkeit entsteht, vergangene Geschehnisse wieder in die Gegenwart zu holen.[70]

Dies wird explizit in der Kurzgeschichte *Zum Essen nach Hause zurückkehren*, die damit endet, dass die Eltern einsam und verlassen zu Hause sitzen und weiterhin auf ihren Sohn warten. Auch in *Fotografieren* wird dieses Bewusstsein unterschwellig ausgedrückt, indem Manman sich während des Essens von ihren beiden ehemaligen Freundinnen absondert und schließlich einen neuen Weg einschlägt.

69 Kießling: *Nostalgie und Retro-Trends*, S. 33.
70 Ebd.

Die Protagonist*innen verbindet alle eine nostalgische Vorstellung von Gemeinschaft, die sie einmal mit anderen erlebt und geteilt haben. Jeder lässt sich unterschiedlich stark davon beeinflussen; einige schaffen es sogar sich davon zu trennen. In allen Fällen fördert das gemeinschaftliche Essen Erinnerungen zu Tage, die mehr oder weniger tief verborgen schienen. Die (einstige) Gemeinschaft ist hier das Heim/die Heimat, zu der man in den meisten Fällen zurückkehren möchte, aber aus den unterschiedlichsten Gründen nicht kann.

> Nostalgia is one of the means - or, better, one of the more readily accessible psychological lenses - we employ in the never ending work of constructing, maintaining, and reconstructing our identities.[71]

Nach Davis ist Nostalgie also unabdingbar für unser Sein. Durch die Analyse der unterschiedlichen Geschichten hat sich gezeigt, dass Essen nostalgische Gefühle oftmals nicht nur einlädt, sondern auch herausfordert und hinterfragt und die Figuren dadurch ‚gezwungen' sind, ihr Selbst sowie ihr Sein zu überdenken.

71 Davis: *Yearning for Yesterday*, S. 31.

Lena Henningsen / Kai Wiegandt

Koreanische (Familien)Geschichte, Trauma und Entsagung

Han Kangs *Die Vegetarierin* und der Geschmack der Weltliteratur

> Ich war sprachlos. Ich hatte schon mitbekommen, dass es gerade Mode war, sich vegetarisch zu ernähren. Die Leute stürzten sich darauf, weil sie sich davon ein langes, gesundes Leben erhofften, weil sie eine Allergie oder Probleme mit der Haut loswerden wollten oder weil sie sich Sorgen um die Umwelt machten. Buddhistische Mönche waren Vegetarier wegen des Gebots, nicht zu töten. Aber was hatte meine Frau dazu bewogen? Sie war kein pubertärer Teenager mehr. Sie musste weder abnehmen noch eine Krankheit kurieren, und sie war auch nicht von einem Geist besessen. Nein, sie wollte offenbar ihre Essgewohnheiten wegen eines Alptraums ändern. Und sie beharrte darauf, egal was ich als ihr Ehemann dagegen sagte.
> (Han Kang: *Die Vegetarierin*)[1]

Han Kangs Roman *Die Vegetarierin* ist ein rätselhaftes Buch. Das fängt beim Titel an, der gerade bei westlichen Leser*innen Erwartungen weckt, die vom Buch nicht erfüllt werden. Das Wort „Vegetarierin" weckt Assoziationen mit ethischem Verhalten, bewusster und gesunder Ernährung, aber auch mit einem bestimmten Lebensstil. Weder ist der Fleischverzicht von Han Kangs Vegetarierin das Ergebnis von ethischen Überlegungen noch kümmert sie sich um ihre Gesundheit noch verzichtet sie auf Fleisch, um sich anderen überlegen zu fühlen.

1 Han Kang: *Die Vegetarierin*, aus d. Korean. v. Ki-Hyang Lee. Berlin: Aufbau 2016, S. 18. Wir gebrauchen beim Namen der Autorin die koreanische Wortstellung: der Familienname (Han) steht vor dem Rufnamen (Kang).

Und darüber hinaus ist die Figur Yong-Hye, auf die sich der Titel bezieht, Veganerin und nicht Vegetarierin. Und dieser Veganismus ist eher Ausdruck eines Widerstands als eines Lebensstils. Oder er ist Symptom einer psychosomatischen Störung mit unbekannter Ursache. Weder Widerstand noch Krankheit sind in westlichen Gesellschaften gängige Begründungen des Vegetarismus. Die Leser*innen dürften also zunächst irritiert sein, erfahren jedoch im Laufe der Lektüre immer mehr darüber, dass Yong-Hyes Essensverzicht mit ihren Erinnerungen zu tun hat und möglicherweise auch mit Phänomenen, die in den Kulturwissenschaften als „kollektives Gedächtnis“ und „Erinnerungskultur“ diskutiert werden.

Trauma, Träume und Entsagung: *Die Vegetarierin* zwischen Reflexion koreanischer Lebenswelten und existenzieller Parabel

Yong-Hye ist – zumindest aus der Perspektive ihres Ehemanns – eine farblose und nicht besonders attraktive Durchschnittsfrau, die mit einem ähnlich farblosen, ja langweiligen Mann eine leidenschaftslose Ehe führt. Allein ihre Abneigung gegenüber Büstenhaltern hebt sie von anderen ab. Das vordergründig beschauliche Eheleben endet jäh, als Yong-Hye eines Nachts nach einem Traum beschließt, keine tierischen Produkte mehr zu essen. Mehr noch, zum Entsetzen ihres Mannes entsorgt sie die Vorräte an Milch, Eiern, Fleisch und Fisch aus Kühlschrank und Tiefkühlschrank. Der Roman von Han Kang berichtet in drei Episoden, wie das Leben der beiden angesichts ihres Veganismus als einem Modus der Abweichung aus den Fugen gerät. Paternalistische Strukturen in der Großfamilie haben Traumatisierungen zugefügt, die nun wieder hervorbrechen.

Im ersten Teil „Die Vegetarierin“ ist Yong-Hyes Ehemann der Erzähler, der fassungslos verfolgt, wie seine Frau sich tierischer Nahrung verweigert und damit z. B. bei einem Abendessen mit Kollegen soziale Codes elementar verletzt. Schließlich versuchen ihre Eltern und Geschwister, sie zur Raison zu bringen. Oberflächlich steht hier die ehrliche väterliche Besorgnis um die Gesundheit der Tochter im Mittelpunkt. Auf einer tiefer liegenden Ebene aber geht es um bedingungslosen Gehorsam, den der zu Gewaltausbrüchen neigende Vater von der Tochter erwartet. Die zentrale Szene kann als Vergewaltigungsversuch gelesen werden: Um den Willen der Tochter zu brechen und sie wieder auf den Geschmack zu bringen, nötigt er ihr Fleisch auf. Während der Bruder Yong-Hye fixiert, ohrfeigt der Vater sie und zwängt ihr gewaltsam ein Fleischstück in den Mund. Daraufhin mobilisiert sie all ihre Kräfte, befreit sich und schneidet sich vor aller Augen mit einem Obstmesser in ihr Handgelenk.

Der zweite Teil „Der Mongolenfleck" wird aus der Perspektive von Yong-Hyes Schwager, einem Videokünstler, erzählt. Nach Klinikaufenthalt und Scheidung lebt Yong-Hye nun in einem kleinen Apartment; ihr Schwager durchlebt eine Schaffenskrise, während dessen Frau, Inbegriff der tüchtigen Ehefrau, den kleinen Sohn versorgt und als Inhaberin eines Kosmetikladens das Familieneinkommen bestreitet. Die Schaffenskrise endet, als er erfährt, dass Yong-Hye noch immer einen Mongolenfleck haben soll – ein Geburtsmal oberhalb des Gesäßes, das in der Regel innerhalb der ersten Lebensjahre verschwindet. Er überredet Yong-Hye zur Mitarbeit an seinem neuen Projekt. Ausgehend von dem Mongolenfleck bemalt er ihren ganzen Körper mit Blumen, um sie dann nackt zu filmen. In einer zweiten Filmsequenz filmt er, wie sie und ein ebenfalls mit Blumen bemalter Künstlerfreund Geschlechtsverkehr haben. Die Episode ist voller Ambivalenzen, kann Yong-Hyes Schweigen auf die Frage des Schwagers, ob sie einverstanden ist, doch als Zustimmung oder Weigerung gelesen werden. Für Yong-Hye ist die Blumenbemalung dagegen eindeutig positiv besetzt, denn diese schützt sie vor ihren wiederkehrenden Alpträumen. Auch diese Episode endet mit einer zerbrochenen Ehe. Zuletzt bemalt der Videokünstler sich selbst, hat angeregt von der Bemalung und dem Mongolenfleck Sex mit Yong-Hye und filmt sie und den Künstlerfreund im Anschluss bei einem zweiten Mal Sex. Am nächsten Morgen findet seine Frau ihn und ihre Schwester nackt in deren Wohnung und sieht das Filmmaterial.

Der dritte Teil „Bäume in Flammen" schließlich wird aus der Perspektive der betrogenen Schwester erzählt, die sich nun neben Arbeit und Sohn um die inzwischen dauerhaft in die Psychiatrie eingewiesene Yong-Hye kümmert und diese regelmäßig besucht – und selber an die Grenzen ihrer körperlichen und seelischen Gesundheit stößt. Die Episode ist eine weitere Steigerung der Eingriffe in Yong-Hyes körperliche Unversehrtheit: Während die Schwester noch versucht, Yong-Hye Leckereien mitzubringen, die sie als Kind gerne mochte, treffen die Ärzte Zwangsmaßnahmen, um der sich jedem Essen verweigernden

Yong-Hye Nahrung zuzuführen, wenn auch erfolglos. Die Passage kann als Wiederholung der ‚Zwangsernährung' durch den Vater im ersten Teil verstanden werden. Abermals stellt Han eine metaphorische Verbindung zwischen Essen auf der einen Seite sowie Sexualität und Gewalt auf der anderen Seite her, die sich in Yong-Hyes Körper einschreiben. Yong-Hye sagt von sich, sie habe die beängstigenden Träume im Bauch. Ihr Schwager bemalt ihren Körper mit Blumenmotiven und bringt sie damit ihrem Wunsch näher, selber zu einer Pflanze zu werden und ihre menschliche Körperlichkeit hinter sich zu lassen. Sexualität und Essen verweisen beide auf den Bauch. Die Nahrungsverweigerung ist – das ist spätestens hier klar – Yong-Hyes Versuch, ein Leben hinter sich zu lassen, in dem sie Gewalt und Lieblosigkeit erfahren muss. Ihre Schwester In-Hye leidet mit. Sie entwickelt zum einen Schuldgefühle, da sie in der Kindheit die jüngere Schwester nicht vor den Gewalttätigkeiten des Vaters geschützt hat, und zum anderen selber erste Symptome eines seelischen und körperlichen Leidens: Sie hat unerklärliche Blutungen. Der Roman mündet in In-Hyes Erinnerungen an Yong-Hyes und ihre eigene Jugend, an die Tatsache, dass Yong-Hye die Schläge des Vaters verinnerlichte, wohingegen der Bruder sie an andere Kinder in der Schule weitergab. Ob Yong-Hye selbst je zu einer Einsicht in die Ursachen ihrer zwanghaften Vorstellungen und ihres lebensbedrohlichen Nahrungsverzichts gelangt, lässt der Roman offen – genauso wie die Frage, ob Yong-Hye überhaupt überlebt.

Yong-Hyes anfänglicher Veganismus wird von ihrer Familie als störend und letztlich krankhaft wahrgenommen, als Vorstufe der von ihrem Arzt im dritten Teil diagnostizierten Magersucht.[2] Diese Interpretation erscheint westlichen Leser*innen wohl zunächst als eher unwahrscheinlich; vielmehr scheint Yong-Hye sich bewusst zu ihrem Schritt entschieden zu haben. Doch was als pathologisch gilt, ist kulturell bedingt. Die Tatsache, dass die Geschichte in Korea spielt, verweist auf eine Bedeutungsschicht, die das Verhalten der Familie und insbesondere des Vaters zumindest teilweise erklärt. Wie in anderen Gesellschaften, die innerhalb von nur wenigen Jahrzehnten und

2 Zu dem ambivalenten Zusammenhang zwischen Fleischessen, zwischenmenschlicher Gewalt und Magersucht im Roman vgl. auch Christine Ott: *Identität geht durch den Magen: Mythen der Esskultur*. Frankfurt: Fischer 2017, S. 319–323.

erst kürzlich die Transformation von einer Agrargesellschaft zu einer modernen Industriegesellschaft durchlaufen haben, stand Fleischverzehr bis vor kurzem für Wohlstand und Fortschrittlichkeit. Zugleich aber galt Fleischverzehr auch als Mittel, um es überhaupt zu Wohlstand bringen zu können.[3] Fleisch, so die Annahme, kräftigt den Esser weit über das Maß hinaus, das Reis und andere pflanzliche Kost erlauben. Dieses meist unbewusste Zusammendenken von Fleischverzehr, Fortschritt und Wohlstand war auch den westlichen Nationen einmal nicht fremd, hat jedoch im Zeitalter von Übersättigung und Fettleibigkeit anderen Assoziationen Platz gemacht. In Korea, wo Vegetarismus und Veganismus ebenfalls zunehmend für Gesundheit und einen modernen Lebensstil stehen, sind die alten Assoziationen insbesondere in der älteren Generation noch sehr präsent. So erscheint Yong-Hyes Vater nicht als bloßer Psychopath, sondern als Mann, der nicht fassen kann, dass seine Tochter verweigert, was seine eigene harte Arbeit ihr ermöglicht hat. Opfer scheint er viele gebracht zu haben – doch war er offensichtlich auch Täter. Der Vater, so heißt es, kämpfte im Vietnamkrieg an der Seite der Amerikaner gegen den Vietcong und hat eigenhändig sieben Gegner getötet.

Auch das Verhalten des Schwagers wird subtil mit der koreanischen Geschichte verbunden. Bevor er sein Blumen-Video mit Yong-Hye dreht, war er vor allem als politischer Künstler tätig und bezog sich in seinen Werken unter anderem auf den Studentenaufstand von Gwangju im Mai 1980, der von der Militärdiktatur blutig niedergeschlagen wurde. Yong-Hyes Ehemann schließlich vergleicht im ersten Teil den erzwungenen Beischlaf mit seiner Frau mit den Taten japanischer Soldaten während der Besatzungszeit Koreas, als Koreanerinnen massenhaft vergewaltigt und als Zwangsprostituierte gefangen gehalten wurden. Politik und Geschichte haben Auswirkungen auf das individuelle Verhalten von Vater, Ehemann und Schwager. Sie haben Brutalität zur Gewohnheit werden lassen, aber auch Wunden und Schmerz hinterlassen, der nun an andere weitergegeben werden muss. Zumindest indirekt sind deshalb Politik und Geschichte auch Bezugspunkte für Yong-Hyes in Träumen verschlüsselte Erinnerungen an die

3 Vgl. beispielsweise zum indischen Kontext Kai Wiegandt: „Beef, Biceps and Bhagvadgita"? Fleischverzehr und Vegetarismus in postkolonialen indischen Romanen, in diesem Band.

Misshandlungen durch die Männer sowie für ihr eigenes zunächst rätselhaftes Verhalten. Das zutiefst Persönliche von Yong-Hyes Erinnerungen erscheint somit überblendet mit traumatischen Erinnerungen, die viele Koreaner*innen teilen. Ob sie nun persönlich dabei waren oder nur davon gehört haben, diese Traumata sind Teil des koreanischen „kollektiven Gedächtnisses". Astrid Erll definiert diesen Begriff als

> Oberbegriff für all jene Vorgänge biologischer, psychischer, medialer und sozialer Art, denen Bedeutung bei der wechselseitigen Beeinflussung von Vergangenheit, Gegenwart und Zukunft in kulturellen Kontexten zukommt.[4]

Das kollektive Gedächtnis manifestiert sich in konkreten Erinnerungskulturen, die z. B. offiziellen Feier- und Gedenktage, Riten und Denkmale beinhalten können. Erinnerungskulturen stellen unter anderem nationale Identität her, indem bestimmte Ereignisse als kulturell prägend erinnert werden. Doch auch das selektive Vergessen ist Teil der Erinnerungskultur.[5] Aus dieser Perspektive gesehen treten in Yong-Hyes blutigen Träumen nicht nur Erinnerungen an Misshandlungen der eigenen Person zutage: Persönliche Erinnerungen werden überblendet mit Traumata der koreanischen Geschichte wie dem Massaker von Gwangju, welche in der nationalen Erinnerungskultur unterdrückt werden.
Die Leser*innen können Spuren des kollektiven Gedächtnisses bzw. des kollektiven Verdrängens in Yong-Hyes Träumen erkennen, und diese Spuren können durchaus Teil von Yong-Hyes Unbewusstem sein. Jedoch kann nur gemutmaßt werden, ob diese kollektiven Momente in Yong-Hyes subjektivem und bewusstem Erleben eine Rolle spielen. Gleiches gilt für die Art und Weise, wie sie von ihrer Umwelt behandelt wird. Yong-Hyes Verwandlung in eine Pflanze mag regressiv erscheinen – ihre Umwelt nimmt sie ganz klar so wahr und behandelt sie wie ein Kleinkind, nicht aber wie eine Erwachsene, etwa wenn die Schwester ihr im Krankenhaus Leckereien mitbringt, mit deren

4 Astrid Erll: *Kollektives Gedächtnis und Erinnerungskulturen: Eine Einführung.* Berlin / Boston: de Gruyter 2017, S. 5.
5 Vgl. ebd., S. 31–34, S. 105–107, S. 117–119.

Hilfe sie positive Kindheitserinnerungen heraufbeschwören möchte, um so die Patientin zum Essen zu animieren. Doch das Wecken von Yong-Hyes Erinnerung birgt eben auch die Gefahr, dass sie von den Gewalterfahrungen der Kindheit erneut überwältigt wird.

Auch erzähltechnisch wird Yong-Hye Gewalt angetan. Sie ist nicht handelndes Subjekt, sondern bleibt Objekt des Textes. Die drei Teile des Romans sind aus verschiedenen Perspektiven geschrieben, wobei die Erzählerfiguren immer *über* Yong-Hye sprechen, ihre eigene Erzählstimme vernimmt der Leser nur indirekt in eingeschobenen Traumerzählungen, in denen Yong-Hye eher in der Gewalt der Träume ist, als dass sie die Träume distanziert beschreibt. Im Verlauf der Handlung nimmt zudem der Sprechanteil der Figur Yong-Hye ab – ein Teil ihrer zunehmenden Weltverweigerung. Dies geht einher mit großer Sprach- und Kommunikationslosigkeit. Yong-Hye wird nicht wirklich nach ihrem Befinden gefragt – umgekehrt hält sie es auch nicht für nötig, sich ihrer Umwelt zu erklären. Die drei Erzählerstimmen entmündigen Yong-Hye nicht nur, weil sie *über* sie sprechen. Sie nutzen sie darüber hinaus auch narrativ als Projektionsfläche für ihre eigenen Befindlichkeiten, Begehren und Ängste. Wenn der Künstler-Schwager ihren Körper bemalt, so ist das eine bildliche Übersetzung eines Prozesses, der das Verhältnis der Figuren zu Yong-Hye allgemein charakterisiert.

In einem Interview hat Han bedauert, dass Yong-Hyes Fleisch- und späterer Nahrungsverzicht oft allzu eindeutig als Widerstand gegen eine vom konfuzianischen Weltbild geprägte patriarchalische koreanische Gesellschaft gelesen wurde, in der Männer wie der alte Vater autokratisch über die Familie herrschen und von den Frauen Anpassung erwartet wird.[6] Sie habe vielmehr beschreiben wollen, wie ein Mensch versucht, sich jeglicher Gewalt zu enthalten und wahrhaft unschuldig zu leben, und wie dieser Mensch darüber das Menschsein selbst hinter sich lässt. Yong-Hyes Pflanzenwerdung erscheint so als radikal ethischer Akt, der keiner Reflexion entspringt, sondern buchstäblich einem Traum folgt. In einer Gesellschaft nur als menschlich

6 Sabine Peschel: Korea's Kafka? Man Booker Winner Han Kang on Why She Turns a Woman into a Plant. In: *Deutsche Welle*, 12.09.2016. https://www.dw.com/en/koreas-kafka-man-booker-winner-han-kang-on-why-she-turns-a-woman-into-a-plant/a-19543017 (Zugriff am 01.10.2018).

zu gelten, wenn man Fleisch isst; und als Mensch nur zu gelten, wenn man human handelt und kein anderes Leben nimmt – man kann *Die Vegetarierin* durchaus als Inszenierung dieses Widerspruchs lesen. Dafür spricht nicht zuletzt die Tatsache, dass Yong-Hyes Nahrungsverweigerung mit ihrer zunehmenden Schweigsamkeit einhergeht. Die Sprache diente immer schon als ein zentrales Merkmal, um den Menschen vom Tier zu unterscheiden, und so lässt sich Yong-Hyes Weigerung, zu sprechen, als Vorbote ihrer radikalen Wandlung im dritten Teil lesen, in dem sie auch die Stufe vom Tier zur Pflanze überschreiten will. Der Mund ist die Pforte, an der sich zeigt, wer man ist: in produktiver Hinsicht in Form des Sprechens oder Schweigens, in rezeptiver Hinsicht in Form des Essens und, davon abgeleitet, auch in der Hinsicht der sexuellen Konnotation des Mundes. Statt der Vernunft entscheiden Träume, wann sich die Pforte öffnet und wann sie sich schließt, von Yong-Hyes zusammengebissenen Zähnen angesichts von Fleisch und ihrem in sie eindringenden Ehemann über das surreale, traumhafte Auftragen von Blumen auf ihren Körper und Yong-Hyes Öffnung für den sexuellen Akt bis zu Yong-Hyes völligem Verstummen und Abmagern in ihrer ‚Pflanzen-Phase'.

Diese existenzielle Lesart lässt sich durchaus mit dem politischen Trauma-Narrativ und seinen geschichtlichen Wurzeln verbinden. Auch bietet sich eine Interpretation entlang von allgemeinen Konflikten oder den Besonderheiten der koreanischen Gesellschaft an. Die Vielschichtigkeit und Offenheit von Han Kangs Geschichte sorgen dafür, dass sie den Leser*innen lange in Erinnerung bleibt – wie ein Stück Fleisch, das man im Mund herumschiebt, ohne es schlucken zu können. Oder ist diese Offenheit nicht auch der Übersetzung ins Deutsche geschuldet, auf welche die des Koreanischen nicht mächtigen Autor*innen dieses Beitrags sich beziehen? Dies führt uns zu der Frage, wie es Han Kangs Buch gelingen konnte, in Übersetzungen in zahlreiche Sprachen unterschiedliche Lesegeschmäcker anzusprechen, und wie Verlagswerbung und Vermarktung den Appetit eines weltweiten Publikums anregten. Zwei Übersetzungsstrategien und Rezeptionshaltungen zeichnen sich ab: Exotisierung und Angleichung an die Rezeptionskultur.

Den Geschmack der Welt treffen: *Die Vegetarierin* als Phänomen der Weltliteratur

Han Kangs Buch führt also vor seinem spezifisch koreanischen Hintergrund, aber auch vor dem Hintergrund zeitloser Fragen, wie der nach dem Menschsein, den Zusammenhang von Essen und Erinnerung vor Augen. Darüber hinaus ist das Buch ein faszinierendes Beispiel dafür, wie Bücher selbst weltweit den Geschmack von Leser*innen treffen und von Verlagen und der Kritik schmackhaft gemacht werden. Denn auch der literarische Geschmack ist eng mit Erinnerungen an Lektüreerfahrungen verbunden. Aufgrund der besonderen Bedingungen seiner internationalen Verbreitung und Vermarktung verdeutlicht Hans Roman, wie literarische Qualität und Marktmechanismen zusammenspielen, um ‚Weltliteratur' zu produzieren, und wie internationale Literaturpreise einen Text in den Augen von Leser*innen und Kritik adeln und seinen Erfolg beflügeln. Han Kang veröffentlichte die drei Teile zunächst einzeln als drei Kurzgeschichten in koreanischen Literaturzeitschriften (2004–2005) sowie 2007 als Buch. Von 2011 bis Anfang 2016 wurde der Roman – in folgender Reihenfolge – übersetzt ins Vietnamesische, Japanische, Spanische (in Argentinien), Polnische, Englische, Holländische, Französische und Chinesische. Die englische Übersetzung von Deborah Smith[7] – die erste Übersetzung der jungen Übersetzerin aus dem Koreanischen – bekam im Mai 2016 den britischen Man Booker International Prize verliehen. Dieser Preis wurde bis 2015 alle zwei Jahre für das Lebenswerk einer Autorin oder eines Autors vergeben, seit 2016 wird er jährlich für den besten nicht-englischsprachigen Roman (oder eine Kurzgeschichtensammlung) in englischer Übersetzung vergeben. Um der Übersetzungsleistung Anerkennung zu zollen, geht das Preisgeld jeweils zur Hälfte an Übersetzer*in und Autor*in. Infolge der Preisverleihung wurde Hans Buch in Korea und England zum Bestseller, und weitere Übersetzungen folgten: ins Deutsche, Italienische, Rumänische, Kurdische, Ungarische und Finnische.

An *Die Vegetarierin* lässt sich beobachten, wie nationalsprachlich basierte und damit Nationalbewusstsein stiftende Literaturen seit geraumer Zeit einem transnationalen Kanon weichen. Zwar dominiert

7 Han Kang: *The Vegetarian*, aus d. Korean. v. Deborah Smith. New York: Hogarth / Random House 2015.

der angloamerikanische Buchmarkt mit seinen Institutionen (Verlagshäuser, bedeutende Kritiker und Preise) weiterhin das weltliterarische Geschehen. Doch Literatur aus vergleichsweise kleinen Sprachen wie dem Koreanischen erhält zunehmend Gehör. Literaturpreise wie der Nobelpreis und der Man Booker Prize folgen diesem Trend zur Globalisierung des Buchmarkts und verstärken ihn.[8] Hans *Vegetarierin* ist Weltliteratur im Sinne des Literaturwissenschaftlers David Damrosch,[9] der diese als Literatur definiert, die weltweit in Übersetzung Verbreitung findet und durch die Übersetzung an Konnotationen hinzugewinnt. Übersetzungen sind damit selbst Analysegegenstand und nicht bloß eine analytische Krücke angesichts der Tatsache, dass wir als Autor*innen dieses Beitrags beide des Koreanischen nicht mächtig sind.

Vergleicht man Übersetzungen des Textes in verschiedene Sprachen, so zeigen sich unterschiedliche Übersetzungsstrategien. In der chinesischen Ausgabe etwa lautet die eingangs zitierte Passage, hier dicht am chinesischen Text ins Deutsche übertragen und deshalb etwas weniger kompakt als in der deutschen Version:

> Ich fasste an meinen Mund und war sprachlos. Mir war sehr klar, dass gegenwärtig der Vegetarismus in der Tat groß im Kommen war. Diese Vegetarier wollten alle Gesundheit und ein langes Leben oder wollten ihre Veranlagung (Konstitution) für Allergien oder an verschiedenen Stellen auftretende Dermatitis verändern. Andere [wiederum] behaupteten, [sie wären Vegetarier], um die Umwelt zu schützen. Und natürlich waren da noch die Mönche, die in den Buddhismus flüchteten und Vegetarier waren aufgrund ihrer Enthaltsamkeitsregel, kein Lebewesen zu töten. Aber meine Frau war weder ein pubertäres junges Mädchen noch wollte sie abnehmen oder tat dies aus gesundheitlichen Erwägungen, ganz zu schweigen davon, dass sie von bösen Geistern besessen gewesen wäre – was für ein Eigensinn war das? Nur wegen eines Alptraums mit so viel Trara so gründlich die Essgewohnheiten zu ändern, das war doch übertrieben! Und dann noch die Warnungen des Ehemanns völlig zu ignorieren, dafür gab es keine Erklärung!

8 Pascale Casanova: *The World Republic of Letters*, aus d. Franz. v. M. B. Debevoise. Cambridge: Harvard UP 2004.

9 David Damrosch: *What Is World Literature?* Princeton: Princeton UP 2003.

我碰口无言。我也十分清楚，如今苏食主义确实大行其道。这些素食主义者都想着健康长寿，或者想要改变过敏、异位性皮炎体质，还有的声称为了环保，当然，还有遁入空门的僧人是为了不杀生的戒律。然而老婆又不是青春期的少女，不是为了减肥，也不是出于健康的考虑，更不是鬼神附体，这又是别扭什么劲儿呢？仅仅因为做了一场噩梦便如此大张旗鼓地彻底改变饮食习惯，也太夸张！而且还完全无视老公的劝阻，正是不可理喻！[10]

Im Großen und Ganzen ähneln sich hier die deutsche und die chinesische Übersetzung in den Entscheidungen. Der größte Unterschied besteht in der rhetorischen Frage, die in der deutschen Übersetzung eingefügt ist: „Aber was hatte meine Frau dazu bewogen?“, die sich ähnlich auch in der der deutschen Übertragung ähnlichen französischen Übersetzung findet („Mais dans son cas, à quoi cela rimait-il?“[11]). In der englischen Übersetzung lautet die Passage wie folgt:

> I was lost for words, though at the same time I was aware that choosing a vegetarian diet wasn't quite so rare as it had been in the past. People turn vegetarian for all sorts of reasons: to try and alter their genetic predisposition toward certain allergies, for example, or else because it's seen as more environmentally friendly not to eat meat. Of course, Buddhist priests who have taken certain vows are morally obliged not to participate in the destruction of life, but surely not even impressionable young girls take it quite that far. *As far as I was concerned, the only reasonable grounds for altering one's eating habits* were the desire to lose weight, an attempt to alleviate certain physical ailments, being possessed by an evil spirit, or *having your sleep disturbed by indigestion*. In any other case, it was nothing but sheer obstinacy for a wife to go against her husband's wishes as mine had done.[12]

Die Übersetzung von Deborah Smith erscheint im Duktus lockerer als die deutsche und die chinesische Version – die Vermutung liegt aber nahe, dass sie in der von uns kursivierten Passage nicht ganz

10 Han Kang 汉江: *Die Vegetarierin* 素食主义者, aus d. Korean. v. Qian Ri 千日. Chongqing: Chongqing chubanshe 2013, S. 16–18 (Übers. L.H.).

11 Han Kang: *La Végétarienne*, aus d. Korean. v. Jeong Eun-Jin / Jacques Batillot. Paris: Le Serpent à Plumes 2015, S. 22.

12 Han: *The Vegetarian*, S. 21–22 (Herv. L.H. / K.W.).

originalgetreu formuliert. Bei Smith ist hier der Erzähler das Subjekt des Satzes, in den anderen beiden Varianten ist es seine Ehefrau. Auch ist in diesen Varianten nicht von Schlaf und Verdauungsproblemen die Rede. Im letzten Satz der hier zitierten Passage ähneln sich die deutsche und chinesische Version, wenngleich hier leicht unterschiedliche Bewertungen durch den Ehemann zu verzeichnen sind: In der deutschen Version „beharrte [sie] darauf, egal was ich als ihr Ehemann dagegen sagte", im chinesischen ignoriert sie Warnungen, was unverständlich für den Ehemann ist. Im Englischen wird der Sachverhalt, sich dem Willen des Ehemanns zu widersetzen, noch stärker moralisierend beschrieben: als Halsstarrigkeit. Während die chinesische und die deutsche Übersetzung sich also im Stil ähneln, hat die Übersetzerin der gefeierten englischen Ausgabe sich größere Freiheiten genommen, ihre Übersetzung ist zum Teil wertender, während in den anderen beiden Übersetzungen mehr von der kulturellen Distanz des Ausgangstexts erhalten bleibt. An den Übersetzungen von den im Text erwähnten Gerichten lässt sich der Umgang mit der kulturellen Distanz besonders gut erkennen. An zwei Stellen wird den Protagonist*innen eine Reihe von koreanischen Gerichten aufgetischt, an deren Übersetzung, gegeneinander übergestellt in Tab. 1, sich das zeigen lässt. Die erste dieser Mahlzeiten findet unmittelbar nach Yong-Hyes erstem Traum statt. Bei der zweiten Mahlzeit handelt es sich um das Geschäftsessen mit dem Chef und einigen Mitarbeitern von Yong-Hyes Ehemann, bei dem zum ersten Mal offensichtlich wird, dass ihr Verhalten sämtliche gesellschaftliche Konventionen bricht: Sie trägt keinen Büstenhalter, isst kein Fleisch – und brüskiert die Anwesenden mit ihrem nicht-konformen Kommunikationsverhalten. Die Gänge werden eher nebensächlich aufgetragen, während die Gesellschaft (mit Ausnahme von Yong-Hye) sich über die Merkwürdigkeiten des Vegetarismus auslässt.

Deutsch (2016)	Chinesisch (2013)	Englisch (2015)	Französisch (2015)
Essen nach dem ersten Traum			
Das Abendessen, das meine Frau für uns hergerichtet hatte, bestand aus Bataviasalat, Sojapaste mit Kimchi und einer Algensuppe ohne das übliche Fleisch oder Geflügel. (S. 16)	Das Abendessen, das meine Frau vorbereitet hatte, bestand nur aus Salatblättern, einer Suppe aus Sojapaste (Dajiangtang, im Koreanischen wohl Toenjang tchigae), einer Algensuppe ohne Rindfleisch und Venusmuschelfleisch und Kimchi. 老婆准备的晚餐只有生菜叶、大酱汤、没有放牛肉和蛤蜊肉的海带汤以及泡菜。(S. 15)	On the dining table my wife had laid out lettuce and soybean paste, plain seaweed soup without the usual beef or clams, and kimchi. (S. 20)	Le dîner que ma femme m'avait préparé était composé de feuilles de batavia, accompagnées de pâte de soja, d'une soupe aux algues sans viande ni coquillages, et de *kimch'i*. C'était tout. (S. 20)
Essen mit Kollegen des Mannes			
Der erste Gang war ein Tangpyeongchae, eine wohlschmeckende Mischung aus fein geschnittener Eichelsülze, Shiitake-Pilzen und Rindfleisch. (S. 26)	Das erste Gericht, das aufgetragen wurde, war Tangpyeongchae: Das ist eine vornehme kalte und mit Soße angerichtete Speise aus Mungobohnen-Nudeln mit Shiitake-Pilzen, Rindfleisch etc. 面前摆放的第一道菜是荡平菜：这是一道将绿豆粉丝和香菇、牛肉等凉拌的清雅菜肴。(S. 26)	The first thing placed in front of us was an exquisite dish of mung-bean jelly, dressed with thin slivers of green-pea jelly, mushrooms and beef. (S. 30)	Le premier plat était un *t'angp'yongch'ae*, un mélange délicat de gelée de gland coupée en fines lamelles, de champignons *shiitaké* et de viande de bœuf. (S. 31)

Der nächste Gang bestand aus frittiertem Huhn in süß-saurer Soße. Danach gab es Thunfisch-Sashimi. (S. 28)	Der nächste Gang war in Teig frittiertes Huhn, danach Thunfisch-Sashimi. 下道菜是干烹鸡，而后是金枪鱼片。(S. 29)	The next dish was fried chicken in a chicken and garlic sauce, and after that was raw tuna. (S. 32)	Les plats suivants consistaient en poulet frit aux épices, puis en sashimi de thon. (S. 33)
Von dem knappen Dutzend der opulenten Gänge aß sie nur Salat, Kimchi und Kürbissuppe. Sogar den Reistopf ließ sie aus, als sie hörte, dass zur Geschmacksverfeinerung Rinderbrühe verwendet worden war. (S. 28)	Über zehn köstliche Delikatessen wurden wechselweise in Stellung gebracht. Bis die Pracht des Vielfraß-Gelages vereinsamte, hatte meine Ehefrau nur Salat, Kimchi und Kürbissuppe gegessen. Selbst mit der lokalen Spezialität, einem Klebreis-Eier-Brei, befleckte sie ihren Mund nicht, da dieser in Fleischbrühe gegart worden war. 十余种美味佳肴轮番上阵，一直到饕餮盛宴华丽落幕，老婆吃到嘴里的只是沙拉、泡菜和南瓜汤，就连风味独特的糯米鸡蛋粥也因为盛在了肉汤里而一口未沾。 (S. 29)	By the time the twelve magnificent courses were over, my wife had eaten nothing but salad and kimchi, and a little bit of squash porridge. She hadn't even touched the sticky-rice porridge, as they had used a special recipe involving beef stock to give it a rich, luxurious taste. (S. 32)	De tout le menu, qui comportait une dizaine de plats, elle n'a pris que de la salade, du *kimch'i* et de la bouillie de potiron. Elle a même refuse le potage aux pâtes de riz gluant, au goût si délicat, sous prétexte qu'il était additionné d'un bouillon de viande! (S. 34)

Tab. 1: Gegenüberstellung der unterschiedlichen Übersetzungen koreanischer Gerichte.

Die Übersetzungen unterscheiden sich in Details, so ist im ersten Zitat in der deutschen Version von Geflügel die Rede, wo in den anderen drei Versionen Meeresfrüchte serviert werden; in der chinesischen Übersetzung werden zwei Suppen aufgetragen, in den anderen Übersetzungen statt der Dajiangtang lediglich Sojapaste; das Huhn zu Beginn des Geschäftsessen wird jeweils leicht variiert zubereitet; in der letzten Stelle ist in der deutschen, chinesischen und französischen Version von Kürbissuppe, in der englischen von Kürbisbrei die Rede, das Reisgericht ist im Deutschen ein Reistopf, im Chinesischen ein Brei mit Eiern, im Englischen ein Porridge, also auch ein eher fester Brei, und im Französischen kann es als *potage* neben Suppe auch Eintopf sein.

Andere Signale weisen aber auf kulturelle Distanz bzw. Nähe und sind damit geeignet, das Exotische heraufzubeschwören bzw. im Eigenen zu integrieren. Grundsätzlich ist von einer größeren Nähe zwischen Korea und China auszugehen, sowohl aufgrund der geografischen als auch einer kulinarischen Nähe: Koreanische Restaurants sind in chinesischen Städten zahlreich, in denen Gerichte wie Kimchi oder Dajiangtang Standardgerichte sind. Gleichzeitig aber wird das partikular Koreanische hervorgehoben, da der Name für den kalten Nudelsalat angegeben wird. Darüber hinaus wird er um eine Fußnote ergänzt (die einzige im ganzen Buch), in der die historische und friedensstiftende Bedeutung des Gerichts erläutert wird: König Joseon servierte den Mitgliedern von vier zerstrittenen Parteien ein Gericht aus vier unterschiedlichen Zutaten und betonte aber, dass diese in dem Gericht gut miteinander harmonierten. Auch im Deutschen und im Französischen findet sich der Name des Gerichts, während es im Englischen umschrieben wird. In der letzten Stelle sind Satzbau und Wortwahl im Chinesischen recht komplex und blumig, während die anderen beiden Übersetzungen sich um Schlichtheit bemühen, die englische Übersetzung tendiert insgesamt am stärksten in Richtung Umgangssprache. Dadurch wird die kulturelle Distanz zumindest teilweise überbrückt, etwa durch den Hinweis auf „usual beef or clams" in der ersten Passage. In der französischen Übersetzung findet sich eine Reihe von Fußnoten, die auf partikular koreanische Phänomene hinweisen, die für das Verständnis des Romans hilfreich sind, wie etwa die Strafbarkeit von Ehebruch, der Brauch, sich die Schuhe beim Betreten eines Gebäudes auszuziehen, oder das sich wandelnde

Schönheitsideal. Drei Fußnoten dienen der Erläuterung von Gerichten, darunter auch der Fermentierung von Kohl zu Kimchi.[13] Dies mag zwar den Lesefluss eines Romans stören, ermöglicht aber eine größere Nähe zwischen Original und Zieltext, eine Bewahrung der kulturellen Distanz bei gleichzeitiger Vermittlung von Wissen.
Durch diesen Vergleich wird deutlich, dass die Entscheidungen für bestimmte Übersetzungsstrategien *künstlerische* Entscheidungen sind, die maßgeblich über die Rezeption eines Texts in der Zielkultur entscheiden. Eine Übersetzung wie die von Deborah Smith mag kritisiert werden wegen kleinerer Fehler oder der größeren stilistischen Lizenzen, die in Korea selber zu einer großen Debatte geführt haben – allerdings haben diese Entscheidungen offenbar einen literarischen Text eigenen Ranges geschaffen und sowohl dem Roman als auch der koreanischen Gegenwartsliteratur verdiente Aufmerksamkeit von Seiten des globalen Lesepublikums gebracht.[14] Die Übersetzung ist damit nicht besser oder schlechter als das Original (oder als die anderen Übersetzungen), sie ist als eigenständiger Text zu betrachten und stellt damit den von Damrosch definierten Gewinn in der Übersetzung dar – ein Mechanismus, der im Übrigen konstitutiv ist für die Entwicklung der modernen Literatur in ganz Ostasien seit dem späten 19. und frühen 20. Jahrhundert. Schriftsteller*innen übersetzten europäische und russische Texte, transformierten diese dabei in eigenständige Werke der jeweils eigenen literarischen Tradition und nutzten sie gleichzeitig als Modell für ihre eigenen literarischen Schöpfungen.[15]

13 Han: *La Végétarienne*, S. 20.

14 Tim Parks: Raw and Cooked: Why the Vegetarian Wins. In: *The New York Review of Books*, 20.06.2016. http://www.nybooks.com/daily/2016/06/20/raw-and-cooked-translation-why-the-vegetarian-wins / (Zugriff am 23.01.2017); Charles Yun: How the Bestseller "The Vegetarian," Translated from Han Kang's Original, Caused an Uproar in South Korea. In: *Los Angeles Times*, 22.09.2017. http://www.latimes.com/books/jacketcopy/la-ca-jc-korean-translation-20170922-story.html (Zugriff am 23.01.2017).

15 Heekyung Cho: *Translation's Forgotten History. Russian Literature, Japanese Mediation, and the Formation of Modern Korean Literature.* Cambridge: Harvard UP 2016; Mark Gamsa: *The Reading of Russian Literature in China. A Moral Example and Manual of Practice.* New York: Palgrave Macmillan 2010; Michael Gibbs Hill: *Lin Shu Inc. Translation and the Making of Modern Chinese Culture.* New York: Oxford UP 2013; Lydia H. Liu: *Translingual Practice. Literature, National Culture, and Translated Modernity, China, 1900–1937.* Stanford: Stanford UP 1995. Vgl. auch Lena Henningsen: Erinnerungen an den Kannibalismus und die Genese der modernen chinesischen Literatur, in diesem Band.

Welche Texte weltweit rezipiert werden, hängt nicht nur von ihren literarischen Eigenschaften und von der Übersetzung ab. So haben die großen Literaturpreise in den letzten Jahrzehnten beispielsweise politische Agenden verfolgt und vormals unterrepräsentierte Autorengruppen ins Rampenlicht gerückt. Der Booker Prize etwa hat von den 1980er bis zu den 2000er Jahren den Effekt gehabt, dass der Kanon der Weltliteratur revidiert wurde, und zahlreichen postkolonialen Autor*innen zu größerer Bekanntheit verholfen. Ob auch beim Man Booker International Prize für Han Kangs Roman solche Erwägungen eine Rolle spielten, muss hier eine offene Frage bleiben.

Ein Buch besteht nicht nur aus Text. Auch seine äußere Präsentation, die graphische Gestaltung sowie die paratextuellen Elemente (also Titel, Umschlagstexte, Verlagswerbung etc.) geben Aufschluss über die Einschätzung des Verlags, welche Vorstellungen das Buch bei Käufer*innen bedienen möge. Gerade die englischsprachigen Ausgaben heben auf dem Buchdeckel den Literaturpreis hervor, oder auch dass das Buch von der *New York Times Book Review* 2016 unter die zehn besten Titel gewählt wurde. Während das Coverbild der koreanischen Ausgabe eine schlichte Pflanzengestaltung aufweist, variieren andere Ausgaben das Thema der Pflanzlichkeit/Fleischlichkeit in unterschiedlicher Form, so etwa eine englische Ausgabe von 2015, die ein Taubenflügel auf einem Pflanzenblatt ziert, oder die deutsche Ausgabe (Abb. 1), die ein Motiv von Tom Darracott nutzt: Auf den ersten Blick sehen die Betrachter*innen ein Bouquet exotischer Blumen in rosa, rot und weiß – auf den zweiten Blick erst wird sichtbar, dass sich zwischen den Blütenblättern eine Zunge, vier Finger einer menschlichen Hand und ein Stück rohes Fleisch verbergen. (Die niederländische Ausgabe verwendet das gleiche Bild.) Das Cover der chinesischen Ausgabe bildet eine Frau von hinten ab, deren entblößter Rücken mit Blumen bemalt ist. Dagegen nutzt eine Reihe der europäischsprachigen Ausgaben mit dem Bild der „asiatischen Schönheit" eine andere Symbolik. So sind auf der polnischen und italienischen Ausgabe Bilder zu sehen von asiatischen Frauenköpfen, die von Pflanzen bzw. Pflanzenteilen überwuchert sind. Ähnlich die englischsprachige Taschenbuchausgabe aus dem Verlag Penguin Random House: Auf rotem Grund sehen die Betrachter*innen die Schwarz-Weiß-Fotografie einer asiatischen Frau im Profil, aus deren Körper nach unten Wurzeln und nach oben Blumen herausragen (Abb. 2).

Abb.1: Cover der deutschen Ausgabe (2016).

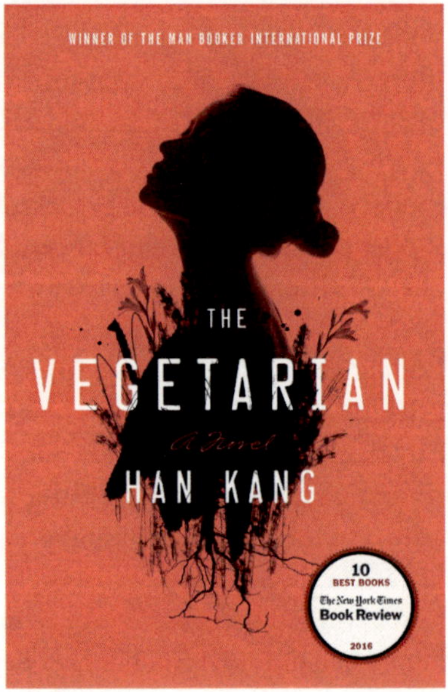

Abb.2: Cover der englischen Ausgabe (2016).

Während die asiatischen Frauenköpfe auf der polnischen und italienischen Ausgabe den Pflanzensymbolen untergeordnet sind, ist die Darstellung des Kopfs auf der englischen Ausgabe von 2016 das dominierende Gestaltungselement und positioniert das Buch damit sehr geschickt auf dem globalen Bestsellermarkt. Zahlreiche Übersetzungen gerade von Romanen chinesischer Autorinnen, die Körperlichkeit, sexuelles Begehren und autobiographische Erfahrungen fiktional behandeln, weisen als Covergestaltung erotisch aufgeladene Fotos von asiatischen Frauen auf, oftmals der Autorinnen selbst. Durch die Effekte der Collagen des Bildes mit Pflanzenelementen sind die Ausgaben des Buchs von Han Kang allerdings weniger stark sexuell konnotiert als die eben erwähnten Bücher.

Neben literatursoziologischen Ansätzen, die Weltliteratur über die Verbreitung von Texten definieren und in denen die Mittel zur Verbreitung im Zentrum stehen, gibt es auch Ansätze, nach denen bestimmte Eigenschaften Texte zu Weltliteratur machen. *Die Vegetarierin* macht deutlich, dass beide Seiten sich nicht trennen lassen, wenn man dem Einzelwerk gerecht werden will. Denn das Sujet des

Fleischverzichts, das je nach Kontext der rezipierenden Kultur anders gedeutet wird, gleichzeitig aber überall auf großes Interesse stößt, *und* die globale Aufmerksamkeit, die einer Träger*in des Man Booker International Prize zuteilwird, haben zusammen den Weltbestseller hervorgebracht, zu dem *Die Vegetarierin* wurde. Der mit dem Booker Prize ausgezeichnete Roman *Disgrace* (1999) des Nobelpreisträgers J.M. Coetzee, Jonathan Safran Foers Bestseller *Eating Animals* (2009) oder Karen Joy Fowlers Bestseller-Roman *We Are All Completely Beside Ourselves* (2013) sind neben Hans *Vegetarierin* weitere Beispiele aus der jüngeren Vergangenheit dafür, wie hoch im Kurs die Themen Tierrechte und Vegetarismus seit einiger Zeit stehen. Sie berühren ein Thema, das die Menschen global bewegt, und prägen zugleich den literarischen (und möglicherweise auch den kulinarischen) Geschmack von Leser*innen und Verlagen. Die Marketingabteilungen großer Online-Buchversandhäuser nutzen diese Geschmacksbildung, wenn sie ihren Kund*innen Kaufvorschläge unterbreiten nach dem Motto „Wenn Sie x mögen, wird Ihnen y gefallen".

Hans Roman *Die Vegetarierin* enthält selbst Verweise auf Texte der Weltliteratur mit verwandter Thematik und lädt so zur Einordnung in diese Literatur ein. In manchen Kritiken wird der Vergleich zwischen Han Kang und dem japanischen Autor Murakami Haruki gezogen. Murakamis literarisches Schaffen ist ebenso wie das von Han von Elementen der surrealistischen Tradition durchzogen. Der Autor ist klar im Kontext der Weltliteratur zu verorten, da seine Romane zwar in Japan spielen, er sich aber von westlicher Literatur inspirieren lässt – und damit sehr präsent ist auf dem globalen Buchmarkt und dem Feld internationaler Literaturpreise. Murakamis Bücher werden wiederum oft mit denen des deutsch-tschechisch-jüdischen Autors Franz Kafkas verglichen – und Kafka ist es auch, mit dem sich Leser*innen von *Die Vegetarierin*, die in erster Linie mit der europäischen Literatur vertraut sind, Vergleiche aufdrängen. In Kafkas Erzählung *Die Verwandlung* (1912) wird die Hauptfigur Gregor Samsa zu „einem ungeheuren Ungeziefer".[16] Durch die damit wachsende Isolierung von und die Feindlichkeit seiner unmittelbaren Umgebung veranschaulicht Samsas Schicksal eine generelle Tendenz der Moderne

16 Franz Kafka: Die Verwandlung. In: Ders.: *Sämtliche Erzählungen*. Frankfurt: Fischer 1991, S. 56–99, hier S. 56.

hin zur Vereinzelung der Individuen – selbst innerhalb der Familie. Ähnlich wie Yong-Hye ist auch Kafkas Gregor Samsa auf die Fürsorge seiner Familie angewiesen – und es obliegt seiner Schwester Grete, ihn zu füttern. Während Yong-Hyes Familie, wie es scheint, keine Anstrengung scheut, die Verwandlung von Yong-Hye aufzuhalten – um damit aber in erster Linie die eigene Identität nicht infrage stellen zu müssen –, steht bei Kafka die vollzogene Verwandlung am Anfang der Geschichte – und sie endet damit, dass Familie Samsa sich des lästigen Ungeziefers entledigt. In Kafkas Erzählung *Der Hungerkünstler* (1922) wiederum wird Hungern als Kunst aufgeführt. In einen Käfig gesperrt stellt der titelgebende ‚Künstler' seinen ausgemergelten Leib zu Schau. Als eigentliche Herausforderung aber stellt sich für den Hungerkünstler nicht das Hungern, sondern das Misstrauen des Publikums heraus. Man glaubt ihm nicht, dass er keine Speise zu sich nimmt. Als man ihn kurz vor seinem Tod kaum noch sichtbar unter dem Stroh seines Käfigs findet, bekennt er, dass er allein deshalb gehungert habe, weil ihm keine Speise auf Erden geschmeckt habe. Er habe einfach nicht essen können. Die Kafka-Forschung hat gezeigt, wie Kafka Kunst – nicht zuletzt den Akt des eigenen Schreibens – sowie das Essen und den Verzicht darauf als kulturelle Rituale miteinander in Beziehung setzt.[17] Hier schließt sich der Kreis von Han Kangs Verbindung von Essensverzicht und dem Künstlertum des blumenmalenden Schwagers zu Kafka, vom Essen zur etablierten und neuen Weltliteratur und wieder zurück.

17 Gerhard Neumann: Hungerkünstler und Menschenfresser. Zum Verhältnis von Kunst und kulturellem Ritual im Werk Franz Kafkas. In: Ders.: *Kafka-Lektüren*. Berlin / Boston: de Gruyter 2013, S. 248–286.

Christine Ott

Prousts Madeleine und ihr Nachgeschmack

Der 2007 von den Pixar Animation Studios herausgebrachte Animationsfilm *Ratatouille* (US 2007, R: Brad Bird / Jan Pinkava) dürfte von konservativen Gourmets, aber auch von Menschen, die unter Rattenphobie leiden, zunächst als ein Angriff auf den guten Geschmack empfunden worden sein. Geht es hier doch um die mit einem außerordentlichen Geschmackssinn begabte Ratte Rémy, die in der Menschenwelt Karriere macht und am Ende gemeinsam mit ihrer Rattenfamilie ein ganzes Restaurant bekochen darf. Natürlich sehen diese Cartoon-Tierchen etwas niedlicher aus als jene, vor denen viele schreiend davonlaufen. Dennoch fragt man sich, ob das Motto „Jeder kann kochen" – ausgegeben vom Chef des Nobelrestaurants Chez Gusteau, in dem sich die Handlung abspielt – hier nicht ein wenig zu wörtlich genommen wird. Und ob man den Zuschauer*innen nicht die offensichtliche Anspielung auf Hygieneskandale in noblen und weniger noblen Restaurants ersparen soll. Was das Publikum dann allerdings für den Film einnimmt, ist die Erkenntnis, dass es sich eben nicht um eine unkritische Hommage an den französischen Gastromythos handelt – sondern um ein subtiles Spiel mit Zitaten, Klischees und Legenden, die sich um das Thema Essen ranken.

Auf der vordergründigen Ebene geht es zunächst um den Kampf zwischen Gusteau bzw. seinem Sohn Linguini als Bewahrer einer kulinarischen Tradition und dem hinterhältigen Küchenchef Skinner, der den Traditionsnamen Gusteau zur Vermarktung einer Serie von Fast-Food-Produkten missbrauchen möchte. Dieser Konflikt tritt episch überhöht noch einmal in dem Gegensatz zwischen Rémy, der als einziger seiner Ratten-Sippe einen Sinn für gastronomischen Genuss hat, und seiner Sippe auf, die buchstäblich jeden Abfall frisst, bevor sie durch Rémys geradezu missionarische Tätigkeit eine gastronomische Umerziehung erfährt. Damit vertritt die Ratte Rémy genau das Credo des verstorbenen Gusteau, der einen Beststeller mit dem Titel *Jeder kann kochen* veröffentlicht hatte. Denn wenn jeder kochen kann, ist folglich auch jeder imstande, einen guten Geschmack zu entwickeln. Als Opponent dieses Prinzips tritt der elitäre Restaurantkritiker Anton Ego auf, der Chez Gusteau in einem Verriss mit einer bekannten Fast-Food-Kette gleichgesetzt hatte. Daraufhin verlor das Restaurant einen seiner fünf Michelin-Sterne und Gusteau starb an gebrochenem Herzen.

Der erneute Besuch des gefürchteten Ego bei Chez Gusteau führt zur entscheidenden Wende in der Handlung. Der tollpatschige Linguini, der mittlerweile das Restaurant seines Vaters übernommen hat und mit Hilfe der hochbegabten Ratte Rémy kocht, setzt dem Kritiker ein einfaches Gemüse-Ratatouille vor. In dem Moment, in dem der mürrische Ego die Gabel zum Mund führt und kostet, taucht plötzlich ein Erinnerungsbild in ihm auf. Der Geschmack des Ratatouille lässt ihn an jenes denken, das seine Mutter ihm kochte, als er ein kleiner Junge war. Ego ist wie verwandelt. Er erfährt, dass der Meisterkoch eine Ratte ist, und verfasst eine hymnische Rezension, in der er seine frühere Ablehnung des Credos „Jeder kann kochen" revidiert und den Meisterkoch bei Gusteau zum besten Frankreichs erklärt. Zwar sei nicht jeder imstande, sich zum Kochgenie zu entwickeln – ein außerordentliches Talent könne jedoch von überallher kommen, sei seine Herkunft auch noch so bescheiden.

Die Szene des essenden Anton Ego zitiert unübersehbar eine der berühmtesten Essensszenen der Weltliteratur: die Madeleine-Episode in Marcel Prousts monumentalem Romanzyklus *À la recherche du temps perdu* (*Auf der Suche nach der verlorenen Zeit*), der zwischen 1913 und 1927 publiziert wurde. Dieses Werk, das seinerzeit einen Skandal auslöste, weil einige Mitglieder der Pariser High Society darin ihr wenig schmeichelhaftes Porträt wiederzuerkennen glaubten, lässt sich als Gesellschaftsroman, Künstlerroman und philosophische Reflexion um Zeit und Erinnerung lesen. Die zentrale, aus der zeitgenössischen Lebensphilosophie herkommende Fragestellung ist dabei, ob es möglich sei, hinter einem als diskontinuierlich erfahrenen Ich eine Ich-Kontinuität auszumachen. Gibt es einen Wesenskern des Ichs oder ist dieses unweigerlich dazu bestimmt, in eine Reihe von zeitlich aufeinander folgenden Ichs zu zerfallen, die miteinander nichts gemeinsam haben? Wenn man sich die unterschiedlichen, letztlich aber immer wieder nach dem gleichen Schema verlaufenden Liebesgeschichten des Protagonisten vor Augen führt, wird man eher zur letzteren Annahme neigen. Denn so radikal, wie sich der Protagonist in seine meist unerreichbaren Angebeteten verliebt, so endgültig ‚entliebt' er sich wieder: Jenes Ich, das X liebte, war in mir gestorben, heißt es dann jedes Mal. Dass es für das gegenwärtige Ich aber dennoch eine Möglichkeit gibt, sich selbst als ein ganzheitliches und (wenigstens für einen Moment) als zeitloses Ich zu erfahren, zeigt die Madeleine-Episode. In ihr entdeckt der Protagonist nicht durch philosophische Reflexion, sondern durch eine sinnliche Erfahrung, dass ausgerechnet das Geschmacksorgan eine privilegierte Brücke zum verlorenen Ich darstellen kann.

Es ist ein trüber Wintertag und der erwachsene Protagonist der *Recherche* kehrt verfroren nach Hause zurück. Seine Mutter überredet ihn dazu, eine Tasse Tee zu trinken, was er sonst nie tut, und legt „eines jener dicklichen, ovalen Sandtörtchen [...], die man ‚Petites Madeleines' nennt"[1], dazu. Kurz darauf geschieht das Wunder:

> Gleich darauf führte ich, ohne mir etwas dabei zu denken, doch bedrückt durch den trüben Tag und die Aussicht auf ein trauriges Morgen, einen Löffel Tee mit einem aufgeweichten kleinen Stück Madeleine darin an die Lippen. In der Sekunde nun, da dieser mit den Gebäckkrümeln gemischte Schluck Tee meinen Gaumen berührte, zuckte ich zusammen und war wie gebannt durch etwas Ungewöhnliches, das sich in mir vollzog. Ein unerhörtes Glücksgefühl, das ganz für sich allein bestand und dessen Grund mir unbekannt blieb, hatte mich durchströmt. Es hatte mir mit einem Schlag, wie die Liebe, die Wechselfälle des Lebens gleichgültig werden lassen, seine Katastrophen ungefährlich, seine Kürze imaginär, und es erfüllte mich mit einer köstlichen Essenz; oder vielmehr: diese Essenz war nicht in mir, ich war sie selbst.[2]

1 Marcel Proust: *Auf der Suche nach der verlorenen Zeit*, Bd. I: Unterwegs zu Swann, aus d. Franz. v. Eva Rechel-Mertens, rev. v. Luzius Keller. Frankfurt am Main: Suhrkamp 2003, S. 67.
2 Ebd.

Die Euphorie, die den Protagonisten ergreift, wirkt ähnlich wie die Liebe: Sie füllt ihn mit einer kostbaren Substanz an – einer Substanz, die seine eigene ist. Er fühlt sich unsterblich: „Ich hatte aufgehört, mich mittelmäßig, zufallsbedingt, sterblich zu fühlen. Woher strömte diese mächtige Freude mir zu?“[3]
In seinem Versuch, sich über die Ursachen seines Glücks klarzuwerden, wendet sich „Marcel“ erst erneut der Teetasse zu, um dann aber zu begreifen, dass der Geschmack nur das sinnliche Substrat einer tieferliegenden Substanz ist. Durch eine Anstrengung, die zwischen Konzentration und Zerstreuung, intellektueller Aufmerksamkeit und Imagination oszilliert, gelingt es ihm, diese Substanz zum Vorschein kommen zu lassen. Es ist ein Erinnerungsbild, das mit der Geschmackserfahrung verbunden ist, die Erinnerung an ein Ritual, das den Sonntagmorgen in Combray prägte, dem kleinen Dorf, in dem der Protagonist als Kind seine Ferien verbrachte:

> Der Geschmack war der jenes kleinen Stücks einer Madeleine, das mir am Sonntagmorgen in Combray [...], sobald ich ihr in ihrem Zimmer guten Morgen sagte, meine Tante Léonie anbot, nachdem sie es in ihren schwarzen oder Lindenblütentee getaucht hatte.[4]

Prousts Protagonist fühlt sich also glücklich, weil der Geschmack der Madeleine in ihm die Erinnerung an die Kindheit geweckt hat und damit auch an eine Welt, die ihm zuvor bei aller bewussten Anstrengung, sich zu erinnern, nicht mehr zugänglich war: jenes Combray seiner glücklichen Kindheitstage. Es ist kein Zufall, wenn Proust die Episode nach dem Modell der Eucharistie gestaltet. Nicht nur findet das Sonntagmorgenritual stets vor dem Besuch der Messe statt, wodurch die Madeleine die erste Speise ist, die der Kleine vor der Kommunion zu sich nimmt. Sondern Madeleine und Tee erscheinen auch als eine profane Version von Brot und Wein. Die Madeleine-Episode gewinnt damit die Bedeutung einer säkularisierten Kommunion: So wie die Hostie für die Christen das Zeichen der Erlösung darstellt, fühlt sich der Protagonist der *Recherche* – für einen Moment – von seiner Sterblichkeit befreit.

3 Proust: *Auf der Suche nach der verlorenen Zeit,* S. 67.
4 Ebd., S. 70.

Denn es geht hier bei weitem nicht nur um das Zurückholen eines Stücks verlorener Zeit. Sondern vielmehr um die Erfahrung, sich – für einen Moment lang – außerhalb der Zeit zu befinden. Das Ich, das die Madeleine kostet und von einem „unerhörten Glücksgefühl" durchströmt wird, ist weder das gegenwärtige noch das vergangene Ich. Es ist ein überzeitliches Ich, das ‚wahre Ich'. Dies ist zumindest die Erkenntnis, die Proust ursprünglich an das Ende seines Zyklus stellen wollte – hätte er mehr Zeit gehabt, dieses zu überarbeiten, so sähe dieses heute vermutlich anders aus: skeptischer, ‚moderner'.[5]
Was ist nun im Film *Ratatouille* vom Gehalt der Proust'schen Madeleine-Episode übriggeblieben – einer Szene, die zu den meistkommentierten der Weltliteratur gehört? Offensichtlich ist natürlich die positive Präsenz einer nährenden Mutterfigur, die in beiden Fällen einen unglücklichen kleinen Jungen beglückt und durch das Geschmackserlebnis des Erwachsenen eine Art Auferstehung erfährt. Außerdem steht in beiden Episoden die lichtdurchflutete ländliche Umgebung der Kindheit im Kontrast zum herbstlichen bzw. winterlichen Abend in der Großstadt. Und schließlich: Auch wenn die Wahl des Gerichts bei den Filmemachern wohl in erster Linie durch das Wortspiel (Rat-a-touille) bedingt war: Beide Speisen gehören nicht der exquisiten Gourmetküche an. Die Madeleine ist ein alltägliches Gebäck, in ihrer breiigen Konsistenz eine regressive Kinderspeise; das Ratatouille ein Arme-Leute-Eintopf, dessen mutmaßliche Etymologie (aus *rata* = Fraß und *touiller* = umrühren) gleichfalls bestens in das Konzept des Films passt.[6]
Die Macher von *Ratatouille* haben also den philosophischen Hintergrund der Proust'schen Episode weggelassen, aber dennoch ein Kernkonzept der Szene beibehalten: Sowohl Prousts Figur als auch ihr Nachfahre Anton Ego entdecken, dass sich in dem vordergründig Trivialen (dem in der philosophischen Tradition des Abendlands stets abgewerteten Geschmackssinn im ersten, der einfachen Küche des Rattenkochs im zweiten Fall) ein verlorener oder snobistisch

5 Prousts Poetik des Ich ist gepalten zwischen der Anknüpfung an romantische Subjektivitäts- und Erinnerungskonzepte und der modernistischen Erkenntnis der vervielfachten Persönlichkeit. Zur dekonstruktiven Kehrseite von Prousts offizieller Erinnerungspoetik vgl. Rainer Warning: *Proust-Studien*. München: Fink 2000.
6 Ratatouille. In: Alan Davidson: *The Oxford Companion to Food*. Oxford: Oxford UP 2006, S. 673–674.

verdrängter Teil des ‚wahren Ichs' verbergen kann. Diesen nicht zu verleugnen, sondern sich – schreibend – zu ihm zu bekennen, wird für beide die Voraussetzung zum wahren Glück.

Durch die Proust'sche Szene erfährt freilich auch die zentrale Aussage des Films, „Jeder kann kochen", eine neue Bedeutung. Liest man den Film als eine (geschmacks-)politische Allegorie, in der Rémy als Vertreter der denkbar niedrigsten sozialen Herkunft die Anerkennung des elitären Gourmets Anton Ego gewinnt, so bedeutet das Motto, dass gastronomische Begabung nicht von einer sozialen Kultivierung des Geschmacks abhängt, sondern jedem in die Wiege gelegt sein kann. Die im Film inszenierte spielerische Überschreitung der Grenzen zwischen Mensch und Tier führt die Paradoxie unserer heutigen Esskultur vor Augen: Die Junk Food essenden Menschen begeben sich auf die Stufe von Tieren, die vom Essen weniger verstehen als eine geschmacksbegabte Ratte. Andererseits lässt sich die Anerkennung, die Rémys einfaches Gericht durch Ego gewinnt, als ein Hinweis auf die Notwendigkeit deuten, beim Essen einen ‚tierischen' Instinkt, eine Aufmerksamkeit für die sinnlich-instinktive Seite des Gustatorischen nicht völlig zu unterdrücken.

Bemerkenswert dabei ist allerdings, dass der Erfolg von Rémys Ratatouille nur zum Teil seiner geschmacklichen Neuheit geschuldet ist. Zwar sehen wir, wie Rémy bei der Zubereitung das alte Gusteau-Rezept neu interpretiert und wie Ego seine Begeisterung für Rémys Kochkunst ausdrücklich durch deren Originalität motiviert, entscheidend für Egos Umdenken ist jedoch in erster Linie die Tatsache, dass das Ratatouille in ihm die Erinnerung an eine ganz individuelle Kindheitsspeise hervorruft. Geschmack wird damit zu einem radikal subjektiven Erlebnis.

Näher besehen, thematisiert der Film also zwei sehr unterschiedliche Auffassungen von Geschmack. So interpretiert die Ratte Rémy Gusteaus Motto „Jeder kann kochen" im Sinne einer geschmacksdemokratischen Mission. Rémys Bestreben, seinen Rattengeschwistern die Prinzipien guten Geschmacks zu vermitteln, besagt ja nicht nur, dass guter Geschmack durch (Um-)Erziehung erreicht werden kann, sondern auch, dass es überindividuelle Prinzipien guten Geschmacks gibt. Diese scheinen prinzipiell in jedem angelegt – nicht umsonst begeistert die von Rémy und Linguini gekochte Suppe gleichermaßen alle Gäste des Restaurants.

Dagegen ist es im Falle Egos gerade der subjektive und affektive Wert des Ratatouille, das den sonst elitären Kritiker für das arme Gericht einnimmt. Müssen die Junk Food fressenden Ratten erst einmal zu den universellen Prinzipien des guten Geschmacks aufsteigen, so scheint Egos blasiertem Gaumen der umgekehrte Weg gewiesen: Es gilt, zum Einfachen zurückzufinden. Vielleicht geht es aber auch einfach nur um die Einsicht, dass selbst die kultiviertesten Esser bisweilen höchst individuellen Geschmacksvorlieben frönen, die weder rational begründbar noch intersubjektiv vertretbar sind. Anton Egos sprechender Name (das Freud'sche Ich, das hier seine gesellschaftlichen Konditionierungen ablegt) legt eine solche psychoanalytische Deutung nahe: Sein Madeleine-Erlebnis konfrontiert ihn mit der Einsicht, dass es auch eine triebhaft-dunkle Seite des Essens gibt (hier verkörpert durch das eigentlich abstoßende Bild einer kochenden Ratte), eine Seite, die wir verdrängen, um nicht an sozialer Glaubhaftigkeit zu verlieren. Die deutsche Schriftstellerin Eva Demski hat diese dunkle Seite in ihrer Erzählung *Lebensmittel* (2012) wunderbar auf den Punkt gebracht:

> Die Sache ging mir nicht mehr aus dem Kopf. Mußten nicht viele so einen Erinnerungsgeschmack, eine Marotte, ein kulinarisches Geheimnis mit sich schleppen? Es wurde nie darüber geredet. Statt dessen machten sich alle mit ihren Gourmetfähigkeiten wichtig und tauschten Rezepte und Restaurantempfehlungen aus. Aber, davon war und bin ich überzeugt: Die meisten erwachsenen Menschen haben eine dunkle Seite und schämen sich dafür, daß ihnen zum Beispiel nichts auf der Welt über Nudeln mit Maggi oder Bahlsenkekse in geschmolzener Schokolade geht. Sie verbergen das wie eine sexuelle Sonderbarkeit, und vielleicht bedeuten ihnen ihre meist einsamen Orgien etwas anderes als Essen. Vielleicht gibt es Lebensmittel, von denen man nie satt wird, egal, wieviel man davon ißt.[7]

So gesehen, scheint Egos Bekenntnis zur einfachen Küche gar nicht so weit weg von folgendem Geständnis:

> Ein Sternekoch gestand mir im Suff, er liebe Maggi über alles. All seine gerühmten Schäume und Jus hätte er offenbar gern für die braune Soße weggeschüttet, deren Verwendung in der Küche niemals zugegeben werden

7 Eva Demski: *Rund wie die Erde*. Berlin: Insel 2012, S. 122.

darf. […] Es soll Männer geben, die glücklich darüber sind, daß man sie wegen ihrer verstohlenen Schlucke aus silbernen Taschenflaschen für Alkoholiker hält. Solange die Welt denkt, die führten sich heimlich Cognac oder Whisky zu, ist alles in Ordnung. Nicht auszudenken, wenn herauskäme, dass es in Wahrheit Maggi ist, von dem sie nicht lassen können![8]

Damit soll Rémys französische Kochkunst freilich nicht mit Maggi auf eine Stufe gestellt werden. Egos Begeisterung für Ratatouille ist doch viel eher ein augenzwinkernder Hinweis darauf, dass selbst im Urteil der unerbittlichsten Restaurantkritiker immer auch ichbezogene Willkür im Spiel ist. Oder soll etwa besagt werden, dass gute Küche so gut schmeckt, weil wir uns beim Essen unweigerlich „wie bei Muttern" fühlen (auch wenn das aktuelle Gericht womöglich anders und viel besser schmeckt als jenes)? Die Unentscheidbarkeit dieser Fragen weist darauf hin, dass *Ratatouille* doch mehr enthält als das demokratische Motto „Jeder kann kochen". Das verborgene Leitmotiv des Films – angezeigt durch den Namen Gusteau – ist vielmehr das Rätsel einer Kategorie, die sich seit ihrer Erfindung im 17. Jahrhundert beharrlich einer endgültigen Konzeptualisierung entzieht: Gemeint ist der Geschmack.[9]
In Migrationserzählungen, in denen das Essen des Ursprungslands oftmals als Stellvertreter der verlorenen Heimat fungiert, wird das bei Proust einmalige Erlebnis zu einem Erinnerungsritual, das offenbar beliebig oft zelebriert werden kann. So etwa in Simonetta Agnello

8 Demski: *Rund wie die Erde*, S. 125.

9 Im französischen 17. Jahrhundert bahnt sich eine soziokulturelle Aufwertung des gustativen Empfindens an. Tadelte die mittelalterliche Moralistik die Feinschmecker*innen noch mehr als die Vielfraße, so beginnt man jetzt, Verständnis, ja gar Bewunderung für den feinen Gaumen zu zeigen, und betrachtet die „friandise", das delikate Schlemmen, als eine lässliche Sünde. Diese Aufwertung des physischen Geschmacks ermöglicht wohl auch die Entsomatisierung des Begriffs, aus der die Vorstellung eines intellektuellen Geschmacksempfindens hervorgeht. Jean-Luc Flandrin weist darauf hin, dass der Ursprung des Begriffs des *guten* Geschmacks nicht gesichert sei. Er betont, dass sich die Prinzipien der Einfachheit und Natürlichkeit im kulinarischen Bereich weit vor der Festlegung eines ästhetischen Klassizismus manifestieren. Demnach könnte auch der Begriff des *guten* Geschmacks gleichsam von der Küche in die Poetik übernommen worden sein. Es sei aber ebenso denkbar, dass sowohl der ästhetische als auch der kulinarische „bon goût" Prägungen einer aristokratischen Klasse seien, die sich durch kulturelle Distinktion gegen das aufstrebende Bürgertum abzugrenzen suchte. Vgl. Jean-Luc Flandrin: Pour une histoire du goût. In: *L'Histoire* 85 (1986): La cuisine et la table: 5000 ans de gastronomie, S. 12–19.

Hornbys Bestseller *Un filo d'olio* (2011): Das Kochen nach alten Familienrezepten wird hier als ein Ritual zelebriert, das die Vergangenheit ungebrochen wiederauferstehen lässt. Das Buch schließt mit dem Aufbruch der Erzählerin aus ihrer Heimat Sizilien für einen Sprachaufenthalt in der Schweiz. Es ist eine Abreise, die die spätere Emigration nach England präfiguriert:

> Ich sammelte ein paar Lorbeerblätter und tat sie in den Koffer. [...] Ich fühlte, dass diese Reise den Beginn eines Lebens markierte, das sich weit weg von Sizilien abspielen würde, und ich wollte etwas Konkretes (es sollte aber auch leicht sein, und bedeutsam), dass die Macht hätte, mich, sobald ich es nur wollte, nach Mosé zurückzuversetzen – blitzschnell, nur mit ein wenig heißem Wasser. Seitdem hat es in meiner Küche nie an Lorbeerblättern gefehlt: in Lawrence, Somerville, Lusaka, Oxford oder London. Der duftende Geschmack des Lorbeers und das ölige Aroma der Zitronenschale genügen, um mich nach Mosé zurückkehren zu lassen, wo immer ich auch bin.[10]

So wie Prousts Madeleine erst durch das Eintauchen in den Tee ihre Erinnerungsqualität entfaltet, tut es hier der Lorbeer.
Schwieriger gestaltet sich das Ritual für die aus der Karibik nach Paris emigrierte Julia in Gisèle Pineaus *L'exil selon Julia* (1996). Ihr fehlt es nämlich, um den Geschmack der Heimat heraufzubeschwören, an den authentischen Zutaten:

> Die Sehnsucht nach der Heimat ist überall und jederzeit da [...] Diese Sehnsucht nähren, bedeutet in Frankreich Süßwasserfisch kaufen, ihn in eine imitierte Marinade legen – es gibt hier weder Limetten noch Bonda-Man-Jak-Gewürz. [...] Den Fisch hineinlegen, dünsten, dann essen. Den Affront zur Kenntnis nehmen. Dann also an die Heimat denken. Die Gerüche und die Gaumenlüste in der Erinnerung suchen. Ein karibisches Meer wiedererfinden [...] Später, den Kopf eines Rotfisches auslutschen, ein Stück Brotfrucht in die Brühe einstampfen und vom Feuer eines Gewürzes schwitzen. All diese Geschmäcker wiedererleben. Einatmen und rülpsen.[11]

10 Simonetta Agnello Hornby: *Un filo d'olio*. Palermo: Sellerio 2011, S. 190 (Übers. C.O.).

11 Gisèle Pineau: *L'exil selon Julia* [1996]. Roman. Paris: folio 2006, S. 169 (Übers. C.O.).

Der Geschmack des Gerichts ist hier nicht das Medium der Erinnerung – vielmehr muss die Erinnerung an die Geschmäcker der Heimat nachhelfen, um das gewünschte Wiederfinden der Zeit zu ermöglichen. Während der in Frankreich gekaufte Fisch ein geschmacklicher „Affront“ ist, schmeckt der Fischkopf, den Julia in ihrer Imagination auslutscht, desto besser. Dass man die Vergangenheit nicht nur wiederfinden, sondern *wiedererfinden* muss, hatte auch Prousts Protagonist am Ende der *Recherche* erkannt.

Wer sich eine solche Kreativität im Erfinden der eigenen Madeleine nicht zutraut, sollte das Spitzenrestaurant El Celler de Can Roca im katalanischen Girona besuchen, auf dessen neue Spezialität mich Alexis Eideneier hingewiesen hat. Hier nämlich

> wird den Gästen neuerdings ein altes Exemplar von Marcel Prousts *Auf der Suche nach der verlorenen Zeit* gereicht, sie atmen den charakteristischen Duft ein, den die alten, abgenutzten Seiten verströmen. Und finden dasselbe Aroma gleich darauf in einer Essenz wieder, die über eine Teecreme, Madeleine-Eis und einige mit dem Text des besagten Buches bedruckte Seiten aus Reispapier geträufelt wird.[12]

12 Mia Schlichtling: Joan Roca: Inspiration Is Everything. In: *rolling pin*, 21.09.2017. https://www.rollingpin.ch/magazin/ausgaben/212/joan-roca-inspiration-is-everything/ (Zugriff am 09.09.2018).

Abbildungsverzeichnis

Clarissa Vierke: Frau Betelpfeffer und die lustvollen Stunden
Abb. 1: Ausschnitt aus dem Manuskript *Phani kiti, nikae kitako*, o. D., Universität Hamburg, Seminar für Asien- und Afrikastudien, MS 3552 H117.

Lena Henningsen / Kai Wiegandt: Koreanische (Familien)Geschichte, Trauma und Entsagung
Abb. 1: Cover der deutschen Ausgabe von Die Vegetarierin (2016). © Aufbau Verlag.
Abb. 2: Cover der englischen Ausgabe von The Vegetarian (2016). © Penguin Random House.

Autor*innen

Caspar Battegay hat in Basel Deutsche Philologie, Philosophie und Jüdische Studien studiert. Von 2005 bis 2009 war er wissenschaftlicher Mitarbeiter an der Hochschule für Jüdische Studien Heidelberg, wo er auch promovierte. Danach war er wissenschaftlicher Assistent an der Universität Basel und von Research Fellow mit einem SNF-Ambizione-Projekt an der Universität Lausanne. 2017 habilitierte er sich an der Universität Basel im Bereich Neuere Deutsche und Allgemeine und Vergleichende Literaturwissenschaft und ist als Dozent für Kultur und Kommunikation an der Fachhochschule Nordwestschweiz tätig. Publikationen u.a. *Judentum und Popkultur. Ein Essay* (Transcript 2012); *Geschichte der Möglichkeit. Utopie, Diaspora und die ‚jüdische Frage‘* (Wallstein 2018). Er ist bis 2020 Mitglied der Jungen Akademie.

Michael Bies hat Germanistik und Musikwissenschaft studiert und wurde 2010 an der ETH Zürich mit der Arbeit *Im Grunde ein Bild. Die Darstellung der Naturforschung bei Kant, Goethe und Alexander von Humboldt* promoviert (Wallstein 2012). Seit 2016 ist er als wissenschaftlicher Mitarbeiter am Peter-Szondi-Institut für Allgemeine und Vergleichende Literaturwissenschaft der Freien Universität Berlin tätig, wo er derzeit ein Forschungsprojekt zum Thema „Das Handwerk der Literatur, 1775–2010“ durchführt. Er ist Mitglied der Jungen Akademie.

Alfred Bodenheimer ist seit 2003 Professor für Religionsgeschichte und Literatur des Judentums an der Universität Basel, daneben 2005–2008 Rektor der Hochschule für Jüdische Studien Heidelberg. Nach dem Doktorat in Neuerer Deutscher Philologie mit einer Arbeit über Else Lasker-Schülers Emigration in Palästina an der Universität Basel (1993) forschte und lehrte er an der Hebrew University Jerusalem und der Bar-Ilan University bei Tel Aviv, war 1997–2003 Lehr- und Forschungsbeauftragter für Judaistik an der Universität Luzern und habilitierte sich 2002 an der Universität Genf. Neben zahlreichen wissenschaftlichen Publikationen ist er auch Autor der Krimi-Reihe um den Ermittler Rabbi Klein.

Eva von Contzen ist Juniorprofessorin für Englische Literatur unter Einschluss des Mittelalters an der Albert-Ludwigs-Universität Freiburg. Zu ihren Forschungsinteressen gehören die Literatur des Mittelalters, mittelalterliche Heiligenlegenden, historische Erzählforschung und Fragen nach ästhetischer Form. Sie leitet ein vom europäischen Forschungsrat gefördertes Projekt zu Listen und Aufzählungen in Literatur und Kultur.

Kirill Dmitriev ist Lecturer in Arabic an der University of St Andrews, Scotland. Im Fokus seiner Forschung stehen die frühe und klassische arabische Poesie sowie die Kulturgeschichte der arabischen Welt. Er ist Mitherausgeber des Bands *Food as Cultural Signifier: Perspectives on the Middle East and Beyond* (Brill 2019) und Projektleiter der Forschungsinitiative „Khamriyya as a World Poetic Genre: Comparative Perspectives on Wine Poetry in Near and Middle Eastern Literatures" (https://khamriyya.wp.st-andrews.ac.uk). Er ist Alumnus der Jungen Akademie.

Svetlana Efimova ist seit 2018 wissenschaftliche Mitarbeiterin am Institut für deutsche Literatur der Humboldt-Universität zu Berlin. Sie studierte Russische Philologie und Vergleichende Literaturwissenschaft in Moskau und Berlin. 2016 promovierte sie an der Freien Universität Berlin über *Das Schriftsteller-Notizbuch als Denkmedium in der russischen und deutschen Literatur* (Fink 2018). 2016–2018 war sie Postdoktorandin an der Friedrich Schlegel Graduiertenschule für literaturwissenschaftliche Studien der FU Berlin.

Rebecca Ehrenwirth ist seit September 2018 wissenschaftliche Mitarbeiterin im DFG-Projekt "Lyrik in Transition" der Universität Trier. Sie studierte Sinologie, englische Literaturwissenschaften und chinesische Kunst und Archäologie an der Ludwig-Maximilians-Universität (LMU) München. Während ihrer Promotion in Sinologie zu zeitgenössischer sinophoner Literatur in Thailand arbeitete sie als wissenschaftliche Mitarbeiterin am Institut für Sinologie und am Department für Anglistik und Amerikanistik der LMU. Von September 2017 bis Mai 2019 war sie als Teaching Fellow an der New York University Shanghai.

Lena Henningsen ist Juniorprofessorin für Sinologie an der Albert-Ludwigs-Universität Freiburg. Sie hat in Berlin (Humboldt-Universität), Heidelberg und Nanjing (Nanjing Normal University) Sinologie, Politikwissenschaften und Musikwissenschaften studiert und in Heidelberg mit der Arbeit *Copyright Matters: Imitation, Creativity and Authenticity in Contemporary Chinese Literature* (Berliner Wissenschafts-Verlag 2010) promoviert. Sie widmet sich in ihrer Forschung insbesondere der populären chinesischen Literatur und Kultur des 20. und 21. Jahrhunderts und leitet derzeit das vom europäischen Forschungsrat geförderte Projekt „The Politics of Reading in the People's Republic of China". Sie ist Alumna der Jungen Akademie.

Katharina Heyden ist Professorin für Ältere Geschichte des Christentums und der interreligiösen Begegnungen an der Universität Bern. Sie studierte evangelische und katholische Theologie in Berlin, Jerusalem und Rom. Promoviert wurde sie an der Universität Jena mit einer Arbeit über die apokryphe *‚Erzählung des Aphroditian'* (Mohr Siebeck 2009). Ihre in Göttingen verfasste Habilitationsschrift trug den Titel *Orientierung. Die westlichen Christen und das Heilige Land in der Antike* (Aschendorff 2014). Sie leitet in Bern eine Interfakultäre Forschungskooperation zum Thema „Religious Conflicts and Coping Strategies". Sie ist Alumna der Jungen Akademie.

Jan Niklas Howe leitet die Nachwuchsforschergruppe „Kreativität und Genie" an der LMU München und arbeitet an einem Buch zur Genieästhetik des 18. Jahrhunderts. Er studierte Literaturwissenschaft und Philosophie an der FU Berlin, der HU Berlin, der Université Paris 8 und der Johns Hopkins University und promovierte an der FU Berlin mit einer Arbeit über Monstrositäten in Literatur und Wissenschaften des 19. Jahrhunderts (de Gruyter 2016). Er war Wissenschaftlicher Mitarbeiter am Peter-Szondi-Institut und Fellow am Dahlem Humanities Center der FU Berlin sowie Visiting Researcher an der Columbia University. Zu seinen Forschungsschwerpunkten zählen die Funktionsweisen ästhetischer Superlative, Verfahren des Übertrags ästhetischer Paradigmen auf ästhetikferne Felder, die Geschichte von Rhetorik und Poetik, Theorien des Unheimlichen und Phantastischen, die Kulturgeschichte des Triebs und das Verhältnis von Literatur und Self-Fashioning.

Christine Ott ist seit 2011 Professorin für Italienische und Französische Literaturwissenschaft an der Goethe-Universität Frankfurt am Main. Sie ist Herausgeberin des Deutschen Dante-Jahrbuchs, Mitherausgeberin der Zeitschrift *Italienisch* und assoziierte Professorin der internationalen Doktorandenschule Dottorato di Italianistica der Universitäten Bonn-Paris/Sorbonne-Firenze. Ihre derzeit wichtigsten Forschungsschwerpunkte sind die Literatur der Frühen Neuzeit, insbesondere Text-Bild-Beziehungen in der Lyrik (Marino, Michelangelo) und Esskultur-Studien (*Feinschmecker und Bücherfresser. Esskultur und literarische Einverleibung als Mythen der Moderne*, Fink 2011; *Identität geht durch den Magen*, Fischer 2017).

André Otto wurde mit einer Arbeit zu *Undertakings. Fluchtlinien der Exklusivierung in John Donnes Liebeslyrik* promoviert (Fink 2014). Er hat spanische Literaturwissenschaft an der LMU München gelehrt und war wissenschaftlicher Mitarbeiter für englische Literaturwissenschaft an der FU Berlin. Aktuell hat er eine Gastprofessur für Englische Literatur- und Kulturwissenschaft an der Humboldt-Universität zu Berlin inne. Sein Habilitationsprojekt beschäftigt sich mit Formen und Funktionen asignifikanten Schreibens in experimenteller britischer Prosa des 20. Jahrhunderts. Weitere Schwerpunkte liegen auf raumtheoretischen und epistemologischen Fragestellungen in der Lyrik des 17. und 20. Jahrhunderts sowie auf postindustriellen Texträumen. Zuletzt hat er gemeinsam mit Judith Frömmer den Band *Humanistische Ökonomien des Wissens* als Sondernummer der *Zeitsprünge* (2017) herausgegeben.

Christoph Ribbat ist Professor für Amerikanistik an der Universität Paderborn. Er studierte an der Ruhr-Universität Bochum und an der Washington University in St. Louis. Forschungsaufenthalte führten ihn u.a. als Humboldt/Lynen Fellow an die Boston University und das Massachusetts Institute of Technology, als Fulbright Scholar an die Cooper Union, New York, und als Ansel Adams Research Scholar an das Center for Creative Photography in Tucson, Arizona. Aktuelle Publikationen: *Deutschland für eine Saison: Die wahre Geschichte des Wilbert Olinde, Jr.* (Suhrkamp 2017) und *Im Restaurant: Eine Geschichte aus dem Bauch der Moderne* (Suhrkamp 2016).

Christopher Scholz studierte Japanologie, Neuere Deutsche Philologie und Philosophie an der Freien Universität Berlin, der Technischen Universität Berlin und der Waseda Universität in Tokio, Japan. Er promoviert an der Friedrich Schlegel Graduiertenschule für literaturwissenschaftliche Studien an der FU Berlin zu Repräsentationen des Körpers in den Werken japanischer Gegenwartsautorinnen und absolvierte einen Forschungsaufenthalt an der Graduate School of Arts and Sciences an der Universität Tokio.

Stefan Tilg ist Professor für Klassische Philologie (Latein) an der Albert-Ludwigs-Universität Freiburg. Seine Forschungsschwerpunkte liegen auf dem Gebiet der antiken Erzählliteratur, der neulateinischen Literatur und der Rezeptionsgeschichte. Er ist der Autor von *Chariton of Aphrodisias and the Invention of the Greek Love Novel* (Oxford UP 2010) und von *Apuleius'* Metamorphoses*: A Study in Roman Fiction* (Oxford UP 2014). Zusammen mit Sarah Knight hat er das *Oxford Handbook of Neo-Latin* (Oxford UP 2015) herausgegeben.

Clarissa Vierke ist seit 2014 Professorin für Literaturen in afrikanischen Sprachen an der Universität Bayreuth. Als Spezialistin für Swahili-Literatur hat sie vor allem zu vorkolonialer Dichtung, Fragen der Poetik und Schriftlichkeit/Mündlichkeit in Tansania, Kenia und Mosambik geforscht. Aktuell arbeitet sie an einem Buch zu wandernden Texten, die über den Indischen Ozean nach Ostafrika gekommen und dort adaptiert worden sind. Daneben leitet sie zusammen mit dem Ethnologen Prof. Dr. Markus Verne (Mainz) ein Forschungsprojekt zu Dichtung als ästhetischer Erfahrung und ihrem Bezug zu Lebenswelten in Madagaskar und Tansania.

Kai Wiegandt ist Heisenberg-Stelleninhaber im Bereich Anglistik am Englischen Seminar der Universität Tübingen. Er studierte Anglistik, Germanistik und Philosophie an der Universität Freiburg, an der Yale University und an der FU Berlin. Zu seinen Forschungsschwerpunkten gehören die Literatur der Frühen Neuzeit, der Modernismus und die postkolonialen Literaturen. 2009 promovierte er an der FU Berlin (*Crowd and Rumour in Shakespeare*, Ashgate 2012). 2016 habilitierte er sich dort mit einer Studie zu *J. M. Coetzee's Revisions of the Human* (Palgrave Macmillan 2019). Seine Aufsätze erschienen u.a. in den Zeitschriften *Ariel*, *Poetica*, *Journal of Postcolonial Writing*, *Literature and Theology* und *Anglia*. Er ist Alumnus der Jungen Akademie.

Die vorliegende Publikation ist aus der Arbeitsgruppe Populärkulturen der Jungen Akademie an der Berlin-Brandenburgischen Akademie der Wissenschaften und der Leopoldina Nationale Akademie der Wissenschaften hervorgegangen.

Die Junge Akademie

www.diejungeakademie.de

Bibliografische Information der Deutschen Nationalbibliothek
Die Deutsche Nationalbibliothek verzeichnet diese Publikation in der Deutschen Nationalbibliografie; detaillierte bibliografische Daten sind im Internet über http://dnb.d-nb.de abrufbar.

Umschlaggestaltung: Lena Aebli
Lektorat & Satz: Neofelis Verlag (mn / vf)
Druck: PRESSEL Digitaler Produktionsdruck, Remshalden
Gedruckt auf FSC-zertifiziertem Papier.
ISBN (Print): 978-3-95808-233-5
ISBN (PDF): 978-3-95808-284-7